本书获二〇二三年贵州省出版传媒事业发展专项资金资助

本书获贵州省孔学堂发展基金会资助

【阳明文库】

学术专著系列

王阳明的书籍世界

阳明文库

孔學堂書局

向辉 著

本书获2023年贵州省出版传媒事业发展专项资金资助

本书获贵州省孔学堂发展基金会资助

图书在版编目（CIP）数据

王阳明的书籍世界 / 向辉著. — 贵阳 : 孔学堂书
局, 2024.7

（阳明文库. 学术专著系列）

ISBN 978-7-80770-529-1

Ⅰ. ①王… Ⅱ. ①向… Ⅲ. ①王守仁（1472-1528）
—哲学思想—研究 Ⅳ. ①B248.25

中国国家版本馆CIP数据核字(2024)第093749号

阳明文库（学术专著系列）

王阳明的书籍世界   向辉　著

WANGYANGMING DE SHUJI SHIJIE

项目策划：苏　桦

项目执行：张发贤

责任编辑：陈　真　王紫玥

责任校对：杨翌琳　贺雨潇

书籍设计：曹琼德

责任印制：张　莹

出版发行：贵州日报当代融媒体集团
　　　　　孔学堂书局

地　　址：贵阳市乌当区大坡路 26 号

印　　刷：深圳市新联美术印刷有限公司

开　　本：889mm×1194mm　1/24

字　　数：319 千字

印　　张：15

版　　次：2024 年 7 月第 1 版

印　　次：2024 年 7 月第 1 次

书　　号：ISBN 978-7-80770-529-1

定　　价：88.00 元

阳明文库

作者简介

　　向辉，现为国家图书馆国家古籍保护中心办公室研究馆员，研究方向为古典学、版本目录学、古籍保护和社会理论。著有《敬道心筌：王阳明的教化哲学》《采采荣木：中国古典书目与现代版本之学》《衡门之下：古籍善本与书籍世界的研究》等；整理《毛诗原解》《毛诗序说》《周易正解》《易领》《诗经译注》《古籍版本十讲》等。

内容提要

　　王阳明及其后学共同建构了阳明学的精神世界和书籍世界。作为学说的阳明学，是宋明理学的一个组成部分，是儒学的创造性发展，是值得我们反复思考的哲人之学和人生智慧。作为文献的阳明学著作，是古典典籍的重要组成部分，其中的珍贵古籍，是我们了解阳明的历史依据。王阳明的思想世界具有丰富性、广延性和开放性的特征，阳明学的书籍世界则具有时代性和绵延性的特点。生活的多样性、智慧的丰富性、典籍的珍稀性和现实的局限性，意味着对王阳明学说诠释的多种可能。

　　《王阳明的书籍世界》是第一部从书籍史角度研究阳明学术的著作，是第一部从阳明学历史文献出发讨论阳明思想世界的著作。阳明学是一门以王阳明的历史世界和思想世界为对象的现代学术。从"阳明何以成为阳明"和"阳明学何以成为阳明学"这两个基本问题展开的阳明学学术研究，既立足于阳明的政治哲学和社会哲学，又落脚于当代社会思想和学术思考，不仅具有现代学术的前沿理论意义，也具有当代学术的前瞻探索价值。本书力图通过书籍史的视域勾画阳明学术的多重图景。本书通过对阳明格竹、《传习录》、《居夷集》、《阳明年谱》、阳明后学等阳明学的关键内容展开了细致的书籍史考察，揭示了书籍的编纂、传播、刊刻、递藏和阅读在阳明思想与学术中的关键地位，阐释了阳明学书籍世界的多元性、复杂性和历时性特征。从书籍世界重新思考阳明学，具有双重的学术价值：一方面，其对于古籍善本研究有着探索意义，即它证明了古籍版本的研究不单单是一种针对传世古籍展开的书籍版本志，它更重要的功能在于为现代学术研究提供一种独特的书籍史视域；另一方面，其对于阳明学研究有创新意义，即它证明了阳明学的研究不仅要基于历史的文献，还要对文献的历史予以考辨，更要对思想的历史进行描述、思考和阐释。

目录

导言

本书是对王阳明思想世界展开的一项书籍史的研究，是为王阳明的书籍世界。

所谓书籍史研究，无外乎研究书籍的历史和历史的书籍。历史的书籍，今人称之为古籍、善本，抑或兼而谓之古籍善本。调查存藏、搜集异本、考订异同、鉴别真伪是古籍研究的主要内容。书籍的历史，我们可以从阅读与传播、文化与社会、经济与政治、思想与人物等多重面向探寻其历史踪迹。阳明学的书籍史研究，是以历史的书籍为依据，追寻阳明思想世界的一种尝试。

"阳明学何以成为阳明学"这个问题，是阳明学研究在解决"何谓阳明学"这个问题之后自然而然要加以关切的重要问题之一。回答这一问题有不同的思路和方法，可以从不同的角度来反思。我们认为，从书籍文化的视野对阳明学展开历史与思想的思考，将为这一问题的解答提供一些有趣的洞见。

五百年前的阳明及其学派，曾如星辰闪耀于明史；如今，阳明学如天际浮云，依旧投影在我们的思想与现实世界中。当然，作为读书人的我们，很大程度上是通过书籍来了解阳明的。阳明和他的门人、友朋和后学们所留下的那些陈年旧籍，那些箧笥珍藏，为我们提供了历史的见证，值得我们探寻。这是对阳明学展开历史文化研究的题中应有之义。

文化的发展离不开书籍的繁荣。因为，书籍在市民社会中所起的作用，早已不是一部永恒经典解决一切问题的乌托邦想象。书籍的生产从明代中后期（正德、嘉靖及以后）开始有了一个飞跃式的发展。书籍的制作技艺不断改进，书籍的市场不断拓展，书籍的受众也越来越多，书籍不再是极少数精英的传世之作，而成为整个市民社会的日常事物。士人人手一集已经不再是不可能。雕版书籍的广泛传播，不仅让精英阶层掌握的知识进入乡野间三家村塾，也让那些底层的知识分子有了著述传世的可能。①"由于书籍需求增多，促进了技术革新；同时，技术革新又使得书籍大量而迅速的供给成为可能。"②大量的书籍满足人民的各种需求，不断推进知识生产，带来的是古人所无法想象的新未来。谢国桢认为，社会经济的发展是书籍事业繁荣的根本原因。③阳明学的产生和发展就处于这个时代，既表现了这个时代的特点，也促进了这个时代的发展。

对于书籍，阳明本人所持的见解是较为复杂的。一方面，他认为书籍太多，必须加以选择，否则什么都看，根本无益于身心。他说，且不论其他学问，仅就儒学来看，有训诂、记诵、词章之学，"纷纷籍籍，群起角立于天下，又不知其几家，万径千蹊，莫知所适"，"士生斯世而欲以为学者，不亦劳苦而繁难乎！"④一方面，他希望人们去认真地读书，而不是把读书当作一种取得身外之物的行动。所以他告诉门人孙应奎说："是《录》（指《传习录》）吾之所为学者，尔毋徒深藏之可也。"⑤不要把书当作礼物珍藏起来，而是要对其研习体会，如此才能起到读书的作用。书是读的，同时书也是学者之业。他说："琴瑟简编，学者不可无。盖有业以居之，心就不放。"⑥学者必须要有书籍，而且还不能少，否则能成什么样的学者呢？

阳明对刊刻著作持相当谨慎的态度。钱德洪说："嘉靖

---

① 辛德勇《中国印刷史》中曾引用一则史料，谓清代咸丰、同治年间湖北江陵有一乡间塾师名为郑机，写过关于《四书》的书稿，还有《读杜约选集评》《精选李义山诗》《全唐诗选》之类的不足以言学术的货色。辛氏认为，郑机之流所读之书，也就是府州县关衙的学官仪物，看书不多，没有什么学术素养，也不可能有什么学问，是"伧气十足的三家村学究"。（辛德勇：《中国印刷史研究》，生活·读书·新知三联书店 2016 年版，第 126—127 页）我们从这则史料可以看到另外一个历史事实：清代乾嘉以来，书籍生产的繁荣度要比晚明差了不少，村塾学究所能看到的书没有那么丰富，而晚明时的士人，即便是三村学究，也能看到更多的书籍，因为那时的出版事业所受之约束远没有后世所受之约束那么有力度。
② 大木康：《明末江南的出版文化》，周保雄译，上海古籍出版社 2014 年版，第 34—35 页。
③ 参见谢国桢：《谢国桢全集》（第 5 册），谢小彬、杨璐主编，北京出版社 2013 年版，第 271—272 页。
④ 王守仁：《传习录中》，《王阳明集》卷二，王晓昕、赵平略点校，中华书局 2016 年版，第 52—53 页。
⑤ 孙应奎：《刻阳明先生传习录序》，王阳明：《王阳明全集（新编本）》卷五十二，吴光、钱明、董平等编校，浙江古籍出版社 2011 年版，第 2101 页。
⑥ 王守仁：《传习录下》，《王阳明集》卷三，王晓昕、赵平略点校，第 106 页。

丁亥四月，时邹谦之谪广德，以所录先生文稿请刻。先生止之曰：'不可。吾党学问，幸得头脑，须鞭辟近里，务求实得，一切繁文靡好，传之恐眩人耳目，不录可也。'谦之复请不已。先生乃取近稿三之一，标揭年月，命德洪编次，复遗书曰：'所录以年月为次，不复分别体类者，盖专以讲学明道为事，不在文辞体制间也。'"①按照钱德洪的解说，阳明本人认为口传心授是讲明心学的主要方法，而通过书籍传播是不得已的选择。

然而，并非所有人都能得以面授，特别是在印刷时代，书籍乃是我们获取知识的主要载体之一。阳明本人就曾为书籍出版留下了诸多文字记录，阳明文集②中收录了他的多篇书序文字，或为他的自编书所写的解说文字，或为他人所编书所撰的阐释文字，其中《紫阳书院集序》《朱子晚年定论序》《大学古本序》《礼记纂言序》《象山文集序》等，钱德洪将之编入《正录》（通行本全书《文录》四），以之为"纯于讲学明道者"，这些文字足以"明其志"；而《罗履素诗集序》《两浙观风诗序》《山东乡试录序》《气候图序》《重刊文章轨范序》《文山别集序》《金坛县志序》等则列入《外集》（通行本全书《外集》四），以之为"酬应"文字，可以"尽其

---

① 钱德洪：《刻文录叙说》，王守仁：《王阳明集》，王晓昕、赵平略点校，第7页。
② 阳明全集的当代整理本有多种，影响较大的有上海古籍出版社、浙江古籍出版社和中华书局等出版社以《王文成公全书》为依据的点校整理本。其中，上海古籍出版社于1992年出版的《王阳明全集》四十一卷是在《王文成公全书》三十八卷基础上增补的新版本，这一新整理本为阳明学在20世纪90年代以来的传播奠定了文献基础。该书于2014年做了修订，仍名《王阳明全集》。在此基础上，该社又编辑、出版了简体字版本，以及《王阳明全集补编》（束景南、查明昊辑编，2016年初版，2021年增补版）。中华书局于2016年出版了以隆庆六年（1567，实际上是万历间）谢廷杰本为底本的点校整理，除了将书名改为《王阳明集》以适应现代读者需要之外，在文本和内容方面保持了底本的旧貌，本书引用之《王文成公全书》即依此本。浙江古籍出版社2010年版《王阳明全集》收录了万历本《王文成公全书》所遗漏的诸多文字，又增补了编者所见序跋文字（是截至目前增补内容最多的阳明全集版本），本书引用相关增补文字即依此本。本书中，《王文成公全书》简称《全书》。2022年，王强等以隆庆间郭朝宾本为底本整理的《王文成公全书》由广陵书社出版（王守仁：《王文成公全书汇校》，王强、彭启彬汇校，广陵书社2022年版），该本为首个真正意义上以早期版本为底本的校点本。自20世纪30年代，商务印书馆、中央书店、大中书局等出版点校排印本《王文成公全书》《王阳明全集》《阳明全书》以来，其少有整理本以真正的隆庆间郭朝宾本为底本，而多是以万历间谢廷杰本，或者是清刻本，甚至是其整理本为底本。

全"。我们且以《象山文集》和《文章轨范》两书为例，看看阳明学的知识生产。

（1）《象山文集》。陆九渊的文集自宋代以来有很多种不同的刊本。其中，王阳明作序的有明正德十六年（1521）李茂元刊本《象山先生文集》二十八卷、《外集》四卷、《语录》四卷。国家图书馆藏有此书多部：其一为善本书号09066者，首阳明序，目录后无《象山先生谥议》；其一为善本书号12471者，缺阳明序，目录后有《象山先生谥议》。王阳明的序，题为《重刊象山先生文集序》，文末署："抚守李茂元氏将重刻象山之文集，而请予一言为之序。予何所容言哉？惟读先生之文者，务求诸心，而无以旧习己见先焉，则糠秕精鉴之美恶入口而知之矣。正德辛巳七月朔后学余姚王守仁书。"日本国会图书馆藏嘉靖四十年（1561）王宗沐序本《象山先生全集》（请求号316—0015）也有王阳明的序，题《象山先生全集叙》，末署："正德辛巳七月朔阳明山人余姚王守仁书。"①《全书》中此序标题为《象山文集序》，时间为"庚辰"，无文末题署。至于文章中的文字异同则有十多处：

① 国家图书馆也藏有两种有王宗沐序的《象山先生全集》（善本书号 A01051 和 17272），其中一部没有王阳明的序文。和日本国会图书馆藏本相较，国图两部藏本均无马尧相的跋文和参与重刊事务官员名单。马氏跋文及名单在《年谱》卷末，全文为："《象山先生全集》凡三十六卷，旧本漫缺不可读。嘉靖己未岁，大中丞吉阳何公来抚江右，因命旧令晋江张乔相梓。方就绪，适擢永安州刺史。临行，板多散漫。幸值山阴浮峰张公继抚江右。尧相新莅政，复命考订补缀，遂成完书焉。而先生心学之传万世，其永不磨矣。呜呼美哉。时嘉靖庚申夏六月朔日。知金溪县事后学会稽马尧相谨识。""县丞马致远，主簿杨敬，儒学教谕刘应奎，（儒学）训导胡良璠、张汪，生员刘初、王敕、孔东儒、黄文豹、辜彦卿、吴潜、杨廷春、吴天胤、詹鹗同校。"按照王宗沐嘉靖四十年的序文："是集刻于金溪而岁久漫漶，德安吉阳何先生抚江西之明年，丕阐理学，以淑士类，乃改刻焉。而命沐为序。"可知，何迁（1501—1574）就任江西巡抚第二年就启动了《象山文集》的重刊工作。查《（光绪）江西通志》卷十二知："何迁，湖广德安卫人，嘉靖辛丑进士，巡抚江西右金都御史，（嘉靖）三十七年（1558）任。张元冲，巡抚江西右副都御史，三十八年（1559）任。胡松，巡抚江西右副都御史，四十年（1561）任。周相，徐复江西右副都御史，四十二年（1563）任。"也即，嘉靖三十八年（1559）该书的重刊工作启动，故该书末附荆门州儒学学正闽尤溪廖恕关于附刻徐阶《学则辨》的说明所署时间为"嘉靖己未秋"，但王宗沐的序所署于嘉靖四十年（1561）。重刻工作到最后完成的时候，何迁已经离任江西巡抚，其继任者为张元冲，该书是在张氏任上完成的。而金溪县负责项目的人也从原任张乔相变成了其继任马尧相，虽张元冲并未在该书上留下序跋，但金溪县令不能不对此进行说明。

表1　《象山文集序》刊本情况对比

李茂元刊本	王宗沐序本	《王文成公全书》
孔门之学	孔孟之学	孔孟之学
夫子告之一贯	夫子告之以一贯	夫子告之以一贯
盖使求诸其心也	盖使之求诸其心也	盖使之求诸其心也
弗思耳	弗思耳矣	弗思耳矣
始复追寻孔、孟之宗	始复追寻孔、孟之宗	始复追寻孔、颜之宗
定之以中正仁义而主静	定之以仁义中正而主静	定之以仁义中正而主静
接孟氏之传	接孟氏之传	接孟子之传
其论议开阖	其议论开阖	其议论开阖
吾尝断之以为陆氏之学	吾尝断以陆氏之学	吾尝断以陆氏之学
乃所以为禅也矣	乃所以为禅也	乃所以为禅也
今禅之说，与陆氏之说、孟氏之说，其书具存	今禅之说，与陆氏之说、孟氏之说，其书具存	今禅之说与陆氏之说，其书具存
夫是非同异之争，每起于人	夫是非同异，每起于人	夫是非同异，每起于人
请予一言	请予一言	请一言

　　如果我们不对原书进行阅读，就不知道阳明原文到底如何，也不知道当时刊刻之书的样式如何，更不知道这部书在当时的影响如何，诚如阳明在该文中所说的："其书具存，学者苟取而观之，其是非同异，当有不待于辩说者。而顾一倡群和，剿说雷同，如矮人之观场，莫知悲笑之所自。"①如今，我们能够很便利地校勘不同版本的阳明学著作，把阳明文集中的文字和他在其他著作所留下的文字进行比勘，除了发现阳明学人编集阳明著作时所进行的文字校勘工作之外，还能看到其他的一些事关阳明学的重大课题。

　　（2）《文章轨范》。宋末元初人谢枋得的《文章轨范》自元以来有多种刊本，现存早期刊本有元刻本《叠山先生批

---

① 王守仁：《象山文集序》，《王阳明集》卷七，王晓昕、赵平略点校，第218页。

点文章轨范》七卷，故宫博物院、国家图书馆有藏。①明刊本也有多种。王阳明作序的正德刊本今未见，或已佚失。国家图书馆藏有明嘉靖四十年（1561）郭邦藩常静斋刊本，善本书号07153。该书卷末有郭邦藩跋文一则：

> 余阅《文章轨范》一书，叠山谢先生选辑，虽甚简而文之豪迈典则者，咸不逾乎"放胆""小心"之二种，犹且旁加批点，以示句法，下加注释以示头绪，是诚学者之规矩准绳，要当熟读玩味焉者。世之君子，果能有得乎此，则挥毫染翰，其殆过人远矣。余故重校寿梓，将使此书之不泯，有如天地之不朽焉。既而又录宋论二十四篇，秦汉唐论书传六篇，授吴子景明缮书，章子甫言锓梓者。盖取其词理明快，步骤高古，甚有利于场屋。此所以不辞僭妄，乃敢窃附其后以为初学一助云尔。若夫博雅之士，则吾岂敢。
>
> 嘉靖辛酉冬十月朔越五日东吴后学郭邦藩承远谨识

这部书最前面是阳明的序文，题《文章轨范序》。郭邦藩刊本中"独为举业者设耳"下接"夫自百家之言兴"，《全书》中有："世之学者传习已久，而贵阳之士独未之多见。侍御王君汝楫于按历之暇，手录其所记忆，求善本而校是之，谋诸方伯郭公辈，相与捐俸廪之资，锓之梓，将以嘉惠贵阳之士。曰：'枋得为宋忠臣，固以举业进者，是吾微有训焉。'属守仁叙一言于简首。"②末有："吾惧贵阳之士谓二公之为是举，徒以资其希宠禄之筌蹄也，则二公之志荒矣，于是乎言。"③这两句在郭邦藩本中皆无。有阳明序文的贵州刊本，与正德元年（1506）刊本一样皆未见著录。但从嘉靖时郭邦藩

---

① 故宫博物院藏《叠山先生批点文章轨范》七卷，元刻本，半叶十行，行二十二字，白口，左右双边，双鱼尾，板框18.2厘米×11.3厘米，全书以"王侯将相有种乎"7字标七卷。
② 王守仁：《重刊文章轨范序》，《王阳明集》卷二十二，王晓昕、赵平略点校，第741页。
③ 王守仁：《重刊文章轨范序》，《王阳明集》卷二十二，王晓昕、赵平略点校，第742页。

重刊该书时所录阳明序文来看，他所见到的刊本应当不是贵州刊本，而是另一刊本。郭邦藩本中，阳明序文末题"正德丙寅仲秋既望余姚王守仁撰"，即正德元年，而《全书》则标为"戊辰"，即正德三年（1508）。

南京图书馆藏另一种明刻本，文字与郭邦藩本同。稍有不同的是，阳明序题《文章轨范序》，次行署名"余姚王守仁撰"，文末署"正德丙寅仲秋望日"。①

由此可知，确有正德元年阳明作序的《文章轨范》刊本，也有正德三年修改序文后的新刊本。前者有多种翻刻本。正德元年和正德三年，对于阳明个人而言都有重要的意义。据《武宗实录》卷二十"正德元年十二月乙丑"条载："降兵部主事王守仁为贵州龙场驿驿丞。时南京科道戴铣等以谏忤旨，方命锦衣卫官校拿解未至，守仁具奏救之。下镇抚司考讯狱，具命于午门前杖三十，仍降远方杂职。"可知，阳明在为重刊《文章轨范》作序时，他尚未知晓他即将被贬谪到贵阳。他为何在这一时间要为一部为科举考试所用的书作一篇序文？其中详细情况不得而知，或许是为讲学之用。至于正德三年到贵州之后重刊此书，其用意就十分显明了。

从上述两篇阳明文字在不同时期的书籍中的差异可见，书籍生产并非一个机械复制的过程，而是一个不断创造的过程。在此过程中，文字是流动的，语句也并非固定不变，确定不变的只有书籍本身。

在一个具体版本的特定印本中，文字是不会变化的。某个时代通行的版本构成了我们读书的基本对象，这是稳定性的一面；在不同的版本中，文字会因为各种条件而变化流动，通行本之外的各种版本有其特殊的色彩，这是流动性的一面。稳定性和流动性为我们了解历史提供了丰富的资料。一般的读者关注稳定性，藏书的读者看重流动性，而学术研究必然要对二者同时加以考量。比如从《文章轨范序》的例子中，我们可以知道阳明在贬谪的当年做过某种尝试，也为去贵州做了一些准备，带着一部和科举考试有关的书籍去贵州，自然要强过其他

---

① 南京图书馆藏本的题跋信息由武心群先生的帮助而知，特致谢忱。

的消遣读物。即便是遭到了贬谪，阳明仍在准备着磨砺他的伊尹之志。这才有了其后的龙场悟道。

从《象山文集序》的例子中，我们可以知道《全书》卷七标注的写作时间为庚辰年（1520），而《年谱》中则有辛巳年（1521）下令优待陆九渊子孙的记载，两者之间的时间误差未必就是二者一对一错的关系。①两者都对的情况也是有的，两者皆错的情况也是有的。一部书的刊刻不是一次性完成的，也不意味着文本的终结。相反，只要它因为某种需要有了多次的刷印，或者多次刊刻，每一次都将会有新的内容出现。而读者所见的往往只是某一个具体的时间点上的印本，由这一个具体的印象来推断所有的情况，也就必然存在着误判的风险。而书籍史所做的工作正是要去追寻这种流动性和稳定性之间的关系。

雕版时代的书籍刊刻本本不同，各有价值，但它们所具有的书籍制作的共同特征是毫无疑问的。从书籍的刊刻过程可知，一部书如果多次刊行，其序文往往会根据刊刻的具体情况而进行处理，可能是作者本人的处理，也可能是赞助人的处理，也可能是编辑者的改动，抑或其他。如果是作者本人所作，他是否会有意识地保留不同刻本的序文尚不得而知，至于编集个人文集时又会使用哪一个具体的版本又存在各种不同的情况。因此，刊本上的序文与文集中的序文之间的不一致，不足以相互为对反的理由。相反，这种不同说明：书籍生产本身是一个复杂的知识历史过程，书籍循环是一个绚烂的知识权力世界。阳明学书籍就在这个过程之中展开，也在这一过程中展现出多重的知识图景；阳明学著述就在这一世界中产生，并且按照书籍循环的样式发展。这是阳明学研究必须加以重视的课题。

不论怎么样，阳明从来没有主张要限制书籍的出版，也没有像《菽园杂记》的作者所说的那样将书籍的增多视为洪水猛

---

① 邓艾民已经注意到《象山先生全集》中录阳明序，署"正德辛巳七月朔阳明山人王守仁书"，据此认为《象山文集序》作于1521年，与"年谱"记载相同，而不是《全书》标注的1520年。（邓艾民：《朱熹王守仁哲学研究》，华东师范大学出版社1989年版，第101页）

兽。事实是，阳明在其读书生涯中直接参与到了书籍的繁荣事业之中，并带动其学人群体积极参与其中。

这才是阳明的书籍世界。这是本书研究的起点。以下，我们将从阳明格竹故事、《传习录》、《居夷集》、《阳明年谱》，以及阳明后学宋仪望编集刊刻的阳明著作等有关阳明及其学术的书籍的历史考察来了解这一书籍世界，并通过这样的历史考察来重新认识一位历史上的伟大读书人。

第一章

黄华翠竹：格物致知的公案

昔伊川先生每告学者："汝信取理，莫取我语。"见人记其言语，则曰："某在，焉用此？"盖理是人人所同具，信理则无待于言，凡言皆为剩也；言为未信者说，徒取言而不会理，是执指为月，不唯失月，抑且失指。①

——马一浮

一旦每个人，大多数人或明智的人都满意之后，再不断把某个主题谈论下去是愚不可及的，但是我们当然可以这么做。②

——罗蒂

认识一个思想家需要对其一生经历有所了解，否则无以抓住其一生学力所系；需要对其思想之张力有所关注，否则无以体悟其思想内核；需要对某些历史细节予以考辨，否则容易导致错误的结论并进而误解思想家之思想。但这并不意味着对所谓的历史背景进行追究并以此取代对思想本身的理智分析，因为："研究一个理论而归因于它的历史背景，归因于它的时代精神，归因于它的发源地的物质环境，归因于该理论的主张者的人格，这都是拙劣的手段。一个理论只受理知的评判，评判的尺度永远是理知尺度。"③何谓理知的尺度？从性理学来说，它是道，也是心。因为理论是万物的理论，也是人的理论，前者是道，后者就是心。理论的故事往往是人的故事，而人的故事又充满了隐喻的性质，用理知的尺度时也就必须有理智的审慎和明见。在中国传统的人文语境中，如何理解一个人，更多的不是去检验某个人的理论是否有绝对的真理性，而是要去揭示一个人的思想具有何种意义上的真理性，这一点通过历代的年谱著述就能窥其一斑。

年谱是我国传统史籍中传记类的一种体裁。[①]阳明门人钱德洪典范式的《阳明先生年谱》[②]，将阳明的生平事迹以一种合理的次序安排、时间安排和事件的发展进行了建构，出色地展示了阳明传奇的一生及其事功与思想。因此，《年谱》本身也成了阳明学的组成部分。《年谱》的编订是阳明门人弟子的集体成果，钱德洪等在撰集该书时吸收了阳明重要弟子的意见。他们的意见的一部分保留在相互交流的书信和序跋中，为了显示《年谱》的权威性和可靠性，这些书信和序跋由《全书》编集者沈启原收录到《年谱》之后，作为它的第二附录。[③]《年谱》是我们了解阳明的重要依据，而该附录则是我们了解《年谱》的形成过程以及阳明学人编纂思想的关键文本。

阳明学研究至今，学界对于年谱的研究颇多，也有新的阳明年谱编纂出版。鉴于钱德洪《年谱》的标志性意义，其中的一些争议不得不辨，阳明亭前格竹即是其中一例。[④]一个具体的历史事件（即明确无误真实发生过的事件）与一个思想事件（即可能发生过但被人建构起来作为思想阐发之理由的事件）之间存在一定的距离，即便确立了时间、地点、人物等要素，但并不能保障可由之推导出其思想意义。比如阳明格竹一事就存在以下几种问题：

其一，阳明确有格竹之说，证据是阳明先生本人如是说

---

① 谢巍编纂：《中国历代人物年谱考录》（中华书局1992年版）收录年谱6259种，谱主4010人；来新夏：《近三百年人物年谱知见录》（增订本）（中华书局2010年版）收录清人年谱主1252人，叙录1581篇。此二书可见中国历代年谱著述之盛。冯尔康认为，古人重视传记文书的写作，其原因有四：（1）政治经验的总结和继承，（2）用人制度的现实需要，（3）政治和文化观念的传承，（4）家族和地方势力的发展需要。既有制度的保障，也有理念的护航，累代延续，撰写了海量的历史资料，也保存了历史。（冯尔康：《史料学研究》，天津人民出版社2019年版，第64页）
② 《阳明先生年谱》有多种单刻本和《全书》本，本书简称"年谱"；如果是单刻本《年谱》则指明何种版本，如果是后者，则径称"年谱"。
③ 《全书》一共有七卷附录，即附录一至三为《年谱》，附录四至五为《年谱附录》，附录六为《世德记》，附录七为《世德记附录》。作为《年谱》的第二附录，收录了钱德洪、罗洪先、胡松、王宗沐等人关于《年谱》的序文，又收录了邹守益、罗洪先和钱德洪《论年谱》书信。
④ 俞樟华先生《王学编年》依照钱德洪《年谱》将此事系年于弘治五年（1492）壬子，并列举了袁枚、李光地、朱承、陈来、林乐昌等人意见，详见俞樟华：《王学编年》，吉林大学出版社2010年版，第24—26页。

过。问题是，所谓阳明自述只见于有限的记录，并未见于其他相关证据。正如顾应祥所质疑的，[①]难道就没有可能是门人附会吗？即便是阳明所说，且弟子所录亦一字无误，那阳明是真的在讲述他年轻时的故事吗？阳明门人记录了阳明的诸多话语，其中论及其个人生活者似乎极少，讲学时即便用某曾如何而言亦是有所针对，否则此一讲述将毫无意义。我们应该追问的是，阳明在讲述格竹故事时到底在讲什么，这一故事到底在说明什么问题。

其二，阳明格竹的时间被限定在阳明青年时期，即在二十几岁，甚至是在十七八岁。问题是，徐爱在《传习录序》中明确表示阳明年轻时豪迈不羁，出入二氏之学，并未记录其年轻时曾以朱子学为主要关注点，如果说阳明很早即已研究朱子格物之说，那么其后所谓谒见娄谅时，一斋提醒他要学习朱子之学，就似不可解了。如果将此时置于见娄谅之后，则当时阳明也已十八岁，和阳明门人所述自相矛盾。

其三，阳明格竹是没有成功的故事，它意味着阳明对于朱子学的理解的失败，也导致了其后对于朱子学的反对。日本学者认为："此也许不过是一幅朱子学的讽刺画。"[②]从阳明的学术经历来看，阳明学与朱子学之间的关系相当复杂，似乎很难用简单的对立一说来诠释。

其四，阳明格竹在阳明学的理路中有何地位？除了前述所云反对朱子学之外，还有其他的何种意义？最为关键的是，所谓阳明格竹是否有前人的故事可供参考？宋明哲学中是否还有此类故事？而这个故事不为后世学人所熟悉，格竹何以成为阳明的首创呢？

有鉴于此，我们有必要展开历史的考察。既然故事与年谱有

---

① "（《传习录》云格竹子事云云）愚谓此非阳明公之言也，门人附会之言也。若果有此言，则诬朱子甚矣。朱子《大学》注谓：'格尽天下之物，固似难行，然其所谓格物者，即事观理，穷之而至其极也。'又曰：'物格以理言，致知以心言，亦是身心上说。'何尝在物上推究。今竹子有何是非可格至七日之久而成疾乎？乃自愚也。非朱子之本意也。"顾应祥：《静虚斋惜阴录》，北京图书馆古籍出版编辑组编：《北京图书馆古籍珍本丛刊》（第64册），书目文献出版社2000年版，第32—33页。
② 岛田虔次：《中国近代思维的挫折》，甘万萍译，江苏人民出版社2005年版，第72页。

关，那么我们就可以从史籍中的年谱类书籍出发，做一番梳理。

第一节　阳明之门：人生故事与哲理

　　历史的故事讲述的是人生的故事。从譬喻的观念来看，视人生为故事，赋予人生整体相合性，是最基本的故事讲述方式之一，也是我们认识世界和改造世界的基本方式。通过整体相合的人生故事理解人生，凸显某些参与者与基本成分，忽视或隐藏其余的部分。"人生故事是把真实人生凸显的元素以整体相结合性结构整合起来的。"①换句话说，传说故事构成了我们进入思想世界的通道。在这里我们能够理解前人、思考现实，以及洞察未来。

　　思想家留给我们的不仅有他的著作，也有他的传说。因此，了解一个思想家需要读书，不止要看他本人的著作，还要看他那个时代人的著作，更要看别人如何讲述他的故事。现代人的知识来自现代学人的创作，因此我们先看现代的讲法。1930年，钱穆出版《王守仁》一书，细致地讲述了阳明的一生及其学术思想体系。②该书第三章《阳明成学前的一番经历》中说：

　　　　二十一岁在京师，他奋发地要实做格物工夫。他和他的一位朋友很高兴地（依照朱子《大学格物补传》的意见，来）试格庭前的竹子。他（那位）朋友格了三天，病了，他自己来格，格了七天，他自己也病了。（那庭前）竹子的理，一毫也没有格通。他爽然自失地叹着，他想圣贤有分，（非他所能及），他（于是）不想做圣贤了，他转换他的兴趣来研究辞章文学。他那又执着又跳脱

② 雷可夫、詹森：《我们赖以生存的譬喻》，（台湾）联经出版事业股份有限公司2006年版，第265页。

② 该书是钱穆应上海商务印书馆之邀而作，收入《万有文库》《百科小丛书》《新中学文库》等。1955年台北正中书局出版该书更订版本，改题《阳明学述要》。此书后收入《钱宾四先生全集》（第10册），（台湾）联经出版事业股份有限公司1998年版。此书简体字新校本版本由九州出版社出版（2010年版、2015年版）。

的性情，使他经尝到多方面的生活。①

　　钱穆讲述阳明格竹故事，是为了说明青年阳明有一种奋发的学习精神，对于书本知识不是简单的信或不信，而是要通过他自己的体验来验证。值得注意的是，该书1947年四刷本无括号内文字，今之新版乃1955年再版增订者。为了让阳明格竹故事更有缘起，钱穆在修订版本中增加了"依照朱子《大学格物补传》的意见来"一语。增加的这几个字并非无关紧要，这说明了钱穆认识到：阳明曾经对朱子的学说进行了深入的思考。经过阳明本人的试验，他并没有对朱子学感同身受，以朱子学作为圣贤学问的他，不得不转向其他，也就是辞章之学。钱穆该文的重点是：阳明"那又执着又跳脱的性情，使他经尝到多方面的生活"，之所以发生格竹的故事，原因就在于他的执着，而失败之后转向其他学问，则是他的跳脱。钱穆在这部书的序言中说："阳明讲学，偏重实行，事上磨练，是其着精神处。讲王学的人，自然不可不深切注意于阳明一生的事业。读者能把《阳明全书》里详细的《年谱》和近人余重耀的《阳明先生传纂》仔细一读，庶无缺憾。"②这是钱穆心目中的阳明形象。

　　至于阳明是不是按照朱子在《大学章句》中所作的《格物补传》来格竹的呢？这是否为钱穆的合理想象呢？章太炎所述又是另外一番景象。他说，阳明建立致良知学说经过了漫长的探索过程。首先，是他年轻时代与道士们的交契，比如和铁柱宫道士、九华山道士等，这些道士让阳明看到了儒学之外的世界。其次，是他被贬官到龙场，在忧患中，他重新思考了儒学传统，对朱子学有了质疑，提出了知行合一论。最后，是他在龙场之后继续的探索，提出了致良知理论。这一理论的起点或者突破是对宋代儒者格物学说的重构，不管是朱子的穷致事物之理的说法，还是司马光的物来即格说，即穷致之格和捍御之格，皆不为阳明所服膺。当然，起初阳明是朱子学信徒，他

① 钱穆：《阳明学述要》，九州出版社2015年版，第41页。
② 钱穆：《序》，《阳明学述要》，第1—2页。

信奉朱子学，"阳明初信之，格竹三日而病，于是斥朱子为非是。朱子之语，包含一切事物之理。一切事物之理，原非一人之知所能尽，即格竹不病，亦与诚意何关？以此知阳明之斥朱子为不误"①。阳明的这个说法也不能为后来的理学家，比如顾炎武、吕泾野等人所惬意，因为他们又提出了既不同于朱子，也不同阳明的格物新说，但不管怎么样，"打破朱子之说，不可谓非阳明之力也"②。显然，钱穆和章太炎讲述的阳明故事是不同的。这就有了同一个故事的两种不同版本。

章氏没有说明他所讲述的故事从何而来，而钱穆则提到了余重耀《阳明先生传纂》。该书有梁启超序文，梁氏谓："吾生平最喜王白田《朱子年谱》，以谓欲治朱学，此其梯航。彼盖于言论及行事两致重焉。铁山（余重耀）斯传，正史中传体也，不得不务谨严。于先生之问学与年俱进者，虽见其概而未之尽也，更依白田例重定一年谱，以论学语之精要者入焉。弟子著籍，岁月有可考者，皆从而次之，得彼与斯传并行，则诵法姚江者，执卷以求，如历阶而升也。铁山倘有意乎。"③今阅余氏传记，并无钱穆书中所讲的上述故事，余氏仅于弘治五年（1492）条记阳明于"是年为宋儒格物之学"，则钱氏所述当出于《全书》之《年谱》。余氏说："世言方朔奇，奇事皆归方朔，则文人好异之故耳。"④阳明格竹故事，对现代人而言当是一种奇事，对于喜欢传奇的人来说，这个故事自然值得说一说，而余氏不取，亦当有他的理由。这是阳明格竹故事的第三个版本。

1930年，唐文治著《阳明学术发微》亦提及阳明格竹故事。他认为阳明是从植物学角度理解格物，可惜当时尚未发

---

① 章太炎：《章太炎全集·演讲集》，章念驰编订，上海人民出版社2015年版，第990页。
② 章太炎：《章太炎全集·演讲集》，章念驰编订，第990页。
③ 梁启超：《阳明先生及阳明先生弟子录序》，余重耀：《阳明先生传纂》，上海中华书局1924年版，第2页。
④ 余重耀：《阳明先生传纂》，第6页。

明植物学知识和方法，未竟其功。①唐氏说，他"采取《阳明先生年谱》，参以孙夏峰《理学宗传》诸书，辑为讲学事迹考，并加按语，以祛异说而资则效。深愿后世学者读之以致良知，并推之以救中国"②。关于格竹故事，唐氏的故事为：阳明二十一岁中举之后到北京，开始系统地阅读朱子的著作，并且开始做格物之学。他发现官署中有很多竹子，就以竹子做试验，沉思不得，还生了病，于是就认为圣贤不是任何人都能做的，至少对阳明来说可能性不大了，他就转向了辞章之学。第二年进士考试失败。接下来几年中，阳明在辞章方面大有进步，他不满足，认为辞章不足以通道，求友朋也不得其门。于是他又回到朱子学，并且按照循序渐进的办法来展开理的追求，可惜仍旧没有找到物理和吾心之间如何沟通的办法，他就转向了出世入山的学说。唐文治说这个故事曾经有人批评过：

> 刘氏虞卿斥之云："案格物之学，自有重轻、大小、先后次第。观程子格致九条及朱子诸说可见。今不于其重且大者先之，而第取必于一物以为例，宜其沉思不得而成疾也。且物之理即根于吾之心，安见其判为二物，而反疑于循序致精之说乎"云云。然余谓：物理、事理本属两事。阳明之所格者，物理也。刘氏之所言者，事理也。阳明格庭前竹子，乃系近世所谓植物学，从前未经发明，是以沉思而不可得。于此，亦可见其博学之诚，似未可牵合事理以斥之也。至于物理、吾心终判为二，尤见其用功之切实而不含糊。夫内外合一之学，几于精义入神，本非易至。朱子早年亦尝致疑于延平涵养之说矣，何

---

① 唐文治先生撰《阳明学术发微》，其序收入《茹经堂文集》三编卷五，称："夫今日欲救中国之人心，必自'致良知'始。若药不瞑眩，厥疾不瘳，善国良药，岂远乎哉。爱取阳明先生全书，择其尤精要者，辑为《阳明学术发微》。世之读此书者，苟能善其心以善其身，善其身以善其国，庶几有万一之希冀与。"（王桐荪等选注：《唐文治文选》，上海交通大学出版社2005年版，第352页）
② 唐文治：《阳明学术发微》，《唐文治性理学论著集》，邓国光辑释，欧阳艳华、何洁莹辑校，上海古籍出版社2020年版，第1078页。

独斥阳明乎？[①]

　　唐文治与钱穆一样，都将阳明格竹故事系年在阳明二十一岁。他也与钱穆一样，认为这个故事所传递的信息是阳明在追求学问上是一种十分认真的态度。而那些批判阳明格竹故事的人是没有能够理解这种学术精神的。唐氏还提出，不管是阳明，还是朱子，都能对前贤的学说有过质疑，正是这种怀疑精神让他们不断追寻新知，不断自我探索，最终成就了他们的学术。因此，阳明格竹的故事不是一个如刘虞卿那样批驳的愚蠢笑话，而是一个励志的学术故事。这是阳明格竹的第五个版本。

　　邓艾民亦持类似的看法。他说："1492年（弘治五年），王守仁随父亲到北京，遍求考亭遗书读之，但对于朱熹的格物说始终疑难甚多。朱熹认为，一草一木都包含至理。于是，王守仁以父亲官署中的竹子为对象，穷究竹子之理，苦思冥想达七天之久，一无所得，就病倒了。这时，他还未怀疑朱熹学说中有任何不足之处，正如他自己后来所描述的：'平生于朱子之说，如神明蓍龟'，而只是认为自己没有做圣贤的天分，于是，就搁下了做圣贤的志向，去学习兵法和诗文了。"[②]在邓艾民看来，阳明之所以有格竹子的举动，原因在于他所信奉的朱子学说有"一草一木都包含至理"的说法，既然圣贤有此说辞，那么自然要去试验一番。可惜，这样的尊奉并没有得到预期的进入圣贤之域的效果，阳明也就只好转向非圣贤之学的兵法和诗文了。

　　富路特、房兆楹《明代名人传》中所载王阳明传记也说，十七岁的阳明拜访了娄谅，娄氏告诉了阳明关于宋代新儒家所提倡的格物之学，也就是普通人通过学习能够成为圣贤的学说。这次会面，给阳明带来了新的启发，格物之学从此成为

① 唐文治：《阳明学术发微》，《唐文治性理学论著集》，邓国光辑释，欧阳艳华、何洁莹辑校，第1080—1081页。唐氏此说，邓志峰曾首先加以引用。邓志峰：《王学与晚明的师道复兴运动》，社会科学文献出版社2004年版，第121页；《王学与晚明的师道复兴运动》（增订本），复旦大学出版社2020年版，第95页。
② 邓艾民：《朱熹王守仁哲学研究》，第84页。

阳明学术的一个重要方向。第二年，阳明与他的堂兄弟一起学习儒家经典，特别是朱子的著作。到了1492年，阳明中举，并与他父亲王华一道再次回到北京。"王守仁很有可能就是在这时开始试图通过调查外在事物（即'格物'）来检验朱熹的理论，王守仁端坐在一片竹林前，试图找出其原理（'理'），但是数天之后却大病一场。此次失败促使王守仁致力于文学创作，但是这一努力并未帮助其通过1493年和1496年的会试。此后王守仁转而学习兵法，颇有心得；同时学习道教养生之术。由于学习朱熹不得，以及对于文学的喜好，加上身体虚弱，王守仁实际上转而学习道教中的守弱之术，以期长生。"①《明代名人传》用这种传说故事来讲明不同人的生涯，在其书中尚有它例。

上述学者讲述的故事，如果提到阳明格竹的话，无一例外地都系年于弘治五年（1492），也即阳明二十一岁时。《中国哲学大辞典》也将弘治五年的阳明格竹作为中国哲学大事系于年表中。②之所以如此，乃是因为他们都采信了阳明《全书》中附录的《年谱》。劳思光曾说："王守仁之生平，当以

---

① 富路特、房兆楹：《明代名人传》，北京时代华文书局2015年版，第1409页。《王守仁》一条由陈荣捷先生撰稿，收录于《宋明理学之概念与历史》，但略有不同：翌年（十八岁），携夫人归余姚，舟过广信，谒娄谅（1422—1491）。谅与语宋儒格物之学，谓圣人必可学而至，遂益慕圣学。年二十一（1492）中举人，旋侍龙山公于京师，遍求朱子遗书读之。一日与友钱氏坐在其父官署竹树之前考索，不得其理。钱友三日而疾，阳明亦到七日以劳思之病，乃退而致力于词章之学。弘治五年（1492）、八年（1495）两会试均下第。仍寓京师，学兵法，谈养生。二十七岁（1496）词章儒学均觉失意而旧病复发，乃由遗世之想。［陈荣捷：《宋明理学之概念与历史》，（台湾）秀威资讯科技股份有限公司2004年版，第277页］陈荣捷还在其《中国哲学文献选编》中提及了格竹故事："阳明幼年，即深思好问。据说在成亲之日，因闻养生之说，遂相与道士对坐忘归，翌晨始还。他先是习兵法，在1492年，遍求朱子遗书之。为奉行朱子格物之说，阳明与友人坐格窗前竹子之理，七日而得病。在尝试华丽的词章之学以后，返而学兵法以及道家养生之术，终悟以前所有从学门径俱是簸弄精神，无益于道，乃重归于儒。"（陈荣捷：《中国哲学文献选编》，江苏教育出版社2006年版，第549页）陈荣捷将阳明格竹故事系于阳明中举之后。在《王阳明〈传习录〉详注集评》一书中，陈氏注《传习录》下卷第318条时，将阳明谓初年与钱友格竹云云之"初年"与《年谱》相联系，说："初年，《年谱》系为弘治五年（1492）。阳明侍其父龙山公于北京。官署中多竹，取竹格其理。"又说，佐藤一斋认为钱友即是钱德洪，但东敬治认为那时钱德洪还没有与阳明会面，也不可能是钱德洪，所谓钱子则是某位钱姓学人。（陈荣捷：《王阳明〈传习录〉详注集评》，重庆出版社2017年版，第301页）
② 参见张岱年：《中国哲学大辞典》（修订本），上海辞书出版社2014年版，第932页。

钱德洪等门人所编之《年谱》为主要资料。《年谱》原由各门人分任纂辑，以邹守益总其事。至嘉靖四十一年邹死，钱德洪乃以所得材料与罗洪先商订，于是在次年书成，距王氏之卒已三十五年。然此《年谱》仍属同时人之作品，远胜日后《明史》中之传文也。"①钱德洪等编纂的《年谱》对于后世理解阳明学术有着至关重要的意义，也就不辩而明了。

关于格竹的故事虽然出自《年谱》"弘治五年条"，可原文并未说就是本年故事。对此，细读《年谱》的学者就将这一故事做了重新的处理。比如冯友兰《中国哲学史》下册，论及此事时说，阳明"年十八时，'过广信谒娄一斋谅，语格物之学，先生甚喜，以为圣人必可学而至也。后遍读考亭遗书，思诸儒谓众物有表里精粗，一草一木，皆具至理。因见竹取而格之，沉思不得，遂被疾'"。②张君劢《王阳明》也持同样的看法。他说："西元一四八九年，阳明先生携同夫人，由江西返浙江余姚故里，舟行至广信，谒见娄一斋谅，语宋儒格物之学，谓圣人必可学而至，遂深契之。后来，为印证格物之理，刚好其父官署中多竹，即取竹格之——因为朱子曾谓众物必有表里精粗，一草一木皆涵至理，可是他始终沉思其理不得，遂遇疾。此后他随世就辞章之学，希望能通过科第取士的功名。"③格竹故事发生在拜访娄谅之后，而具体的年岁则可以模糊处理。

又如，冈田武彦《王阳明大传》第四章"五溺时代"专列"格竹失败"一节，用四页篇幅论述此事。冈田武彦据陈来《有无之境》一书之考证，将此事发生时间置于阳明十七岁，并考察了阳明格竹失败的原因，即阳明没有按照朱熹的教诲去

---

① 劳思光：《新编中国哲学史》（三上），生活・读书・新知三联书店 2015 年版，第 298 页。
② 冯友兰：《中国哲学史》（下），生活・读书・新知三联书店 2009 年版，第 419 页。其后所著《中国哲学简史》亦云：阳明"早年曾追随程朱理学，并决心依照朱熹的思想，从'格竹子之理'开始。为此，他七天七夜专心致志地求求竹子之理，结果并无所悟。他被迫放弃'格物'这条路"。（冯友兰：《中国哲学简史》，赵复三译，生活・读书・新知三联书店 2009 年版，第 338—339 页）
③ 张君劢：《王阳明——中国十六世纪的唯心主义哲学家》，江日新译，（台湾）东大图书股份有限公司 1991 年版，第 3 页。

格物穷理，阳明格物的方法类似禅学，虽然违背了朱熹之道，但和陆九渊的穷理之道如出一辙。冈田认为如果阳明能像陈献章所说"窗外竹青青，窗间人独坐。究竟竹与人，原来无两个"这样放弃刻意格竹之心，以平常心去格竹子，他或许能达到诗中所描述的那种境界，但这对一个十几岁的孩子来说，实在太难了。①

又如，张岱年《中国哲学大纲》说，阳明也曾作过朱子所讲的格物穷理功夫，但没有走通就转向内心了。阳明只注意到程颐（1033—1107）所说的："一草一木皆有理，须是察"②，却没有注意到程颐还说过："格物穷理，非是要尽穷天下之物，但于一事上穷尽，其他可以类推。……穷理如一事上穷不得，且别穷一事，或先其易者，或先其难者，各随人深浅，如千蹊万径，皆可适国，但得一道入得便可。所以能穷者，只为万物皆是一理，至如一事一物，虽小，皆有是理。"③阳明放弃格物，并认为天下之物本无可格，提倡只在身心上做，是"避繁难而就简易"。④

又如，北京大学哲学系中国哲学教研室著《中国哲学史》第八章说，年轻的阳明曾是程朱的信徒，并且有意要按照朱子的学说实践。在《传习录》下卷有这样的故事：阳明与一个朋友谈到做圣贤的问题，阳明说圣贤是要"格天下之物"的，但朱子并没有明确说怎么去格天下之物。他和朋友恰好看到了竹子，于是商量一起把竹子格来看看。阳明的那个朋友从早到晚地想要"穷格竹子的道理"，不过三天下来，也没见到竹子的道理，反倒得了病。阳明自己白天黑夜没有看到什么道

① 冈田武彦：《王阳明大传：知行合一的心学智慧》（上卷），杨田等译，重庆出版社 2014 年版，第 75 页。
② 程颢、程颐：《河南程氏遗书》卷十八，《二程集》，王孝鱼点校，中华书局 1981 年版，第 193 页。张岱年说，程颐的格物致知方面，看起来像是科学的，或者是接近科学的方法，但与科学并不相关。因为科学是观察特例获得通则，是用感官和仪器对外物做精密的观察与检测，用的是归纳法则，而程颐的观察特例却只是用思维和体会，不是由特例归纳通则，不是由精密归纳得到结论，而且只是恍然的觉悟，是把即物的直觉和理智的思辨结合起来的一种方法。［张岱年：《中国哲学大纲》（增订版），中华书局 2017 年版，第 689—690 页］
③ 程颢、程颐：《河南程氏遗书》卷十五，《二程集》，王孝鱼点校，第 157 页。
④ 张岱年：《中国哲学大纲》（增订版），第 695 页。

理，过去了七天，也病倒了。于是，两位想要通过格竹子做圣贤的人同病相怜，叹息说："圣贤是做不得的，无他大力量去格物了。"其后阳明还对格竹子进行了反思，认为天下的事物没有什么好格的，格物其实应该是在身心上努力。接下来，《中国哲学史》的作者评论到，从哲学史的视野来看，程朱所谓的"格物"的确有从一草一木、一事一物着手的意思，但主要内容并不在于一草一木，而是要通过格物来认识天理，也就是说格物所指在于社会的道德原则，而非科学知识。如果把格物理解为具体的科学知识，那就不是程朱学说的主要内容。阳明所谓格物，当然也不是要得到科学的知识，因为他根本就没有对竹子的科学观察，更没有对竹子培植的经验总结，他所做的无非是"面对竹子进行主观的冥思苦想，当然不可能得到任何竹子之理"。不仅如此，阳明得出的探求外物之理不可能，是"完全否认了客观规律"，其结论必然是"主观唯心主义"。①

哲学史家认为，阳明相信"心外无理""心外无物""心外无事"的主观唯心主义，格竹的故事恰恰就能说明这个问题。而这个故事却发生在阳明"早年曾经信仰程朱"的时期，似乎所谓的信仰成了一个说辞。同样的，我们看到劳思光《新编中国哲学史》中也存在这样的自我矛盾。劳思光按照《年谱》的记载挑出阳明的重要年历，其中就有："1492年，廿一岁。据朱熹之说，以从事'格物'之学；格竹不得其理而遗疾，即在是年。"②劳氏说，观此及阳明十八岁拜访娄谅与二十七岁慕道士养生术等可知，"王氏自十八岁闻娄一斋论程朱之学，至二十七岁为止，皆致力于程朱格物穷理工夫，但未能有得"③。劳思光认为，阳明探求朱子学不得只是在"圣贤有分"的才性限制观念上，并不是对程朱之学的内在理论缺陷有认识，更没有触及心性问题，真正触及心性与真性关系要到他三十七岁龙场悟道之时。

---

① 北京大学哲学系中国哲学教研室：《中国哲学史（第二版）》，北京大学出版社2015年版，第324页。
② 劳思光：《新编中国哲学史》（三上），第298页。
③ 劳思光：《新编中国哲学史》（三上），第301页。

按照劳氏所阐释的阳明的格物观念，格竹故事似乎又恰恰可以用来说明朱子学与阳明学的差异。劳氏云："阳明所谓'格物'即是'正行为'。此点不待赘述。因'物'非外在'事物'之义，故若与朱熹之说比较，则可说阳明之'物'亦属'内'，而朱说之'物'方属'外'。但若就阳明自己之思想系统看，则说到'格物'时，方涉及此心面对世界之决定；亦可说，只到'格物'，方涉及'对外'也。"①劳氏认为，将格竹所代表的外的格物，正是阳明思想成熟时对朱子学的理解。劳氏说，阳明《大学问》明言："物者，事也。凡意之所发，必有其事。意所在之事谓之物。格者，正也；正其不正，以归于正之谓也。正其不正者，去恶之谓也；归于正者，为善之谓也。夫是之谓格。"②这是阳明界定的"格"与"物"的意义，不仅与《大学》本文不同，与宋儒的解释也有差异，这才是阳明立说的特色之一，"落到日常工夫之下手处，便说格物""格物重在具体活动上之实践"。③显然，劳氏一方面对阳明的学术思想进行了哲学的分殊，而另一方面却将其分殊的阳明学术与阳明生平故事分离开来。也就是说，阳明本人的学术不能用来解释他的生活故事。这显然是哲学家阐释中的一个矛盾处。

综上，关于阳明格竹故事，有若干不同的版本，不仅有系年的差异，也有判断的异同。各种系年都有其历史资料的来源，都指向《年谱》。何种《年谱》的何种版本会造成这样不同的系年呢？民国以来，上述著述于阳明学之理解及其哲学思想之初步了解颇具影响，从中我们可以看到，无论是在事实的确认上还是在义理的辨析上，都存在差异。特别是，从哲学史家的论述中，我们会看到如果把这个故事看成一种哲学的隐喻的话，它就与哲学史家的论述相矛盾，故事的叙述反对了哲学的话语。因此，我们有必要对它再作进一步的考察。

---

① 劳思光：《新编中国哲学史》（三上），第 322 页。
② 劳思光：《新编中国哲学史》（三上），第 322—323 页。
③ 劳思光：《新编中国哲学史》（三上），第 322 页。

第二节　天生豪杰：群传中的阳明像

我们所见，即我们所知。"当我们对世界进行描述的时候，我们就会看到，语言是怎样像筛子一样只允许现实中那些与我们已有的概念或词语对应的特征进入它的摹本。"①我们不仅用语言来塑造我们的世界，也用语言讲述历史的故事，而这种讲述本身就是一种语言世界的运转和世界形象的流转。世界不能静止，语言不会停歇，故事也必然不断更新。但是，当过往的故事成为陈迹的时候，我们又如何看待历史的摹本？当过去的故事成为笑谈的时候，我们又如何去追记历史的荣耀？当新秩序看起来牢不可破的时候，我们又如何去欣赏过去的艺术？或许，它将不仅仅是一种语言的问题，更是一个生活世界的形象问题。这种形象，不仅决定了我们如何把握我们的过去，也指引我们如何进入历史的秩序。

毫无疑问，历史故事是我们了解过去的一种方式，它同时也是一种我们了解世界的隐喻。如果我们相信那些曾经在同一片天空下生活过的那些古人和我们一样为生活、为未来、为艺术而殚精竭虑过，迷茫过，那么，我们重新检视那些故事的时候，就不会用一种"高人一等"的"俯视眼光"去嗤笑我们不知所云的细节，而是用一种"感同身受"的"交流眼光"去尝试理解他们所述的语言。

阳明的生活世界是何等样貌？胡塞尔认为，生活世界的一般结构由两部分构成，其一是事物（人物与事件）与世界，其二是对事物（人物与事件）的意识。前者对我们而言是被给予的对象，后者则是我们所意识到的世界中的某物。②历史的存在，也是因为我们意识到了它的存在。而我们之所以意识到它，乃是因为借助于历史的典籍，我们对它有所体验，"人是被具体体验到的"③。就此而言，我们所知的阳明的生活世界，实际上是通过文本、想象和体验共同建构起来的。我们可

---

① 范景中：《附庸风雅和艺术欣赏》，中国美术学院出版社 2009 年版，第 11 页。
② 胡塞尔：《胡塞尔文集：欧洲科学的危机与超越论的现象学》，王炳文译，商务印书馆 2017 年版，第 179—180 页。
③ 胡塞尔：《胡塞尔文集：欧洲科学的危机与超越论的现象学》，王炳文译，第 284 页。

以通过阳明本人的文字、他同时代人的记录，以及阳明的传记作品来了解。

从宋代到明代，有一种类型的书籍是知识人了解历史人物的重要来源，即《言行录》。最为著名者为朱子《五朝名臣言行录》十卷和《三朝名臣言行录》十四卷（两书合称《八朝名臣言行录》）。四库馆臣曾对朱子编纂《言行录》有所批评。余嘉锡提出了反批评，认为提要初稿作者看过书，而改定者纪昀或未观书："盖原撰《提要》者尚知略观本书，纪氏则仅稍一涉猎，即捉笔疾书，以快其议论，而前后皆未寓目也，是亦难免果哉之诮矣。"①他还说："《言行录》之体，皆采自群书，直录其文，无一事为朱子所自记。凡采录前人之文，有可删者，有不可删者，繁辞赘语，擘拇骈枝，去之而文省词洁，此可删者也；其词与事虽无甚关系，而去之则事迹遂无首尾，文义不相联属，譬之鹤颈虽长，断之则悲，此不可删者也。"②按照书史专家的看法，《言行录》这一类别的书籍，从朱子开始就是以收集所见书籍，将其中人物言论与故事材料抄录，汇集为一部书。作者以所能见到的材料为依据编订书籍，决定了这类书从一开始就具有人物传记资料汇编的性质。至于书中文字略有改动，那也是在一定限度内进行的。

中国传统的学问和思想体现在行事之中。也就是说，具体的人和事，构成了思想的主线，离开了具体的人和事，思想无以安放。钱穆说，这样的传统是从《论语》发源的，即便是宋明性理学家谈论义理，"其实也只紧扣具体的人和事上来讨论其义理之所在"。"我们可以说：中国思想，尤其是儒家思想，主要是从具体的实人实事上思人的。"③读书，也是要读传记；而编纂书籍，其中的一项重要内容就是人物的传记，通过传记显示实人实事。所以朱子说："予读近代文集及记事之书，观其所载国朝名臣言行之迹，多有补于世教者。然以其散出而无统也，既莫究其始终表里之全，而又汩于虚浮怪诞之

---

① 余嘉锡：《四库提要辨证》卷六，中华书局 2007 年版，第 330 页。
② 余嘉锡：《四库提要辨证》卷六，第 335—336 页。
③ 钱穆：《孔子与〈论语〉》，岳麓书社 2020 年版，第 113 页。

说，予常病之。于是掇取其要，聚为此录，以便记览。尚恨书籍不备，多所遗阙，嗣有所得，当续书之。"①从朱子的《自叙》可见，撰写《言行录》的对撰述者本人而言就是为了记览，而对社会而言则有补于世教。其必要的条件是有大量可参考的书籍，朱子如此，后世亦是如此。朱子之后，学者多有续补之作。《书目答问·史部·传记类》分孔孟传记、汉至唐、宋元明和国朝四类。宋元明以来以朱子《宋名臣言行录》为典范，其后多种群传，如李心传《道命录》十卷、苏天爵《元朝名臣事略》十五卷、徐开仕《明名臣言行录》九十五卷、王世贞《嘉靖以来首辅传》八卷、陈鼎《东林列传》、《国朝满汉名臣传》八十卷、李元度《国朝先正事略》六十卷等"义例雅饬考证详核"之书。②《中国古籍善本书目》著录的存世的明代人编集的人物群传有很多，比如尹直《皇朝名臣言行通录》、彭韶《皇明名臣言行录绎》、黄金《皇明开国功臣录》、杨廉《新刊皇明名臣言行录》《皇明理学名臣言行录》、徐纮《皇明名臣琬琰录》以及徐咸《近代名臣言行录》

① 朱熹：《自叙》，《朱子全书》（第 12 册），朱杰人、严佐之、刘永翔主编，上海古籍出版社 2002 年版，第 8 页。朱子此书尚有宋版存世，详见李致忠：《昌平集》，上海古籍出版社 2012 年版，第 457—458 页。
② 张之洞编纂，范希曾补正：《书目答问补正》，中华书局 2018 年版，第 110—113 页。舒大刚《儒学文献通论》称："由于朱熹的影响，后世学者也十分重视'言行录'的编纂，作者继踵，比较重要的有：《皇朝名臣言行续录》8 卷，（宋）李幼武撰；《四朝名臣言行录》26 卷，（宋）李幼武撰；《皇朝道学名臣言行外录》17 卷，（宋）李幼武撰；《名贤氏族言行类稿》60 卷，（宋）章定撰；《南宋名臣言行录》16 卷，（明）尹直撰；《皇明名臣言行录前集》12 卷《后集》12 卷《续集》8 卷，（明）徐咸撰；《皇明名臣记》30 卷，（明）郑晓撰；《名臣言行录新编》34 卷，（明）沈庭奎撰；《皇明理学名臣言行录》3 卷，（明）崔铣撰；《皇明理学名臣言行录》2 卷《续》1 卷，（明）杨廉撰；《皇明名臣言行录》，（明）王宗沐撰；《国朝名臣言行略》，（明）刘廷元撰；《战国人才言行录》10 卷，（明）秦瀹撰；《汉名臣言行录》8 卷，（明）姜绹撰；《汉名臣言行录》12 卷，（清）夏之芳撰；《临江先哲言行录》2 卷，（清）龚守愚撰；《明名臣言行录》95 卷，（清）徐开任撰；《明儒言行录》10 卷《续录》2 卷，（清）沈佳撰；《国朝臣工言行记》26 卷，（清）梁章钜撰；《国朝名臣言行略》30 卷，（清）王炳燮撰；《历代名臣言行录》24 卷，（清）朱桓撰；《二十二史言行录》42 卷，（清）过元盷撰；《粤东名儒言行录》24 卷，（清）邓淳撰。"（舒大刚主编：《儒学文献通论》，福建人民出版社 2012 年版，第 2073—2074 页）

《皇明名臣言行录》等。①这些群传"除参照历朝正史、实录资料之外，主要以诸家文集、墓志、行状、碑铭、家传、遗事、语录等作为第一手材料"②。晚清以后，《言行录》这类著作多不太为作家和读者看重，存世的诸多刻本藏于图书馆善本室，更多地成了历史考证的资料或者古籍版本的研究对象。

宋以后书籍雕版技术进入了成熟发展期，因此《言行录》的撰写大量使用了流通的官私著述，包括国史实录、别史杂史、文集笔记、碑志行状等。从朱子和李幼武所著的《宋名臣言行录》开始，这一类的群传就主要是抄录所见名臣的相关资料并将其汇编成书，故这类书就为我们考察某些人物的特定事件提供了比较可靠的资料。我们可以从不同时代的故事从无到有、从有到无的演变中看到不同时代的读者所关心的故事内容，甚至可以见到某个特定时代的阅读特点。阳明是有明一代重要的理学名臣，在这类名臣的群传中就有他的传记。从我们研究的阳明来说，明清以来的多位作者所创作的明代《名臣言行录》就具有了这一典型的意义。首先要关注的是阳明在中进士之前的一段探索经历，因为这是阳明成为阳明的起点。

阳明以名臣的身份进入历史，是嘉靖朝的故事。因此，他在明代人所编辑的《名臣言行录》中最早出现的时代当是此一时期。我们看到，明嘉靖二十八年（1549）施渐刻本徐咸《皇明名臣言行录后集》卷十有《尚书王公守仁传》。徐咸根据阳明的《文集》和黄绾撰写的《行状》等文献，从阳明为兵部主事谈起，讲述他的一生功业与言行。至于阳明的青年时代，徐咸在书中只提到他十五岁时的一个故事：

> 公十五岁时，梦中尝得句云："卷甲归来马伏波，早年兵法鬓毛皤。"莫知其谓。至是，舟至乌蛮滩。舟人指曰："此伏波庙前滩也。"公呀然，登庙礼拜如梦中所

---

① 中国古籍善本书目编辑委员会编：《中国古籍善本书目·史部》，上海古籍出版社1991年版，第428—429页。以上诸书，除了徐纮《明名臣琬琰录》外，在版本学家而言或许不为善本，如《增订四库简明目录标注》收录徐氏书，言有明刊本；收录徐开任《明名臣言行录》，有康熙初昆山徐氏刊本，"四库未见"。
② 俞樟华、娄欣星等：《古代假传和类传研究》，黑龙江人民出版社2015年版，第291页。

见，因读梦中诗，且叹："人生行止不偶"云。①

这一故事出自黄绾的《阳明先生行状》。②后来，钱德洪编纂的阳明年谱中亦有此事。他说，阳明"梦谒伏波将军庙，赋诗曰：'卷甲归来马伏波，早年兵法鬓毛皤。云埋铜柱雷轰折，六字题文尚不磨'"③。又在嘉靖七年（1528）"谒伏波庙"条说："先生十五岁时尝梦谒伏波庙，至是拜祠下，宛然如梦中，谓兹行殆非偶然。"④或许钱德洪等人编纂阳明年谱时也参考了黄绾为阳明撰写的生平简历，抑或黄绾撰写的阳明生平资料就出自钱德洪等阳明身边的门人弟子，致使他们所讲述的故事几乎完全相同。

作者接着又抄录黄绾所撰《行状》一段评论，其文为：

> 公天资绝伦，少喜任侠，长好词章，壮好仙释。既而好学，以斯道为己任，以圣人为必可学而至。虽处富贵，常有烟霞物表之思。视弃千金犹如土芥；藜羹珍鼎，锦衣缊袍，大厦穷庐，视之如一。真所谓天生豪杰，挺然特立于斯世，近古诚未见有其人如公者也。⑤

黄绾《行状》中说：

> 公生而天资绝伦，读书过目成诵。少喜任侠，长好词章、仙、释。既而以斯道为己任，以圣人为必可学而至。实心改过，以去己之疵；奋不顾身，以当天下之难。上欲以其学辅吾君，下以其学淑吾民，倦倦欲人同归

① 徐咸辑：《皇明名臣言行录》卷十，《续修四库全书》（第520册），上海古籍出版社2002年版，第316页。
② 黄绾：《阳明先生行状》，王守仁：《王阳明集》卷三十七，王晓昕、赵平略点校，第1212页。
③ 钱德洪：《年谱一》，王守仁：《王阳明集》卷三十二，王晓昕、赵平略点校，第1026页。
④ 钱德洪：《年谱四》，王守仁：《王阳明集》卷三十四，王晓昕、赵平略点校，第1115页。
⑤ 徐咸辑：《皇明名臣言行录》卷十，《续修四库全书》（第520册），第316页。

于善，欲以仁覆天下苍生。人有宿怨深仇，皆置不较。虽处富贵，常有烟霞物表之思，视弃千金犹如土芥；藜羹珍鼎，锦衣缊袍，大厦穷庐，视之如一。真所谓天生豪杰，挺然特立于世，求之近古，诚所未有者也。[①]

编集进阳明《全书》的黄绾文字，与编集进《黄绾集》的文字除了个别字的差异外，基本保持一致，我们有理由相信徐咸在抄录史料时是做了加工处理的。至于徐咸何以要将"实心改过"云云删去，他有何考量，我们并不清楚其中缘由。或许《言行录》一类的著作在编纂时对原始材料都要经过类似的处理。

徐咸的《名臣言行录》在嘉靖时广为流传，有多种不同的刻本传世。《中国古籍善本书目》著录《近代名臣言行录》有明嘉靖十一年（1532）刻本（4679）、明万历十六年（1588）张程刻本（4680）两种版本；《皇明名臣言行录前集》《十二卷》后集、《十二卷》续集八卷，有明嘉靖三十九年（1560）侯东、何思刻本（4681、4682）。[②]该书又有一由阳明后学王宗沐资助刊行的嘉靖三十二年（1553）刻本，即《皇明名臣言行录》十四卷。王氏云："广西臬台旧刻《本朝名臣言行录》，自徐武宁王而下，凡一百人。至嘉靖癸丑（三十二年，1553）六月，宗沐得海盐本，复益以郭威襄公而下四十三人。盖始具备，使观者得详考焉。临海后学王宗沐识。"[③]这一版本中，王阳明传记在最末一卷。两种不同版本的《皇明名臣言行录》中的《王守仁传》文字基本上是一致的。该书标记了阳明传记所引资料出处：黄绾撰《行状》、门人徐爱序（即《传习录序》）、《文集》（即《阳明先生文录》）、《状志略》。可见，阳明传记所引资料基本上都是阳明本人著述及后

---

① 黄绾：《阳明先生行状》，王守仁：《王阳明集》卷三十七，王晓昕、赵平略点校，第1213—1214页；黄绾：《阳明先生行状》，《黄绾集》卷二十四，张宏敏编校，上海古籍出版社2014年版，第482页。《黄绾集》中"倦倦欲人同归"作"惓惓欲人同归"。

② 中国古籍善本书目编辑委员会编：《中国古籍善本书目·史部》，第429—430页。

③ 国家图书馆藏有此本。又见沈津：《美国哈佛大学哈佛燕京图书馆中文善本书志》，上海辞书出版社1999年版，第178页。

人撰写的碑传记录等。

四库馆臣将徐咸的这部书做"存目"处理。四库馆臣说："《名臣言行录前集》十二卷、《后集》十二卷。明徐咸撰。咸，海盐人，正德辛未进士，官至襄阳知府。先是，丰城杨廉本彭韶《名臣录赞》撰《名臣言行录》四卷，所载凡五十五人。咸亦纂《近代诸臣言行录》凡四十八人。余姚魏有本官河南巡抚时，尝合刻之。及咸归里之后，病其未备，重为纂辑。于杨录增十六人，于己所录者亦增二十五人，分为前后二集，自为序，记其始末，而仍以魏有本初刻之序弁于书首云。"①《续修四库全书总目提要》说："明代名臣言行录之作，先有谢铎《名臣事略》、彭韶《名臣录赞》，复有杨廉《名臣言行录》、徐纮《名臣琬琰录》等，徐咸仿之，于嘉靖十年（1531）编纂《近代诸臣言行录》，收英宗、宪宗、孝宗、武宗四朝人物四十八人，以为皆足士君子立身立朝之法程。徐录成书后，与杨录分别梓行。嘉靖二十年，魏有本巡抚河南，以杨、徐二录合刻为一书，以便观览，且撰书序述其源流。徐咸致仕后，或谓二录均有可续录者，于是稽之传志，参之野史，质之舆议，重加纂辑。杨录原收五十五人，徐为增补十六人，作为《前集》，于杨录所遗之事则增入之，文字繁芜之处则删削之；而于己录四十八人外复增二十五人，作为《后集》，总名《皇明名臣言行录》。书成后，又得郑晓商榷订正，嘉靖二十八年由无锡施渐刊刻行世。"②

徐咸编纂《名臣言行录》有几个阶段。起初，他编纂《近代名臣言行录》十卷，录明英宗、宪宗、孝宗和武宗四朝明人四十八人，"虽其事功所就不无大小之差，然志行风节，才猷学识，充养磨砺，卓尔不群，皆足为士君子立身立朝法程也。"（嘉靖十年徐咸《近代名臣言行录序》）这时尚未选录阳明。之后，他撰集该书《续集》，将阳明的故事收入其中。徐咸的这篇阳明传记文字，也成为较早的关于阳明的

---

① 永瑢等：《四库全书总目》卷六十一，中华书局1965年版，第552页。
② 续修四库全书总目提要编纂委员会编：《续修四库全书总目提要·史部》，上海古籍出版社2014年版，第219页。

生平及其学术思想的群传记录。[①]后来，雷礼《国朝列卿纪》卷五十[②]、过庭训《本朝分省人物考》卷五十等晚明人撰写的史籍中关于阳明的传记文字皆受徐咸《皇明名臣言行录》的影响。

其中，《国朝列卿纪》用了六百余字讲述青年阳明的故事：

> 王守仁字伯安，浙江绍兴府余姚县人。父华，成化辛丑状元。仕至南京吏部尚书，封新建伯。母郑氏，孕十四月而生。将诞之夕，祖母岑氏梦天仙抱一赤子乘云而来，导以天乐，至屋檐呼岑与之。岑失手堕地，蹶不能啼。岑以生气嘘口，少顷而啼。岑惊寤，即其初诞啼声。既诞，果蹶。少顷，岑以生气嘘之而苏。郑自乳之，忽乳竭，梦神女为乳，乳遂溢。父华以梦云之祥，故名之曰云。生六岁不能言。一日出戏于门，有老僧过，以手摩其顶曰："有此宁馨儿，却被名字叫坏了。"郑语华，改今名，遂能言，而颖异顿发。年十一，大父携之上京，过金山，作诗曰："金山一点大如拳，打破维扬水底天。醉倚妙高台上月，玉箫吹彻洞龙眠。"已而，从塾师读书。出游市上，与鬻雀者争。有相者见而异之，以钱买其雀与之，送归书馆，谓塾师曰："此子他日官至极品，当立异等功名。"因遍阅同馆诸小生，其官阶崇卑显晦，后皆悉验。年十三，父为会试考官，随入试场，即能阅卷，评品高下皆当。性豪迈不羁，喜任侠。畿内有石英、王勇之乱，久不能扑，欲以计令侠侣往擒之。又湖

---

① 作者还提到了阳明的遗言："公属纩之际，家童问何所嘱。公曰：'我它无所念，平生学问，方才见得数分，犹未能与吾党共成之，为可恨耳。'"这是关于阳明的另一重要传奇故事。[徐咸辑：《皇明名臣言行录》卷十，《续修四库全书》（第520册），第316页]

② 雷礼云：守仁天资绝伦，读书过目成诵。少喜任侠，长好词章，壮好仙释。既而好学，以斯道为己任。以圣人为必可学而至，实心改过，以去已之疵。奋不顾身，以当天下之难。上欲以其学辅吾君，下欲以其学淑吾民。惓惓欲人同归于善，欲以泽覆天下苍生。人有宿怨深仇皆能忘之而不较，虽处富贵常有烟霞物表之思，视弃千金犹如土芥，藜羹珍鼎、锦衣缊袍、大厦穷庐，视之如一。真所谓天生豪杰，挺然特立于斯世者，近古诚未见其比云。

广有石和尚、刘千斤之乱，辄为书，欲献于朝，请往征之。父华皆力止之。年十七，至江西成婚于外舅养和诸公官舍。明年，谒一斋娄先生，异其质，语以所当学，而又期以圣人为可学而至。由此，遂毅然有学为圣人之志，然任侠之气未能遽除。弘治壬子年二十一，中浙江乡试。会试二科不第，乃学兵往塞外，观山川学骑射。己未登进士第，观政工部。乃与太原乔宇，广信汪俊，河南李梦阳、何景明、姑苏顾璘、徐祯卿，山东边贡诸公，以才名争驰骋，学古诗文。[1]

　　我们看到，雷礼尽可能地将阳明自出生至中进士的这一段经历中独特的故事记录下来。既有梦中送子、改名能言等传闻，也有官至极品预言，还有早期任侠的故事等。雷礼书中并没注明这些传闻从何而来，雷礼有这种喜欢记录奇闻的习惯，但书中却没有《年谱》中记录的阳明早期趣闻，当是未曾经眼阳明《年谱》一书。

　　雷礼之所以要编纂该书，是出于一种士人职业自觉。他说："予叨禄于朝，思景前修以尽职守，因查自国初启运至嘉靖四十五年终，凡文臣历任中书省、御史台及殿阁部院府司寺监各堂上官，并各处总督、巡抚，循世系录为年表，俾居其官者鉴已往之得失，知所以劝惩焉。"[2]顾起元《国朝列卿纪序》说："丰城司空雷公在肃皇帝朝，与海盐郑公同以练习掌故著声一代，垂意典述，既总本朝因革用舍之大政，次而为记。又取开国以来中书省辅臣六曹诸司以下，其人与事，论而列之。取材于志录，稽世于谱牒日月，披寻排缵成集，系牵绳贯，比事属词，正纂而外，旁及群书，凡有所关，悉从采掇。其或事无可考，亦具存其姓名。名曰：《国朝列卿纪》。""隆庆而后，公谢政家居，所纪第书名目以俟后之君

① 雷礼：《国朝列卿纪》卷五十，《四库全书存目丛书·史部》（第93册），齐鲁书社1995年版，第479—480页。
② 雷礼：《国朝列卿纪》卷四十八，《四库全书存目丛书·史部》（第93册），第434页。

子，而寻逝矣。"①《四库全书总目》云：

> 《列卿纪》一百六十五卷。明雷礼撰。礼有《六
> 朝索隐》，已著录。是书胪列明代职官姓名，起自洪武
> 初，终于嘉靖四十五年。凡内而内阁、部院以至府、
> 司、寺、监长官，外而总督、巡抚，皆以拜罢年月为
> 次。上标人名，而各著其出身、里籍于下为《年表》。又
> 于《年表》之后附载其居官事迹为《行实》。《年表》但
> 以次题名，不用旁行斜上之例。《行实》略仿各史《列
> 传》，而又不详具始末，止书其事之大者而已。惟第八
> 卷至十三卷为《内阁行实》，颇为详备，论断亦多持公
> 道。如谓解缙等尽忠纳诲，而责其不能死建文之难；谓陈
> 山存心险刻，临事乖方，《明史》颇采之。独史谓陈文猥
> 鄙无所建白，而礼称其政体多达，勋德未昭。文，庐陵
> 人，与礼同乡。盖曲徇桑梓之私，非公论矣。②

如果我们读到的是这些群传，那么我们所见的阳明形象就
是一代豪杰。当然，这两部明代名臣的群传从清乾隆年间编纂
《四库全书》时就已经成为"存目"类书籍，这两部书的价值
也就不太为古籍研究者所重视，当然也更不为阳明学者所熟悉
了。然而，我们从上述两部书关于阳明事迹的记载来看，其特
点是很明显的，即他们都保存了嘉靖时代士人对于阳明的形象
的看法。如果我们要了解这一时期的阳明形象，那么从这两部
书中可窥一斑。更为重要的是，这两部书的阳明传记和后来的
其他版本阳明传记有着故事内容上的差异，说明了书籍的出版
与传播对于阳明形象的塑造是有着至为关键的影响。

这时，阳明门人尚未完成《年谱》的编集，群传作者在编
订阳明生平事迹时，所依据的有传闻和所传闻两部分。其中，
所传闻的主要资料来源是阳明本人的著作，以及他的朋友们所

---

① 雷礼：《国朝列卿纪》卷四十七，《四库全书存目丛书·史部》（第93册），第
425—426页。
② 永瑢等：《四库全书总目》卷六十一，第554页。

撰写的各种文字，比如黄绾所撰《行状》等。以上可见，晚明学人，特别是撰写名臣群传的那些作家，他们搜罗逸事时尚未记录格竹的阳明。他们不像民国以来的学者那样，能够看到不同版本不同内容的阳明《年谱》。

第三节　物理转向：《年谱》的逻辑

《全书》附录《年谱一》所记录的王阳明"官署格竹"故事如下：

> 五年壬子，先生二十一岁，在越。举浙江乡试。……〇是年为宋儒格物之学。先生始侍龙山公于京师，遍求考亭遗书读之。一日，思先儒谓"众物必有表里精粗，一草一木，皆涵至理"，官署中多竹，即取竹格之。沉思其理不得，遂遇疾。先生自委圣贤有分，乃随世就辞章之学。明年春，会试下第。①

《全书》之《年谱》出自阳明门人钱德洪、王畿和罗洪先等人之手。现存两部嘉靖刻本，即天真书院刻本和赣州刻本《阳明先生年谱》与《全书》系于同年，但有文字上的细微差别。天真书院本是胡宗宪资助，钱德洪主持的刊本，其文为：

> 五年壬子，先生二十一岁。举浙江乡试。是年先生为宋儒格物之学。始，龙山公如京师，先生在侍。至则遍求考亭遗书读之，欲通其源。一日，思先儒谓"众物必有表里精粗，一草一木，皆涵至理"，官署亭中多竹，乃取竹格之。求其理不得，即沉思不止，遂遇疾。先生自委圣贤有分，非吾人所及，乃随世就辞章之学。明年春，会试下第。②

---

① 钱德洪：《年谱一》，王守仁：《王阳明集》卷三十二，王晓昕、赵平略点校，第1027页。
② 钱德洪编述，王畿补辑，罗洪先删正：《阳明先生年谱：天真书院本》，向辉、彭启彬点校，北京燕山出版社2022年版，第14页。

江西赣州刻本是周相资助，罗洪先主持的刊本，其
文为：

> 五年壬子，先生二十一岁在越。举浙江乡试。……〇
> 始，在京师遍求考亭遗书读之，因思先儒谓"众物必有表里
> 精粗，即一草一木，皆涵至理，不可不察"，官署前多竹，
> 乃取竹格之。苦求其理不得，病作而止。乃贬志为辞章之
> 习。明年春，会试下第。[①]

三部《年谱》都说阳明格竹故事与他读朱子著作有关，且
格竹是阳明在北京时发生的故事，是他思考朱子一草一木涵有
至理时进行的试验，试验的结果是阳明从格物转向了辞章，最
终导致了会试的落榜。三部年谱中的竹子都取自官署，但有官
署前、官署中和官署亭中的差异。

天真书院本和《全书》本又指出阳明是在弘治五年
（1492）开始探索格物之学。而所谓格物之学，年谱编纂者皆
认为就是朱子之学，也就是可以在"众物"中寻"至理"之
学。其后，施邦曜《阳明先生集要》所附《年谱》则将格竹事
系于弘治二年（1489），并去掉了竹子来源地：

> 二年己酉，先生十八岁。十二月，以夫人诸氏归余
> 姚，舟过广信，谒娄一斋谅，语格物之学，先生甚喜，以
> 谓圣人必可学而至也。后遍读考亭遗书，思诸儒谓"众
> 物有表里精粗，一草一木皆具至理"，因见竹，取而格
> 之，沈思不得，遂被疾。[②]

---

① 钱德洪编次，罗洪先考订：《阳明先生年谱：毛汝麒本》，向辉、彭启彬点校，北京燕山出版社 2022 年版，第 13—14 页。
② 王守仁原著，施邦曜辑评：《阳明先生集要》，中华书局 2008 年版，第 4 页。点校者已经注意到了《全书》本与《集要》本之间的差异："更有甚者，关于阳明年轻时那件最为可笑的'格竹之举'的记载，《全书》年谱载为弘治五年，《集要》年谱则记在弘治二年版。""《集要》与《全书》的这些差异，正反映其具有不可忽视的史料价值。"（王晓昕：《前言》，王守仁原著，施邦曜辑评：《阳明先生集要》，王晓昕、赵平略点校，第 18—19 页）

亦有其他作者在编集阳明全集或年谱时取消了格竹故事。比如李贽重新编纂的《阳明先生年谱》无此故事。李氏《年谱》在弘治二年条说："二年己酉，先生十八岁。十二月，夫人诸氏归余姚。舟至广信，谒娄一斋谅，语格物，谓圣人必可学。"①清康熙癸丑（十二年，1673）俞嶙刻本《王阳明先生全集·凡例》说："先生年谱，自稚齿而强壮，自穷约而通显，一生之功名事业，统备于斯。当日门人簪笔而纪之，镂板而传之，欲以《年谱》不朽先生，而其实先生自足不朽也。但刻于江州之匡山书院者，仅有专书而不及文集，予并文集汇为一书，使学者开卷递阅知其先时立志者若何，后来立业者若何，纤悉俱详，庶无遗憾。"②俞嶙编集的这部《王阳明先生全集》首有《年谱》，亦与李贽所辑《年谱》类似，没有格竹故事，只是在弘治二年（1489）条说："二年己酉，先生十八岁。十二月以夫人诸氏归余姚。舟过广信，谒娄一斋谅，讲格物之学。先生甚喜，以为圣人必可学而至也，遂深契之。"③在不取格竹故事的传记作者来说，阳明学的宗旨用他生平行事来表现，不需要用一些隐喻故事来表达。

阳明年谱的编纂经过了漫长的收集资料、整理文献和反复校订的过程。阳明去世后即有薛侃等人主张编纂阳明年谱，以保存阳明事迹，传播阳明学术。《年谱》附录说："师既没，同门薛侃、欧阳德、黄弘纲、何性之、王畿、张元冲谋成《年谱》，使各分年分地搜集成藁，总裁于邹守益。越十九年庚戌，同志未及合并。洪分年得师始生至谪龙场，寓史际嘉义书院，具稿以复守益。"④1529年到1550年，是阳明门人分头收集资料的时间，到了1556年阳明门人聚会青原山，钱德洪建议《年谱》撰集者统稿。邹守益《天真仰止祠记》说：

---

① 北京图书馆编：《北京图书馆藏珍本年谱丛刊》（第43册），北京图书馆出版社1998年版，第84页。
② 俞嶙辑：《王阳明先生全集》，国家图书馆藏清康熙十二年刻本，第3页。索书号：91792。
③ 俞嶙辑：《王阳明先生全集·年谱》，国家图书馆藏清康熙十二年刻本，第3页。索书号：91792。
④ 钱德洪：《年谱附谱一》，王守仁：《王阳明集》卷三十五，王晓昕、赵平略点校，第1141页。

"嘉靖丙辰，钱子德洪聚青原、连山之间，议葺《阳明先生年谱》。"①随后，邹守益致书钱德洪，要他将龙场以后的部分的稿子也加以修饰，但撰稿及统稿进度都比较缓慢。"壬戌十月，至洪都，而闻守益讣。"失去了邹守益的主持，钱德洪随即请求罗洪先的加入，最终在1562年完成了《年谱》初步统稿，最后钱德洪和王畿、张叔谦、王新甫、陈大宾、黄国卿、王健等校阅，并于嘉靖四十二年（1563）完成了《年谱》的首次刊刻。

关于《年谱》的编纂，钱德洪明确表示："其事则核之奏牍，其文则禀之师言，罔或有所增损。若夫力学之次，立教之方，虽因年不同，其旨则一。……后之读谱者，尚其志逆神会，自得于微言之表，则斯道庶乎其不绝矣。"②可见，《年谱》作者的本意并非刻意将阳明一生之事全部系年安排，也不是要为世人提供一部可资证的阳明一生史证之书，他们写作的主要目标是要弘扬阳明学之旨，知其旨则或有系年之误亦无妨也。罗蒂说："通过把普遍项内在化来认知普遍真理的隐喻，正如身体的眼睛通过把个别项的颜色和形态内在化认识个别项一样，一旦被提了出来，就会有力地成为农夫相信影中有生命的思想替代物。"③就这样，后世学人看待《年谱》在一定程度上将它视为"正史"，希望通过考据来重新确认阳明及其学术的历史。因此，作者之旨和读者之需存在着天然的区隔，考据家们从《年谱》中找到的一条条证据，会按照他们的设想填补他们所理解的阳明学（心学）体系的框架之中。对此，曾经参与《年谱》最后定稿，并且为它的出版积极奔走的阳明门人王畿，就在《年谱序》中提醒我们：

> 年谱者何？纂述始生之年，自幼而壮，以至于终，稽其终始之行实而谱焉者也。其事则仿于《孔子家

---

① 钱德洪：《年谱附录一》，王守仁：《王阳明集》卷三十五，王晓昕、赵平略点校，第1138页。
② 钱德洪：《年谱附录一》，王守仁：《王阳明集》卷三十五，王晓昕、赵平略点校，第1149页。
③ 理查德·罗蒂：《哲学和自然之镜》，李幼蒸译，第37页。

语》，而表其宗传，所以示训也。《家语》出于汉儒之臆
说，附会假借，鲜稽其实，致使圣人之学黯而弗明，偏而
弗备，驳而弗纯，君子病焉。求其善言德行，不失其宗
者，莫要于《中庸》，盖子思子忧道学之失传，发此以诏
后世，其言明备而纯，不务臆说；其大旨在于"未发之
中"一言，即虞廷道心之微也。①

　　年谱的写作，要稽考一人生活的事迹，对人的一生进行
文字性的回顾。但对于一个学人而言，撰述他的年谱，更重要
的是要通过他的一生揭示他的学术思想，要对他学术的缘起、
发展和创造有一个时间性的脉络叙述。对于阳明弟子而言，阳
明是孔子的门徒，是宗传了儒学真谛的大儒，因此他的年谱必
然要仿照孔子的年谱来制作。孔安国说："《孔子家语》者，
皆当时公卿士大夫及七十二弟子之所谘访、交相对问言语者
也，既而诸弟子各自记其所问焉，与《论语》《孝经》并时。
弟子取其正实而切事者，别出为《论语》；其余则都集录之，
名之曰《孔子家语》。凡所论辩，流判较归，实自夫子本旨
也。"②对此，后世学人多以为是附会传说，甚至以为这篇序
都出自三国魏人王肃，是有名的"伪书"。③但它的确是记录
孔门的重要史料。孔安国还说："窃惧先人之典辞将遂泯没，

①王畿：《刻阳明先生年谱序》，王守仁：《王阳明集》卷三十六，王晓昕、赵平略点校，第1150页。
②《附录：孔安国后序》，王肃注：《孔子家语》，张树业、王秀江校点，北京大学《儒藏》编纂与研究中心编：《儒藏》（精华编一八〇），北京大学出版社2014年版，第197页。
③参见张心澂编著：《伪书通考》，上海书店出版社1998年版，第607—654页。张心澂认为儒家类的古书中，《晏子》《孔子家语》《曾子》《子思子》《荀子》《孔丛子》《新语》《贾谊新书》《新序》《说苑》《女诫》《忠经》《文中子》《千秋金鉴录》《渔樵问答》《潜虚》《伊川粹言》《浩斋语录》《玉溪师传录》《性理字训》《研几图》《言子》《薛子道论》《性理综要》《性理标题汇要》等26部书皆为伪书。要么不是所题作者的自撰，要么直接就是伪书，要么是后人编辑，要么有增添部分，要么是疑伪，要么非原本，要么把作者写错，要么是从其他书中摘录而来，要么编者不清楚，要么是其他书改了名字等。《孔子家语》《孔丛子》《文中子》等他认定必是伪书，原因是从唐代以来就有很多人说这部书只是王肃编纂的，是王肃为了特殊的目的，即攻击经学家郑玄而假托孔子及其后裔孔安国而作的一部书。既然有很多史料谈及此书有问题，定是王肃编辑的伪书。此书伪与不伪不是我们所关注的问题，也不是王畿在其文中所关心的问题。

于是因诸公卿大夫，私以人事募求其副，悉得之。乃事类相次，撰集为四十四篇。"①

《孔子家语》并非出自孔子门人，而是到了汉代才有儒者据传闻加以编订，其中自然也就存在各种臆说、附会之处，特别是这部书成于孔子成为了圣人宗师之后，极有可能还是出于王肃之手，无论是内容的准确性，还是编排的合理性，都存在很多的问题，也就造成了后世的困惑。晚明时代的知识人尚未以之为伪书。王畿虽然承认它是一部后世学人之作，但它为后世的年谱写作提供了正反两方面的示范。反面的教训是，年谱写作要尽可能地传递学人的学术宗旨，要如《中庸》一般，将学人的学术主张明白无误地表达出来，不能如《孔子家语》一般做附会臆说，让人生疑，甚至制造出许多困惑。正面的经验是，年谱的写作应该要呈现学人的事迹，要将他一生的学术在事的世界中呈露出来，见诸行事的学问，才是真正意义上的儒者之学。

就《孔子家语》这部书而言，它在儒学史上有着很重要的地位，但是书籍本身和后世的争议存在直接的关联，甚至给儒学带来了不良的影响，因此这一著作除了它的经典价值之外，还有书籍编纂的启示，即编集圣贤的著作，必须有一种审慎的态度，这既是对学术负责，更是对后人负责。由此，我们也可以确定一个问题，即心学家们，特别是阳明及其门人对于著作本身是持一种相当谨慎的心态的。这也就是阳明一众门人编定的《传习录》《阳明年谱》《全书》等受后世推重的一个原因。

王畿还说：

> 友人钱洪甫氏与吾党二三小子虑学脉之无传而失其宗也，相与稽其行实终始之详，纂述为谱，以示将来。其于师门之秘，未敢谓尽有所发；而假借附会，则不敢自诬，以滋臆说之病。善读者以意逆之，得于言铨之外，圣

---

① 《附录：孔安国后序》，王肃注：《孔子家语》，北京大学《儒藏》编纂与研究中心编：《儒藏》（精华编一八〇），第197页。

学之明，庶将有赖，而是谱不为徒作也已。故日所以示
训也。①

可见，王畿认为年谱之作非易，一不小心即成为臆说；年
谱之实乃在示训，所谓示训者，则在人以之为训可也，其得在
于言诠之外也。倘若不以之为训，不以意逆之，考据起来，可
能就会存在一些免不了的麻烦。

在上述有关阳明格竹故事的传记文字中，格竹是与科举考
试相关的。"格物之学"和"辞章之学"，对晚明学人来说，
是不言而喻的词汇。明初洪武三年（1370）开科举，朱元璋的
诏书说："朕闻成周之制，取材于贡士，故贤者在职，而其民
有士君子之行，是以风俗淳美，国易为治，而教化彰显。汉、
唐及宋科举取士，各有定制，然但贵词章之学，而未求六艺之
全。……自洪武三年八月为始，特设科举，以取怀材抱德之
士，务在经明行修，博古通今，文质得中，名实相称。"②这
里"词章之学"是"六艺"的一部分，也是科举考试重点考察
的科目。显然，"词章之学"并非我们所理解的诗词写作之类
的学问，也不单是文学及其创作。

郑樵在《原学篇》中说："何为三代之前学术如彼，三代
之后学术如此？汉微有遗风，魏晋以降日以陵夷。非后人之用
心，不及前人之用心，实后人之学术，不及前人之学术也。后
人学术难及，大概有二：一者义理之学，二者辞章之学。义理
之学尚攻击，辞章之学务雕搜。耽义理者，则以辞章之士为不
达渊源；玩辞章者，则以义理之士为无文彩。要之辞章虽富，
如朝霞晚照，徒焜耀人耳目；义理虽深，如空谷寻声，靡所底
止。二者殊途而同归，是皆从事于语言之末，而非为实学也。
所以学术不及三代，又不及汉者，抑有由也。"③郑樵把义理
与辞章对举，认为不管是义理之学，还是辞章之学，都与读书

① 王畿：《刻阳明先生年谱序》，王守仁：《王阳明集》卷三十六，王晓昕、赵
平略点校，第 1152 页。
② 王世贞：《科试考一》，《弇山堂别集》卷八十一，魏连科点校，中华书局 1985 年版，
第 1539 页。
③ 郑樵：《通志二十略》，中华书局 1995 年版，第 1827 页。

写作有关，是一种以语言创作为主的学术。这两者是三代以后的学术分裂、孳乳的结果，但两者皆非实学，因此不如三代之学。郑樵所谓的"义理之学尚攻击，词章之学务雕搜"，说明了前者所追求的是讲明道理的精细和探求意义的深入，以及渊源有自的传承；后者追求的是文辞的华丽和知识的广博，以及繁富的说明。

阳明说，战国以后，儒者搜集先圣王的典章法制，希望能够挽回先王之道，但是长期以来的霸术积习，儒者早已经习染其中，"于是乎有训诂之学，而传之以为名；有记诵之学，而言之以为博；有词章之学，而侈之以为丽。若是者纷纷籍籍，群起角立于天下，又不知其几家，万径千蹊，莫知所适。……记诵之广，适以长其敖也；知识之多，适以行其恶也；闻见之博，适以肆其辨也；辞章之富，适以饰其伪也。"①阳明一如郑樵，也把后世的知识生产与道德人心相对举，认为作为知识生产的学术，在三代以后分化成了训诂、记诵和辞章等不同的方向。而知识的生产进步，并不见得就是道德秩序的进步。在阳明看来，知识不等于道德；同样，道德也不等于知识。所谓心学，所谓致良知是重建道德秩序，而不是建构一种知识秩序。但是，当阳明学成为一门学说之后，它必然被收纳到知识的秩序体系之中，心学的力量也就变成了知识秩序的力量。这也是儒家学术之所以能够维系数千年而不灭的精神所在。焦竑《澹园集·原学》云："夫学，何为者也？所以复其性也。人之为性，无舜跖，无古今，一也，而奚事乎学以复之也？曰：性自明也，自足也，而不学则不能有诸己。故明也而妄以为昏也，足也而妄以为歉也，于是美恶横生而情见立焉。……其流有四，离性则一，故有清虚之学焉，有义理之学焉，有名节之学、词章之学焉。其蔽也，日疲于学而不知所学为何事，此岂学之罪哉？知学而不知其所以学故耳。"②曾国藩在家书中谈道："穷经必专一经，不可泛骛。读经以研寻义理为本，

---

① 王守仁：《传习录中》，《王阳明集》卷二，王晓昕、赵平略点校，第 52 页。
② 焦竑：《原学》，《澹园集》卷四，李剑雄点校，中华书局 1999 年版，第 18 页。

考据名物为末。"①他认为之所以要如此，是因为："经以穷理，史以考事。舍此二者，更别无学矣。盖自西汉以至于今，识字之儒，约有三途：曰义理之学，曰考据之学，曰词章之学。各执一途，互相诋毁。兄之私意，以为义理之学最大。义理明则躬行有要，而经济有本。词章之学，亦所以发挥义理者也。考据之学，吾无取焉矣。此三途者，皆从事经史，各有门径。"②（道光二十三年正月十七日《致澄弟温弟沅弟季弟》）

"格物之学"，也就是所谓的格致之学。对格物之学最经典的论述出自朱子《大学章句》，即："所谓致知在格物者，言欲致吾之知，在即物而穷其理也。盖人心之灵莫不有知，而天下之物莫不有理，惟于理有未穷，故其知有不尽也。是以《大学》始教，必使学者即凡天下之物，莫不因其已知之理而益穷之，以求至乎其极。至于用力之久，而一旦豁然贯通焉，则众物表里粗精无不到，而吾心之全体大用无不明矣。此谓格物，此谓知之至也。"③这是有名的朱子"格物补传"。除了《大学章句》中有格物说之外，《朱子语类》中也有相关的记载，如朱子门人贺孙记："'致知，则理在物，而推吾之知以知之也；知至，则理在物，而吾心之知已得其极也。'或问：'理之表里精粗无不尽，而吾心之分别取舍无不切。既有个定理，如何又有表里精粗？'曰：'理固自有表里精粗，人见得亦自有高低浅深。有人只理会得下面许多，都不见得上面一截。这唤做知得表，知得粗。又有人合下便看得大体，都不就中间细下工夫，这唤做知得里，知得精。二者都是偏。故《大学》必欲格物、致知，到物格、知至，则表里精粗无不尽。'"④作为道统所系的朱子，他的著作在元代以后成为士人的教科书，他的相关论述也就成了当时知识阶层的共识。我们也就有理由相信，阳明门人在撰集阳明年谱时，自觉使用的

---

① 曾国藩：《曾国藩全集·家书之一》（第 20 册），岳麓书社 2011 年版，第 48 页。
② 曾国藩：《曾国藩全集·家书之一》（第 20 册），第 49 页。
③ 朱熹：《四书章句集注》，中华书局 1983 年版，第 6—7 页。
④ 朱熹：《朱子语类》卷十六，《朱子全书》（第 14 册），朱杰人、严佐之、刘永翔主编，上海古籍出版社 2010 年版，第 512 页。

话语就是当时知识人所熟悉的话语。在这一话语体系中，格物之学也就有了它的特殊意涵。

阳明在弘治五年（1492）参加了浙江乡试，并且成为举人。他写的考试文字如何呢？可以从他写的一道《中庸》题"《诗》云'鸢飞戾天'"见其一斑：

> 《中庸》即《诗》而言一理充于两间，发费隐之意也。（破题）
>
> 盖盈天地间皆物也，皆物则皆道也，即《诗》而观，其殆善言道者必以物欤？（承题）
>
> 今夫天地间惟理气而已矣，理御乎气，而气载乎理，固一机之不相离也。奈之何人但见物于物，而不能见道于物；见道于道，而不能见无物不在于道也？尝观之《诗》而得其妙矣，其曰："鸢飞戾天，鱼跃于渊。"（起讲）
>
> 言乎鸢、鱼，而意不止于鸢鱼也；即乎天、渊，而见不滞于天、渊也。（起比）
>
> 为此诗者，其知道乎！（出题）
>
> 盖万物显化醇之迹，吾道溢充周之机。（入讲）
>
> 感遇聚散，无非教也；成象效法，莫非命也。际乎上下，皆化育之流行；合乎流行，皆斯理之昭著。（中二小比）
>
> 自有形而极乎其形，物何多也，含之而愈光者，流动充满，一太和保合而已矣；自有象而极乎其象，物何赜也，藏之而愈显者，弥漫布濩，一性命各正而已矣。（中比）
>
> 物不止鸢鱼也，举而例之，而物物可知；上下不止于天渊也，扩而观之，而在在可见。（后比）
>
> 是盖有间不可遗之物，则有无间不容息之气；有无间不容息之气，则有无间不可乘之理。（束比）
>
> 其天机之察于上下者，固如此乎？（收结）①

---

① 方苞编：《钦定四书文校注》，王同舟、李澜校注，武汉大学出版社 2009 年版，第 41—42 页。此处的八股文破题、承题等标注是笔者所注。

对阳明的这篇制义文字，俞长城《可仪堂一百二十名家制义》评论说："道理明莹，文境挥洒，不待修琢自然精到。"①方苞辑录李光地评语："不从'飞''跃'两字著机锋，是前辈见理分明处。"方氏评论："清醇简脱，理境上乘。阳明制义，谨遵朱注如此。"②这样的制义文字，我们今天已经很难欣赏。"文字能清楚地看见，但变成了我不懂的语言。"③但它却是明代文学最典型的文体，也是最流行的文体，甚至可以说是有明一代最有代表性的文学样式，是明代文学的主干。④阳明在这个文学体裁中的尝试也是相当突出的，被后来的八股文选家当作范文。⑤

此文可见阳明对于朱子学之格物说是熟稔于胸，此篇中所提及的万物皆道、天地惟理、理气关系等皆本朱子《中庸章句》。朱子云："子思引此诗，以明化育流行，上下昭著，莫非此理之用，所谓费也；然其所以然者，则非见闻所及，所谓隐。"⑥钱德洪年谱以为阳明是在中举那年开始究心宋儒格物之学，若以阳明制义文字观之，则他对宋儒特别是朱子之格物说记忆深刻，且已灵活运用并能阐发之，故能脱颖而出。阳明曾与他的学生谈论过举业文字功夫："问：'举业必守宋儒

① 田启霖编著：《八股文观止》，海南出版社1994年版，第293页。
② 方苞编：《钦定四书文校注》，王同舟、李澜校注，第42页。
③ 多和田叶子：《和语言漫步的日记》，金晓宇译，河南大学出版社2017年版，第184页。
④ 田启霖编著：《八股文观止》，第1179—1180页。方苞编《钦定四书文校注》中收录阳明制义文章有：《论语》"志士仁人"、《中庸》《诗》云鸢飞戾天"和《孟子》"子哙不得与人燕"等三篇。
⑤ 阳明所作制义文字有清康熙时俞长城所编《可仪堂一百廿名家制义·王阳明稿》传本。俞氏选录阳明制义文字有："所谓大臣""子击磬于卫""志士仁人""彼为善之""《诗》云鸢飞""舜其大孝""斋明盛服""老吾老以""河东凶亦然""其为气也""子哙不得""周公之过""禹思天下"等13篇。俞长城说："士之立于天下，曰气节、曰事业、曰文章，三不朽备而人以传。阳明先生始拒刘瑾，气节著矣；继定宸濠，事业隆矣；所作古今文，久而益新，文章可谓盛矣。而后世少之曰道学，伪也。夫道学，竟在三者之外哉？良知之说，发于孟氏，阳明以此教人，亦高明者。所见太偏，以云尽非，殆未也。论者见其门人不类，追咎厥师。夫卜子之笃实，而田、庄变为虚无；荀卿之正大，而韩、李变为名法。周无曾、孔，宋无程、朱，鲜有得其传者，岂可独罪阳明哉？吕晚村善论时文，而攻阳明者太过，予故录其文而辨之。至其文谨守传注，极醇无疵，此又不待辨而自传者矣。"参见俞长城：《可仪堂一百廿名家制艺解题》，胡晓明主编：《古代文学理论研究》（第40辑），华东师范大学出版社2015年版，第577页。
⑥ 朱熹：《四书章句集注》，第24页。

之说，今既得圣贤本意，而勘破其功利之私见，文义又不可通，则作文之时一从正意，乃为不欺也。今乃见如此，而文如彼，何如？'曰：'论作圣真机，固今所见为近。然宋儒之训乃皇朝之所表章，臣子自不敢悖。且如孔颜论为邦，行夏时、乘殷辂，岂即行其言乎？故师友讲论者，理也；应举之业，制也。德位不备，不敢作礼乐；吾从周，无意必也。惟体古训以自修，可也。'"①考试有考试的规则，科举考试更有它的制度，学者如果要想通过考试，就必须在其规则、制度中达成，否则既要考试的成绩和它带来的好处，又不按照规则办事，那就不是儒学学问。况且，讲论时所谈的是"理"，讲明道理是为了修养的提高；应举时所遵守的是"制"，因制而行方是正常社会所需的常人。所以阳明又说："举业只是日用间一事，人生一艺而已。若自能觉破得失外慕之毒，不徒悦人而务自慊，亦游艺适情之一端也。"②阳明鼓励闻人诠兄弟应举说："求禄仕而不工举业，却是不尽人事而徒责天命，无是理矣。但能立志坚定，随事尽道，不以得失动念，则虽勉习举业，亦自无妨圣贤之学。若是原无求为圣贤之志，虽不业举，日谈道德，亦只成就得务外好高之病而已。"③所以，当他听说门人弟子应举成功后，写信说"喜不自胜"，因为他觉得登第后，即便以后穷居野处，也将为"野夫异日山中"的"良伴"。④

《年谱》作者也明确地提醒我们，在参加科举考试前的某一段时间，阳明曾思考过朱子《四书章句集注》所涉及的哲理学问，但他的思考似乎并未奏效，以至于他花了很长时间去尝试另外一种学问，即辞章之学。年谱的编纂者记录的史实是阳明通过浙江乡试。乡试以后即会试，这是士人为学的必由之路，但阳明没能一次性通过。为何没能顺利地高中进士呢？年谱编纂者提出了一种解释，那就是他之前因为格竹失败，放弃

---

① 《稽山承语》第 39 条，转引自陈来：《中国近世思想史研究》（增订版），生活·读书·新知三联书店 2010 年版，第 729 页。
② 《稽山承语》第 38 条，转引自陈来：《中国近世思想史研究》（增订版），第 729 页。
③ 王守仁：《寄闻人邦英邦正》，《王阳明集》卷四，王晓昕、赵平略点校，第 152 页。
④ 参见王守仁：《与希颜台仲明德尚谦原静》，《王阳明集》卷四，王晓昕、赵平略点校，第 151 页。

了朱子之学，志向转移到辞章上面了。而科举考试所看重的并非辞章，因此他没有成为进士也就在情理之中了。当然，年谱还提供了另外一种解释，那就是人事上的关系，即"忌者曰"云云。阳明本人的学术转向，加上外在的人为压力，导致了阳明在科举道路上走了弯路。但不管怎么样，阳明最终通过了考试，并开始在仕途上继续探索人生与社会的问题。

据以上可知，钱德洪等编纂阳明年谱，将阳明格竹故事写进传记，是为了说明青年阳明在追寻学术的道路上曾经遇到过挫折，特别是为了说明他在科举道路上所遇到的麻烦。这是《年谱》通过故事隐喻来塑造的阳明形象，这种故事隐喻在传播过程中成了单纯的传闻故事，为群传作者所采纳。

第四节　官署格竹：《年谱》的影响

人生是故事，是一个譬喻。编纂年谱就是为了将这种人生故事以文字的形式把某人的一生表达出来。而我们阅读年谱故事，也是为了让这种故事与我们的经验相关联。事实上，"多数人往往通过人生是故事譬喻来理解人生经验，惯于叙述这样的故事并由此叙述人生，当人生环境改变时，总是修改我们的人生故事，并寻找新的整体相合性"[1]。晚明学人张萱《西园闻见录》卷七《道学》所记文字与上述徐咸本的阳明传记相同。[2]而该书卷九《志向》中有了格竹故事：

> 初，先生侍龙山公于京师，遍求考亭遗书读之。一日，思先师谓众物必有表里精粗，一草一木皆涵至理，官署中多竹，即取竹格之。沉思其理不得，遂遇疾。先生自委圣贤有分，乃随世就辞章之学。逾冠，举试，其经术艺

---

[1] 雷可夫、詹森：《我们赖以生存的譬喻》，第266页。
[2] 王公守仁天资绝伦，少喜任侠，长好词章，壮好仙释。既而好学，以斯道为己任，以圣人为必可学而至。江西罗钦顺尝寓书守仁，谓其名实尽已出人，只除却讲学一事足毁一生。守仁笑答之曰："诸皆余事，守仁平生唯有讲学一节耳。"故其属纩之际，家童问何所嘱？乃应之曰："我他无所嘱，平生学问，方才见得，犹未能与吾党共成之为可恨耳。"［张萱：《西园闻见录》卷七，《续修四库全书》（第1168册），上海古籍出版社2002年版，第150页］

文益大进，而益好为兵。凡三举而为会试第二人，遂登甲榜。①

据阮元《（道光）广东通志》卷一百九十《艺文略二》提要称："《西园闻见录》一百八卷，明张萱撰，存，钞本。萱自序略曰：'岁戊戌，余通籍西省，时有正史之役，谬为当事推择，窃幸获窥金匮石室之藏。视草之暇，节略累朝实录，自洪武迄隆庆，凡三百卷，私名之曰《西省日钞》。窃以己意诠次之，凡十之三卷。凡一百，亦名之曰《西省识小录》。书成而徙官版曹分司吴关，以八年橐笔，撰著凡十五箧。寓旧馆人，忽为邻居祝融夺去。《西省日钞》及《识小录》皆付秦焰矣。辛亥罢归，交绝途穷，桑榆虽迫，笔砚未荒。家稍藏书，尚可诠次。乃复采撷前言往行，自洪武以迄万历，为《西园闻见录》，则大小皆识以俟后之谋野者。录凡一百卷，而以言分类，自别于史也。'谨案，是书分《内编》《外编》《杂编》，编各分子目，每目分前言、往行二类。萱自序云一百卷，《明志》作一百六卷，今存本则一百八卷，盖辗转传钞，析卷互异耳。"可见，《西园闻见录》也是钞撮群书而来，只不过该书传本未见著录所引资料来源，我们就不知道他所采撷的这些故事是所闻抑或是所传闻了。

其后，晚明清初的徐开任《明名臣言行录》卷五十《新建伯王文成公守仁》云：

> 初，先生侍龙山公于京师，遍求考亭遗书读之。一日，思先儒谓众物必有表里精粗，一草一木皆涵至理，官署中多竹，即取竹格之。沉思其理不得，遂遇疾。先生自委圣贤有分，乃随世就辞章之学。逾冠，举乡试。明年春，会试下第。缙绅知者咸来慰谕。阁下李西涯戏曰："汝今岁不第，来科必为状元，试作来科状元赋。"先生悬笔立就。诸老惊曰："天才，天才。"退有忌者曰："此子取上第，目中无我辈矣。"及丙辰会试，果为忌者

所抑。同舍有以不第为耻者，先生慰之曰："世以不得第
为耻，吾以不得第动心为耻。"识者服之。归余姚，结诗
社龙泉山寺。致仕方伯魏瀚，平时以雄才自放，与先生登
龙山，对弈联诗，有佳句辄为先生得之，乃谢曰："老夫
当退数舍。"凡三举而登甲榜。①

我们看到，徐开任书中的阳明传记文字与张萱《西园闻见
录》中的文字极为接近，两书这一部分是否同出一源呢？徐氏
书中多了阳明两次科举考试不得第的传闻，这是否是原始资料
的本来样貌呢？上述徐书文字，除了"逾冠，举乡试"和"凡
三举而登甲榜"外，其他与《全书》中附录《年谱》文字保持
了一致，其是否出自《全书》呢？《全书》中的"先生始侍龙
山公"在张萱和徐开任的书中变成了"初，先生侍龙山公"，
这一改动又出自谁人之手笔？《续修四库全书总目提要》云：
"开任于明亡之后，留心明代史事，仿朱熹《名臣言行录》义
例，纂辑是书。所收诸人，自明初徐达、常遇春、李文忠、汤
和等开国功臣直至明末史可法、刘宗周、黄道周等殉国者，凡
七百二十一人，又附见十人，内容较前此各家诸录更为详备，
人物分题节行、经济、理学、忠烈、循良、文学等类。于诸人
之学派门户、学术邪正皆精心梳理，更广稽奏议、谱牒、书信
等文献资料，入录书中，于明代史料多有保存。……是书详
定凡例十七则，谓重在别伪存真，于人止论品行，不论官爵高
低，其人品行卓有可观，虽小吏布衣亦予收入；所录诸人行
事，则举其长而略其短，人物只辨淄渑，不争党派门户，凡贻
祸国家者皆视为罪人。于徐咸等录未能记录者，如建文殉节诸
公及王守仁等，均详加记载，全书仅王守仁一人占一卷篇幅，
足见重视程度，而于明末忠烈义士，亦大书特书，故较以前诸
录更有价值。"②显然，徐氏的《明名臣言行录》收集的关于
阳明的资料是有所依据的，特别是与张萱《西园闻见录》对比

① 徐开任：《明名臣言行录》卷五十，《续修四库全书》（第521册），上海古籍出
版社2002年版，第209—210页。
② 续修四库全书总目提要编纂委员会编：《续修四库全书总目提要·史部》，第
219—220页。

可知，两者所据史料当来自某一个阳明传记文字。只不过，两部书均未注明出处，我们尚不知其所自。

与徐开任所见故事类似，清人沈佳编纂的《明儒言行录》亦有阳明传记，其中也有格竹故事："壬子，年二十一，举乡试。是年欲为朱子格物之学，不得其方。取亭前竹格之，七日不得，劳思致疾而止。两试不第，曰：世以不得第为耻，吾以不得第动心为耻。"①沈佳似乎是读书不太认真，至少是抄书不经心。格竹故事的年岁，直接被他放在了阳明二十一岁时，而上述晚明清初的故事皆有"初"字或"始"字，即尚不能确定是何年何月。要么是沈佳抄录时有漏字，要么是他所见的资料就已经有问题，也即沈氏所据阳明事迹别有所出。从朱子的《五朝名臣言行录》开始的群传，基本上都是采用他书整齐排比而成，张萱、徐开任、沈佳等人所作群传也不例外。不过，他们皆未注明所采文字出自何书。我们只能通过文字的比对，见其异同而已。

总之，我们看到阳明年谱的编纂刊行，为其后的群传提供了比较便利的文献。群传中的阳明形象，在《年谱》出现之后也有了新的变化，这种变化当是源自《年谱》文字。

第五节　传习之道：《遗言录》叙事

阳明格竹故事出自阳明门人的记录。阳明生前出版的著述不多，《传习录》是其中之一；阳明去世后，其门人弟子对阳明的著述做了进一步的搜集、整理和加工，《传习录》亦是其中之一。阳明格竹的故事就出自阳明门人在阳明去世后重新整理的版本。目前所见最早的记载出自钱德洪纂集、曾才汉校辑《阳明先生遗言录上》第2条和《阳明先生遗言录下》第49条。其后，《传习续录》《阳明先生年谱》《全书》本《传习录》收录其中一条。

《阳明先生遗言录》分上下二卷，是黄直（黄以方，55条）与钱德洪（55条）记录和收集的阳明语录，由曾才汉校定

---

① 沈佳：《明儒言行录》卷八，（台湾）明文书局1991年版，第2页。

刊行。钱德洪说："嘉靖戊子冬，德洪与王汝中奔师丧，至广信，讣告同门，约三年收录遗言。"[①]阳明去世后，钱德洪和王畿等人就有意识地收集阳明遗言，得到了阳明门人弟子的响应，但因为各种条件，他们搜集的遗言稿子并没有刊行，直到嘉靖三十四年（乙卯，1555）才由曾才汉首次刊刻。"去年，同门曾子才汉得洪手抄，复傍为采辑，名曰《遗言》，以刻行于荆。洪读之，觉当时采录未精，乃为删其重复，削去芜蔓，存其三之一，名曰《传习续录》，复刻于宁国之水西精舍。"[②]在《遗言录》刊行之后，钱德洪又做了进一步的编辑加工，将这部分与此前已经刊行的《传习录》相关联，构成了《传习续录》。之后，钱德洪又应湖北黄梅县令张某之邀，对《传习续录》和《传习录》做了整理，完成了新的《传习录》的文本。这个版本的《传习录》之湖北黄梅刊本未见传本。但有明嘉靖刻本存世，即天真书院本。而《遗言录》的相关刊刻情形则并不清晰。该书传本稀见，藏书家邓邦述（1869—1939）群碧楼曾收藏有刻本，[③]日本早稻田大学图书馆等存有

---

① 王守仁：《传习录下》，《王阳明集》卷三，王晓昕、赵平略点校，第 116 页。
② 王守仁：《传习录下》，《王阳明集》卷三，王晓昕、赵平略点校，第 116—117 页。
③ 邓邦述《群碧楼善本书录》卷四著录为："《阳明先生文录》五卷、《外集》九卷、《别集》十四卷，二十册。明王守仁撰，嘉靖刻本。前有嘉靖乙未席书绾序，又嘉靖丙申邵守益序，又嘉靖庚戌闻东重刻序。《文录》一至三为书，四为序、为记、为说，五为杂著；《外集》一为赋、为骚、为诗，二至四皆为诗，五为书，六为序，七为记，八为说、为杂著，九为墓志、传、碑、赞、箴、祭文，又《阳明道言》《稽山承语》；《别集》为奏疏、文移，与邹序诠次者相合。间序则云'尽取先生《文录》，附以《传习录》，并《则言》共若干卷刻之'，与此刻不侔矣。《文录》刊本，据邵位西云以嘉靖刻为最旧，其所记卷数与此刻同，是此本固旧本也。《别录》虽是配入，而宽大精洁，印尚在前，致可珍异。阳明道德功业，炳然千古，学者固当盥手诵之。丙辰十月，正暗谨记。"见邓邦述：《群碧楼善本书录 寒瘦山房鬻存善本书目》，金晓东整理，上海古籍出版社 2014 年版，第 147—148 页。

抄本。陈来已撰文详考，①水野实、永富青地等有校注。②邓氏旧藏后归中国台湾"中央研究院"历史语言研究所傅斯年图书馆。③

据陈氏文，《阳明先生遗言录》刊刻于明嘉靖三十四年（1555），早于钱德洪所编《传习续录》和天真书院本《传习录》，当然也早于《全书》。在《遗言录》之后，钱德洪编纂的《传习续录》④保留了后面这一条格竹故事，而删去了前面那一条语录，而这一条语录是钱德洪本人记录的。

据邓邦述《群碧楼善本书录》，他收藏的这部嘉靖本《阳明先生文录》是闽东本《阳明先生文录》所附之本。他查阅到邵懿辰《增订四库简明目录标注》曾著录过嘉靖本《文录》："《王文成公全书》三十八卷，明王守仁撰。初刻《正录》五卷、《外录》九卷、《别录》十四卷，共二十八卷。明

---

① 参见陈来：《〈遗言录〉与〈传习录〉》，《中国文化》1994 年第 1 期；陈来：《〈遗言录〉〈稽山承语〉与王阳明语录佚文》，葛兆光主编：《清华汉学研究》（第一辑），清华大学出版社 1994 年版，第 176—193 页。收录于陈来：《中国近世思想史研究·〈遗言录〉与〈传习录〉》，商务印书馆 2003 年版，第 589—613 页；生活·读书·新知三联书店 2010 年版，第 682—699 页。陈氏以为《阳明先生遗言录》的发现，对于阳明学研究有着至为关键的作用，特别是对于《传习录》的形成过程有着不可忽视的文献价值。该书不仅有助于破除今本（主要是《全书》本《传习录》）钱德洪序文的错误，更有助于我们了解阳明晚年学术思想的变化。问题是，日本所存抄本是否忠实于《遗言录》原刻本？该书本身又有何种编辑的旨趣等事关古籍版本的关键信息缺失，由此推论相关书籍的版本情况，尚有风险。比如关于《传习续录》的条目数，今据天真书院本，钱氏所录为 26 条，较于《遗言录》110 条，说"存其三之一"当是可信。《全书》本将钱德洪"嘉靖戊子冬，钱德洪与王汝中奔师丧"云云放在了《传习录》最末，让人误以为这一则包括《传习录》下卷的 115 条的跋文。实际上，钱氏此文原在《传习录》下卷三之首，即今本"黄以方问博学于文"（第 316 条）前。
② 参见水野实、永富青地、三泽三知夫校注：《阳明先生遗言录解题》，张文朝译，《中国文哲研究通讯》第 8 卷第 3 期，1998 年，第 3—52 页。
③ 1927 年，邓氏将其部分藏书精品售予中国台湾"中研院"历史语言研究所，即今傅斯年图书馆藏本。该馆著录为：《阳明先生文录》五卷、《外集》九卷、《别录》十四卷、《传习录》三卷、《续录》二卷、《遗言录》二卷、《稽山承语》一卷，明嘉靖间（1522—1566）刊本。36 册。索书号：846033。有"半窗明月""宁静致远""群碧楼""百靖斋""嘉靖刻本"诸印。永富青地说，这部《阳明先生遗言录》是他所知的唯一一部早期刻本。见永富青地：《王守仁著作之文献学的研究》，（日本）汲古书院 2007 年版，第 76 页。
④ 今未见《传习续录》的单刻本，能见到的较早的《续录》刻本是天真书院本《传习录》十一卷（上三卷、中五卷、下三卷）。此本《传习录》下卷之三第 5 页即为阳明格竹故事。而今所见另外一种明刻本（《传习录》三卷、《续录》二卷本）则没有收录这一条。《续录》包括三个部分，前两个部分是钱德洪先编定的一个版本，而第三部分则是钱德洪在曾才汉刊刻《阳明先生遗言录》之后再删订的新版本。

嘉靖中刊本。隆庆二年新建谢廷杰刊本。康熙癸丑俞氏刊本二十二卷，入《存目》。叶绍容编《阳明要书》八卷、附录五卷，入《存目》。"①按邵懿辰书中所说，《全书》刊定之前有一种二十八卷本的阳明文集嘉靖刊本。邓邦述收藏的这部嘉靖本恰好也是总共二十八卷（按他的算法），故而他认为他收藏的这部阳明文集是最早的本子。因此，邓氏虽然注意到了书中有《阳明先生遗言录》和《稽山承语》，但并未发现它的价值。这是前代藏书家重最古、重版本，但忽视文献本身价值风气的一个显例。

《遗言录》第49条谓：

> 先生云："某十五六岁时，便有志圣人之道，但于先儒格致之说若无所入，一向姑放下了。一日寓书斋，对数筵竹，要去格他理之所以然，茫然无可得。遂深思数日，卒遇危疾，几至不起。乃疑圣人之道恐非吾分所及，且随时去学科举之业。既后，心不自已，略要起思，旧病又发。于是又放情去学二氏，觉得二氏之学比之吾儒反觉径捷，遂欣然去究竟其说。后至龙场，又觉二氏之学未尽。履险处危，困心衡虑，又豁然见出这头脑来，真是痛快，不知手舞足蹈。此学数千百年，想是天机到此，也该发明出来了。此必非某之思虑所能及也。"②

这是钱德洪记录的阳明晚年讲学语录。这一条语录没有被钱德洪采录进《传习续录》。水野实等人注意到，这一条记录与《全书》附录《年谱》"弘治五年（守仁二十一岁）"条有名的格竹故事多有共通点，应是对同一体验的记事。他们又指出《全书》本《传习录》《传习录拾遗》等书没有与之相似的段落。③也就是说，他们和大多数阳明研究者一样认为格竹故

---

① 邵懿辰：《增订四库简明目录标注》，中华书局1959年版，第840—841页。
② 王阳明：《阳明先生遗言录》，《王阳明全集（新编本）》卷四十，吴光、钱明、董平等编校，第1606页；"先生云"，傅斯年图书馆藏嘉靖刻本作"先生曰"。
③ 参见水野实、永富青地、三泽三知夫校注：《阳明先生遗言录解题》，张文朝译，《中国文哲研究通讯》第8卷第3期，1998年，第50页。

事是真实故事，是阳明进行格竹试验的真实记录，或者至少是阳明对曾经做过这样的事情的一个回忆性记录。但他们并没有注意到格竹故事中哲学逻辑的问题。

从文本内容来看，阳明的这一段语录旨在说明他对圣人之学不断体验的过程。首先，他说他年轻时就有学圣人之道的志向，但如何学却并不知道。特别是对所谓通过格物而进入圣人境域的说法，他是有困惑的。在解决困惑的过程中，他先试图对竹子这样具体的事物进行格物实验，希望格出个理之所以然来。经过好几天的深思，并没有想出个所以然来，如果不能通过日常的具体事物格出"理"来，要么是圣人之道有问题，要么是自己的思路有问题。阳明并没有怀疑前者，而是对后者产生了很强烈的质疑，于是放弃这方面的努力，去在释道方面寻找捷径，并且在学的过程中真切地感受到了他们所讲述的故事更简捷明了，也更有吸引力。其次，到了龙场之后，在艰难困苦面前，阳明又发现释道的这种简捷的方法不能解决现实面对的问题，至少不能满足阳明本人面对现实的需要。现实困难的解决所依靠的正是圣人之道，即良知之道。最后，他认为这并非他独创了一套新的理论或者学说，而是儒家学说发展到这里当有此种新的认识了，如果是换作另外一人有同样的遭遇和思考，也当有同样的认识。

《阳明先生遗言录上》第2条即今本《传习录》第318条。[1]此条语录，《全书》本《传习录下》注明是黄以方录。黄直字以方，号卓峰，嘉靖二年（1523）进士，《明史》卷二〇七有传。[2]而《传习录》下卷之三则仅标注钱德洪编。其文为：

> 先生曰："众人只说格物要依晦翁，何曾把他的说去用？我着实曾用来。初年与钱友同论做圣贤，要格天下之物，如今安得这等大的力量？因指亭前竹子，令去

---

① 参见陈来：《中国近世思想史研究》，第 714 页。
② 参见邹建锋：《阳明夫子亲传弟子考》，中国社会科学出版社 2017 年版，第 154—155 页。

格看。钱子早夜去穷格竹子的道理，竭其心思，至于三日，便致劳神成疾。当初说他这是精力不足，某因自去穷格。早夜不得其理，到七日，亦以劳思致疾。遂相与叹：圣贤是做不得的，无他大力量去格物了。及在夷中三年，颇见得此（些）意思，乃知天下之物本无可格者。其格物之功，只在身心上做，决然以圣人为人人可到，便自有担当（带）了。这里（等）意思，却要说与诸公知道。"①

这里，阳明重在说明如何获致知识及如何使知识与自身相契合的问题。"何曾用？"即是强调一种自我的反省和对某些人仅仅习得一口号即以之为真理在握的讽刺。对于格物则提出了三重问题：第一，天下之物是一种实指的全体之物还是其他？如果是实指的全体，人以有限之精力如何能达致？第二，如果不是实指之全体而是具体的实在之物，那么其具体的路径是什么？比如如何格竹子或者从竹子（具体）上抽离出理（非实指）？显然不能。第三，既然前述有误，则可说明，格物并非在具体的事物上格出抽象的天理而是落实在心即理之上。

格竹故事的起源，如张岱年所指出的，与程颐所讲的"一草一木皆有理，须是察"②的说法有着很密切的关系。朱子《近思录》引用了程颐的这一条语录，并将其作为"格物穷理"的重要言论：

问：观物察己，还因见物反求诸身否？曰：不必

---

① 王守仁：《传习录下》，《王阳明集》卷三，王晓昕、赵平略点校，第111页；水野实、永富青地、三泽三知夫校注：《阳明先生遗言录解题》，张文朝译，《中国文哲研究通讯》第8卷第3期，1998年。注：天真书院本《传习录》下三卷"见得些"作"见得此"，"担当"作"担带"，"这里"作"这等"。《阳明先生遗言录》除"见得些"外，其余同天真书院本。郭朝宾本《全书》"这里"作"这等"。
② 程颢、程颐：《河南程氏遗书》卷十八，《二程集》，王孝鱼点校，第193页。张岱年说，程颐的格物致知方面，看起来像是科学的，或者是接近科学的方法，但与科学并不相关。因为科学是观察特例获得通则，是用感官和仪器对外物做精密的观察与检测，用的是归纳法则，而程颐的观察特例却只是用思维和体会，不是由特例归纳通则，不是由精密归纳得到结论，而只是恍然的觉悟，是把即物的直觉和理智的思辨结合起来的一种方法。［参见张岱年：《中国哲学大纲》（增订版），第689—690页］

如此说。物我一理，才明彼即晓此，此合内外之道也。
又问：致知先求之四端如何？曰：求之情性，固是切于
身。然一草一木皆有理，须是察。又曰：自一身之中，以
至万物之理，但理会得多，胸次自然豁然有觉处。①

陈荣捷注意到，《朱子语类》中也有类似的话："朱
子曰：上而无极太极，下而至于一草一木一昆虫之微，亦各
有理。一书不读，则阙了一书道理。一事不穷，则阙了一
事道理。一物不格，则阙了一物道理。须着逐一件与他理会
过。""（朱子）曰：盖天下之事，皆谓之物，而物之所在，
莫不有理，且如草木禽兽，虽是至微至贱，亦皆有理。"②
钱德洪和黄直所记录的阳明格竹故事中都只提到了朱
熹，并没有提及程颐。他们讲述格竹故事的起因时，要么说
的是"先儒格致之说"，要么说的是"众人只说格物要依晦
翁"。我们当然可以认为，这里的先儒就是朱子，更可以进一
步如施邦曜所说，阳明这里想要讨论的文本是基于朱子《大学
章句》的《格物补传》。③刘宗周说："朱子云：'读书是格
物一事。'予谓：读书便有读书之物可格，句句读在自身上，
便是知本处。"④
阳明所讲的格物与学者们所追究的文本意义上的格物并
不相同。刘宗周说："问：格物之说，朱、王异同何如？曰：
朱子格物之说，置身于此而穷物于彼，其知驰于外，故格致之
后，又有诚正工夫。阳明格物之说，置身于此而穷物于此，其
知返于内，故格致之时，即是诚正工夫。要之，格致工夫原为
诚正而设，诚正工夫即从格致而入，先后二字，皆就一时看
出，非有节候。是一是二，自可理会。"⑤阳明格竹，就是朱
子格物之说的穷物于彼，而致良知的格物则是要置身于此。用

① 陈荣捷：《近思录详注集评》，华东师范大学出版社 2007 年版，第 107 页。
② 陈荣捷：《近思录详注集评》，第 107 页。
③ 参见陈荣捷：《王阳明〈传习录〉详注集评》，第 301 页。
④ 刘宗周：《大学杂言》，《刘宗周全集》（第 2 册），吴光主编，浙江古籍出版社 2012 年版，第 618 页。
⑤ 刘宗周：《大学杂言》，《刘宗周全集》（第 2 册），吴光主编，第 617 页。

阳明本人的话来说就是："我这里言格物，自童子以至圣人，皆是此等工夫。但圣人格物，便更熟得些子，不消费力。如此格物，虽卖柴人亦是做得。虽公卿大夫以至天子，皆是如此做。"①又说："知者，良知也。天然自有，即至善也。物者，良知所知之事也。格者，格其不正以归于正也。格之，斯实致之矣。"②也就是说，阳明晚年已经将格物说完全融入致良知说里面，将格物说从纯粹的性理学学术问题转移到了"觉民行道"的政治理想上来，即："要通过唤醒每一个人的'良知'的方式，来达成'治天下'的目的。这可以说是儒家政治观念上一个划时代的转变。"③从得君行道转向觉民行道，从卿大夫转向卖柴人，阳明学终于完成了它真正的突破。但这种转向的存在并不是说阳明就是二者择其一，而是说他在原来的学术思想框架之外发现了新的天地，并将前者融入后者。

何以《遗言录》有两则格竹故事，而《传习续录》和《全书》本《传习录》只保留了其中一则呢？我们看到，钱德洪保留的这一则格竹故事未谈及学科举、学二氏、天机等等，仅仅就格物之用而言，所谈论的问题集中于格物是在身心上用功的阳明学核心主张。对于删述的理由，钱德洪说得很清楚："洪读之，觉当时采录未精，乃为删其重复，削去芜蔓。"④保留后者的原因也很简单，钱德洪认为："师门'致知格物'之旨，开示来学，学者躬修默悟，不敢以知解承，而惟以实体得，故吾师终日言是，而不惮其烦；学者终日听是，而不厌其数。"⑤

格竹故事确为阳明本人讲述，讲了几次，每次皆有所异。这是不是譬喻？《传习录》中的譬喻故事很多，这是他讲学风格的特点之一。程颐曾说："今人之学，如登山麓，方其

① 王守仁：《传习录下》，《王阳明集》卷三，王晓昕、赵平略点校，第 111 页。
② 水野实、永富青地、三泽三知夫校注：《阳明先生遗言录解题》，张文朝译，《中国文哲研究通讯》第 8 卷第 3 期，1998 年，第 52 页。
③ 余英时：《宋明理学与政治文化》，沈志佳编，广西师范大学出版社 2014 年版，第 47 页。
④ 王守仁：《传习录下》，《王阳明集》卷三，王晓昕、赵平略点校，第 116—117 页。
⑤ 王守仁：《传习录下》，《王阳明集》卷三，王晓昕、赵平略点校，第 117 页。

易处，莫不阔步，及到难处便止，人情是如此。山高难登，是有定形，实难登也；圣人之道，不可形象，非实难然也，人弗为耳。颜子言'仰之弥高，钻之弥坚'，此非是言圣人高远实不可及，坚固实不可入也，此只是譬喻，却无事，大意却是在'瞻之在前，忽焉在后'上。"①阳明也说："颜渊喟然叹曰：'始吾于夫子之道，但觉其高坚前后，无穷尽无方体之如是也。继而夫子循循善诱，使我由博返约而进。至于悦之深而力之尽，如有所立卓尔。'谓之'如'者，非真有也；谓之有者，又非无也。卓然立于有无之间，欲从而求之则无由也已。所谓无穷尽无方体者，曾无异于昔时之见。盖圣道固如是耳，非是未达一间之说。"②（《阳明先生遗言录上》，第41条）

一旦故事流传开来，其原义究竟如何是一个问题，而更重要的问题是如何将故事编入新的故事集。

第六节　儒门公案：格物致知与格竹

有生命力的学问是一种延续的智慧之学。"格物之说，有七十二家之歧异，实则无一得当。试问物理学之说，与诚意、正心何关？故阳明辟之，不可谓之不是。"③章太炎所谓"七十二家"格物说，并非他的首创，刘宗周就曾这样说过："格物之说，古今聚讼有七十二家，约之亦不过数说。"④而不管是章太炎，还是刘宗周，他们所谓"七十二家"并非真正

---

① 程颢、程颐：《河南程氏遗书》卷十八，《二程集》，王孝鱼点校，第193页。
② 水野实、永富青地、三泽三知夫校注：《阳明先生遗言录解题》，张文朝译，《中国文哲研究通讯》第8卷第3期，1998年，第24页。
③ 章太炎：《章太炎全集·演讲集》，章念驰编订，第482页。
④ 刘宗周：《大学杂言》，《刘宗周全集》（第2册），吴光主编，第618页。

的数目，而是表示关注此事者人数众多，相关议论繁杂。^①这
是语言的譬喻。那么，阳明"官署格竹"是否也如"七十二
家"一样是一种语言的譬喻呢？前人又如何看待这样的譬喻
呢？首先，我们看到阳明及其门人实际上就是将它视为譬喻来
看的。阳明门人王畿《格物问答原旨》说：

> 格物是圣门第一段公案，"致知在格物"，谓不离
> 伦物感应以致其知也。"天生蒸民，有物有则"，良知是
> 天然之则，物是伦物感应之实事，如有父子之物，斯有慈
> 孝之则，有视听之物，斯有聪明之则。伦物感应实事，上
> 循其天则之自然，则物得其理矣，是之谓格物。^②

公案就是譬喻，是将前辈言行作为判断依据的话头。^③阳
明讲学语录惯常使用譬喻，这样能够让人有一种更加生动的认
识。比如说到格物时，阳明云："'随物而格'是'致知'之
功，即佛氏之'常惺惺'亦是常存他本来面目耳。体段工夫，
大略相似。……孟子说'夜气'，亦只是为失其良心之人指出
个良心萌动处，使他从此培养将去。今已知得良知明白，常用
致知之功，即已不消说夜气；却是得兔后不知守兔，而仍去守

---

① 七十二家、七十二人和七十二的说法出自古代经典，如《管子·封禅》："管仲曰：
古者封泰山、禅梁父者七十二家，而夷吾所记者十有二焉。"《六韬》："将有股肱
羽翼七十二人，以应天道。"《庄子外篇·天运》："以奸者七十二君，论先王之道
而明周召之迹。"《史记·孔子世家》："孔子以《诗》《书》《礼》《乐》教，弟
子盖三千焉，身通六艺者七十有二人。"这些典籍中的七十二大多有数量多且有代表
性的意思。闻一多、冯友兰皆有专文考证。闻一多认为，七十二这个数字值得注意，
因为："它是一种思想——一种文化运动态的表征。"冯友兰认为七十二为虚数是从
三标示虚数多而来，六、九、十八、三十六、七十二皆如此。见闻一多：《神话与诗》，
上海人民出版社 2005 年版，第 169—179 页；冯友兰：《南渡集》，中华书局 2017 年版，
第 237—241 页。
② 王畿：《格物答问原旨》，《王畿集》卷六，吴震编校整理，凤凰出版社 2007 年版，
第 142 页。
③ 佛教用语。禅宗用以指前辈祖师的言行范例，并用来判断是非迷悟。《碧岩录·序》：
"尝谓祖教之书谓之公案者，倡于唐而盛于宋，其来尚矣。二字乃世间法中吏牍语。"
《灵峰宗论》卷三："若缘木求鱼，守株待兔，三藏十二部是拭疮疣纸，千七百公案
亦陈腐葛藤。"（张岱年：《中国哲学大辞典》，第 259—260 页）公案的内容与实
际生活密切相关，禅师或用问答，或用动作，或兼用，启迪众徒，以使顿悟。公案是
禅宗的血脉，其作用在于解除情识的虚妄束缚，而达到无分别智，即悟境（禅境）。
（参见陈继生：《禅宗公案》，天津古籍出版社 2008 年版，第 2 页）

株，兔将复失之矣。"①这里就是将守株待兔的譬喻活用了。

公案的譬喻使用，会根据不同的情境加以灵活运用，也就有了常规隐喻和新隐喻的区分。"譬喻基本上针对理解的策略，就算确实有客观真实存在，譬喻也与客观真实扯不上什么关系。以下这些都是事实：我们的概念系统原本就是譬喻性的，我们运用譬喻性字眼来理解世界、思维并且运作，譬喻不只是能用于理解，还可以有意义并且为真的。这些事实提示，对意义与真理的恰当解释必须以理解为基础。"②如何让人理解呢？那就是以前言往行，也就是以公案作为依据。我们看到，阳明及其门人在讲学时，更多的是将旧的公案话头创造性使用，这就是通过理解来解释意义和真理的一种方式。对此，王畿说："予旧曾以持话头公案质于先师，谓此是古人不得已权法，释迦主持世教无此法门，只教人在般若上留心。"③王畿很睿智地告诉我们，阳明及其门人对于禅宗公案相当熟悉。并且，阳明很明确地表示，用公案只是"不得已权法"，也就是指在教学过程中使用隐喻故事。但这种隐喻离开了具体的情境，很容易被后来者视为"义学"，也就是传承其学说的范例。那么，阳明格竹故事是否出自公案？如果是的话，从何而来？侯外庐等《宋明理学史》说，格竹子的故事出自《五灯会元》卷九《沩山祐禅师法嗣》，故事的主角叫香严智闲。

　　（智闲）参沩山。山问："我闻汝在百丈先师处，问一答十，问十答百。此是汝聪明灵利。意解识想，生死根本。父母未生时，试道一句看。"师（智闲）被一问，直得茫然。归寮将平日看过底文字从头要寻一句酬对，竟不能得，乃自叹曰："画饼不可充饥。"……师遂将平昔所看文字烧却。曰："此生不学佛法也，且做个长行粥饭僧，免役心神。"乃泣辞沩山，直过南阳睹忠国师遗迹，遂憩止焉。一日，芟除草木，偶抛瓦砾，击竹作

①王守仁：《传习录中》，《王阳明集》卷二，王晓昕、赵平略点校，第62页。
②雷可夫、詹森：《我们赖以生存的譬喻》，第278页。
③王畿：《答五台陆子问》，《王畿集》卷六，吴震编校整理，第147页。

声，忽然省悟。遽归沐浴焚香，遥礼沩山。赞曰："和尚大慈，恩逾父母。当时若为我说破，何有今日之事？"乃有颂曰："一击忘所知，更不假修持。动容扬古路，不堕悄然机。处处无踪迹，声色外威仪。诸方达道者，咸言上上机。"沩山闻得，谓仰山曰："此子彻也。"[①]

这段禅宗故事重点在于说明香严智闲如何省悟禅意，如何传承沩山之法。智闲并没有一见面就悟道，相反，他与沩山的第一次见面充满了紧张，造成了智闲参禅悟道方面的巨大困境，他不得不承认自己无法回应沩山的看似简单的问题。即便是他翻遍典籍，也不得一句恰到好处的回应文字。既然文字功夫无法解决疑惑，在苦思冥想中也没有发现真理，那就只能在生活经验中去寻找答案。于是智闲开始了僧人的日常生活，并且在有一天听到瓦片击打竹子发出声音时，突然想明白了沩山的问题，也就有了所谓的彻悟。《宋明理学史》的作者引用了智闲的故事之后评论说，智闲所谓的彻悟其实是从竹子的空空作响中明白了空无的道理。阳明格竹故事，无非也是他依样画葫芦罢了。结果，按照《传习录》的记载，阳明没有彻悟。那么是否真的如此呢？

[①] 普济：《沩山祐禅师法嗣》，《五灯会元》卷九，苏渊雷点校，中华书局1984年版，第536—537页。此公案亦见《景德传灯录》卷十一：邓州香严智闲禅师，青州人也。厌俗辞亲，观方慕道，依沩山禅会。祐和尚知其法器，欲激发智光。一日谓之曰："吾不问汝平生学解，及经卷册子上记得者，汝未出胞胎，未辨东西时，本分事试道一句来。吾要记汝。"师懵然无对，沉吟久之，进数语陈其所解。祐皆不许。师曰："却请和尚为说。"祐曰："吾说得，是吾之见解，于汝眼目何有益乎？"师遂归堂，遍检所集诸方语句，无一言可将酬对，乃自叹曰："画饼不可充饥。"于是尽焚之，曰："此生不学佛法，且作个长行粥饭僧，免役心神。"遂泣辞沩山而去，抵南阳，睹忠国师遗迹，遂憩止焉。一日，因山中芟除草木，以瓦砾击竹作声，俄失笑间，廓然省悟，遽归沐浴焚香，遥礼沩山。赞云："和尚大悲，恩逾父母。当时若为我说却，何有今日事也。"仍述一偈云："一击忘所知，更不假修治。动容扬古路，不堕悄然机。（"动容扬古路，不堕悄然机。"此句旧本并福、邵本并无。今以《通明集》为据）处处无踪迹，声色外威仪。诸方达道者，咸言上上机。"（道原：《景德传灯录译注》，顾宏义译注，上海书店出版社2010年版，第733—734页）《景德传灯录》景德中进呈，宋真宗诏翰林学士杨亿等刊定，于大中祥符二年（1009）上呈，命刻板宣布并编入大藏颁行，是有史以来第一部官修禅籍，并成为中国历史上流传最广、影响最大的一部灯录。

　　这里，王守仁故意绕了个弯，似乎格竹子失败了。其实，这只是反其意而用了智闲的彻悟故事。他的体悟，还是智闲的体悟。试看，"格本无可格者"与"一击忘所知"何异？"只在身心上做"与"更不假修持"何别？"圣人人人可到"又何尝不是"上上机"？①

　　不管阳明是否学智闲格竹，也不管他们的格竹之悟是否具有前后的一致性，我们在这里得到的结论是：透过马克思主义学者对阳明的主观唯心主义批判，我们看到《宋明理学史》的作者提出了一个非常有见地的观点，即所谓亭前格竹如禅宗公案一般，既有其出处，也有其活用处。或许这也可以解释后世学者何以认定阳明学实际上是二氏学（或者禅学）的一个原因。

　　除了这则香严智闲格竹子公案之外，另外一段佛门公案也值得一提，阳明曾在其诗中提到过："岩头有石人，为我下嶙峋。脚踏破履五十两，身披旧衲四十斤。任重致远香象力，餐霜坐雪金刚身。夜寒双虎与温足，雨后秃龙来伴宿。手握顽砖镜未光，舌底流泉梅未熟。夜来拾得遇寒山，翠竹黄花好共看。同来问我安心法，还解将心与汝安。"②又，"从来不知光闪闪气象，也不知圆陀陀模样。翠竹黄花，说甚么蓬莱方丈。看那九华山里金地藏，好儿孙，又生个实庵和尚。噫，那些儿妙处，丹青莫状。"③这两首诗都提到了"翠竹黄花"，为阳明格竹故事提供了重要的线索。日人忽滑谷快天注意到"翠竹黄花"可能出自禅宗语录："青青翠竹，尽是真如；

---

① 侯外庐、邱汉生、张岂之主编：《宋明理学史》（中），张岂之修订，西北大学出版社 2018 年版，第 960 页。
② 王守仁：《无题》，《王阳明集》卷二十，王晓昕、赵平略点校，第 684 页。
③ 王阳明：《石庵和尚像赞》，《王阳明全集（新编本）》卷四十三，吴光、钱明、董平等校，第 1762—1763 页。束景南将此诗系年于弘治十四年（1501），见束景南：《阳明佚文辑考编年》，上海古籍出版社 2012 年版，第 109 页。

郁郁黄花，无非般若。"①这是《祖堂集》中的故事。罗钦顺《困知记》中有较为详细记录，其中第14条云：

> 大慧禅师宗杲者，当宋南渡初，为禅林之冠，有语录三十卷。顷尝遍阅之，直是会说，左来右去，神出鬼没，所以能耸动一世。渠尝拈出一段说话，正余所欲辨者，今具于左。
>
> 僧问忠国师："古德云：'青青翠竹，尽是法身；郁郁黄华，无非般若。'有人不许，云是邪说；亦有信者，云不思议。不知若为？"国师曰："此是普贤、文殊境界，非诸凡小而能信受，皆与大乘《了义经》合。故《华严经》云：'佛身充满于法界，普现一切群生前，随缘赴感，靡不周而恒处此菩提座。'翠竹既不出于法界，岂非法身乎？又《般若经》云：'色无边，故般若亦无边。'黄华既不越于色，岂非般若乎？深远之言，不省者难为措意。"
>
> 又，华严座主问大珠和尚云："禅师何故不许'青青翠竹尽是法身，郁郁黄华，无非般若'？"珠曰："法身无像，应翠竹以成形；般若无知，对黄华而显相。非彼黄华、翠竹，而有般若、法身。故经云：'佛真法身，犹若虚空，应物现形，如水中月。'黄华若是般若，般若即同无情，翠竹若是法身，翠竹还能应用？座主会么？"曰："不了此意。"珠曰："若见性人，道是亦得，道不是亦得，随用而说，不滞是非；若不见性人，说翠竹着翠竹，说黄华着黄华，说法身滞法身，说般若不识般若。所以皆成诤论。"宗杲云："国师主张翠竹是法

---

① 忽滑谷快天：《王阳明与禅学》，李庆保译，时代文艺出版社2018年版，第228页。《祖堂集》中提到"翠花黄竹"有多处，其中卷三有："问：'古德曰："青青翠竹尽是真如，郁郁黄花无非般若。"有人不许，是邪说；亦有人信，言不可思议。不知若为？'师曰：'此盖是普贤、文殊大人之境界，非诸凡小而能信受。皆与大乘了义经意合。'故《华严经》云：'佛身充满于法界，普现一切群生前，随缘赴感靡不周，而恒处此菩提座。'翠竹既不出于法界，岂非法身乎？又《摩诃般若经》曰：'色无边，故般若无边。'黄花既不越于色，岂非般若乎？此深远之言，不省者难为措意。"（张美兰：《祖堂集校注》，商务印书馆2009年版，第99页）

身，直主张到底，大珠破翠竹不是法身，直破到底，老汉将一个主张底，一个破底收作一处，更无拈提，不敢动着他一丝毫，要你学者具眼。"①

对于这两则禅宗公案，罗钦顺评论道："彼所谓般若、法身，在花、竹之身之外；吾所谓天命、率性，在鸢、鱼之身之内。在内则是一物，在外便成二物。二则二本，一则一本，讵可同年而语哉？且天命之性，不独鸢、鱼有之，花、竹亦有之。程子所谓'一草一木，亦皆有理，不可不察'者，正惟有见乎此也。"②从罗钦顺的记载可知，黄花翠竹的故事就是禅宗的故事。而且，生活在性理学时代的罗钦顺很自然地将这个故事和程朱理学中一草一木皆有理的格物说关联起来。既然罗钦顺能够有这样的想法，阳明会不会也有同样的想法呢？更重要的是，罗钦顺记录的他所读之书在阳明那个时代虽然未必是方便获取之书，不然他也不会如此郑重其事地详细记录了，但阳明读书极多，曾遍读朱子之书，想来读到几部禅宗公案语录当不会是难事。而且，王畿很明确说过他曾向阳明请教过禅宗公案，想来阳明很可能看过相关的书籍了。

无论是香严智闲格竹子公案，还是宗杲黄花翠竹公案，都在说明同一件事情，即禅宗早已将竹子格了若干遍，从竹子中格出了禅宗的义理。如果按照诸多研究者的说法，阳明本人对于二氏之学极为熟稔，甚至如陈荣捷先生所说："宋明理学均有禅宗色彩，王学为理学中心学之极高峰，其禅宗思想色彩更浓厚。"③举凡阳明之重要概念、修省方法、提点法门，无不与禅宗有密切关系，王传龙博士径下定论："阳明'用禅'，正是取其理论核心，而将其导入儒家之功用。说得夸张一点，谓阳明心学从概念、内容到修行方法皆多取自佛教，也不会偏

---

① 罗钦顺：《续卷上》，《困知记》，阎韬点校，中华书局 2013 年版，第 75—76 页。
② 罗钦顺：《续卷上》，《困知记》，阎韬点校，第 77 页。
③ 陈荣捷：《王阳明与禅》，台湾学生书局 1984 年版，第 73 页。

离事实太远。"①那么，我们将阳明亭前格竹事置于其年少无
知时代似乎更加不合理。因为至少从上述两个公案来看，格竹
子的可都是高僧大德，一个无知幼童或者放荡不羁的少年能格
出来吗？实际上，阳明门人对此亦有评论，如黄绾说：

> 今日君子于禅学见本来面目，即指以为孟子所谓
> "良知"在此，以为学问头脑。凡言学问，惟谓"良
> 知"足矣。故以致知为至极其良知，格物为格其非心。言
> 欲致知以至极其良知，必先格物以格其非心；欲格物以
> 格其非心，必先克已以去其私意；私意既去，则良知至
> 极，故言工夫，惟有去私而已。故以不起意、无意必、无
> 声臭为得良知本体。良知既足，而学与思皆可废矣，而不
> 知圣门所谓志道、据德、依仁、游艺为何事。又文其说以
> 为良知之旨，乃夫子教外别传，惟颜子之资能上悟而得
> 之。颜子死而无传，其在《论语》所载，皆下学之事，乃
> 曾子所传，而非夫子上悟之旨。以此鼓舞后生，固可喜而
> 信之，然实失圣人之旨，必将为害，不可不辨。②

黄绾很明确地说，阳明学与禅学有着密切关系，将禅学
中的若干话语与儒家经典相印证，从而形成了良知之学。所
以，纠结于阳明亭前格竹之事件是否真实，并在此基础上进一
步考证发生的具体时间，根本就是放弃或阻碍了历史的学术想
象力的发挥，无关乎阳明本人亦无关乎阳明学。若按《传习
录》所记录的阳明亭前格竹说来诠释，我们只能说，阳明在此
实际上是在说明应如何去格物，若是以格竹的那种方法（或者
考据的）去格物，那可能导致的结局是吐血致疾，与圣贤之学
无缘。

关于格物，用心学的义理来说，通过杨简的说法可见其一

---

① 王传龙：《阳明心学流衍考》，厦门大学出版社 2015 年版，第 101 页。该书为王
传龙博士论文修订稿。该书的主要观点为：阳明学之核心体系更倾向于佛教而非儒家，
阳明吸取大乘佛教义理及方法并进行了再诠释，批判小乘教义；阳明以佛入儒的二元
路径直接导致了阳明后学的分裂。
② 黄绾：《久庵日录》卷一，《黄绾集》卷三十四，张宏敏编校，第 656 页。

斑。杨氏说：

> 此心在道则不在物，在物则不在道。耻恶衣恶食，
> 是堕在事物中，为事物移换，未能格物而欲致知，是无理
> 也。格物不可以穷理言。文曰格耳，虽有至义，何为乎转
> 而为穷？文曰物耳，初无理字义，何为乎转而为理？据经
> 直说，格有去义，格去其物耳。程氏倡穷理之说，其意
> 盖谓物不必去，去物则反成伪。既以去物为不可，故不
> 得不委曲迁就，而为穷理之说。不知书不尽言，言不尽
> 意，古人谓欲致知者在乎格物，深病学者之溺于物，而此
> 心不明，故不得已为是说。岂曰尽取事物屏而去之耶？岂
> 曰去物而就无物耶？有去有取，犹未离乎物也。格物之
> 论，论吾心中事耳。吾心本无物，忽有物焉，格去之可
> 也。物格，则吾心自莹；尘去，则鉴自明；滓去，则水自
> 清矣。天高地下，物生之中，十百千万，皆吾心耳，本无
> 物也。天下同归而殊涂，一致而百虑。天下何思何虑。事
> 物之纷纷起于念虑之动耳。思虑不动，何者非一，何者非
> 我。思虑不动，尚无一与我，孰为衣与食？必如此而后可
> 以谓之格物。格物而动于思虑，是其为物愈纷纷耳，尚何
> 以为格。若曰今日格一物，明日又格一物，穷尽万理，乃
> 能知至，吾知其不可也。程氏自穷理有得，遂以为必穷理
> 而后可，不知其不可以律天下也。[1]

杨简说按照程子所谓格物穷理的方法来格物是不可能完
成的任务，这也并非真正意义上的《大学》格物。格物从一开
始就是为了让人明了心的道理，所论并非如何去观察、思考外
在的一草一木，而是为了应对心中之事。杨简说："圣贤立
言，不必以一定论。执言语以求圣人之道，非但圣人所望于学
者。"[2]对此，阳明也是赞同的。他说："先儒解格物为格天

① 杨简：《论论语上》，《慈湖先生遗书》卷十，北京大学《儒藏》编纂与研究中心
编：《儒藏》（精华编二三七），北京大学出版社 2014 年版，第 827—828 页。
② 杨简：《论论语上》，《慈湖先生遗书》卷十，北京大学《儒藏》编纂与研究中心
编：《儒藏》（精华编二三七），第 827—828 页。

下之物。天下之物如何格得？且谓一草一木亦皆有理，今如何去格？纵格得草木来，如何反来诚得自家意？……故欲修身在于体当自家心体，常令廓然大公，无有些子不正处。"①亭前格竹的故事与其说是真正发生过的事，还不如说是王阳明提出的类似禅宗的公案，即并不一定发生过格竹子七天之后发现做不了圣人。这则故事更多是想要说明，格物要着实去做，格物的最关键的地方在于物并非客观对象之事物，而是真切发生之事件。事物与事件的区别在于，事件是人参与其中并且人在其中发挥了重要作用的事。格物乃在于事之发见，在事之发见中，人自可格物致知，即依照天理去行事，勉力而为，顺乎天理，可以真正地致知。

"王阳明不想将'格物'理解为'对（事物中）秩序原则（理——笔者注）的达及'，而想理解为通过对本己的心的秩序原则（心即理——笔者注）而'对实践事物（行为）的纠正'。"②事物的表象有无穷尽的名义和指称（辞），乃事物复杂性的具体表现，无可辩驳，此为事之无穷或物之无穷特性，"义理无定在，无穷尽"（《传习录上》）。这也是对于事物的解说无穷尽的根源，即繁文日盛，不可胜穷。若以此为道，则会迷失在事物或语言丛林之中而不自知。故所谓的修道并不在于穷尽事物之理，而在于将诸表象的义理归结于道本身的纯洁性和一致性，道一而已。学的真义并非在物（辞）的世界中迷失方向，而在于通过学的过程，让人不断充实扩展，即心获得归属。所以读经明理的要义不在于拘泥于文字，"不必泥着文句"（《传习录上》），而在于明了名义所蕴含的理的统一性，不知变通就是执。"明道者使其返朴还淳而见诸行事之实"（《传习录上》），即要跳出表象世界而进入实在世界。实是实实在在，而非虚文。

总之，阳明格竹，只能是哲理式的叙事，而非事实意义的叙事，或者可以理解为一段公案和一则譬喻。公案故事能否作

① 王守仁：《传习录下》，《王阳明集》卷三，王晓昕、赵平略点校，第110页。
② 耿宁：《人生第一等事：王阳明及其后学论"致良知"》，倪梁康译，商务印书馆2014年版，第139页。

为真实的历史去考据是一回事，公案故事能否用于理解学术思想是另外一回事。我们的确可以将它当作某种意义上的历史真实，并用现代人的思维来予以科学的定位；我们也可以将它视为一种讲学的譬喻方法，并用历史的思维来予以学术的定位。何者为阳明学所重，何者为阳明学所轻，对于我们而言或许有多重的考量。

吾人之所以能断定格竹子只能是一个公案故事有如下论据：第一，吾人所据之阳明格竹资料不足，仅有钱德洪参与编辑的话语，无其他旁证，且当时即有阳明门人提出过反对意见。第二，阳明格竹事被今日哲学家、小说家所重视，但前人之记载中关注反而不多，特别是小说家，如在最早的阳明传记小说冯梦龙《皇明大儒王阳明先生出身靖乱录》中阳明格竹事亦未被加以重视，若此事为真，小说家似不应放过。第三，即便在阳明论敌中，我们也未见有人以此攻击之，若真有其事，其论敌似不应放过。第四，从文献考察可知，格竹故事的流传出现在阳明去世后他学生的讲述中，不同版本有不同的情节。故我们认为，亭前格竹可作为禅宗公案，或譬喻修辞。从此基础上再加以诠释，或为理解阳明学之一可行路径。正如杜维明先生所说，现代学者以阳明格竹故事来说明他因为没有经验科学的观察技术，是天真幼稚的尝试，是不懂得归纳法的盲目尝试。杜氏认为，这样的指责是无的放矢的现代哲学论断，因为无论是朱子，还是阳明，他们所谓的格物都不是要从认识论意义上来讨论格物，而是要从伦理—宗教的方面去探寻如何才能通往圣贤之路。不过，杜氏也受到了现代学者的影响，将阳明格竹作为一个曾经发生过的真切事件，并且是困扰了阳明的哲学事件。他说："按照朱熹的教导，格一物，不论是自然现象还是人的活动，都是内在的自我觉悟的前提。因此，当守仁去格竹子的时候，他实际上是在进行一种精神上的探索：如何把一种具体的自然现象的客观理解同自我实现的内心关怀联系起来？"[1]杜氏认为，阳明格竹所反映的是一种哲学的困境，即

---

[1] 杜维明：《青年王阳明：（1472—1509）行动中的儒家思想》，朱志方译，生活·读书·新知三联书店2013年版，第50页。

如何解决自我知识与外部知识之间的张力。由于阳明信奉朱子学，他没有想过要背离朱子的思想路线，"这部分地解释了格物实践的失败何以会给守仁造成如此严重的迷失。他真诚地相信他本人在某个基本的方面不够格"①。杜氏的这一解释，可以帮助我们在一定程度上来理解《年谱》作者的设想，即他们认为阳明学术的成就是通过对朱子的反对而实现的，他曾经作为朱子学的信徒，却未能从那里寻找到成为圣贤的方法，最后通过他本人不懈的努力，终于依靠致良知的新方法进入圣域了。

阳明的立足点、工夫模式较之朱子更接近禅，这是不争的事实。在朱子学者的眼中，阳明披着儒家的外衣，隐藏其禅家的真面目，赋予知行等术语以源于私意的概念性规定那一套东西，以此炫耀继承了儒家正统，却恰恰暴露出其破绽百出的丑态。然而，阳明如此狂热地醉心于事物概念、古典术语的诠释，尊重和包容理论与规范，难道仅仅是出于"欲于儒宗篡位"的狼子野心吗？②或者说仅仅是出于年幼无知的幼稚之举吗？或许，阳明的真正用意在于超越对知行的对象性观察，"知的真切笃行处，那就是本来人的栖身之地。对本来人而言，知的限定即是行的限定；行的明觉精察之处，即是本来人的栖身之地，对本来人而言，行的限定即是知的限定"③。"知之真切笃实处，即是行；行之明觉精察处，即是知，知行工夫本不可离。"④阳明格竹所具有的意涵应该从此来诠释方能无碍。更为重要的是，我们要真正理解阳明格竹故事的意涵，就需要对宋明以来的学术思想有深入的理解，不仅要在朱子学和阳明学那里寻找问题的答案，还要在整个学术的环境中找寻这一故事的背景。

① 杜维明：《青年王阳明：（1472—1509）行动中的儒家思想》，朱志方译，第50页。
② 参见荒木见悟：《佛教与儒教》，杜勤等译，中州古籍出版社2005年版，第274页。
③ 参见荒木见悟：《佛教与儒教》，杜勤等译，第273页。
④ 王守仁：《传习录中》，《王阳明集》卷一，王晓昕、赵平略点校，第39页。

第七节　心学义理：聚讼的话头公案

学术发展过程中，宗师的讲法往往会出现意想不到的结果，这是学术史常见的情况。对此，王畿说："般若，所谓智慧也。嗣后，传教者将此事作道理知解理会，渐成义学。及达磨入中国，不立文字，直指人心，见性成佛，从前义学，尽与刊下。传至六祖以后，失去源流，复成义学。宗师复立持话头公案，顿在八识田中，如嚼铁酸馅，无义路可寻讨，无知解可凑泊，使之认取本来面目、圆满本觉真心。因病施药，未尝有实法与人，善学者可以自悟矣。"①学术之所以发展，正是在于不同时代的人将前贤的学说加以重新阐释，这种阐释首先要有所依据。就中国传统学术思想而言，孔夫子及其门人弟子所确定的六艺经典成为一切学术创新发展的源头。而后世的朱子、阳明被视为一代宗师之后，他们的学术观点被各自的门人弟子以及拥护者、反对者不断讨论，一方面增进了朱子学和阳明学本身的体系化和精致化，也就在这一过程中让义理本身呈现出打动人心的学术吸引力；一方面也为学者进入经典、进入思想世界提供了门径，也就在这一思考过程中让义学本身成为可能。

我们看到，阳明门人弟子纷纷讨论格物问题，将这一课题变成了当时知识人所面对的"第一公案"。王畿《致知议略》回应了聂豹、邹守益和罗洪先等人关于致知的观点，他认为："三公言若人殊，无非参互演绎，以明师门致知之宗要。"②王畿认为，致良知是人人皆能的："若谓愚夫愚妇不足以语圣，几于自诬且自弃矣！"③其实，王畿《格物问答原旨》一文对阳明的格物说有更加细致的说明。他说：

> 格物之物，是意之用处，无意则无物矣。后儒格物之说，未有是意，先有是物，必须用持敬工夫以成其

---

① 王畿：《答五台陆子问》，《王畿集》卷六，吴震编校整理，第 147 页。
② 王畿：《致知议略》，《王畿集》卷六，吴震编校整理，第 130 页。
③ 王畿：《致知议略》，《王畿集》卷六，吴震编校整理，第 132 页。

始，及至反身而诚，又须用持敬工夫以成其终。《大学》将此用功要紧字义失，下待千百年后，方才拈出，多见其不自量也已。夫实心谓之诚，诚则一，一心之谓敬，一则诚，非两事也。既说诚意，则不须复说持敬，而敬在其中矣。故曰"合之以敬而益缀"。《大学》诚意以下皆有传，而不传致知格物，非有缺也，诚意之好恶即是物，如好好色，如恶恶臭即是格物。毋自欺也，不自欺其良知也。慎独即是致知，慎独工夫在好恶上用，是谓致知在格物。知是寂然之体，物是所感之用，意是寂感相乘之机。非即其物而格之，则无以致其知。致知格物者，诚意之功也。《大学》之要，诚意尽之矣。故曰"补之以传而益离"。①

很明显，王畿这是在对阳明《大学古本序》重新解释。这是他所理解的阳明格物之说（"请先发明师门格物之说"）。阳明说，《大学》的要旨不过是诚意罢了。那么，如何才能达到诚意呢？格物。诚意的目的何在呢？回到人心的本体，也就是止至善。什么是格物呢？就是"即其事而格之"，也就是致良知。②王畿曾与他的学生反复讨论格物致知：

> 诸生请问格致之旨。先生曰："《大学》之要，在于诚意，其机原于一念之微。意之所感为物。良知者，研几之灵窍，所以揆物而使之正也。古之欲明明德于天下，大志也；致知格物以诚其意，实学也。所期不远则沦于卑近，所履不真则流于虚妄，皆非所语于《大学》也。天下无心外之理，无心外之物，后儒以推极知识为致知，以穷至事物之理为格物，是为求助于外，或失则支。使人各诚其意、各正其心为明明德于天下，是为取必于效，或失则诞。支与诞，其去道也远矣。"③

---

① 王畿：《格物答问原旨》，《王畿集》卷六，吴震编校整理，第142页。
② 王守仁：《大学古本序》，《王阳明集》卷七，王晓昕、赵平略点校，第215—216页。
③ 王畿：《竹堂会语》，《王畿集》卷五，吴震编校整理，第109—110页。

如果把格物理解为知识的积累，那就容易陷入知无涯的虚无主义；如果把格物理解为真理的顿悟，那就容易导致盲目的绝对主义。不管是虚无主义，还是绝对主义，都是阳明学所要破除的形而上哲学，因此阳明学人也就一再以各种不同的说辞、故事来讲述其学理，格竹故事显然就是一个为了说明心学格物说的公案。但这样的公案故事，对于后学来说未必就是最佳的方案，因为譬喻的理解需要一定的知识背景，也需要特定的语境，将其语境转移之后，那种譬喻甚至会变成不可理解的谜题。比如，东林党领袖高攀龙（字存之，号景逸，1562—1626）就曾针对阳明格竹发表过议论。他说：

> 余观文成之学，盖有所从得。其初从铁柱宫道士得养生之说，又闻地藏洞异人言周濂溪、程明道是儒家两个好秀才，及娄一斋与言格物之学，求之不得其说，乃因一草一木之说，格及官舍之竹而致病，旋即弃去。则其格致之旨，未尝求之；而于先儒之言，亦未尝得其言之意也。后归阳明洞习静导引，自谓有前知之异，其心已静而明。后谪龙场，万里孤游，深山夷境，静专澄默，功倍寻常，故胸中益洒洒，而一旦恍然有悟，是其旧学之益精，非于致知之有悟也。特以文成不甘自处于二氏，必欲篡位于儒宗，故据其所得，拍合致知，又妆上格物，极费工力，所以左笼右罩，颠倒重复。定眼一觑，破绽百出也。后人不得文成之金针，而欲强绣其鸳鸯，其亦误矣。①

高攀龙据《年谱》所云格物之事，推论出阳明实际上并未深入理解朱子学之格物，走到了二氏之路，故可说阳明是儒表佛里。阳明后学若据此而格物，必将误入歧途无疑。《明史·高攀龙传》："初，海内学者率宗王守仁，攀龙心非之。与顾宪成同讲东林书院，以静为主。操履笃实，粹然一出于正，为一时儒者之宗。海内士大夫，识与不识，称高、顾无异

---

① 黄宗羲：《明儒学案》卷五十八，沈芝盈点校，中华书局2013年版，第1427页。

词。"①高攀龙不满意于阳明后学，特别是混同三教的说法，进而认为阳明于先儒之说并未用心理会，只是用了非儒学的观念来解释儒学，故而破绽百出。如果我们认可了格竹故事的公案，则高攀龙的说法也是成立的。不仅是成立，而且他看到了阳明学人将禅宗思想引入儒学讨论中的情形。不过，我们今天并不赞同高攀龙所谓的正统观念，因为这种观念并非儒学涵容特点所在，儒学的发展恰恰在于它能够将不同的学术思潮引入经典的问题域中展开细致的讨论，一旦它不再有这种涵容性，也就失去了它的发展动力。反对阳明学的高攀龙将格竹故事视为阳明不解格物的例证，而阳明学的支持者则将其作为阳明学产生的一大机缘。如刘宗周《大学杂言》说：

> 朱子格物之说，虽一草一木，亦须格得十分透彻。文成初学其学，遂就亭前竹子，用力数日，而不得其说，至于病，因反求之心，渐有悟于知行合一之旨，而《大学古本》出焉。自今观之，朱子言一草一木亦格其切于身者，如周子庭前草，谓其"与自家生意一般"便是。文成本欲诋其说，故专就一草一木上用工夫，安得不困。②

刘宗周提醒我们，阳明格竹如周子庭前草一样，都是一种公案譬喻。《二程遗书》中记载的程颢语录说："周茂叔窗前草不除去。问之，云：与自家意思一般。子厚观驴鸣，亦谓如此。"③自程颢以后，周敦颐的庭前草或者窗前草故事也就成了性理学的公案。朱子就曾以之作为讲学的譬喻：

> 问："周子窗前草不除去，云：'与自家意思一般。'此是取其生生自得之意邪？抑于生物中欲观天理流

① 张廷玉等：《高攀龙传》，《明史》卷二百四十三，中华书局 1974 年版，第 6314 页。万斯同《明史稿》卷三百四十四云："先是，海内学者率宗王守仁，其流至恣肆混释老为一，攀龙心非之，故其学一本濂洛，以静为主。"
② 刘宗周：《大学杂言》，《刘宗周全集》（第 2 册），吴光主编，第 617—618 页。
③ 程颢、程颐：《二程遗书》卷三，潘富恩导读，上海古籍出版社 2000 年版，第 112 页。

行处邪？"曰："此不要解。得那田地，自理会得。须看自家意思与那草底意思如何是一般。"①

问："周子窗前草不除去，即是谓生意与自家一般？"曰："他也只是偶然见与自家意思相契。"又问："横渠驴鸣，是天机自动意思？"曰："固是。但也是偶然见他如此。如谓草与自家意一般，木叶便不与自家意思一般乎？如驴鸣与自家呼唤一般，马鸣却便不与自家一般乎？"问："程子'观天地生物气象'，也是如此？"曰："他也只是偶然见如此，便说出来示人。而今不成只管去守看生物气象。"问："'观鸡雏可以观仁'，此则须有意，谓是生意初发见处。"曰："只是为他皮壳尚薄，可观。大鸡非不可以观仁，但为他皮壳粗了。"②

我们看到，朱子在解释窗前草故事时，虽然如刘宗周所理解的那样把它视为格物的一种譬喻，但朱子更强调的是偶然性，也就是强调了公案故事的情境特点。公案之所以成为公案，一方面是因为它具有言行故事的特点，能够给人一种可亲近、可理解的形象；一方面是因为它具有情境发生的特点，给人多种理解的可能。这也是宋代以来性理学家将日常生活的所见所闻与性理学的义理相结合的一个特征。义理不再只是书籍经典中的文字，也不再只是圣经典故，它能够与常人的日用常行重新结合起来，义理也就从抽象的哲理辩论回归到士人的生活世界，从政治哲学的主张回到了知识人的生活世界。当我们在生活中能够无处不在地与之相遇时，这门学术也就重新有了智慧的价值，这也是性理学在宋代产生以来，成为宋明学术主色调的一个原因。在这种学术氛围之下，思想家们才会有这种语言文字和生活故事相结合的运用。朱子如此，阳明也如此。

至于当代学者中，明确将阳明格竹视为譬喻的学者，大概

① 朱熹：《朱子语类》卷九十六，《朱子全书》（第17册），朱杰人、严佐之、刘永翔主编，上海古籍出版社2002年版，第3255—3256页。
② 朱熹：《朱子语类》卷九十六，《朱子全书》（第17册），朱杰人、严佐之、刘永翔主编，第3256页。

是熊十力。1926年熊十力在北京大学讲授因明学，其讲义《因明大疏删注》谓："常人但观一一实物，而鲜能作共相观。维孩稚亦然，叩以所知，必举实物对。虽在学人，亦或如此。王伯安因《大学》言格物，而去竹园格竹，七日不得其理，遂致大病。以其观物而不知取共相故也。"①熊十力认为，格物之事，重要的是从物看到共相，也就是所谓的辨义，观共相才能够"举其物，陈取那义"。值得注意的是，熊氏这里讲的是"喻体"问题，也就是通过譬喻来凸显学术宗旨。他所引用阳明格竹故事，显然也是认为此为譬喻。但为何要以竹子为喻体？

第八节　性理象征：茂叔草与阳明竹

竹子与中国文化有着密切关系，从《诗经》的《淇奥篇》"瞻彼淇奥，绿竹猗猗。有匪君子，如切如磋"开始，历代咏竹诗篇极为丰富。②将竹子与庭前草联系起来，则为性理学兴起以后的故事。严粲《慈湖墨竹》诗云："先生万虑尽空时，元气浑沦可得窥。还有发生消息在，挥毫烟雨一枝枝。戏笔偶然成此耳，直将造化论锱铢。不知茂叔庭前草，有此风烟一段无。"③严粲将杨简墨竹与周敦颐庭前草的故事关联起来。此诗或为杨简墨竹画作所写。杨简是陆九渊的弟子，是性理学中心学一系的代表人物之一。他也是绘画史上墨竹题材的名家。④杨氏主张"此心即道"⑤。他高倡"德之在人心，人

---

① 熊十力：《揭旨》，《因明大疏删注》，上海书店出版社2008年版，第183页。
② 参见成乃凡：《增编历代咏竹诗丛》，山西人民出版社2010年版。该书收录自先秦至晚清咏竹诗7000余首。
③ 成乃凡：《增编历代咏竹诗丛》（上），第549—550页。
④ 陈师曾谓："墨竹盖始于五代。南唐后主以金错书法写墨竹，自竿至叶皆以钩勒，谓之铁钩锁，此犹是双钩者也。……至于大畅厥旨，左右一世者，则神宗朝之文同与可为首屈一指。苏东坡亲炙其风，波澜益广。如李时雍、赵士表、谢堂、张昌嗣、赵士安、林泳、杨简、丁权、单炜、田逸民、徐履、艾淑等皆有名当时。"（陈师曾：《中国绘画史》，徐书城点校，中国人民大学出版社2007年版，第99—100页）
⑤ 杨氏说："孔子曰'心之精神是谓圣'，孟子亦曰'仁人心也'，此心即道，故舜曰道心。""人心即道，自灵自明。"［杨简：《论语上》，《慈湖先生遗书》卷十，北京大学《儒藏》编纂与研究中心编：《儒藏》（精华编二三七），第810、811页］

皆有之，非惟君天下者独有也。圣人先得我心之所同然耳，得
其所同然者谓之德。同然者，天下同此一心，同此一机"①。
按照严粲的《慈湖墨竹》所讲，杨简的心学其实是延续了周敦
颐的学说。也就是说，虽然我们今天认为杨简是心学的代表人
物，而宋人则认为他们所延续的是北宋性理诸子的学风，也即
将心与道关联起来，将格物与道理关联起来。这样一来，竹子
就不单单是一个自然的物，墨竹也不单单是一个绘画的意象，
它所呈现的是士人所构建的一种天理与人生的性理世界。

　　阳明对竹子的情感有家族传承。其祖父王天叙，人称竹
轩先生。魏瀚《竹轩先生传》说："先生名伦，字天叙，以字
行。性爱竹，所居轩外环植之，日啸咏其间。视纷华势利，泊
如也。客有造竹所者，辄指告之曰：'此吾直谅多闻之友，何
可一日相舍耶？'学者因称曰竹轩先生。"②而阳明与其祖父
关系极为密切，《阳明年谱》中，阳明儿时的故事与王天叙有
关的有改名、记诵竹轩公书、从游赋诗等多条。③因此，竹的
形象对阳明而言是十分熟悉且亲切的。

　　更为重要的是阳明亦爱竹。在贵州龙场时，阳明建了何
陋轩、君子亭，君子亭前栽种的就是竹子："阳明子既为何
陋轩，复因轩之前营，驾楹为亭，环植以竹，而名之曰'君
子'。曰：竹有君子之道四焉：中虚而静，通而有间，有君子
之德；外节而直，贯四时而柯叶无所改，有君子之操；应蛰
而出，遇伏而隐，雨雪晦明无所不宜，有君子之时。清风时
至，玉声珊然，中采齐而协肆夏，揖逊俯仰，若洙、泗群贤之
交集；风止籁静，挺然特立不挠不屈，若虞廷群后，端冕正
笏，而列于堂陛之侧，有君子之容。竹有是四者，而以'君
子'名，不愧于其名；吾亭有竹焉，而因以竹名，名不愧于吾
亭。……阳明子曰：嘻！小子之言过矣，而又弗及。夫是四
者，何有于我哉？抑学而未能，则可云尔耳。昔者夫子不云乎

①杨简：《论语上》，《慈湖先生遗书》卷十，北京大学《儒藏》编纂与研究中心编：
《儒藏》（精华编二三七），第 814 页。
②魏瀚：《竹轩先生传》，王守仁：《王阳明集》卷三十七，王晓昕、赵平略点校，
第 1172—1173 页。
③王守仁：《年谱一》，《王阳明集》卷三十二，王晓昕、赵平略点校，第 1024—1025 页。

'汝为君子儒，无为小人儒'，吾之名亭也，则以竹也。人而嫌以君子自名也，将为小人之归矣，而可乎？小子识之！"①

很明显，这篇文字与其格物之说一致。非以求理于事事物物之中，而是以内在吾心之理去感通事物，事物所具有的理超越了其作为一般意义上的事物之意涵，也即事物本身的物之理（或者说现代意义上所谓的物理之理）与心相合为一之后，才能够体验到人生之意义。即岛田虔次先生所说的"主观方面吞没了那个根源性的、原理性的、规范性的事物……格物就是正自己意念的发动，事物也就是全存在，最终亦即意念的发动，或者说是意念发动之后才存在的东西。"②

在此文中，阳明认为竹子所表征的君子之道包括德、操、时和容，③此四德之核心乃在于阳明所认同的君子之道。施邦曜称此乃阳明"以圣人自任"④，所谓圣人即君子，正如阳明在文中所引孔子所说为君子儒，阳明之所以要以圣人自任，以君子自居，不在于其狂妄无知，而是一个人在感受到道统在握之后的一种圣贤情怀，一种儒者的诚心虔敬、反求诸己，以求精神上之明悟和操行上之奋发，即如方东美所云："肯定普遍生命大化流行，于大宇长宙中一脉贯通，周运不息。万物一切，沉潜涵孕其间，现为天地生物气象，而生机盎然，淋漓充沛；天地间任何生命个体存在皆可契会神明，澈通无碍。"⑤

从竹子抽离出来的君子之德操时容，是王阳明对自我的一种期许，所以他的门人就说这是阳明先生自谦之语实为夫子自道。所谓德操时容，归结起来是要做一个君子、儒者。所谓格物不是我去格外在的物，而是以物来格我，物我一体，从物

---

① 王守仁：《君子亭记》，《王阳明集》卷二十三，王晓昕、赵平略点校，第756—757页。
② 岛田虔次：《中国近代思维的挫折》，第12页。
③ 对此杜维明的诠释是：首先，竹子是谦虚的，因为竹子是中空的，而且竹子长得越高，它就弯得越低。比如松是挺拔的，越高越挺拔，但竹子上去之后会下来。其次，竹子是长青的，竹子是有节的，代表着持久、正直。再次，一般不会看到一根竹子，竹子总是一批，所以它是合群的。最后，古人非常喜欢听风吹竹子的声音，如果能够在竹林下面下棋，就感到很愉快。如此等等，总之有很多君子所欣赏的特性。（杜维明：《儒家心性之学的当代意义》，《开放时代》2011年第4期）
④ 王守仁原著，施邦曜辑评：《阳明先生集要》，王晓昕、赵平略点校，第872页。
⑤ 方东美：《中国哲学精神及其发展》，孙智燊译，中华书局2012年版，第70页。

体贴出我之知。从竹子得到的关于我的认知进一步将我的认识实现提升，反诸经典则是所谓的"敬以直内"。从这个意义上说，敬为身心之根。

天理之万物得其妙用者为人，人心乃一身之主宰，故存心之道，在于诚敬（诚意），诚敬（诚意）为涵养工夫，所以收心乃是一种工夫。然而这种工夫，不是致虚静，而是心专于一，以天理应万事。这就是孟子所说的"君子所以异于人者，以其存心也。君子以仁存心，以礼存心"（《孟子·离娄下》）。倘若对此不能究心，或者以逻辑的考据的方式来应对，则必然出现类似亭前格竹之事，直至吐血致疾，但一旦明了，也就自然自得，故阳明说："惟天下至圣，为能聪明睿智，旧看何等玄妙，今看来原是人人自有的。耳原是聪，目原是明，心思原是睿智，圣人只是一能之尔。能处正是良知，众人不能，只是个不致知，何等明白简易！"[1]

在此意义上说，宋明理学家继承了早期思想家们的各种思想，并根据时代进行了新的诠释，正如前述阳明之制义所揭示的，在理学家看来，理在天地之间，而一心主之，故须存心，存心即是存其良知，因为"人的良知，就是草木瓦石的良知。若草木瓦石无人的良知，不可以为草木瓦石矣。岂惟草木瓦石为然，天地无人的良知，亦不可为天地矣。盖天地万物与人原是一体，其发窍之最精处，是人心一点灵明。风雨露雷、日月星辰、禽兽草木、山川土石，与人原只一体。故五谷禽兽之类，皆可以养人；药石之类，皆可以疗疾：只为同此一气，故能相通耳"[2]。

故此，我们方能理解为何阳明要说："知是心之本体，心自然会知：见父自然知孝，见兄自然知弟，见孺子入井自然知恻隐，此便是良知，不假外求。若良知之发，更无私意障碍，即所谓'充其恻隐之心，而仁不可胜用矣'。然在常人不能无私意障碍，所以须用致知格物之功。胜私复理，即心之良知更

---

① 王守仁：《传习录下》，《王阳明集》卷三，王晓昕、赵平略点校，第101—102页。
② 王守仁：《传习录下》，《王阳明集》卷三，王晓昕、赵平略点校，第99—100页。

无障碍，得以充塞流行，便是致其知。知致则意诚"①。唯有在此意义上方能知行合一。这里所谓的本体，就是心体（本心），也即良知本身。原本合一的良知心体何以知行不合一呢？其原因是有了私意的隔断，若能去除私意则能复其本体，也就实现了自性合一。②知行合一并不意味着消解知行本身的复杂关系，即便合一，也存在着多种样态，如生知安行、学知利行和困知勉行，都是知行关系的不同表现形式，因此知行合一是统一的多样性，而非一元的排他性。这与朱子的诠释不同。朱子试图在动与静、沉思与理性思维的关系上建立起一种统一，因为"学"含有两个组元：其一是"敬畏凝神"（敬）的"沉思"组元，即在宁静中、"在情感产生之前"（未发）、在与世界交遇前就启动并且"滋养着心"的组元；其二是建基于对秩序原则的研究与认识的活动组元。③而王阳明则直接认为知行关系在本体（本源）上就具有合一性，即其关系原初乃一体，即："心一也，未杂于人谓之道心，杂以人伪谓之人心。"④心之本体属性是一，这里的一并非单纯的数量上的一或者简易化的一，而是在理的面向上的一。

诠释知行关系离不开对于心的理解，心知心行，离开心探究知行关系不是切己的真实学问，本于心来讲求知行关系就需要将私欲（见闻）之遮蔽祛除，立足于心的坚实之基，知行也就理所当然地合一。心之所以一也，不在于其情欲多寡，不在于其气质之纯杂，不在于其动静是否贯彻，而在于心之本体是否至善，是否良知。但良知却似乎无法得以统一，至少从圣贤话语来看各有不同，如果良知为内在之一贯的话，那么应当如何诠释其中的差异性？《传习录》中有这样的对话：

> 问："良知一而已：文王作《彖》，周公系《爻》，孔子赞《易》，何以各自看理不同？"先生曰："圣人何能拘得死格？大要出于良知同，便各为说何

---

① 王守仁：《传习录上》，《王阳明集》卷一，王晓昕、赵平略点校，第 6 页。
② 参见蔡仁厚：《王阳明哲学》，九州出版社 2013 年版，第 37 页。
③ 参见耿宁：《人生第一等事：王阳明及其后学论"致良知"》，倪梁康译，第 67 页。
④ 王守仁：《传习录上》，《王阳明集》卷一，王晓昕、赵平略点校，第 7 页。

害？且如一园竹，只要同此枝节，便是大同。若拘定枝枝节节，都要高下大小一样，便非造化妙手矣。汝辈只要去培养良知。良知同，更不妨有异处。汝辈若不肯用功，连笋也不曾抽得，何处去论枝节？"①

竹子在此成为一种独具象征意义的事物。此乃是阳明学充满激情活力之处，它不是一种枯槁的、无趣的、无生机的学问，而是融生命于世界之中的感通情理之学。但值得注意的是，阳明的思想背景中，除了儒者之学、君子之道之外，还有很强烈的禅宗之学，正如罗光所说："王阳明思想的变迁，由儒入道和佛，由道和佛再转入儒学，经过贵州龙场的流难困苦经历，乃悟到致良知。禅学的祖师禅讲直接体验，反观自心，直接体验实相真如，由真如看到万法平等。为能有直接体验，先要使心空虚一切，无念无心。王阳明体验到自心的本体为良知，良知即是天理。外面事物和心相感触时，天理良知自然显露，人乃有良知的直接体验，外面的事物和良知相合为一。在内外相合为一之中，良知天理达到事物，便称为致良知。然而在良知和事物之间，能够有私欲的障碍。心动为意，私欲而动，意若诚于天理，私欲的障碍便可消除。王阳明的修身论便在于诚意。天理在人心，心外没有天理，而且心外也没有物，因为宇宙万物的意义都来自人心。"②阳明的这一思想虽然有禅宗的影响，但这却也是中国儒家思想之传统，否则阳明学亦无法将其融于一体。

从《君子亭记》中的竹子所具有的君子之德，到格竹的禅宗公案，其间的跨越正可说明，阳明并不局限于某一特定的教条，而是根据时代的特征加以重新梳理，使之成为符合自己内心良知的生活之道，也才能使"日月风雷山川民物，凡有貌象形色，皆在太虚无形中发用流行，未尝作得天的障碍。圣人只是顺其良知之发用，天地万物，俱在我良知的发用流行中，何

① 王守仁：《传习录下》，《王阳明集》卷三，王晓昕、赵平略点校，第104页。
② 罗光：《中国哲学思想史·元明篇》，台湾学生书局1996年版，第181—182页。

尝又有一物超于良知之外，能作得障碍"①。那么我们应如何理解并诠释良知？鉴于与阳明时代的抽离，我们需要首先以一种知识的理知（reason）态度来对其进行疏解，虽然阳明学更加重视的是体悟、感通和践履，但绝非意味着阳明学是一种反理知的学说。②但如果我们对其没有一点逻辑性的把握，极有可能导致亭前格竹吐血致疾，为此，我们首先从知识的意义上分析之，因为"知识，就我们已知而言，必然是理性的。我们既没有非理性的认知模式，也没有一门非理性的科学"③。阳明说："凡观古人言语，在以意逆志，而得其大旨。若必拘滞于文义，则靡有孑遗者，是周果无遗民也。……在知道者默而识之，非可以言语穷也。若只牵文泥句，比拟仿像，则所谓心从法华转，非是转法华矣。"④显然，对于阳明格竹的故事，我们也需要作如是观。

第九节　随物而格：致知之功及其他

阳明格物故事是阳明门人的记录。阳明为了让门人更好地明白什么是格物致知，讲述了这样的故事。嘉靖三年甲申（1524），阳明门人周道通⑤致书向阳明请教："但鄙心则谓与初学言之，还须带格物意思，使之知下手处。本来致知格物

---

① 王守仁：《传习录下》，《王阳明集》卷三，王晓昕、赵平略点校，第98—99页。
② 余英时认为中国传统中，特别是政治传统中一直存在着反智主义，即"现在圣人除了劳动者以外，只需要战士……此外对于一切有德行、学问、技能的人，政权的门则永远是关闭的"；"焚书和坑儒这两件大事便是法家反智论在政治实践上的最后归宿"；"其实法律只能控制人的外在行动，经义断狱才能深入人的内心。"（余英时：《中国思想传统及其现代变迁》，沈志佳编，广西师范大学出版社2014年版，第359、362、369页）
③ 米塞斯：《人的行为》，夏道平译，第87页。
④ 王守仁：《传习录中》，《王阳明集》卷二，王晓昕、赵平略点校，第59—60页。
⑤ 周冲字道通，号静庵，江苏宜兴人。《明儒学案》称："南中之名王氏学者，阳明在时，王心斋、黄五岳、朱得之、戚南玄、周道通、冯南江，其著也。"又说："周冲字道通，号静庵，常之宜兴人。正德庚午乡举。授万安训导，知应城县，以耳疾改邵武教授，升唐府纪善，进长史而卒，年四十七。阳明讲道于虔，先生往受业。继又从于甘泉，谓'湛师之体认天理，即王师之致良知也'。与蒋道林集师说，为《新泉问辨录》。暇则行乡射投壶礼，士皆敛衽推让。吕泾野、邹东廓咸称其有淳雅气象。当时王、湛二家门人弟子，未免互相短长，先生独疏通其旨。故先生死而甘泉叹曰：'道通真心听受，以求实益，其异于死守门户以相訾而不悟者远矣！'"（黄宗羲：《明儒学案》卷二十五，沈芝盈点校，第578、583页）

一并下，但在初学，未知下手用功，还说与格物，方晓得致知。"阳明对此的回复是："格物是致知工夫，知得致知，便已知得格物。若是未知格物，则是致知工夫亦未尝知也。"①周道通认为，初学者要讲格物，因为格物是下手用功之处。而阳明则告诉他，学者不分初学与否，终身要做的事只有修身诚意，即朝向圣贤努力这一件事。阳明说："致知者，意诚之本也。然亦不是悬空的致知，致知在实事上格。如意在于为善，便就这件事上去为；意在于去恶，便就这件事上去不为。……诚意功夫，实下手处在格物也。若如此格物，人人便做得，'人皆可以为尧舜'，正在此也。"②

阳明认为道即是良知，良知即是道，这即是良知学的根本立场，或者如耿宁先生所说的信仰者。在此立场下，格物就

---

① 王守仁：《传习录中》，《王阳明集》卷二，王晓昕、赵平略点校，第56页。阳明书信中有"近有一书与友人论此颇悉，今往一通，细观之，当自见矣。"（王守仁：《传习录中》，《王阳明集》卷二，王晓昕、赵平略点校，第56页）这里的与友人论格物书究竟为何尚为疑案。佐藤一斋说："文成论格物致知，检《全书》，不止十数。本文'一书'，今未审的指何书，俟考。"（佐藤一斋：《传习录栏外书》，黎业明点校，上海古籍出版社2017年版，第113页）陈荣捷则认为阳明言及格致之书，虽有多通，然详尽而堪作替代答道通者，厥为《答顾东桥书》（第130至143条）与《答罗整庵书》。尤其是《答顾书》之第134条与《答罗书》之第173与174条。然据《年谱》嘉靖三年（1524）正月道通方受业，道通书云"春间再承教益"，则必非指初受业之年而指以后一年或数年也。此书云"近有一书与友人"，《答罗整庵》在正德十五年（1520），至少在四年以前，似不能言近。异本《全书》题下之嘉靖三年甲申，必不可靠。诸本不采，非无故也。《答顾东桥书》收入《续刻传习录》。《年谱》系此录为嘉靖三年版。但《年谱》又系《答顾东桥书》于嘉靖四年（1525），是在《刻续录》之后。《年谱》自相矛盾。三年四年，二者必有一误。如《答顾东桥书》，果为嘉靖四年之春或夏，则《答周道通书》在是年春夏以后，附《答顾书》，可云近也。道通三年正月受业。若四年春间再承教益，夏间来书，阳明守丧之中草草作复，顺往答顾之书，亦至自然。然答顾书不提守丧。或在嘉靖五年阳明守足三年之丧以后耳。（陈荣捷：《王阳明〈传习录〉详注集评》，第166—167页）其中云异本全书，不知何本。阳明《答周道通书》系嘉靖三年甲申应无误，从今可见之闻人诠嘉靖十四年（1535）刻《阳明先生文录》卷二［翟凤奎、向辉：《阳明文献汇刊》（第21册），四川大学出版社2015年版，第252页］、范庆嘉靖二十六年（1547）刻《阳明先生文录》卷二［翟凤奎、向辉：《阳明文献汇刊》（第25册），第203页］、宋仪望刻《阳明先生文录》卷二均系年为甲申。非陈荣捷先生所说诸书不采者，只是今本《传习录》中卷删去所有书信时间，不系年而已。且甲申阳明所书不少，其中被收入今本《传习录》者有《答陆原静书》其中亦有论及下手工夫。《答顾东桥书》作于嘉靖四年乙酉亦不误。此书中所说之论此者，《答陆原静书》可能性较大。阳明此书中只说"近有一书与友人论此颇悉"，并未明指何书，不能因答罗顾二书论述更细致即指此中之一，并由此推断《年谱》系年之误也。
② 王守仁：《传习录下》，《王阳明集》卷三，王晓昕、赵平略点校，第111页。

是循良知而随物而格。"夫良知即是道，良知之在人心，不但圣贤，虽常人亦无不如此。若无有物欲牵蔽，但循着良知发用流行将去，即无不是道。但在常人多为物欲牵蔽，不能循得良知。……学者学循此良知而已，谓之知学，只是知得专在学循良知。"[1]所谓随物而格实际上是为行为而知识，此是由周初以来，中国的学术基线，即是一种为己之学，追求知识的目的在于自我之发现、开辟升进，以求自我的完成。[2]

王阳明与人论格物多据自身和日常而述说。如对门人陈九川（1494—1561）说："耳目口鼻四肢，身也，非心安能视听言动？心欲视听言动，无耳目口鼻四肢亦不能，故无心则无身，无身则无心。但指其充塞处言之谓之身，指其主宰处言之谓之心，指心之发动处谓之意，指意之灵明处谓之知，指意之涉着处谓之物：只是一件。意未有悬空的，必着事物，故欲诚意则随意所在某事而格之，去其人欲而归于天理，则良知之在此事者无蔽而得致矣。此便是诚意的工夫。"[3]所以但衡今说："本节云云，着重心意知物是一件，此阳明学术一手撑天处。谓之身，谓之心，谓之意，谓之知，谓之物，亦只是一件。一扫古今支离分别知见。"[4]王阳明反复强调的是理为一，道一而已，反对支离。王阳明法书还记录了一段类似的对话：

> 生（白悦，字贞夫）又问："圣贤之学，所以成身；科举之业，将以悦亲。二者或不能并进，奈何？"予（王阳明）曰："成身悦亲，道一而已。不能成身，不可以悦亲；不能悦亲，不可以成身。子但笃志圣贤之学，其绪余出之科举而有余矣。"曰："用功何如？"曰："先定志向，立功次第，坚持无失。循序渐进，自当有至。若易志改业，朝东暮西，虽终身勤苦，将亦无成矣。"[5]

---

[1] 王守仁：《传习录中》，《王阳明集》卷二，王晓昕、赵平略点校，第64页。
[2] 参见徐复观：《中国思想史论集续篇》，九州出版社2013年版，第529页。
[3] 王守仁：《传习录下》，《王阳明集》卷三，王晓昕、赵平略点校，第85页。
[4] 陈荣捷：《王阳明〈传习录〉详注集评》，第231页。
[5] 束景南：《书四箴赠别白贞夫》，《阳明佚文辑考编年》，第438页。

在给后学的赠言中，王阳明将学与业的关系再次做了阐明。学生问学与业无法统一怎么办？王阳明说，学与业一于道，或者说道一而已，学和业之间并非矛盾不可分解，而是互为条件的，但最为重要的是笃志圣学，立定志向，循序渐进，如此则学日进而业可期。王阳明强调需要皈依圣贤之学，而圣贤之学在当时士人看来即为孔孟之学，即道学、理学，在阳明这里即是良知之学。良知必然是一种内在于我之生命中的道德精神状态和永不停歇地实际追求进程，格物当然是闻见之知，但经过体认、体得的工夫，将客观之理内在化而与心性之理相符应、相融合，因而将心性之理加以充实、彰著，①"圣人致知之功至诚无息，其良知之体皦如明镜，略无纤翳。妍媸之来，随物见形，而明镜曾无留染。所谓'情顺万事而无情'也。'无所住而生其心'，佛氏曾有是言，未为非也。明镜之应物，妍者妍，媸者媸，一照而皆真，即是生其心处。妍者妍，媸者媸，一过而不留，即是无所住处。病疟之喻，既已见其精切，则此节所问可以释然。病疟之人，疟虽未发，而病根自在，则亦安可以其疟之未发而遂忘其服药调理之功乎？若必待疟发而后服药调理，则既晚矣。致知之功无间于有事无事，而岂论于病之已发未发邪？"②

仁是儒家道德精神的总持，即是修己以敬的归结。③阳明建立之事功，阐发其学说，皆由此而来，所以阳明说："在孟子言'必有事焉'，则君子之学终身只是集义一事。义者宜也，心得其宜之谓义。能致良知，则心得其宜矣，故集义亦只是致良知。君子之酬酢万变，当行则行，当止则止，当生则生，当死则死，斟酌调停，无非是致其良知，以求自慊而已。故君子素其位而行，思不出其位，凡谋其力之所不及，而强其知之所不能者，皆不得为致良知；而凡劳其筋骨，饿其体肤，空乏其身，行拂乱其所为，动心忍性以增益其所不能者，皆所以致其良知也。"④良知乃是本心或者说良知之心自证自知，

---

① 参见徐复观：《中国思想史论集续篇》，第 536 页。
② 王守仁：《传习录中》，《王阳明集》卷二，王晓昕、赵平略点校，第 65 页。
③ 参见徐复观：《中国思想史论集续篇》，第 571—572 页。
④ 王守仁：《传习录中》，《王阳明集》卷二，王晓昕、赵平略点校，第 68 页。

因此良知工夫就成为一种易简的、体证的、亲切的工夫，这是就其全部生命（你死我活）的决斗模式的集约性、究竟性、整体性而言的，而不是让人回避繁杂纷呈的现实，枯竭性情斩除烦恼，走一条一蹴而就的捷径。抵达同一目标，轻而易举的方法与繁杂纷呈的方法并存，就简避繁乃人之常情。但是如果从一开始就回避应该承担的义务，限制了实践的范围，忽略了自身力量的积攒，那么就已经失足堕落了本来性的立场，沦为功利打算之徒，于是也根本没有什么资格去理论什么工夫的繁简难易了。[1]因此，试图从竹子身上找到理的格物不是阳明的学术主旨，更不会是朱子学术的主旨，无论朱子学还是阳明学，其格物学说的根本目的在于大学之道，即修己以敬的成己成物。这种格物，既不是黄花、翠竹的空无，也不是青青翠竹的诗情画意，而是竹有君子之德的切己觉悟和着实用功的体验，正是这种觉悟和体验让性理学成为提振士气的精神支柱。

至于当代学人，对此的理解和解释又有所不同。比如胡适在《先秦名学史》中说：

> 以积蓄学问开始引导至豁然贯通的最后阶段的方法，在明代（1368—1644）王阳明（1472—1528）加以反对之前，一直是新儒学的逻辑方法。王阳明说："初年与钱友……遂相与叹：'圣贤是做不得的，无他大力量去格物了。'"因此，王阳明反对宋学的方法，创立他所认为是《大学》本义的新学。他的新学认为"天下之物本无可格者，其格物之功只在身心上做。""离开心，既无所谓理，也无所谓物。"身之主宰便是心，心之所发便是意，意之本体便是知，意之所在便是物。如意在于事亲，即事亲便是一物。这样，王阳明认为"格物"中的"格"字，并不是宋儒所主张的"穷究"，而是"正"的意思，有如孟子所说的"大人格君心"的"格"。所以，"格物"并不是指研究事物，而是"去心之不正，以全其本体之正"。简单地说，就是心之良知，"知是心之

① 参见荒木见悟：《佛教与儒教》，杜勤等译，第293页。

本体，心自然会知……用致知格物之功胜私复理，即心之良知更无障碍，得以充塞流行便是致其知，知致则意诚。"①

胡适认为："程氏兄弟及朱熹给'格物'一语的解释十分接近归纳方法：即从寻求事物的理开始，旨在借着综合而得最后的启迪。但这是没有对程序作出详细规定的归纳方法。上面说到的王阳明企图穷究竹子之理的故事，就是表明缺乏必要的归纳程序的归纳方法而终归无效的极好例证。这种空虚无效迫使王阳明凭借良知的理论，把心看作与天理同样广大，从而避免了吃力不讨好地探究天下事物之理。"②在胡适看来，无论是程朱，还是陆王，他们或者以探求事物之理来诚意以正心（宋学），或者直接说格物只在身心上做（王阳明），他们即便有各种不同，根本一点上是相通的，那就是他们把物当作事，用一种人文主义的哲学解释来限制了哲学的范围，即"它把哲学限制于人的'事务'和关系的领域"③；他们用一种伦理与政治哲学的讨论替代了对自然客体的研究。"因此，在近代中国哲学的这两个伟大时期中，都没有对科学的发展作出任何贡献。可能还有许多其他原因足以说明中国之所以缺乏科学研究，但可以毫不夸张地说，哲学方法的性质是其中最重要的原因之一。"④显然，阳明及其学说被胡适等现代科学主义者视为是"进步的绊脚石"，不是"进步的绊脚石"也至少是他们认为应该抛弃的传统学说。拥抱新的学说，展开新的讨论，才是胡适等人所规划的新时代课题。

胡适的看法，很长一段时间里成为主流的意见。然而，当我们去阅读同时代人的著作时，我们会发现，有人并不赞同这样的意见，但也无可奈何。诚如章太炎说："阳明生时骂朱文公为'洪水猛兽'，阳明读书不多，未曾遍观宋人之说，故独

---

① 胡适：《先秦名学史》，欧阳哲生编：《胡适文集》（第6册），北京大学出版社2013年版，第7页。
② 胡适：《先秦名学史》，欧阳哲生编：《胡适文集》（第6册），第8页。
③ 胡适：《先秦名学史》，欧阳哲生编：《胡适文集》（第6册），第8页。
④ 胡适：《先秦名学史》，欧阳哲生编：《胡适文集》（第6册），第8页。

骂朱子，实则伊川、象山均如此讲。朱子治学，亦未身能穷知事物之理，无可奈何，敷衍了事，而作此说。今之新学小生，误信朱子之言，乃谓道德而不能根据科学者不是道德，夫所谓道德，将以反抗自然也，若随顺自然，则杀人放火，亦何不可以科学为之根据者？信斯言也，真洪水猛兽之比矣。朱子有知，不将自悔其言之孟浪乎？"[1]章太炎讲述阳明故事时，所面临的正是胡适等人所鼓动的新学成为主流的时代，传统的学术成了国故，其需要科学的整理，否则就毫无价值可言，甚至会成为阻碍社会进步的洪水猛兽。但传统并不因为曾经的正反意见而成为尘封的历史，也并未因为学者在特定语境下的解读而失去它的价值。它在新的时代又获得了新生。正是在这种情况下，阳明格竹故事一再被人谈及，只不过换了讲法罢了。

小结

毫无疑问，格物在宋明理学中具有重要的意义。《传习录》中讲述格物之理贯穿始终，从早期徐爱的记录，到后期黄以方的记录，这表明格物的问题，并非一言可以解释清楚，其含义具有多重性，根据不同的情境可能会做出不同的诠释。王阳明晚年用了格竹故事这样的譬喻来讲述一个道理，即"物"非死物或者完全脱离人而存有之物，而是人所面对之"事"（即人在其中之生活世界，这是一个有人的万物世界，事的意涵在于人的参与和人心的进入，这才是格）。所谓的参与和进入并不意味着人直接完成了事物，或者事物的价值需要人才得以成立，而是说人如果要着实地生活在这个世界，就需要将其心投射到事物之中，即人在世间为人为学最为关键在于应事而作；不论什么样的人，都要生活在人事之中，不可能绝对孤立地存在，有事就有应对。人也只有在应世应事的过程中才能真正的实现自我，即有担当。这种担当就是将人作为人的本性发挥出来，能够成己成物。至于阳明讲述的故事，则要如王畿所提示的那样："言者，所由以入于道之诠。凡待言而传者，皆

---

[1] 章太炎：《章太炎全集·演讲集》，章念驰编订，第483页。

下学也。学者之于言也,犹之暗者之于烛,跛者之于杖也。有触发之义焉,有培栽之义焉,而其机则存乎心悟,不得于心而泥于言,非善于学者也。"①

阳明格竹故事是阳明之言,已经被人反复讲述了400多年。这个从禅宗公案而来,被阳明反其道而用之,用于讲述格物是要在心上、在事上用功的道理。阳明门人记录下这则故事,又编进《年谱》,把它的隐喻性意涵转化为浅白的寓意故事。其后,这种浅白的寓意故事广为传播,当然故事也在讲述的过程中不断被修改,或者被审慎地忽略,或被用来说明其他的道理。它的故事性越来越为人们所熟悉,即便是严肃的讲述故事者,也要用我们所熟悉的观念来重新讲述这个故事,让这个故事更加符合读者的想象;而它的隐喻性却渐渐被人忘却,只有熊十力、侯外庐等为数不多的学者在他们的讲述中指出这是"喻体"故事和公案之说。熊十力等人的讲述提醒我们:要理解这一故事就要从譬喻和公案的角度来思考,也需要通过故事的讲述历史来梳理这一故事在不同文本中的变化,如此才能明白这一故事本身所蕴涵的真理性意义。如此一来,阳明格竹也就具有了真正的哲学意义和历史意义。

阳明学被称之为良知学,出自《传习录》这部经典,此书则为"黄花翠竹"的另一故事,是为下一章。

---

① 王畿:《重刻阳明先生文录后语》,王守仁:《王阳明集》,王晓昕、赵平略点校,第 5 页。

第二章

四海传其书：嘉靖本《传习录》

　　然则《五经》之所载、《四书》之所传，其皆无
所用乎？曰："孰为而无所用乎？是甘苦妍媸之所
在也。"①

——王阳明

　　书籍是学术传播的重要依凭，阳明学也不例外。在阳明学术的传承中，《传习录》发挥了至为关键的作用。《传习录》又称《王阳明先生传习录》《王文成公传习录》，是阳明学的经典著述。从《传习录》《居夷集》《朱子晚年定论》《古本大学》，到《阳明先生文录》《阳明先生年谱》，乃至于《王文成公全书》等，无不推动了阳明学在全国的传播。

　　学术研究的进展，离不开对现存书籍的调查和考订。就阳明学研究而言，随着阳明学的传播，阳明著述特别是《传习录》，不仅经历了多次编集，不同时期的编定版本也一再刊行，这就形成人人皆知《传习录》的局面，但可能看到的是截然不同的版本。这些不同版本，除了刊刻时间、地点的不同，更重要的是在内容方面也存在着较为明显的差异，因此展开全面的调查和考订《传习录》等相关著作源流也就成为阳明学研究的一个不能绕过的问题。事实上，《传习录》的编集与刊刻，是长期以来困扰阳明学者的问题之一。据佐藤一斋《传习录栏外书》（以下称《栏外书》）②、陈荣捷《王阳明〈传习录〉详注集评》（以下称《集评》）③、钱明《〈阳明全书〉的成书经过和版本源流》④、张克伟《王阳明〈传习录〉之刊刻过程及主要版本脞论》⑤、陈来《有无之境》第十二章之《著述辨疑·传习录》⑥、陈来《〈遗言录〉与〈传

① 王守仁：《赠郑德夫归省序》，《王阳明集》卷七，王晓昕、赵平略点校，第212页。
② 参见佐藤一斋：《传习录栏外书》，黎业明点校。
③ 参见陈荣捷：《王阳明〈传习录〉详注集评》，第2—6页。
④ 钱明：《〈阳明全书〉的成书经过和版本源流》，《浙江学刊》1988年第5期。
⑤ 张克伟：《王阳明〈传习录〉之刊刻过程及主要版本脞论》，《四川图书馆学报》1992年第5期。
⑥ 陈来：《有无之境：王阳明哲学的精神》，北京大学出版社2013年版，第345—350页。

习录〉》①、永富青地《王守仁著作之文献学的研究》②、贾
大伟等《王阳明文献普查目录》③、李文洁等《王阳明著述提
要》④等文献的调查与考订，《传习录》的版本体系及其传承
样貌，已经较为清晰。⑤

但留存至今的《传习录》明代版本分藏于国内外诸多图书
馆、博物馆中，尚无人进行过逐一目验原书的实地调查，研究
者或未见早期刊本，或未见关键版本，或据传闻，或据推理，
或据想象，对《传习录》的编定刊刻做出的一些推测性判断，
尚有进一步推进的空间。

最近，笔者有幸获观数种《传习录》嘉靖刊本，其中一种
是被前人视为早已失传的南大吉刻本的原刻递修本；一种是钱
德洪编订的天真书院刻本。此二种版本对于我们重新认识《传
习录》的编刊过程，以及重新梳理阳明学术传播，皆有重要学
术价值。

第一节　编目著录：善本的调查

《传习录》为阳明生前刊行的为数不多的著作。与众多
古代经典一样，这部书的版本与传本都较为复杂。为展开相关
文献的历史研究必须借助古籍的调查，古籍善本的调查是学术
研究的基础工作。近代以来，古籍善本由私入公的收藏模式的
变化为古籍的调查提供了机遇。各古籍收藏机构公布古籍信息
数据，为学者研究利用提供了关键信息。历史的文献研究，也
因此而得以不断深入。20世纪八九十年代完成的《中国古籍善
本书目》，21世纪初完成的《中国古籍总目》，为我们了解全
国各地馆藏善本提供了重要信息。正在开展的全国古籍普查项
目，未来将会为学界提供更多的现存古籍善本的基础信息。

---

① 陈来：《〈遗言录〉与〈传习录〉》，《中国文化》1993 年第 9 期。
② 永富青地：《王守仁著作之文献学的研究》，第 21—34 页。
③ 贾大伟、李文洁、刘悦等编纂：《王阳明文献普查目录》，学苑出版社 2019 年版。
④ 李文洁、贾大伟、刘悦等：《王阳明著述提要》，学苑出版社 2019 年版。
⑤ 此外，日本学者铃木隆一、山下龙二、吉田公平、永富青地等人也先后撰有专文讨
论《传习录》的编纂与版本问题。参见永富青地：《王守仁之语录研究》，李四龙等
主编：《哲学、宗教与人文》，商务印书馆 2004 年版，第 127—148 页。

关于阳明文献的专项调查也早已展开。比如国家图书馆从2016年年底开始实施馆藏王阳明文献的普查和研究项目，完成了《王阳明文献普查目录》等成果。[①]该项目的普查部分以国家图书馆馆藏为基础，同时以北京大学图书馆、上海图书馆、南京图书馆等15家图书馆的书目数据系统为依据，调查相关机构的古籍善本收藏情况。

现存古籍善本书目中，在子部中著录《传习录》的明刻本只有屈指可数的几种。据《中国古籍善本书目·子部》著录，存世的明代版本有如下几种：

789号，《传习录》三卷，明嘉靖三年南大吉刻本，十行二十字，四周双边，有刻工。上海图书馆藏。这部书曾被视为现存《传习录》的最早刊本。

790号，《传习录》三卷、《续录》二卷，明嘉靖三十三年刻本，十行二十字，白口，四周双边，有刻工。上海图书馆藏残本，东北师范大学图书馆藏全本。该书板框尺寸为21.3厘米×14.6厘米。[②]

791号，《传习录》三卷、《续录》二卷，明刻本，十行二十字，白口，四周双边，有刻工。北京图书馆（今国家图书馆）、北京大学图书馆藏。[③]所谓明刻本，按照著录规则，多指无法断定该版本属于明朝哪一个具体时代的刻本。

除了单独列存于子部的《传习录》之外，集部中也有若干种：

---

① 连玉明、陈红彦主编的《王阳明馆藏文献典籍普查、复制和研究丛书》包括《王阳明文献普查目录》《王阳明著述篇目索引》《王阳明著述序跋辑录》《王阳明著述提要》等四种，学苑出版社 2019 年版。
② 东北师范大学图书馆藏本入选《第三批国家珍贵古籍名录》，名录号 08320。参见中国国家图书馆、中国国家古籍保护中心编：《第三批国家珍贵古籍名录图录》（第 4 册），国家图书馆出版社 2012 年版，第 286 页。
③ 中国古籍善本书目编辑委员会编：《中国古籍善本书目·子部》，上海古籍出版社 1994 年版，第 80 页。以上三种古籍的行款信息见翁连溪编校：《中国古籍善本总目》，线装书局 2005 年版，第 802 页。清华大学图书馆和台湾汉学研究中心也藏有这一种明刻本。（贾大伟、李文洁、刘悦等编纂：《王阳明文献普查目录》，第 3 页）其中，北京大学图书馆所藏善本的著录信息为："《传习录》三卷、《续录》三卷，明王守仁，徐爱等录，明嘉靖三年（序，1524）重刻本。四册。NC1321.6/2924.44。"（北京大学图书编：《北京大学图书馆藏古籍善本书目》，北京大学出版社 1999 年版，第 224 页）

7506号，《阳明先生文录》五卷、《外集》九卷、《别集》三卷、《传习录》三卷、《传习续录》二卷，明万历二十一年（1593）陈效刻本，十行二十字，白口，四周双边。中央民族学院图书馆、中国科学院图书馆藏。

7507号，《阳明先生文录》五卷、《外集》九卷、《别集》三卷、《传习续录》二卷，明刻本，十行二十字，白口，左右双边。北京大学图书馆藏。

7510号，《阳明先生文录》十七卷、《语录》三卷，明嘉靖二十六年（1547）范庆刻本，十行二十字，白口，左右双边。国家图书馆、首都图书馆藏全本，浙江图书馆、湖北省图书馆、湖南省图书馆藏残本。①

另据《中国古籍总目》的著录，《传习录》有三卷、四卷和一卷等不同卷帙。其中，三卷本《传习录》有明嘉靖三年（1524）南大吉刻本、明嘉靖三十三年（1554）刻本、《全书》本和明刻本（嘉靖万历间刻本）；《王阳明先生传习录》有明武昌江汉书院刻本、明嘉靖三十三年刻本和明刻本。此外，尚有《传习续录》二卷，存有明嘉靖三十三年（1554）刻本和明刻本。国家图书馆还藏有明李益大刻本《传习录》三卷之残本。②

《传习录》的早期刊本，在日本也存有若干种。严绍璗《日藏汉籍善本书录》著录《传习录》二种。一为御茶之水图书馆藏八卷本二册，乃明嘉靖三十三年何应元刊本。此本半叶九行，行十七字，左右双边，版心下方题"何应元刊"。一为内阁文库藏六卷本二册。③另外还有两种《日藏汉籍善本书录》未著录，其一是日本京都市日比谷图书馆藏嘉靖二十三年（1544）德安府刻本，其一是京都大学附属图书馆所存嘉靖三十年（1551）孙应奎刻本。关于前者，日本阳明学者佐藤一

---

① 中国古籍善本书目编辑委员会：《中国古籍善本书目·集部》，上海古籍出版社1996年版，第618页。以上三种古籍的行款信息见翁连溪编校：《中国古籍善本总目》，第1388—1389页。
② 贾大伟、李文洁、刘悦等编纂：《王阳明文献普查目录》，第3页。
③ 严绍璗编著：《日藏汉籍善本书录》，中华书局2007年版，第745—746页。

斋曾在《传习录栏外书》中有详细说明。①关于后者，钱明曾撰文曾予以揭示。②

根据实地调查与文献研究，永富青地对上述《传习录》的不同传本进行过系统梳理。他的《〈传习录〉的成立与完成》一文指出《传习录》可以分为早期单行本、《全书》本和《全书》编成后的诸传本等类型。其中，早期单行本是考察《传习录》成立和完成的核心文献。③据永富青地介绍，他所见《传习录》有三卷本（上海图书馆、北京大学图书馆、台湾"中研院"历史语言研究所傅斯年图书馆、中国科学院图书馆藏）、六卷本（日本内阁文库藏）、七卷本（京都大学附属图书馆藏）、二卷本（东京都立中央图书馆藏）。其中，两种附载于不同刊本的《阳明先生文录》。

《传习录》自编定刊行以来曾广为流传，但作为古籍善本传承至今的并不多。经过当代古籍工作者的调查，我们知道《传习录》存世的基本情形有单行本和丛书本两种。其中，单行本有明嘉靖、万历时期的刻本；丛书本则在《阳明先生文录》或《全书》中。在《阳明先生文录》中单出书名，尚作为

---

① 佐藤一斋说，他所得德安府重刊本为上、下二册，上、下两册各四卷。佐藤氏的这一南大吉刊本为八卷的说法广为流传。不过，从现存德安府刊本来说，该书卷端标目是"传习录上卷某""传习录下卷某"，是上卷、下卷各分四个部分，并非佐藤氏所谓上册、下册各四卷。按照古籍的著录，该刻本是：《传习录》二卷，明嘉靖二十三年（1544）德安府刻本。佐藤氏还说，德安府刊本上册前三部分与后世通行本大同小异，第四部分则是通行本的中卷；下册四个部分所录文与后世通行本不同，后者"盖出于钱绪山所改订"（佐藤一斋：《传习录栏外书》，黎业明点校，第 2 页）。佐藤氏以为德安府刊本是南大吉刊本的重刻本，保持了南本的原貌。这是因为他并没有见过南本的缘故。陈荣捷《王阳明〈传习录〉详注集评》也认为德安府本为上、下册各四卷。事实上，直到 2007 年中华古籍保护计划启动之前，当代的学者们都未发现过真正的南本。因此，对佐藤氏的说法，学者只能尽可能从学理上予以回应，比如钱明、黎业明先后考证了《传习录》所录书信的年月，证明南大吉刊本是重新编定的《传习录》，绝非薛侃早期刊本的照旧翻刻。
② 钱明：《〈阳明全书〉的成书经过和版本源流》，《浙江学刊》1988 年第 5 期。钱明称此为衡湘书院蔡汝楠刊七卷本。但原书标目实为"传习录上卷某""传习录下卷某"，其中上卷分三部分，下卷四个部分，造成困惑的地方可能是该书版心题"传习录上｜○卷某""传习录下｜○卷某"。这里的"｜○"是鱼尾符号，故这个版本仍旧是《传习录》二卷。
③ 永富青地：《王守仁著作之文献学的研究》，第 21—98 页。

单独一部书；而《全书》中，则仅为其中的前三卷。①与《全书》类似的，另有宋仪望辑《阳明先生文粹》［明嘉靖三十六年（1557）孙昭大梁书院刻本］，其中亦有《传习录》三卷。又如我们所见到的嘉靖二十九年（1550）闻东序《阳明先生文录》即有《传习录》，闻东序称："《阳明先生文录》旧刻于姑苏，《传习录》刻于赣，继有薛子刻其《则言》，然相传不多得，同志者未得合并以观全书，每有余憾。东按西秦、历关陇，见西土人士俊髦群然，皆忠信之质也。因相与论良知之学，尽取先生《文录》、《传习录》并《则言》共若干卷刻之。"②

不论是单行本，抑或者丛书本，曾经是读者和藏书家的珍品，如今都是各大图书馆的珍藏，是存世的古籍善本，也是研究者从事古典研究的第一手珍贵文献资料。但研究者要展开相关的研究，首先需要有编目员去著录，需要藏书机构去揭示，否则这些古籍善本即便保存在善本书库中，也未必能成为研究者所关注的对象。另外，编目员在对古籍善本进行著录登记时，往往依据前代人的判断，特别是藏书家的意见，一旦有了一个比较明确的结论，研究者往往引以为据，极有可能出现版本的误判，从而造成推论的偏差。事实上，上述关于《传习录》的著录就存在此类问题。

第二节　早期刻本：长期的迷惑

《中国古籍善本书目》《中国古籍总目》《王阳明文献普查录》等皆将上海图书馆所藏三卷本《传习录》（下简称上图本）著录为嘉靖三年（1524）刊本，并认为是现存《传习录》的最早刊本。然而，当我们如今有机会比对不同机构的藏

①《阳明先生文录》所附《传习录》未作单独一书，故《中国丛书综录》中就不收此书。《中国丛书综录》中著录《传习录》两种：（1）《王阳明先生传习录》五卷，《国粹丛书》第一集；（2）《传习录》三卷附《朱子晚年定论》，《王文成公全书》本（隆庆本、同治光绪本）、《四部丛刊》（二次印本、缩印二次印本）·集部·《王文成公全书》、《四部备要》（排印本、缩印本）·子部儒家·《王文成公全书》。［上海图书馆编：《中国丛书综录》（第 2 册），上海古籍出版社 1986 年版，第 732 页］
②陈来：《中国近世思想史研究》，商务印书馆 2003 年版，第 696 页。

本时，我们会发现上图所藏此本《传习录》并非嘉靖本，而是万历本。

不仅如此，上图本与北京大学图书馆藏嘉靖三年序重刊本（下简称北大本）、东北师范大学图书馆藏嘉靖三十三年刻本（下简称东北师大本），以及国家图书馆藏明刻本（下简称国图本）实际上为同一版本。完整的该版本应包括《传习录》三卷、《续录》二卷。

西泠印社出版社再造复制《阳明先生珍稀文献二种》的《传习录》，即上图本。此本版心题"传习录卷一""传习录卷二""传习录卷三"，卷一卷末题"传习录卷一"，卷二、卷三卷末分别题"传习录卷上二""传习录卷上三"。该书有南大吉序、徐爱序，字体为写刻软体，版心下方有刻工。[1]这个本子被认定为嘉靖三年（1524）刻本的证据只有南大吉序。在国家图书馆藏嘉靖三年南大吉刻嘉靖二十九年（1550）续修本被发现之前，学者无法获知嘉靖三年刻本样貌，加之该本写刻俱佳，又是晚明刻本，版本鉴定似乎不成问题。但这部书在版本方面至少存在四个棘手的问题：第一，该书的刻工令人迷惑，虽然每一页皆标刻工姓名，但因悉数为单字，似乎无法考证他们究竟是哪一时代的刻工，这需要有更进一步的相关信息才能确定。第二，这一传世藏本虽然几乎每一页都有朱笔圈点，却无任何一方藏印，也未见有阅读者的任何阅读信息，又为何不曾有钤印、题跋之类？第三，书页有水渍痕迹，看起来像是故意做旧，是否是后人故意为之？第四，版心所题卷数与卷末所题卷次完全不同，似乎制作者故意要做出来一个让人信服的三卷本来，但卷二、卷三之末却忘了处理。也就是说，制作这一版本的人似乎要留下一些线索让人去思考。

这就不得不让我们对这一版本的原鉴定结论产生质疑。它到底是什么版本呢？起初，笔者认为，此上图本从字体风格而言绝非嘉靖刻本，而是万历年间的刻本，甚至有可能是清人所为，但这一刻本本身的信息较少，并不能直接下结论。版本鉴定必须有考证的依据，仅仅依靠观风望气，是无法让结论成立

---

[1] 参见王阳明：《阳明先生珍稀文献二种》，西泠印社出版社 2018 年版。

的。笔者持此书影印本曾询问李致忠先生。李先生认为，这部书的字体有成弘风格，是精心制作，但成书晚于这一时代，只可能是晚明时期的刻本；而清代书贾作伪的假设似不能成立，因为作伪该本并无可图之利。因此，他建议继续寻找相关信息，细细考之，定能得出结论。

于是，笔者进一步比勘调查得到以下认识：第一，上图本与国图本《传习录》三卷《续录》二卷之第一、二册是同一版本。国图本系四册，第一、二册内容为《传习录》卷一、二、三，第三、四册内容为《传习续录》卷上、下。其中第一册包括卷一及卷二前12叶，第二册包括卷二第13至22叶、卷三。该本半叶十行，行二十字，白口，四周双边，单鱼尾。钤印有"叶启芳""叶启芳藏""叶启芳□□六十藏书""白苗"等。叶启芳（1898—1975），广东三水人，曾任中山大学图书馆馆长、中山大学教授。《王阳明文献普查目录》将国图此本与北京大学图书馆、清华大学图书馆和台湾汉学研究中心藏本皆归于同一版本。① 《王阳明著述提要》进一步说："《中国古籍善本书目·子部》790著录上海图书馆（残）、东北师范大学图书馆藏嘉靖三十三年刻本，子部791著录国家图书馆、北京大学图书馆收藏明刻本。因研究发现北大藏本亦为嘉靖三十三年刻本，（国图藏明刻本）版本的辨别有待进一步研究。"② 国图本是何种版本呢？

通行本《传习录》包括语录和书信两个部分。而这部《传习录》的奇特之处在于它只有语录部分，没有书信部分，《传习录》部分又出现了"传习录上卷"的标注，令人困惑。至于《续录》前则有钱德洪序称："洪在吴时，为先师裒刻《文录》，《传习录》所载下卷，皆先师书也。既以次入《文录》书类矣。乃摘《录》中问答语，仍书南大吉所录，以补下卷。复采陈惟濬诸同志所录，得二卷焉，附为《续录》，以合成书。……谋诸泾尹丘时庸，相与捐俸，刻诸水西精舍。"③

---

① 贾大伟、李文洁、刘悦等编纂：《王阳明文献普查目录》，第2—3页。
② 李文洁、贾大伟、刘悦等：《王阳明著述提要》，第11页。
③ 钱德洪：《续刻传习录序》，王阳明：《王阳明全集（新编本）》卷五十二，吴光、钱明、董平等编校，第2099页。

若以此嘉靖甲寅（三十三年，1554）序来看，钱德洪编辑《阳明先生文录》时把南本《传习录》中书信全部收录，故而书信体文字就不需要再出现在《传习录》里面，剩余尚有语录可收，于是就保留南本中语录部分为三卷。但这部书的处理似乎多有不经心处，与钱德洪后半生以编集整理出版阳明著述的志向颇不吻合。于此矛盾处，陈来曾提出这样的主张，即："事实上，整个《传习录》中卷与下卷的编定及按语，处处可以看到钱德洪的遗误，这也是心学一派忽遗文献之学的流弊表现。"[1]钱德洪真的如此？抑或是我们所见的版本出了问题？如果是后者，则并非钱氏的错误，而是其他了。

第二，我们注意到，上图本、国图本、北大本和东北师大本不仅行款格式一致，而且皆有刻工。在编纂《中国古籍善本书目》时，限于技术条件，编者无法将不同的藏本并几而观，细致的比勘也就较为困难，但出于他们的版本学直觉，他们将这三部不同版本的《传习录》排列在一起，提示我们这三种书当有某种联系。

第三，据北京大学图书馆的编目信息，前辈编目员认为这部书是"嘉靖三年序重刻本"，其依据是这部书前所附南大吉序文的落款日期为嘉靖三年。但这部书明显不是嘉靖三年刊本，只能是重刻之本，具体刊刻年代则因缺乏相关信息而无法判定。在20世纪50年代进行古籍编目时，各单位还未有全面调查不同版本的条件，各种工具书也未如现今一般齐备，只能尽可能地根据所见之本进行较为合理的著录，因此也就有了"嘉靖三年序"和"重刊"两个重要的信息。

第四，经书影比勘，我们注意到东北师本与国图本、北大本及上海图书馆藏残本（即所谓的嘉靖三年刻本）皆为同一版本。东北师大学本被定为嘉靖三十三年刻本的依据是该书《续录》部分有钱德洪序文，其落款日期是嘉靖甲寅，即三十三年。除此之外，别无明显的证据供判定版本。

如何才能判定这部书的版本？这部书的字体风格与常见的嘉靖本风格不类，甚至有成化弘治间的写刻样貌，但此时

---

[1] 陈来：《中国近世思想史研究》，第 695 页。

《传习录》尚未问世，因此只可能是后世刻书者用一种典雅庄重的字体来刊刻阳明著述以示尊崇，这一种解释或可以为人所接受。问题是，这部书是在何时何地由何人刊刻的呢？按照古籍善本鉴定的常规方法，当序跋、题记等皆存在疑问，而又没有其他阅读者留下的信息时，我们需要通过刻工、版式风格等各种信息加以判断。这部书恰好有诸多的刻工信息：之、小、友、国、秀、曹、李、全、其、任、世、山、于、合、祖、章、刘、中、丁、陈等。值得注意的是，该书刻工"秀"亦见于国家图书馆藏万历初年谢廷杰刊本《全书》（卷四，第31页）。[1]《全书》仅有两处有刻工，除"秀"外尚有"刘承"。刘承参与过万历间南京国子监重修《晋书》、万历间刻本《平播全书》。[2]刘承即刘云承，还参与过万历二十年（1592）刻本《孤树裒谈》、万历二十四年（1596）刻本《灵隐子》《丰对楼诗选》等。[3]参与南京国子监于万历间重修《晋书》的刻字匠有：江期、余世力、李春、刘中、刘光祖、张合、唐章、口丁、陈焕等[4]，这些人名中恰恰有能与《传习录》的刊工姓名吻合者；万历本《平播全书》的刻工有：山、吴中（吴中臣、中臣）、友、李金孝、李世干、刘承、王文等[5]，亦有几人与《传习录》刊工姓字相合者。也就是说，我们可以确定同一批刊刻工匠在南京期间完成了这几部书的刊刻。

另外，从字体风格、版式等而言，这部《传习录》亦与万历本《全书》较为接近。因此，这部明刻本《传习录》当是万历初年的南京刊本。

① 国家图书馆藏谢廷杰本《王文成公全书》，现著录为：明隆庆六年（1572）谢廷杰刻本。藏有这部书的机构除国图之外，还有北京大学图书馆、中国科学院文献情报中心、国家博物馆、北京市文物局、上海图书馆等27家之多。（参见贾大伟、李文洁、刘悦等编纂：《王阳明文献普查目录》，第12页）朱鸿林等学者已指出，传统著录中将《王文成公全书》标注为隆庆六年是不准确的。真正的隆庆六年刊本是郭朝宾资助刊行于杭州者，真正为谢廷杰所资助刊行的在万历初年版。详见朱鸿林：《孔庙从祀与乡约》，生活·读书·新知三联书店2015年版，第125—150页。
② 李国庆编：《明代刊工姓名全录》（上），上海古籍出版社2014年版，第343页。
③ 李国庆编：《明代刊工姓名全录》（上），第376页。
④ 李国庆编：《明代刊工姓名全录》（下），第437页。
⑤ 李国庆编：《明代刊工姓名全录》（下），第585页。

据此，我们可以初步判定，谢廷杰在万历初年任职于南京时资助制作了《全书》，同时还资助制作了《传习录》。如此一来，前贤基于这一部所谓嘉靖本《传习录》而得出的各种关于《传习录》的结论将有必要予以修正。

南京刊刻的《全书》和《传习录》各自刷印了一定数量，由于其版刻精美，字画精工，并且被不同的机构或个人保存下来，直到当代人重新整理阳明全集时，发现谢廷杰刊本成了最易获得的古籍刻本。而无论是《全书》还是《传习录》，皆被诸多学者视为一个更早时期的版本，这给阳明学研究带来了很多麻烦。如今，我们将这两部书的刻本时代加以更准确的定位，这自是当代阳明学的文献研究的一个进步。

第三节 书目信息：两种嘉靖本

近年来，随着古籍普查工作的深入，《传习录》除上述几种版本，还有若干种现存本被人发现。其中，中国国家图书馆藏嘉靖三年（1524）南大吉刻嘉靖二十九年（1550）萧彦修补本、日本国士馆大学图书馆藏嘉靖三十八年（1559）刻本的发现最令人兴奋。前者的发现，让我们看到长期不为学者所知，甚至是误将重订翻刻本视为原本的珍稀版本；后者为我们重新认识《传习录》的编定过程提供了宝贵的资料。以下分述这两部书的基本情况：

（1）中国国家图书馆藏嘉靖三年南大吉刻嘉靖二十九年萧彦修补本《传习录》二卷（以下简称"南刻萧补本"）。

《传习录》的这一版本长期以来不为人知[①]，原因之一是

[①] 任文利曾在 2017 年到国家图书馆查阅了该书，并撰写了《王畿重刻南大吉本〈传习录〉与南本相关问题》长文（《中山大学学报（社会科学版）》2017 年第 4 期）。任文利认为国家图书馆藏是王畿重刻本的理由是该书有王畿的重刻序，不过王氏序虽然为《重刻传习录序》，但其中已经明确表示是据旧版加以处理，并非严格意义上的重修，按照古籍著录规范，王畿是补刻本的倡议人，实际工作是绍兴府通判萧彦赞助的。任文认为该书的卷数是上册三卷，下册五卷，故可著录为八卷。由于断定这部书是王畿的重刻本，所以任文得出了南大吉刊本今已不可见的结论。事实上，这部书就是南大吉刊本。萧彦所作的工作是将南大吉刊本中漫漶模糊、不堪用的一半左右的板片加以重刻，而旧板尚有一半存在。

此本和《阳明先生文录》《阳明先生则言》等书并为一书，原收藏家将这几部书作为一种处理，图书馆收藏后也保持了原藏家的收藏样式未变。前人的著录或径以"文录"统名之，"国家图书馆联机公共目录查询系统"（http://opac.nlc.cn）书目信息如下：

> 阳明先生文录外集［普通古籍］：九卷 / （明）王守仁撰；（明）钱德洪等编
> 版本项：刻本
> 出版项：明嘉靖间［1522—1566］
> 载体形态项：24册
> 语言：chi
> 相关附注：10行20字　白口　左右双边
> 著者：王守仁 明 撰
> 附加款目：钱德洪 明 编
> 索书号：/23048

在古籍普查过程中，古籍编目者对旧藏古籍善本进行了系统的梳理。关于此书，"中华古籍书目数据库"公布了新的信息：

> 普查编号：110000-0101-0067724 FGPG 23048
> 书名：阳明先生文录五卷文录外集九卷别录十卷传习录七卷①则言二卷
> 著者：（明）王守仁撰（明）钱德洪等编
> 版本：明嘉靖刻本
> 册数：24册
> 馆藏：国家图书馆

李文洁等《王阳明著述提要》中对编号23048的这部书有

---

① 这里的"七卷"当是"二卷"之误，《王阳明文献普查目录》《王阳明著述提要》等书对此已修订。

这样的表述：

> 《传习录》，半叶10行17字，白口，左右双边。版心中镌"传习录"及卷次，下镌叶次。……《传习录》首有嘉靖三年（1524）南大吉《刻传习录序》、嘉靖庚戌（二十九年，1550）王畿《重刻传习录序》，末有嘉靖二十九年萧彦《重刻传习录后跋》。……是书《传习录》记王守仁与弟子门人讲习答问之语，其中上卷分为一、二、三，分别为徐爱、陆澄、薛侃录；下卷分一、二、三、四、五，为论学书、教约等；上下二卷内容相当于《王文成公全书》中《传习录》之一、二卷，而无陈九川、钱德洪所录诸条。……而据王畿《重刻传习录序》，此《传习录》为嘉靖二十九年萧彦刊刻。①

提要撰写人已经注意到这部《传习录》与通行本的差异，但因为它与《文录》《外集》《别录》《则言》等混在一起，极具迷惑性，所以他们说：《阳明先生文录》五卷、《外集》九卷、《别录》十卷、《传习录》二卷、《则言》二卷是一部完整的书，即一套阳明的文集。他们细致比对的结果是：《文录》《外集》《别录》部分是用明嘉靖十四年（1535）闻人诠刻本旧版刷印的，《则言》是用明嘉靖十七年（1538）薛侃刻本旧版刷印的，而《传习录》则是用明嘉靖二十九年（1550）萧彦刻本刷印的。因此，这是一部用不同时期的阳明著作版片三合一而成的汇印本。提要作者说："此本（指23048号古籍）合已刻《文录》《传习录》《则言》诸书汇编刊印，与嘉靖二十九年闾东刻本之汇印相似。但闾东刻本之《别录》为十四卷，与此本十卷不同。且现存闾东刻本皆未存《传习录》《则言》两部分，无从对比。此本暂著录为嘉靖刻本，待进一步考察。"②所谓汇印本，在古籍著录时相当棘

---

① 李文洁、贾大伟、刘悦等：《王阳明著述提要》，第30—31页。
② 李文洁、贾大伟、刘悦等：《王阳明著述提要》，第31页。

手。崔建英《旧板汇印本及著录》一文[1]曾对此有细致讨论。他认为汇印本以明清刻本较为常见，其特点包括：（1）与古籍中的丛书、总集、全集相似，但既无总名，也无总目，因为刻版时间不同，版刻目的不一，后来者只是按照某种目的收集了不同的书版加以刷印。由此产生了判别的特征。（2）纸张的一致性。虽然不同版片刻于异地异时，但有人收拢一处，汇而印之，则用纸当为一时一地所产。（3）原版各有独立的序跋，刻书年代可征，版有模渜，间有补刻。（4）前人著录中有种数、卷数相合或相近者，但与世存之本未必相同。（5）书名著录或以代拟名为题，或以书中某一种为题，或集合多种书名而无总名。就目前这部阳明文集来说，其情况似与这种汇印本相类，但是否确定无疑为汇印本则需要进一步的考察。

我们认为，除了汇印本的这种可能之外，另一可能是多种刻本的汇集本[2]，用百衲本来形容亦不为过。这套百衲本的《阳明全书》是由三种不同版本的书组成的：《文录》《外集》《别录》是一种，是闻人诠本；《则言》是一种，为薛侃本；《传习录》是一种，是南大吉本。之所以将诸书汇集一处，当是读者也就是我们今天所知的该书的藏家所为。

此国家图书馆藏本原为天津延古堂李氏旧藏。李氏仅在《阳明先生文录》一书第一页上钤"延古堂李氏珍藏"印。这24册古籍的封面皆有书名签条，但《传习录》所在的两册有签条无题名。尚不知是何人何时将上述几种不同的书归置在一起的，或许藏书人有意识地收集了阳明的多种著作以成一全书，亦未可知。那么，是否还有一种可能，即刷印此书的人将三种不同版本的版片收集起来。我们的确没有办法完全排除这种可能性，但闻人诠本刊于苏州；薛侃本刊于杭州天真书院；南大吉本刊于绍兴府，要把三种版片凑在一起，其难度较之集三种不同版本的书要大得多。

（2）日本国士馆大学图书馆藏嘉靖三十八年（1559）刊

---

[1] 参见崔建英：《崔建英版本目录学文集》，凤凰出版社2012年版，第72—81页。
[2] 任文利《王畿重刻南大吉本〈传习录〉与南本相关问题》一文说："《阳明文录》嘉靖间刻本如范庆本、闻东本有附刻《语录》《传习录》者，乃原本刊刻如此，与国图此种情况不同，国图此种《传习录》实为单行刻本。"

本《传习录》三卷。我们称之为"胡宗宪刻本"。该校图书馆
著录网络发布的书目信息如下：

> 刊年　1559
> 形態　3冊；25.9×17.5cm
> 別書名　陽明先生傳習録
> 注記　和漢古書につき記述対象資料毎に書誌レコ
ード作成
> 刊本
> 上巻1の表紙の書名：陽明先生傳習録
> 重刻傳習録序末に「嘉靖已未[歳?]
> 冬仲望日門人王畿百拜譔」とあり
> 四周双辺有界9行19字，内匡郭［18.8×13.5cm］
> 白口単魚尾
> 巻頭の冊次：上巻：上巻1-3. 中巻：中巻1-5. 下巻：
下巻之1-3
> 線装帙入
> 印記：「国士舘大學蔵書」，「悔堂藏奔」，「蒼茫
處」，「南陽國＝藏書」，「華陽高氏蒼茫齋攷蔵[金?]石
書籍記」ほか14印①

本书卷一卷端编刊者署名为：后学新安胡宗宪重刻，门
人钱德洪、王畿编次，唐尧臣、桂轼校正。下卷之三末书署：
"后学生郦琥、徐天民、方木、钱君泽、郑忠、钱彪校对。"
三册装订为，第一册封面篆书题"阳明先生传习录"。书题后
有题识："苍茫斋收存单行本，戊午元夜题。时客江宁。尚同
手书。"

据上述信息可知，此书可简单著录为：《传习录》三
卷，明王守仁撰，钱德洪、王畿编，明嘉靖三十八年（1559）
胡宗宪刻本。半叶九行，行十九字，白口，线鱼尾，四周

---

① 国士馆大学图书馆书志情报，https://opac.kokushikan.ac.jp/Main/Book? book_id=TS01
262329&q=1&qt=0&qp=1&qv=10&qs=sort_title&qd=0&qn=9.

双边。

（3）中国国家图书馆藏本与日本国士馆大学图书馆藏本都较为完整，为我们了解《传习录》的早期版本情况提供了实物证据。二书内容与叶数情况见下表：

表2　两种嘉靖本《传习录》基本内容信息

嘉靖三十八年胡宗宪刻本（胡本）			嘉靖二十九年萧彦补刻本（萧本）		
卷次	内容	叶数	卷次	内容	叶数
序文	徐爱《传习录序》、钱德洪《续刻传习录叙》（嘉靖甲寅，三十三年）、王畿《重刻传习录序》（嘉靖己未，三十八年）、唐尧臣《读传习录有言》（嘉靖三十七年）	9叶	序文	南大吉《刻传习录序》（嘉靖三年）、王畿《重刻传习录序》（嘉靖庚戌，二十九年）	5叶
上卷之一	徐爱录	18叶	上卷一	徐爱录	18叶
上卷之二	陆澄录	25叶	上卷二	陆澄录	25叶
上卷之三	薛侃录	22叶	上卷三	薛侃录	23叶
中卷之一	《答人论学书》	29叶	下卷一	《答徐成之书》二篇、《答罗整庵少宰书》	16叶
中卷之二	《答周道通书》、《答陆原静书》二篇	22叶	下卷二	《答人论学书》	28叶
中卷之三	《答欧阳崇一》、《答罗整庵少宰书》二篇	14叶	下卷三	《答周道通书》、《答陆原静书》二篇	22叶
中卷之四	《答聂文蔚书》二篇	14叶	下卷四	《答欧阳崇一》《答聂文蔚书》	12叶
中卷之五	《示弟立志说》《训蒙大意示教读刘伯颂等》《教约》	7叶	下卷五	《示弟立志说》《训蒙大意示教读刘伯颂等》《教约》	7叶
下卷之一续录	陈九川、黄直、黄修易、黄省曾录	25叶			
下卷之二续录	钱德洪录	24叶			
下卷之三续录	钱德洪录	14叶			

我们看到，《传习录》的分卷与常见的古籍分卷并不一致，但不同的刻本之间保持了很强的延续性。从上表可见，钱德洪、王畿在南大吉刻本的基础上做了不少的工作，除了增补续订之外，还对原书第二部分（即南大吉本卷下）内容做了一些调整。

第四节　汇藏诸本：国家图书馆藏本

古籍善本的传承过程就是书籍历史。我们总希望历史能够为我们留下更多的信息，供我们去追迹、去考据，但不管是书籍的历史，还是人的历史，信息往往匮乏，或者残阙不全，或者记录简单，我们所知的往往只有它在此处，而不能知晓它从何而来，又因何而有此种面貌。更多的时候，我们只能依靠蛛丝马迹去推理，只能等待某个时机的出现，证据的链条才浮现出来。

首先看南刻萧补本。此书除了"北京图书馆藏"一方钤印之外，别无他痕。它又和其他几种不同内容不同版本的阳明著述合在一起，若非细检，很难被发现，因此，这部古籍的传承过程成了一个谜题，而对它的研究也尚待进一步展开。

我们所知的是，这部书曾为天津李氏延古堂收藏。李氏原居江苏昆山，清康熙年间李大伦迁居于天津。李大伦设延古堂藏书楼，经几代人努力，形成了"延古堂李氏珍藏"。到李大伦的曾孙李士鋆（1851—1926）、李士铭（1849—1925）时，先后收进四明卢氏抱经楼、南陵徐氏积学斋、聊城杨氏海源阁的部分散佚善本，南开大学木斋图书馆曾编有《天津延古堂李氏旧藏书目》（油印本）。伦明《辛亥以来藏书纪事诗》称："滨海居盐李士鋆，搜书吴越迄京津。"又说："天津盐商李士鋆，人皆称以善人，未谂其实也。喜积书，京津书客争趋之。尝收得上海徐氏积学斋、四明卢氏抱经楼书之一部分。士鋆殁，其子以所有归北平图书馆，得值六万金。中多明钞精刻本及他精刻本，宋本项安世《周易玩辞》最佳。"[①]李士鋆

---

① 伦明等：《辛亥以来藏书纪事诗》，杨琥点校，北京燕山出版社1999年版，第123页。

是清同治四年（1865）进士，曾任吏部主事，后辞官从商，乐善好施，嗜好古籍。高凌雯《志余随笔》称，李氏书目"所著录有宋元版百余种，明抄本二百余种，收藏之富，为北省之冠"。李氏藏书印有"延古斋""身行万里半天下""延古堂李氏珍藏"等。

1933—1934年，北平图书馆从李氏后裔李宝训处以6万元价格①购得延古堂旧藏一千余种。《国立北平图书馆馆务报告（民国二十二年七月至二十三年六月）》云："本年度承购书委员会中文组之指导，购入中文书二千余种二万余册，其中三之二为天津李氏延古堂旧物，余则零星购自各方者。延古堂藏书方面广博，甚合图书馆购藏之用，就中宋金旧本、钞校精刻者无不俱备。宋本则有项安世《周易玩辞》，乃元季俞琰读易楼旧物，宇内应无第二帙。金本则有平阳府刻本《证类本草》，乃顾氏水东馆、毛氏汲古阁旧物，虽略有残脱，亦自可珍。明本尤不可胜举，其最著者如《唐语林》《颜氏家训》《诗话总龟》，皆嘉靖刻本。张炯《华阳集》、郑若曾《江南经略》，皆万历刻本，并可补馆藏之缺。……本馆普通书库为之生色不少，兹不详及。"②当延古堂所藏古籍，进入平馆后除了部分进入善本书库外，还有不少在普通古籍书库中，收录这部《传习录》的《阳明先生文录》就一直在普通古籍之列。

1934年时，参与策划李氏延古堂所藏善本入藏北平图书馆事宜的有北平图书馆购书委员会中文组陈垣等③，而具体事务则由北平图书馆善本部相关工作人员办理。当时的善本部、采

---

①6万元的经费相当于北平图书馆当时年度购中文书经费的一半左右。据1933年12月16日北平图书馆《呈教育部请拨购书经费函（抄件）》所称："历年以来，大部经费支绌，仅由董事会按季拨给。截至二十二年度止，共拨中文购书费国币四十六万一千二百五十元，西文购书费美金十二万二千四百二十七元八角九分。惟年来书价腾贵，各旧家藏书时有待价而沽之讯。本馆亟应尽量收罗。……拟请大部于廿三年度起，每年筹给本馆购中文书费国币十二万元，列入预算，按月照数拨发，以符部会合作之义而利馆务之进行。"（北京图书馆业务研究委员会编：《北京图书馆馆史资料汇编：1909—1949》，书目文献出版社1992年版，第393—394页）

②刘波：《赵万里先生年谱长编·卷四（1933—1936）》，中华书局2018年版，第151页。

③北平图书馆购书中文组主席陈垣，书记赵万里，委员陈垣、孟森、顾颉刚、傅斯年、胡适、徐鸿宝（森玉）、赵万里。（参见北京图书馆业务研究委员会编：《北京图书馆馆史资料汇编：1909—1949》，第345页）

访部主任为徐森玉，考订组组长、中文采访组组长为赵万里，中文采访组组员有爨汝僖、刘藜光和赵静和，考订组组员有李耀南、陈恩惠和张孟平，书记为邬占元。当年采访、考订事宜的人手不多。①同时，因其时局势紧张，所藏善本有南迁事，随后又遭抗战军兴，无暇逐册细致清点编目并展开版本鉴别考订。直到21世纪初，古籍普查工作全面开展后方细检此书。这部书在国图的普通古籍书库中，1959年版《北京图书馆善本书目》著录了《阳明先生文录》的几种版本，如嘉靖十四年（1535）闻人诠刻本、明刻本、嘉靖二十六年（1547）范庆刻本②，没有列入此延古堂李氏藏本《传习录》。所以，长期以来此《传习录》因藏家收藏时与其他阳明著述合为一函，题为文录，也就不为学界所熟知。国家图书馆藏本自入藏至重新发现，实乃当代中国古籍善本公藏曲折历史和全国古籍保护工作深入之见证。

同很多传世的古籍一样，由于各种条件，国家图书馆藏《传习录》的传承过程充满了谜题，而揭示这些谜题则是当代研究者的责任所在。

南刻萧补本包括南大吉原刻和萧彦补刻。补刻书版与原刻书板在字体上截然不同，一望便知。另外，补刻完成后还有修补工作的记录文件，即该书所附嘉靖庚戌（二十九年，1550）王畿《重刻传习录序》与嘉靖二十九年（1550）萧彦《重刻传习录后跋》。王畿在其序文中已明确表示所谓的重刻并非重新再刻一套书版，而是修版：南刻本"传且久，漶阙至不可读，学者病之。畿乃谋诸郡倅萧子奇士，命江生涌检勒，得其漶且阙者若干篇付工补刻，而二册复完"③。

与其他各种传本《传习录》相比较，南大吉原刻的最大特点是正文有圈点句读。这种圈点格式出自宋代的官书样式，即所谓的"馆阁校书式"。岳珂《相台书塾刊正九经三传沿革例》中有专门的《句读》条："蜀诸本皆无句读，惟建监本始

① 参见刘波：《赵万里先生年谱长编·卷四（1933—1936）》，第145页。
② 参见北京图书馆善本部编：《北京图书馆善本书目》（第7册），中华书局1959年版，第28页。
③ 李文洁等编纂：《王阳明著述序跋辑录》，第88页。

仿馆阁校书式，从旁加圈点，开卷了然，于学者为便。"[1]在明代的刻本中，内府刻本多有圈点断句，传承了宋代的"馆阁校书式"。这种格式对于读者而言较为友好，提供了较为准确的句读，节省了读者圈点的时间，也提高了文本阅读的准确性。南大吉原刻《传习录》之所以广为流传，与编刊者为读者考虑有着很密切的关系。

或许正是因为如此，这一部书的版片经短短三十年间的刷印，已有版片漫漶不清，需要修补方堪刷印。据修补本所附的王畿序文可知，修补书版的工作是在绍兴府郡倅（知府之下的副职，即通判）萧彦的支持下完成的，而具体执行者则由一位名为江涌的学者负责。所谓修补书版，是雕版书籍传承过程中对原版片的破损加以修复之后以供刷印。修补，有处理旧版、补刻新版等工序。如无特殊要求，新版与旧版在字体风格、版式等项目上不必与旧版统一。《传习录》一书在绍兴府的刊刻首先得到了知府南大吉资助，二十六年之后通判萧彦继续充当赞助人，支持这部书的修补工作，故而此后刷印的书本当注明他的贡献。

第五节　钤印累累：国士馆大学藏本

相较于国家图书馆藏本《传习录》的谜题，日本国士馆大学藏胡刻本《传习录》的传承线索则较为清晰。在诸多古籍善本中，总有一部分有藏书家或者阅读者的钤印、题记等为后人了解它的传承过程提供了信息，日本国士馆大学图书馆藏胡宗宪刻本《传习录》就是其中一例。该书自晚明以来，迭经学者官僚王心一、基层官员张兴载、新阳县儒学图书馆和藏书家高世异收藏。从明万历间至民国时代，此书一直传承有序，书端钤有历代藏家印记，钤印累累，蔚为壮观。藏印有："丽雪居珍藏""兰雪堂王氏珍藏""张兴载印""晦堂""宋和国公之后""誓与此君共老""蓴菜桥西散吏""钻阅六经泛滥

① 岳珂：《相台书塾刊正九经三传沿革例》，景印北京大学图书馆藏影钞本，2019年古典文献学新生代研讨会纪念本，第24页。

百氏""新阳县儒学记""高世异图书印""德启藏书""枕经阁印""苍茫斋高氏藏书记""华阳高氏苍茫斋考藏金石书籍记""苍茫处""华阳国士""华阳国士藏书""留耕草堂""国士馆大学藏书等"。①

由上述钤印可知此书递藏源流。此书先是由晚明王心一收藏。王心一，生卒年不详，字绳甫，吴县人，室名别号有：一止、元珠、元渚、玄珠、泛红轩、归田园、兰雪堂、半禅野叟等。②清赵宏恩《（乾隆）江南通志》卷一百四十载："王心一，字绳甫，吴县人。万历癸丑进士，由行人选御史。天启初，疏论客魏宠盛，及救言官之攻客氏得罪者，忤旨斥归。寻复官，历迁应天府尹。又以纠阉党削籍。直言劲节，推重一时。崇祯初起用，终刑部侍郎。"可知，王心一举进士之后，在明末天启、崇祯朝活跃于政坛。同时，他本人又极具艺术素养，清彭蕴璨《历代画史汇传》卷二十八载："王心一，字绳甫，号元渚，又号元珠，一号半禅野叟。吴县人。万历癸丑进士，授行人，累迁刑部左侍郎，署尚书。初生寒素，执事丹青，为陈焕入室弟子。画仿大痴。幼有大志，不愿俯首艺事。书祖坡仙，极精妙。曾抗疏言事，历遭降斥。朝右俱为之危，而意见愈奋。其志节实矫矫云。"③弗利尔美术馆藏《仿王蒙山水图》即曾为王氏所藏，有"兰雪堂王氏珍藏"印。④清沈德潜《沈归愚自订年谱》云："五年丁未，五十五。……七月，过兰雪堂王氏，看素兰主人遴汝出定武兰亭、武冈淳化帖，宋徽宗御画，黄荃、郭熙、赵昌、范宽诸画本，及宋高、孝、宁三宗宫扇御书，最后看元人杂画，如游宝山而归矣。"⑤作为一位高级别政府官员，王心一在苏州有一院落，名为归田园，清钱泳（1759—1844）记载："归田园，在拙政

---

① 以上藏印印文全部由国家图书馆宋凯先生释读。
② 参见杨廷福、杨同甫编：《明人室名别称字号索引》（下），上海古籍出版社2002年版，第21页。
③ 彭蕴璨：《历代画史汇传》，《续修四库全书》（第1083册），上海古籍出版社2002年版，第462页。
④ 郭涓：《〈书苑菁华〉明钞本中部分藏印考》，《散文百家（新语文活页）》2018年第7期。
⑤ 沈德潜：《沈归愚自订年谱》，国家图书馆藏清乾隆间刻本，第17页。

园东，仅隔一墙。明季侍郎王心一所构。中有兰雪堂、泛红轩、竹香廊诸景。今王氏子孙尚居其中。相传王氏欲售于人屡矣。辄见红袍纱帽者隐约其间，或呼啸达旦，似不能割爱者，人亦莫敢得也。余少时尝见侍郎与蒋伯玉手札，其时在崇祯十六年之十二月廿四日。书中言，小园一花一木，皆自培植，乞分付园丁，时加防护云云。其明年，侍郎即归道山，宜一灵之不泯耳。"①由此可知，王心一喜读书、藏书，在其去世后子孙尚守家业，但藏书、藏画或已逐渐散出。王氏家藏善本散出，其中一部分归华亭张兴载。

张兴载（生卒年不详），松江华亭（今属上海）人，曾任苏州府新阳县训导。著有《宝裸轩诗存》，参与过《（乾隆）娄县志》的校对工作。清李铭皖《（同治）苏州府志》卷第七十三："张兴载，字悔堂，华亭人。以廪贡权新阳训导。会重修学宫告竣，兴载仿淮阳阮学浩洒扫成规，斟酌行之。"该志新阳县儒学训导名录又载："张兴载，坤厚，华亭人，廪贡，嘉庆十一年署。"张兴载藏书印有"张兴载印""晦堂""宋和国公之后""少宰后人""少宰希范先生之曾孙张兴载"等。"誓与此君共老""蕈菜桥西散吏""钻阅六经泛滥百氏"等三印抑或是张氏藏书印。张兴载的另一部宋元合配本《朱文公校昌黎先生文集》四十卷曾经被傅增湘收藏。傅氏《藏园群书题记》说这部书是华亭张文敏（张照，1691—1745）藏书，后为文敏裔孙张兴载得到，"守护维谨，卷中钤印十余，知其宝爱至矣"②。这部书的印有："嘉种堂""蕈菜桥西散吏""绣云山房""张兴载印""兴载之印""少宰希范先生之曾孙张兴载""兴载私印""张坤厚氏""张坤厚""悔堂""一松斋"等。此外，这部书有"雍正辛亥四月初六日句读，张照记"题识。③张照是康熙四十八年（1709）进士，官至刑部尚书。《清史稿》卷三百四有传。《中国藏书家通典》谓张氏藏书颇富，有天瓶斋藏书楼，其孙为张兴

---

① 钱泳：《履园丛话》丛话二十，中华书局1997版，第524页。
② 傅增湘：《藏园群书题记》，傅熹年整理，上海古籍出版社2008年版，第611页。
③ 傅增湘：《藏园群书经眼录》，中华书局2009年版，第883页。

载①，则张兴载的藏书之一为家藏。张照官阶颇高，又热衷书画、书籍收藏，晚明官员王心一藏书转手，即或在张照手中完成。其后，该书在张氏家族内部传承，直到张兴载将该书转出。

张兴载曾为新阳县儒学主官。《（乾隆）江南通志》卷八十七载："新阳县儒学与昆山共学，以昆山学训导理新阳学事。""新阳县学附昆山县学。训导署在明伦堂西。师生员额：雍正三年，以昆山县学训导为新阳县学训导。廪膳生员十名，增广生员十名，附学生员不限额。文生遇岁科两试，各取十三名。武生岁科并试取八名。同治六年增广文生额四名。"②张氏将其收藏的《传习录》赠予新阳县儒学，作为该学校的收藏。此书或从此即在该县儒学藏书库中长期保存，直到民国元年（1912）新阳县被撤销建制。儒学藏书也就流散了，《传习录》也被藏书家高世异获得。

高世异，清末民初人，生卒年不详，字尚同，一字德启，号念陶，华阳（今属四川成都）人，官至阜城知县。藏有明抄本《三唐诗品》、嘉靖本《皇明诏令》《丘隅集》《震泽先生集》等。藏印有"高世异印""德启""苍茫斋收藏精本""苍茫斋藏善本""高氏家藏""华阳高氏藏书子孙宝之""华阳高氏藏书""华阳高氏苍茫斋收藏金石书籍记""八经阁""苍茫斋高氏藏书记""苍茫斋精鉴章""世经堂印""念陶五十以后所得金石书画收藏之章""德启藏书""枕经阁印""尚同校定""尚同经眼"等。③高世异所藏善本后散出，今藏海内外各地。可知的有：元刻残本《战国策》，藏加拿大多伦多大学东亚图书馆；④嘉靖刻本《胡蒙溪诗集》（《国家珍贵古籍名录》09186号），入藏首都图书

---

① 李玉安、黄正雨编著：《中国藏书家通典》，中国国际文化出版社2005年版，第386页。

② 李铭皖等：《（同治）苏州府志》，《中国地方志集成·江苏府县志辑》（第7册），江苏古籍出版社1991年版，第647页。

③ 李国庆：《〈加拿大多伦多大学东亚图书馆藏中文古籍善本提要〉钤印订考》，《天禄论丛》2017年辑。

④ 参见多伦多大学郑裕彤东亚图书馆编：《加拿大多伦多大学东亚图书馆藏中文古籍善本提要》，广西师范大学出版社2009年版，第214页。

馆；嘉靖十三年至二十八年（1534—1549）袁褧嘉趣堂刻本《六家文选》六十卷，入藏河南省图书馆（《国家珍贵古籍名录》06230号）；嘉靖刻本《李文》，入藏上海图书馆。

嘉靖刻本《李文》有高世异题跋，称李翱《李文》一书明刻本中成化本最优，然有颇多墨钉，当是刻书者所据底本有缺。而黄景夔嘉靖二年（1523）刻本中有景泰年间邢让题辞，或可证该刊本与成化本出自不同传本。末题："戊午重九日，尚同书于金陵惠圆寺侧侨寓。"之后又有张元济跋文一则，张元济说，他从忠厚书斋主人李紫东处得此书，价值银币壹佰拾圆。傅增湘告之，此嘉靖本比成化本更为难得云云。[1]张元济跋文落款日期是"己未孟秋"，也就是1919年。

国士馆大学图书馆藏本《传习录》第一册有高世异题封签，落款作"戊午元夜题，时客江宁"，则嘉靖刻本《李文》与此嘉靖刻本《传习录》同为高世异在戊午年（1918）在南京时所收善本。但很快就将其中的一部散去，尚不知此《传习录》是否也在同时散去，并最终漂洋过海。

另外，尚有一部北京师范大学图书馆藏嘉靖刻本的两任收藏者与国士馆大学图书馆藏本一致。《熊士选集》一卷，《附录》一卷，明嘉靖二十二年（1543）范氏天一阁刻本，八行二十字，白口，四周单边。钤有"兰雪堂王氏珍藏""益亭""高氏家藏""华阳国士""苍茫斋藏善本""留耕草堂"等印。今为北京师范大学图书馆珍藏善本。[2]从钤印可知，此书先为王心一所收，后来成为高世异的藏品。

综上，两种嘉靖刻本《传习录》和众多的古籍善本一样，被淹没在漫长的阅读和收藏历史中。重新发现它们，并从此出发对书籍的编集、传承过程加以梳理，不仅能够让这些深藏于故纸堆中的善本古籍重新获得新生，也能为学术的发展提供某种启示。

以上是笔者对一部原定为嘉靖刻本而实际为万历初年刻

---

① 陈先行、郭立暄编著：《上海图书馆善本题跋辑录附版本考》（下），上海辞书出版社 2017 年版，第 528—529 页。
② 北京师范大学图书馆古籍部编：《北京师范大学图书馆古籍善本书目》，北京图书馆出版社 2002 年版，第 253 页。

本（即上图本），以及两部嘉靖本《传习录》收藏情形和基本著录情况的初步考订。两部嘉靖本（即南刻萧补本、胡刻本）的发现让笔者对前者的著录产生了怀疑，通过对刻工、版式等分析，笔者确定了这一部书的刊刻年代。对于后者，笔者则主要对其传承情况作了考察，为进一步研究《传习录》的早期版本及其传播提供了必要的线索。接下来，笔者再以此为基础对《传习录》的刊刻做进一步的考察。

第六节　四订多刊：《传习录》编纂史

冯梦龙在阳明的传奇中写道："（正德十三年）诸贼既平，地方安靖，乃得专意于讲学，大修濂溪书院，将《古本大学》《朱子晚年定论》付梓，凡听教者悉赠之。时门人徐爱亦举进士，刻先生平昔问答，行于世，命曰《传习录》。海内读其书，无不想慕其人也。"[1]冯梦龙认为，《传习录》是阳明最重要的著作，这不是冯梦龙的小说家言。但说正德十三年（1518）徐爱举进士、刻《传习录》则是小说家的杜撰。小说，特别是讲史的小说，一定要有一些真实的历史，如此才能让人觉得可信；同时也一定要有作家的创造，如此才能让故事具有传奇性和可读性。《明史》卷二百八十三《儒林二》中有尤时熙的传记，谈及《传习录》："时王守仁《传习录》始出，士大夫多力排之。时熙一见叹曰：'道不在是乎？向吾役志词章，末矣。'……入为国子博士，徐阶为祭酒，命六馆士咸取法焉，居常以不获师事守仁为恨。闻郎中刘魁得守仁之传，遂师事之。"[2]《传习录》在阳明的学术传播过程中，有着极为关键的地位，但它并非如冯氏所说的那样从一开始就有了巨大的影响力，相反，它的影响是伴随着《传习录》的多次精心编集和反复刊行而不断扩展开来的。

《传习录》的编定刊行在阳明生前有两次，皆为阳明门人所为，且经阳明本人所认可，其一是正德十三年（1518）八

---

[1] 冯梦龙：《王阳明出身靖乱录》，浙江古籍出版社2015年版，第65页。
[2] 张廷玉等：《尤时熙传》，《明史》卷二百八十三，第7286页。

月薛侃初刻《传习录》，其二是嘉靖三年（1524）十月南大吉编刊《传习录》。阳明去世之后，其门人在传播阳明学术时，针对阳明的生平著作主要展开了三方面的工作：其一，收集相关文字，编订较为完整的文集，同时又因读者需要编集各种选本；其二，搜集资料，编纂年谱，将阳明的学术人生加以系统的梳理；其三，对《传习录》等书也做了因时而成的再加工，一部分著作被反复刊行，成为书籍市场中流传较广的经典文本。

阳明门人编集年谱时，对《传习录》的编刊也做了记录，因此我们可以依据阳明著述的主要编集人，也就是钱德洪等人的论说作为线索，对该书的编集过程进行考察。钱德洪等人编定的《阳明先生年谱》及《附录》部分，提及《传习录》刊刻事宜有三处，它表明了钱德洪等人所认定的该书编集的三个不同历史节点。这三处分别是正德十三年（1518）、嘉靖三年（1524）和嘉靖三十四年（1555）。而成于隆庆六年（1572）的《全书》把《传习录》作为该书的前三卷，这是我们今天最为常见的《传习录》文本。考察《传习录》的编订与刊行，可以从上述四个时间节点加以梳理。

（1）薛侃编集《传习录》的江西赣州府刊本

这是《传习录》的第一个刊本。《年谱》云："（正德十三年）八月，门人薛侃刻《传习录》。侃得徐爱所遗《传习录》一卷、《序》二篇，与陆澄各录一卷，刻于虔。"① 这里的"《序》二篇"，是徐爱所作两篇关于《传习录》的说明文字。在《全书》中分别置于卷首"旧序"之首和卷之一《语录一》之首。这个本子当是最早的《传习录》刻本，虽然此本今未见传本，但徐爱的序文被保留在以后的各种传本中，为我们考察这一版本留下了依据。《传习录》初刻于江西赣州，被称为虔州本或薛侃本。

阳明本人并未有过编纂一部自己语录书籍的设想。其门下

---

① 钱德洪：《年谱一》，王守仁：《王阳明集》卷三十二，王晓昕、赵平略点校，第1055页。

第一人徐爱认为有必要将师与弟子的问难答辩记录下来，以便于同志之士学习交流，他所预想的编集工作因其英年早逝而中断。其后，将徐爱的设想变成现实的人物是薛侃。薛侃不仅收集了徐爱的遗作，还将同门陆澄的笔录与他本人的记录汇集在一起，如此就成了《传习录》的初编本。正德十三年（1518）六月，王阳明升都察院右副都御史，提督南、赣、汀、漳等处军务。在扫平叛乱之后，阳明及其门人子弟先后刊刻了《古本大学》《朱子晚年定论》等，又修濂溪书院、举乡约，希望通过社会教化行动来促进地方文化教育事业发展。《传习录》的第一个刻本即在此时完成。薛侃除了编集《传习录》之外，还编集了《续同志考》和《阳明先生则言》《阳明先生诗集》等。《同志考》是徐爱所作阳明门人系谱，徐爱去世后由薛侃续作。

《传习录》初编本包括徐爱、陆澄和薛侃等所录语录，对此学者皆无异议。这就是《传习录》的纯语录初刻三卷本。这一部分有语录129条，含徐爱录14条（第1—14条），陆澄录80条（第15—94条），薛侃录35条（第95—129条）。[①]在后来的传本中，虽然保持了语录条目数量的稳定，但具体内容和条目次序尚有调整，主要出现在陆澄和薛侃所录部分。我们注意到，明嘉靖三十六年（1557）孙昭大梁书院刻宋仪望辑《阳明先生文粹》十一卷的末三卷即《传习录》一至三，就是上述南刻萧补本、胡刻本两种嘉靖本的上卷三部分内容。佐藤一斋《传习录栏外书》曾对此有细致的对勘，根据他的结论，再比对两种嘉靖刻本可知，在《传习录》的早期传刻中，上卷部分基本上是保持稳定的，总共130条的数量没有变化，只有四处有调整。

[①]《王阳明著述篇目索引》据隆庆本《全书》对63种现存阳明著述做了篇目的索引。其中，《传习录》三卷分条情况是：上卷：徐爱录14条、陆澄录80条、薛侃录35条；中卷：《答顾东桥书》14条、《启问道通书》7条、《答陆原静书》4条、又《答陆原静书》13条、《答欧阳崇一》4条、《答罗整庵少宰书》6条、《答聂文蔚》7条、《答聂文蔚二》10条、《训蒙大意示教读刘伯颂等》1条、《教约》5条；卷下：陈九川录21条、黄直录15条、黄修易录11条、黄省曾录12条、钱德洪录56条、黄以方录27条、附录《朱子晚年定论》34条。参见刘悦、李文洁、贾大伟等编纂：《王阳明著述篇目索引》，学苑出版社2019年版。

表3 今本《传习录》上卷内容异同

序号	内容	黄本	南刻萧补本	《阳明先生文粹》本	《全书》本	《传习录栏外书》
1	先生曰：持志如心痛，一心在痛上，岂有工夫说閒话、管閒事	第15条，陆澄录	第15条，陆澄录	第15条，陆澄录。"閒"字作"閑"	第25条，无"先生曰"三字	附第15条后，陆澄录
2	千古圣人只有这些子。又曰：人生一世，惟有这件事	第25条，陆澄录	第25条，陆澄录	第25条，陆澄录	无	附第24条后，陆澄录
3	"孟源有自是好名之病"云云	第130条，薛侃录	第130条，薛侃录	第130条，薛侃录	第19条，陆澄录	第19条，陆澄录
4	"侃问持志如心痛"云云	无	无	无	第96条，薛侃录	第96条，薛侃录

佐藤一斋《传习录栏外书》依据《传习录》的诸多传本进行了精心校勘，其文本内容的安排方面则体现了《全书》的基本情形，因此以之作为通行本《传习录》的代表是合理的。

我们看到，从嘉靖三年（1524）南大吉刊本开始，由薛侃所订的这一《传习录》文本一直保持着内容的稳定，后续各种刊本对此基本上没有大的改动。这种文本的稳定性有利于阳明学术的传播。后来，不同的编集人在为这部书增补新内容时，大都将其作为《传习录》的上卷，同时为了保持原有的分卷样式，将本卷内细分三部分，即卷上一、二、三。当《传习录》成为《全书》的前三卷时，薛侃所编集的这一部分被标识为"语录一传习录上"，这在《全书》的郭朝宾本与谢廷杰本中是一致的。略有不同的是，郭朝宾本在卷端标明了纂集人："门人余姚徐爱传习，揭阳薛侃茸录，余姚钱德洪编次，山阴王畿增茸，南昌唐尧臣校阅。"徐爱和薛侃的开创性工作被阳明门人所尊重。谢廷杰本则删除了这一名单。

这意味着《传习录》的第一部内容既然已经被阳明生前认定，又在阳明学人中广为传播，后来的编者们多采取尽可能保持原貌的办法来确保文本的一致性。同时，这也表明在阳明学人中，编订《传习录》的早期弟子徐爱、陆澄、薛侃等人的工作得到了几乎所有门人弟子的认可，特别是徐爱的两篇序文，在各种版本中皆得以保留，更加证明了这一点。

可惜的是，这部《传习录》的初刊本未见存世书。

（2）南大吉编集《传习录》的浙江绍兴府刊本

这是《传习录》的第二次编集本。《年谱》云，嘉靖三年（1524）"十月，门人南大吉续刻《传习录》。《传习录》，薛侃首刻于虔，凡三卷。至是年，大吉取先生论学书，复增五卷，续刻于越"①。南大吉与其弟南逢吉校勘了薛侃本，并加以重刊。此本据薛侃的初刻本，加上了阳明论学书信文字，刻于绍兴府，是为《传习录》的重编续刻本，是本版片藏于绍兴府，之后被称为"南本"。

在未发现南本之前，学者们曾有各种推测。比如佐藤一斋说："此册（《传习录中》），原为南元善兄弟所增。据文成《与陆原静书》，当题曰'传习后录'。上册（《传习录上》）为文成中年语；下册（《传习录下》）则遗言，为绪山所选。惟此册皆其晚年亲笔，为极纯粹，且文能尽言、言能尽意，明畅详悉，无复余蕴，盖有不假诠释者。"②佐藤一斋从后来的增订本来推断南本的原貌，并认为通行本前所附钱德洪识语存在语焉不详的问题，他的这一论断已受到后世学者的批评，如邓艾民说："据日本今井宇三郎推断，钱德洪此处所说南大吉本，可能为嘉靖三年原本的增订本，故包括嘉靖四年及五年的书信，而完成于嘉靖五年。"③南大吉收录的阳明书信是否如部分学者所说的那样收录了晚于刊刻年代的书信，长期以来存在着不同的认识④，如今，南大吉刊本的原刻修版印本

① 钱德洪：《年谱三》，王守仁：《王阳明集》卷三十四，王晓昕、赵平略点校，第1088页。
② 佐藤一斋：《传习录卷之中》，《传习录栏外书》，黎业明点校，第84页。
③ 王阳明：《传习录中》，《传习录注疏》，邓艾民注，上海古籍出版社2012年版，第92页。
④ 参见黎业明：《明儒思想与文献论集》，商务印书馆2017年版，第201—220页。

尚在，为我们了解南本的原貌提供了直接的文本证据。

嘉靖二十九年（1550），南本原有版片已经有了不堪刷印者，无法印制完整的一部书。此时，在绍兴府通判萧彦的资助下，阳明门人王畿主持其事，对这部书的书版进行了大规模的修版。国家图书馆藏南刻萧补本即这一工作完成之后刷印的本子，也是阳明《传习录》第二阶段传播的历史文物见证。

据国家图书馆藏南刻萧补本可知，南本分为上下二卷，上卷是语录，下卷是阳明论学书札。其中，上卷分三部分，分别为徐爱、陆澄和薛侃三人所记语录；下卷分五部分。这是阳明在世时《传习录》的刊本，当为阳明生前审定者。

与第一次编集的纯语录体不同，南大吉本是语录、书信混编增补本。这是《传习录》的文体发生改变的关键一步。南大吉本的编辑原则是既保留原书的书名和内容，又增加了新的内容，如此一来，如何分卷就较为棘手。南大吉采取的办法是将原书内容作为新书的第一部分，新增的内容则作为新书第二部分。这也就是钱德洪所说的"三卷"新增五卷，但在刊刻时将前三卷题为上卷一二三，而后五卷则题为下卷一二三四五。

在编入《全书》时，南大吉新增部分成为"语录二传习录中"，郭朝宾本标注"钱德洪编次、南大吉葺录、邹守益校正、王畿增葺、孙应奎校阅"，而谢廷杰本则未予以标识。从前者的编辑人员的标识来看，这一部分的通行本已经不完全是南大吉本的旧貌，而是经过了钱德洪等人的审慎处理之后的新版本。

（3）钱德洪编集《传习录》的浙江杭州天真书院刊本

这是今传《传习录》定型前最关键的一个版本。《年谱附录》云："（嘉靖）三十四年乙卯，欧阳德改建天真仰止祠。""岁丁巳春，总制胡公平海夷而归，思敷文教以戢武士，命同门杭二守、唐尧臣重刻先生《文录》《传习录》于书院，以嘉惠诸生。"[1]这里提到的《传习录》就是钱德洪的删

---

① 钱德洪：《年谱附录一》，王守仁：《王阳明集》卷三十五，王晓昕、赵平略点校，第 1137—1138 页。

订增补本，也是最终定型的《传习录》。国士馆大学图书馆藏胡刻本即这一阶段成书的直接存世证据。钱德洪编集的《传习录》三部分总共有十一卷，即上卷一至三，中卷一至五，下卷一至三。

阳明去世后，其门人弟子在整理阳明著述时，对《传习录》也一并加以修整，其中钱德洪做的工作最为突出。钱德洪的工作是编阳明文录、年谱等。同时，他也注重搜集整理阳明弟子记录，先后有曾才汉刻的《遗言录》和刻于宁国水西精舍的《传习续录》。这两部书皆有存世，但钱德洪在《阳明年谱》中对他本人所作的这项工作没有特意提及，这或许与他的编集阳明著述的思路发生了前后的变化有关。

在编集阳明著述时，钱德洪的编辑思路最初与南大吉的差异较大，故而他从一开始就没有直接选择对《传习录》进行增订，而是新出一部书，仍题作"传习续录"；最晚在嘉靖三十五年（1556）左右，他的编辑思路又发生了变化，即接受了南大吉等人的编集思路，将他本人所编的续录部分与南大吉续编本合二为一，同时仍以《传习录》为名。

钱德洪在处理南大吉续编部分时做了局部的调整，即删掉《答徐成之书》二篇的同时，增加《答聂文蔚书》一篇，同时也相应地调整了各篇的编排次序。另外，将南本中原有南元善的几条读后感类的评论悉数删除；后来的《全书》也未予保留南大吉的《刻传习录序》。

总之，《传习录》的编订工作在《全书》完成之前经历了上述三个不同阶段的编集。而每一次编集完成之后，即有多种不同的刊本出现，流传于各地，其中一些版本幸存至今，成为学者考察书籍历史的主要版本证据，也成为研究阳明学术传播的重要依据。

万历三十年（1602）壬寅，杨嘉猷在河北真定府重刻《传习录》，称："阳明先生《传习录》，门人徐子曰仁、南子元善辈皆尝刻于越中，有正，有续，最后绪山钱子复加删定重刻，海内传诵久矣。猷自戊戌承乏信都……遂发箧中，得绪山原本，付同志诸友校正缮写，又益以先生所尝咏学诗与海语之切要者。"①崇祯三年（1630）庚午，提督学政江西按察司副使陈懋德资助重刻《传习录》②，称："今但愿学先生之学者，先扫陈见，且平心和气读其书，知其人，力究其宗旨之所存，以及下手格致之窍要，而又回勘于梦醒清明，就正于真师良友，忽开心眼，确见其果玄虚与否，是禅非禅，而后去取从违，一听其人之自判自决，此吾友金正希、钱沃心刻《传习录》意也。"③该书又有王宗沐《传习录序》云："《传习录》，录阳明先生语也。四方之刻颇多，而江右实先生提戈讲道处，独缺焉。沐乃请于两台，合续本，凡十一卷，刻置学宫。"④

据裘梓松《王宗沐生平考辨》可知⑤，王宗沐（1523—1592）字新甫，号敬所，浙江临海人。嘉靖二十三年（1544）进士，授刑部主事。三十五年（1556）任江西按察副使提调学校，修白鹿洞书院。三十八年（1559）升江西参政，次年任按察使。四十年（1561）升江西右布政使，改山西左布政使。四十一年（1562）调广西左布政使。四十三年（1564）乞休，隆庆元年（1567）丁忧。隆庆四年（1570）服除起复，补山东左布政使。五年（1571）升都察院右副都御史总督漕运。万历二年（1574）迁南京刑部右侍郎。九年（1581）致仕归。十九年（1591）卒。二十年（1592）赠刑部尚书。天启初，追谥襄裕。王宗沐资助刊刻《传习录》事当在嘉靖三十五年至三十八年间。又，王宗沐曾为邹守益所作《阳明先生图谱》作序，称："余少慕先生（王阳明），十四岁游会稽，而先生已没。两官先生旧游之地，凡事先生者，皆问而得概焉。然不若披

---

① 杨嘉猷：《重刻传习录小引》，王阳明：《王阳明全集（新编本）》卷五十三，吴光、钱明、董平等编校，第2208页。
② 此本今存日本九州大学文学部，即所谓的白鹿洞本。此本《传习录》半叶十行，行二十字，四周单边，白口，单鱼尾。版心鱼尾下有"白鹿洞藏板"字样。（永富青地：《王守仁著作之文献学的研究》，第52—68页）
③ 陈懋德：《刻传习录序》，王阳明：《王阳明全集（新编本）》卷五十三，吴光、钱明、董平等编校，第2206页。
④ 王宗沐：《传习录序》，王阳明：《王阳明全集（新编本）》卷五十二，吴光、钱明、董平等编校，第2105页。
⑤ 参见裘樟松：《王宗沐生平考辨》，浙江省博物馆编：《东方博物》（第12辑），浙江大学出版社2004年版，第77—83页。

图而溯之为尤详也。以余之尤有待于是，则后世可知。而邹公（邹守益）之意远矣。公遣金生应祥来请余序，为道曾子之未尽者，以明公旨焉。嘉靖丁巳冬十有一月，长至赐进士出身、中顺大夫江西按察司副使、奉敕再提督学政，临海后学王宗沐书。"①则王宗沐在江西白鹿洞书院刊刻十一卷本《传习录》的时间当在嘉靖三十六年（1557）左右。这部王氏刊本当是以前述天真书院刊本作为底本刊刻的。

（4）《王文成公全书》的杭州刊本

隆庆六年（1572），王阳明《全书》刊行，即郭朝宾本。这部书在卷一有"刻王文成公全书姓氏总目"，即编辑人员信息：钦差提督军务巡抚浙江等处地方都察院右副都御史户部左侍郎汶上郭朝宾、钦差提督军务巡抚浙江等处地方都察院右副都御史新昌邹琏、巡抚浙江监察御史新建谢廷杰、钦差巡按浙江等处监察御史汾州张更化、钦差巡按浙江等处监察御史曹州马应梦、浙江等处承宣布政使司左布政使新添姚世熙等，杭州府知府南昌涂渊、同知嵩明段丝锦等，以及仁和县知县新建张誉、钱塘县知县长洲阙成章、海宁县知县奉新余良桢等。②可见，阳明的第一部《全书》是在杭州刊行的，就是隆庆本《全书》。

其中，余良桢字士翼，号承溪，奉新人。隆庆五年辛未（1571）进士。同年八月任海宁县知县，万历元年（1573）九月改教，卒。阙成章，字斐川，隆庆二年（1568）进士，长洲人。隆庆三年（1569）任浙江钱塘县知县，万历五年（1577）任江西饶州府通判，官至兵部员外郎。

杭州府知府及其下辖仁和、钱塘、海宁等县主政官员列名，可见这一版本的《全书》刊刻于浙江杭州。

这部书在《传习录》三卷前皆有编辑人员的名单。其中《传习录上》题：门人余姚徐爱传习、揭阳薛侃葺录、余姚钱

---

① 王宗沐：《阳明先生图谱序》，王阳明：《王阳明全集（新编本）》卷五十三，吴光、钱明、董平等编校，第 2244 页。
② 郭朝宾版《王文成公全书》已有影印本，可参见王守仁著，郭朝宾等编：《王文成公全书：郭朝宾本》，广陵书社 2020 年版。

德洪编次、山阴王畿增葺、南昌唐尧臣校阅；《传习录中》
题：门人余姚钱德洪编次、渭南南大吉葺录、安成邹守益校
正、山阴王畿增葺、余姚孙应奎校阅；《传习录下》题：门人
余姚钱德洪续录、临川陈九川葺录、泰和欧阳德校正、山阴王
畿增葺、余姚严中校阅。我们注意到，唐尧臣就是上述胡本
《传习录》的主要参与者，亦即《全书》本《传习录》当是从
胡本而来。

万历初年，谢廷杰在南京重新制作了一部字画精美、版
式疏朗的《全书》，内容与旧版大体一致。这部新刊本似乎刷
印颇多，几乎完全取代了杭州旧刊本。①但这部新刊《全书》
将上述校阅者信息全部删掉，给后来的考订工作增加了不少
困惑。谢廷杰本《全书》在卷首部分"序说"之后有"姓氏"
两页，即编辑人员信息四项：其一为编辑文录姓氏：门人余姚
徐爱、钱德洪、孙应奎、严中，揭阳薛侃，山阴王畿，渭南南
大吉，安成邹守益，临川陈九川，泰和欧阳德，南昌唐尧臣；
其二为校阅文录姓氏：后学吉水罗洪先，滁阳胡松，新昌吕光
新，秀水沈启原；汇集全书姓氏：提督学校巡按直隶监察御史
豫章谢廷杰；督刻全书姓氏：应天府推官太平周怡、上元县知
县莆田林大黼、江宁县知县长阳李爵。

古籍的每一次再印和翻刻，都或多或少地出现新的变
化。不同的赞助人、主事人往往会根据他们的想法对原本（底
本）进行不同程度的加工。受各种条件限制，阳明学研究者所
见的传世之本未必就是四次编集完成后的第一个刊本或者直接
根据第一个刊本进行原样覆刻的印本。如此一来，我们从谢廷
杰本《全书》前三卷收录的《传习录》与传世嘉靖本来看，其
中也就存在不少疑问。

在《全书》完成之后，《传习录》的单刻本仍广为流
传，此时的传本以钱德洪删订的《传习录》三卷、《传习续
录》二卷为标准版本。这就出现了上述四种不同文本《传习

---

① 国图藏此本《王文成公全书》，著录为"明隆庆六年（1572）谢廷杰刻本"，半叶
九行，行十九字，白口，四周双边，单鱼尾。另外，北京大学图书馆、中国科学院文
献情报中心、上海图书馆、复旦大学图书馆等公藏机构亦有收藏。

录》之外的第五种。

（5）所谓的钱德洪删订《传习录》正续版本的传本

钱德洪删定重刻本流传颇广，是何样貌？在诸多明刻本《传习录》的存世传本中，附有《续录》二卷的印本有多家馆藏。杨嘉猷所存是否即此本？杨氏重刊《传习录》的时间是万历三十年（1602），他明确表示他的底本并非《全书》，而是他购得的一部广为流传的带《续录》的刊本。这一线索提醒我们，在万历初年，有一部《传习录》曾广为传播。

万历初，谢廷杰重刊《全书》，同时《传习录》也有了一部新的刊本，此即今国家图书馆、北京大学图书馆等机构所藏明刻本《传习录》。二十余年之后，杨嘉猷"发箧中，得绪山原本"或许就是此一刊本。杨氏从他的藏书中取出有正续两部分的《传习录》作为底本重刊，这一事实告诉我们，他所获得的本子或许就是若干年前他得到的某一刊本。

万历本《传习录》给后世研究带来了很多困惑。首先是续录文本的内容构成问题，其次是由钱德洪序文所指非原本的问题，再次是关于钱德洪的编集工作的判断问题，最后是关于《传习录》的定型及其传播问题。

佐藤一斋曾对《传习录》展开了详细的研究。他所见的最早的一部《传习录》传本，是第二阶段编订后的重编刊本即德安府本。详细信息见下表：

表4 《传习录》篇目异同

编号	内容	南刻萧补本	胡本	德安府本	万历本	《全书》本
1	《答徐成之书》	下卷一	无	下卷一	无	卷二十一《外集》三
2	《答徐成之书》二	下卷一	无	下卷一	无	卷二十一《外集》三
3	《答储柴墟书》	无	无	下卷一	无	卷二十一《外集》三
4	《答储柴墟书》二	无	无	下卷一	无	卷二十一《外集》三
5	《答何子元书》	无	无	下卷一	无	卷二十一《外集》三

（续表）

编号	内容	南刻萧补本	胡本	德安府本	万历本	《全书》本
6	《答人论学书》	下卷二	中卷一	下卷二	无	卷二《语录》二
7	《答周道通书》	下卷三	中卷二	下卷三	无	卷二《语录》二
8—9	《答陆原静书》二篇	下卷三	中卷二	下卷三	无	卷二《语录》二
10	《答欧阳崇一》	下卷四	中卷三	上卷四	无	卷二《语录》二
11	《答罗整庵少宰书》	下卷一	中卷三	下卷一	无	卷二《语录》二
12	《答聂文蔚书》	下卷四	中卷四	上卷四	无	卷二《语录》二
13	《答聂文蔚书》二	无	中卷四	上卷四	无	卷二《语录》二
14	《示弟立志说》	下卷五	中卷五	下卷四	无	卷七《文录》四
15—16	《训蒙大意示教读刘伯颂等》《教约》	下卷五	中卷五	下卷四	无	卷二《语录》二

　　佐藤氏对钱德洪的序提出了质疑："南本下册，书凡十篇，并上册所载书四篇，共十四篇。又就此文数之，为九篇，其曰八篇，误也。绪山去《答徐成之书》，而叙其所以去；又去《答储柴墟书》《答何子元书》，则不叙其所以去，何耶？又谓增录《答聂文蔚》第二书，而南本既收在上册，则不可谓之增录。此序毕竟欠详备。"①后来，陈来等皆注意到佐藤氏所据《传习录》为德安府重刊本，故佐藤氏的怀疑并不一定准确。陈来说："而'重刊本'者往往有增入者，如前所说北大藏《传习录》南刻重刊本即已增入《传习续录》。从逻辑上说，钱德洪作为阳明高弟和《传习录》编者，其八篇说较为可信。"即便如此，陈来也不得不说："南刻本原本究竟为八篇还是十四篇尚无进一步的材料可供考定。"②

　　又如，陈荣捷先生说，南本收阳明书信不是钱德洪所说的

———————

① 佐藤一斋：《传习录卷之中》，《传习录栏外书》，黎业明点校，第85页。
② 陈来：《有无之境：王阳明哲学的精神》，第350页。

八篇而应该是九篇。①从胡本来看，这里所谓的八篇是钱氏重新编定的篇目数，并非南本原本收录书信数。

如今，南刻萧补本和胡本的发现，自佐藤一斋以来对于《传习录》中卷论学书收书篇目等相关的困惑皆可以迎刃而解。

小结

阳明学的形成是阳明及其门人弟子们学术创造的成果，而阳明学的传播则是阳明学人不懈努力的结果，书籍的出版是阳明学传播的重要手段，阳明学人不断地将首次出版的阳明著作进行二次创作，加以改编，加以重刻，让更多的读者能够从书籍世界进入阳明学世界，这是书籍的生命力所在，也是阳明学的生命力所在。不止《传习录》存在这样的反复修订的刊行和覆刻、重修，阳明的其他著作也存在这样的情况，比如同样是嘉靖三年（1524）编定的《居夷集》。

---

① 参见陈荣捷：《王阳明〈传习录〉详注集评》，第3—4页。

第三章

世史多掩覆：嘉靖本《居夷集》

> 昔者孔子删述《六经》，若以文辞为心，如唐虞、三代，自《典》《谟》而下，岂止数篇。正惟一以明道为志，故所述可以垂教万世。吾党志在明道，复以爱惜文字文心，便不可入尧、舜之道矣。①
>
> ——钱德洪

作为传统的士人，阳明一生追求修己以敬、修己以安人之学，冀由修身齐家以至于治国平天下。其学术主张，往往因为心学的名义而被视为一种高洁自守之道，或者是与现实的上层政治保持距离的学术。余英时在其《明代理学与政治文化发微》一文中说，阳明自龙场以后就对朝政更多地保持缄默态度；和宋人那种以天下为己任的士大夫责任意识很不同的是，阳明的奏疏多直接针对具体的问题而发，比如军事，比如地方情况等，而友朋书札则多论学文字，在阳明全集的文字中，很难看到阳明对时政的直接评论。如果将阳明的著作与朱子的著作相比较的话，就会发现阳明的这种避谈时事的态度十分鲜明。"这不仅是朱、王两人思想取向有别，而且是宋、明两代的理学与政治文化根本不同的一种最真实的反映。"②作为当

---

① 钱德洪：《刻文录叙说》，王守仁：《王阳明集》，王晓昕、赵平略点校，第7页。
② 参见余英时：《宋明理学与政治文化》，沈志佳编，第41页。在此文之前，余英时《士与中国文化》的新版序言（上海人民出版社2013年版，第3页）已经持有此种论点。他说："同是理学家，朱熹和陆九渊都一心一意向往着王安石的'得君行道'，在皇帝面前也侃侃而谈，俨然以政治主体自居，充分体现了以天下为己任的气概。朱熹在他许多长篇大论的《封事》和《奏札》中，反复要求皇帝除旧布新，重建一个合理的秩序。对照之下，王守仁除了正德元年（一五〇六）《乞宥言官去权奸》一疏，因而放逐龙场之外，其余奏疏多关具体事务，极少涉及朝政。正德十五年他写了一篇《谏迎佛疏》，期待皇帝效法'尧、舜之圣'，恢复'三代之圣'。这显然是承继了宋代'士'的精神，与王安石、朱熹等人的思路是一致的，但是这篇疏文却是'稿具未上'……更可注意的是同年他第一次和王艮会面，后者迫不及待地要谈怎样致君于尧、舜的问题，他立即以'思不出其位'为理由，阻止了政治讨论。（见《王心斋先生全集》卷一《年谱》正德十五年条）王艮后来写《明哲保身论》，讲学也重重'百姓日用之道'，断然与这次会谈有很大的关系。通过这一对照，我们才清楚认识到，宋代从王安石、二程到朱熹、陆九渊等人所念兹在兹的'得君行道'，在明代王守仁及其门人那里，竟消失不见了。这个'变异'或'断裂'还不够使人惊异吗？然而问题还远不止此。十六世纪以后，部分地由于阳明学（或王学）的影响，仍然有不少'士'关怀着合理秩序的重建，但是他们的实践方向已从朝廷转移到社会。东林讲友之一陈龙正所标榜的'上士贞其身，移风易俗'（《明儒学案》卷六十）可以代表他们集体活动的主要趋向。所以创建书院、民间传教、宗族组织的强化、乡约的发展，以至戏曲小说的兴起等等都是这一大趋向的具体成果。"

世史学大家，余英时对于宋明理学作了较为深入的研究，其中以《朱熹的历史世界：宋代士大夫政治文化的研究》最为著名，《明代理学与政治文化发微》一文则有开创之功。不过，在对阳明学的论述中，"至少这是现存文集的一般状态"一语已经表明，学者深受后世学者编纂之且流传的阳明全集（以《阳明全书》为典范）所影响，进而导致了认知的偏差。《阳明全书》①（以下简称《全书》）经阳明门人子弟的汇集整理，最大程度上展现了阳明学的精神价值，但不可避免地失去了一些时代的特征。由于各种原因，阳明诗文集的单刻本尚未受到学者的关注。在笔者看来，上述余英时所论，在我们所见到的单行本《居夷集》（或称《居夷录》）一书上即不成立，由阳明全集推测出整个理学与政治文化的关系也存在一定的风险。

王阳明《居夷集》在嘉靖时期曾多次刊行，然而留存至今的印本数量极其有限，而且现存该书版本著录信息并不十分准确，与之相关的研究尚待深入。

总体而言，《居夷集》是出版于阳明生前的一部较为独特的书，也是王阳明本人的一部重要著作，收录了阳明早期的各类文体著述，在文学史、哲学史、教育史上都曾生发过实际的作用。对阳明学而言，此书是进入阳明思想世界的一个重要通道，亦是考察明代思想的一部关键性著作。近代以来，《居夷集》不再为学者所重，其原因有四：其一是在钱德洪编纂的《年谱》中，不见此书踪迹，阳明后学将阳明学视为儒门心学，而将其词章视为"五溺"时期的不成熟著述；其二，《全书》基本上收录了《居夷集》中的所有作品，但按照新的分类原则加以处理，《居夷集》内容被分散在全书的不同卷次，使人无法产生一种整体性的洞见；其三，《居夷集》单刻传本极为孤罕，嘉靖以后似未有单行本出现，近代亦无单册整理；其四，《传习录》《朱子晚年定论》单刻本风行，性理之学的阳明学掩盖了阳明学的多重面向。本章从四个面向对该书进行解读：从历史情境出发，在大礼议的背景下考察该书梓行的缘由；从文本内容出发，对其文类及内在理路加以考察；从版本

---

① 参见钱明：《〈阳明全书〉的成书经过和版本源流》，《浙江学刊》1988 年第 5 期。

目录学出发，对《居夷集》的刊行及流传过程加以细致考察；从读者视域出发，考察该书在传统士人中被接受的情形。由此，对吾人研究阳明学并提出合理的诠释或有些许帮助。

第一节　梓行之时：嘉靖三年不寻常

对于阳明学而言，嘉靖三年甲申（1524）具有特殊意义。是年，阳明居家守孝结束，在郡守南大吉所设的稽山书院讲授《大学》，若干年后钱德洪将其整理为《大学问》，并称之为"师门教典"。同年，南大吉《续刻〈传习录〉》和丘养浩刻《居夷集》同时刊行。对于《大学问》《传习录》，经过学界多年调查研究，梳理了其版本学、理学等诸多相关问题，从哲学、思想、教育等多个向度进行深入考掘，二书也事实上成了阳明学研究的最关键性资料。相对而言，《居夷集》由于传本不多，其中内容基本都被收入《阳明全书》，故少为学界重视并深入研究。①钱德洪《答论年谱书》云："徐珊尝为师刻《居夷集》，盖在癸未年（嘉靖二年，1523）。及门则辛巳年（正德十六年，1521）九月，非龙场时也。"②丘养浩《叙居夷集》署："嘉靖甲申（三年，1524）夏孟朔，丘养浩以义书。"③则丘养浩、徐珊刊刻《居夷集》的时间或为嘉靖二年至三年（1523—1524），此时丘养浩为余姚知县（考证详下），故可云此书有嘉靖三年丘养浩浙江余姚刻本。但这并不

---

① 左东岭的《王学与中晚明士人心态》（商务印书馆2014年版）在第二章《王阳明的心学品格与弘治、正德士人心态》的第一节有"'龙场悟道'的心理动机与王学产生的意义"部分，用《阳明全书》中收录的《居夷集》诗文对阳明学的产生有较为细致的讨论。左氏认为，龙场之前的阳明对诗文创作有浓厚兴趣，但没有把诗文放在圣学的位置。（参见第128页）圣学当然不是诗文，诗文可以是圣学的一部分，对于古人来说似乎不是一个难以理解的问题，而现代人却不见能直接区别。对我们而言，写古诗文的都是古文，貌似一样，而历史上的那些人是分别得十分清晰的，不然史传中分儒林、文苑之类的有何意义呢？所以，不存在把诗文摆在圣学位置的问题，那么真正的问题是什么呢？左氏认为是"对超越凡俗的人生理想的追求"和"用儒家的责任感坚定了自我的用世之心"（第129、139页）而超越的问题的解决，留给我们的是他的文字，比如《居夷集》中的诗文。
② 钱德洪：《答论年谱书》，王守仁：《王阳明集》卷三十六，王晓昕、赵平略点校，第1166页。
③ 王守仁：《居夷集》，李半知校注，贵州人民出版社2020年版，第7页。

意味着《居夷集》仅有此一种刻本。

嘉靖三年（1524），这一时间点需要引起我们的关注。本年，朝中国是争端风起云涌。士大夫所关切的朝局中的最大事者乃"大礼议"事件，复起波折。朝野关于世宗之父母称谓发生巨大争执，世宗执意称亲生父为皇考，称其母则去"本生"二字。支持者中，席书成为礼部尚书，张璁、桂萼擢升为翰林学士，方献夫为侍讲学士；反对者中，群臣二百余人于七月伏阙哭谏，舒芬、杨慎等一百八十余人受廷杖。九月，朝廷更定大礼，孝宗称皇伯考，世宗生父称皇考。① "在大礼仪中，世宗倚信张璁、桂萼等人，最终战胜了杨廷和集团，解决了'大礼'问题。大礼议既是新君与老臣分离的过程，又是新君与新臣磨合的阶段。大礼议的最终解决标志着新君与新臣合作的成功，并奠定了嘉靖革新的良好基础。"② 在此国是问题的大环境下，王阳明及其同道并未置身事外，同在此年，曾经与阳明结盟共商圣学的湛若水升任南京国子监祭酒，而黄绾则升任南京工部营缮员外郎。有研究者认为，阳明本人实际上是站在对皇帝支持者一边，并鼓励他的弟子向新皇帝表示支持。但是在大礼议中反对者占了朝臣中的绝大多数，从比例上看，阳明弟子及友朋中反对者的数量更多。③ 阳明本人的看法并非如阳明学人所说的不予置评。从现存的阳明书信中我们或可窥见其端倪。嘉靖三年（1524）阳明在《答伍汝真佥宪》中说：

> 今主上圣明无比，洞察隐微，在位诸公皆兢兢守正奉法。京师事体与往时大有不同，故二君今日之事，惟宜安静自处，以听其来顺受之而已耳。天下事往往多有求荣而反辱、求得而反失者。在傍人视之甚明，及身当其事，则冥行而罔觉，何也？荣辱得失之患交战于其中，是以迷惑而不能自定耳。区区非徒为此迂阔之言，而苟以宽

① 参见陈玉兰、胡吉省：《中国学术编年·明代卷》，杨新梅、俞樟华主编，华东师范大学出版社 2013 年版，第 662—663 页。关于大礼议事件的研究详见胡吉勋：《"大礼议"与明廷人事变局》，社会科学文献出版社 2007 年版。
② 田澍：《嘉靖革新研究》，中国社会科学出版社 2015 年版，第 68 页。
③ 参见胡吉勋：《"大礼议"与明廷人事变局》，第 129 页。

二君之心者。二君但看数年来，区区所以自处者如何？当时若不自修自耐，但一开口与人辩，则其挤排戮辱之祸，将必四面而立至，宁独数倍于今日而已乎？①

此书信有几个值得注意的事：第一，阳明明确表示了他支持世宗皇帝。所谓在位诸公究竟是谁？据《明通鉴》，嘉靖三年二月大学士杨廷和致仕，大学士蒋冕任首辅；三月后毛纪接任；再三月石宝接任。上述三人均不支持大礼仪。大礼仪从二月开始争论不休，支持世宗主张的仅有桂萼、张璁、霍韬、熊浃等，反对的人占绝大多数。六月，张璁、桂萼至京，受到群臣阻挠，并被连章论劾。世宗坚持任命张璁、桂萼及方献夫。七月，吏部尚书乔宇致仕后，很快发生了左顺门哭谏事件，数百官员参与其中，一百三十多人系狱，十七人因廷杖而死。八月，席书任礼部尚书，大礼仪定案。则阳明所说京师事体与往时大有不同，应该是指大礼仪尘埃落定之事，在位者可能指的是席书等人。可见，阳明是支持世宗的，对世宗和席书君臣抱有较大期望。第二，他远在浙江故居，远离政治漩涡，但他的学生中，参与者、反对者不少，其中就包括邹守益等人。阳明提到要看他数年来如何自处，实际上是希望用《居夷集》中展示的自己的探索历程来支持这些友人、门人。在大礼议尚未结束时，《居夷集》以其门人校正的形式出现或许可以如此理解。

钱德洪《年谱》对阳明在嘉靖三年（1524）的主要活动有细致记载，包括正月南大吉称门生，二月董沄来学，八月天泉桥夜宴，十月南大吉续刻《传习录》等，其中在八月条下记：

是时大礼议起，先生夜坐碧霞池，有诗曰："一雨秋凉入夜新，池边孤月倍精神。潜鱼水底传心诀，栖鸟枝头说道真。莫谓天机非嗜欲，须知万物是吾身。无端礼乐纷纷议，谁与青天扫旧尘？"又曰："独坐秋庭月色

---

① 束景南、查明昊辑编：《王阳明全集补编》，上海古籍出版社2016年版，第204—205页。

新，乾坤何处更闲人？高歌度与清风去，幽意自随流水
春。千圣本无心外诀，《六经》须拂镜中尘。却怜扰扰周
公梦，未及惺惺陋巷贫。"盖有感时事，二诗已示其微
矣。四月，服阕，朝中屡疏引荐。霍兀厓、席元山、黄宗
贤、黄宗明先后皆以大礼问，竟不答。①

为何钱德洪在此年纪事中对《居夷集》的出版情况不着一
词？而是单列两首阳明之诗作为阳明对大礼仪的态度？钱德洪
《年谱》是经过阳明门人的集体创作的成果，他们对王阳明主
要事迹的编排具有性理学的考虑在内，如王宗沐《刻阳明先生
年谱序》说："先生高弟余姚钱洪甫氏，以亲受业，乃能谱先
生履历始终，编年为书。凡世所语奇事不载，而于先生之学，
前后悟入，语次犹详。"②有一条记录或可与此相关，阳明
《与尚谦诚甫世宁书》云：

> 前日贱恙，深不欲诸君出。顾正恐神骨亦非久耐
> 寒暑者。乃今果有所冒辛，而不至于甚，亦足以警也。
> 自此千万珍重珍重。贱躯悉如旧，但积弱之余，兼此毒
> 暑，人事纷沓，因是更需将息旬月，然后敢出应酬耳。味
> 养之喻，已领盛意。守身为大，岂敢过为毁瘠。若疾平之
> 后，则不肖者亦不敢不及也。所云私抄，且付之公论，
> 未须深讲。"山静若太古，日长如小年。"前日已当面
> 语，今更为诸君诵之。守仁白。尚谦、诚甫、世宁三位道
> 契文侍。③

或以为此文说的"私抄"是《大礼仪疏》，吾人认为是
《居夷集》更加合理。阳明明确指示其门人不必要讲此书，因
为该书可能已经有人关注了，"所云私抄，且付之公论，未须

---

① 钱德洪：《年谱三》，王守仁：《王阳明集》卷三十四，王晓昕、赵平略点校，第
1087 页。
② 王宗沐：《刻阳明先生年谱序》，王守仁：《王阳明集》卷三十六，王晓昕、赵平
略点校，第 1155 页。
③ 束景南：《阳明佚文辑考编年》，第 782 页。

深讲"。阳明告诫门人勿要自找麻烦地去与人争议，甚至连话都不用说，因为书中要表示的意思已经勿用多言了。他所引之诗为宋人名句，出自宋唐庚之《醉眠》，其云：

山静似太古，日长如小年。余花犹可醉，好鸟不妨眠。世味门常掩，时光簟已便。梦中频得句，拈笔又忘筌。[1]

宋张邦基《墨庄漫录》卷九记载：

唐庚子西谪惠州时自酿酒二种，其醇和者名"养生主"，其稍冽者名"齐物论"。子西诗多新意，不沿袭前人语。如《湖上》云："佳月明作哲，好风圣之清。"《独游》云："鸟攫春祠敏，鸢窥野烧痴。"《醉眠》云："山静似太古，日长如小年。"又《芙蓉溪歌》云："人间八月秋风严，芙蓉溪上春酣酣。二南变后鲁叟笔，七国战处邹轲谈。人间二月春光好，溪上芙蓉迹如扫。周家盛处伯夷枯，汉室隆时贾生老。小儿造化谁能穷，几回枯枿还芳丛。只因人老不复少，有酒且发衰颜红。"此兴殊新奇也。[2]

《醉眠》一诗是贬谪诗，《居夷集》为贬谪诗文集，若合符节，尚需讲求否？或许正是因为阳明说过对此书不要再讲，后来其门人就没有再出版刊行过。

另外，嘉靖三年（1524），王阳明为方曦做《方氏重修家谱序》，并有《方孝孺像赞》一首："靡躯非仁，蹈难非智。死于其死，然后为义。忠无二躯，烈有余气。忠肝义胆，声动天地。正直聪明，至今猛视。兹尔来代，为臣不易。"[3]

嘉靖四年（1525），王阳明作《送南元善入觐序》，盛赞

① 唐庚：《醉眠》，北京大学古文献研究所编：《全宋诗》（第23册），北京大学出版社1995年版，第15015页。
② 张邦基：《墨庄漫录》，《景印文渊阁四库全书》（第864册），台湾商务印书馆1986年版，第88页。
③ 束景南、查明昊辑编：《王阳明全集补编》，第214页。

南元善不为谤议所困，为政讲学，启发士人向道之心，又云：
"缉稽山书院，萃其秀颖，而日与之谆谆焉，矗矗焉，越月逾
时，诚感而意孚。三学泊各邑之士亦渐以动，日有所觉而月有
所悟矣。于是争相奋曰：'吾乃今知圣贤之必可为矣，非侯之
至，吾其已夫！侯真吾师也！'于是民之谤者亦渐消沮。"[①]
阳明所遭受的是非议论远比其门人要多，他这番表态其实也是
一种自况。对于阳明学人来说，以讲学启发世道人心远远胜于
与人争是非。诗文也不是用来与人争论的，只是人生意义的一
种表述。

第二节　刊刻之旨：居夷者之为之也

问题是，《传习录》的单刻或全书零种本在阳明学中一直
颇为世之学者所重，为何《居夷集》这部书近代以来仅仅在藏
书家中流传递藏呢？是否因为该书的学理价值（文本价值）较
《传习录》要弱，进而影响了它的传播？还是有其他的原因影
响了该书传播的生命力？

阳明诗文的成就，在明代文学史上占有一席之地，正如宋
佩韦所说："他（王阳明）的不朽并不在于诗文。然而他的散
文特雅健有光彩。上承宋濂、方孝孺之绪，下开王慎中、唐顺
之、归有光之先。诗格尤典正不尚奇巧。在明代文学史上，他
不愧为一个卓然自立的作家。"[②]《居夷集》的编纂者虽未作
如是观，但从丘养浩的序文及韩柱、徐珊的跋文可见当时学者
确认阳明之诗文足以羽翼其道。丘氏《叙居夷集》谓：

> 《居夷集》者，阳明先生被逮贵阳时所著也。温陵
> 后学丘养浩，刻以传诸同志。或曰："先生之学，专以
> 孔孟为师，明白简易，一洗世儒派分枝节之繁，微言大
> 训，天下之学士宗之。而独刻此焉何待？"则解之曰：先

---

① 王守仁：《送南元善入觐序》，《王阳明集》卷二十二，王晓昕、赵平略点校，第
747 页。
② 宋佩韦：《明文学史》，商务印书馆 1934 年版，第 102 页。

生之曰："先生之资，明睿澄彻，于天下实理，固已实见而实体之。而养熟道凝，则于贵阳时独得为多。冥会远趋，收众淆以折诸圣。任道有余力，而行道有余功。固皆居夷者之为之也。古圣人历试诸难，造物者将降大任之意，无然乎哉？"养浩生也后，学不知本，政不足以率化，先生辄合而教之。岁月如道，典刑在望，愧无能为新主簿之可教，而又无能为元城之录也。引以言。同校集者，韩子柱廷佐、徐子珊汝佩，皆先生门人。嘉靖甲申夏孟朔，丘养浩以义书。①

丘养浩为福建晋江人，该地区理学家有刊书传统。②明过庭训《本朝京省人物考》卷七十一的分省人物考里载："丘养浩，字以义，晋江人。正德十六年进士。由余姚知县，选授浙江道御史。侃直不避，疏斥权倖，当涂挤之，谪永平府推官。寻复职，巡视两关，督学南畿，所在咸举其职。升南大理寺丞，累升右佥都，巡抚四川、江西，一时才望重于朝野。未几，疏致仕而归。"③在志书记载中，养浩颇有声望：

丘养浩字以义，正德辛巳进士。授余姚知县，劝学兴士，清版籍，省赋役，惩猾蠹，民甚宜之。行取拜监察御史，疏劾近侍陈钦横恣都城，谪永平推官。未行，台谏疏救，赐还职。席宗伯书以议礼得幸，其弟检讨春已与刘夔并升按察佥事，书辄陈乞，仍复馆职。养浩疏其冒耻奔竞，患失难退。已巡山海关，复疏徐定国冒夺边关屯地千余顷，条陈防边便宜十余事，朝论韪焉。提督南畿学校。制归，服阕，董九庙大工之役。寻升南京大理寺丞，转大理寺少卿，擢右佥都御史，巡抚四川。檄谕杂谷

① 丘养浩：《居夷集叙》，王阳明：《王阳明全集（新编本）》卷五十三，吴光、钱明、董平等编校，第 2190 页。
② 参见方彦寿：《明代晋江理学家群体与图书刊刻》，《朱熹理学与晋江文化学术研讨会论文集》2007 年辑。
③ 过庭训：《本朝京省人物考》卷七十一，《四库禁毁书丛刊·史部》（第 62 册），北京出版社 2000 年版，第 413 页。

白草，番夷先后纳款。乌蒙罗魁构播肆虐，责成土舍禄堂诛之。劾边将李爵险谲善附，举废将何卿起代。未几，改巡抚江西。有论其私何卿者，遂引避还，部覆得白。卒于家。养浩才气迅发，其入蜀也，欲力持风裁以振晏堕。单车御二苍头入境，一苍头有所索于从卒，扑杀而焚弃之。痛绝墨吏，不少贷。与大吏议狱，有穴窦关节，必摘而折诎之，使无所为辞。诸不悦者，竞造蜚语，以太猛中之，故移抚未几，烦言随至。独内江赵文肃称其澄清之气摇动岷蔡，再借三年蜀其有瘳。文肃素著刚直，遂为定论。①

丘养浩并不是阳明的门人，至少在阳明学的各种谱系中，阳明门人未将他引为同门，但我们将丘氏视为阳明学人应是较合理的。丘氏长期在都察院任职，又曾为大理寺高官，他是较为典型的阳明学人之一，即具有良好的专业素养，并且在仕途与学问之间不做截然的区分。在仕途则以职业精神对待自身，在林下则注重自我修养。正因为如此，他也才能从县令做起直至最后成为七卿之一。丘养浩在阳明学人中，不以理学名家称，他的主要事迹在于为官任上处事有法度，且刚直不阿，颇有治世之才。他中进士后，从基层官员开启入仕之旅，首站就在阳明的家乡。彼时，阳明已有军功在身，又有讲学之名，作为地方官，养浩倾慕阳明之学就在情理之中。从他支持刊刻阳明著述来看，他对阳明学心存敬意，又从阳明处请益政务和学问，"先生辄合而教之"。养浩认为阳明学宗法孔孟，简易直接，但并非天生之学，是王阳明在艰苦卓绝的探寻中得来的，其中在贵州所获不浅，此一时期的记录便是《居夷集》。在此书中我们可以看到阳明不懈追求圣学的努力，以此可征学之本，可行教之化。而丘氏第一次刊刻《居夷集》之后很快进入都察院系统，这或与当时阳明学人的相互护持有关亦未可知。

———————

① 阳思谦、黄凤翔编纂：《（万历）泉州府志》，台湾学生书局1987年版，第1521—1523页。

雷礼《国朝列卿纪》卷一百一十三《巡抚四川侍郎都御史年表》：

> 丘养浩，福建晋江人。正德辛巳进士。嘉靖二十三年以都察院右佥都御史任。[1]

同卷《四川巡抚行实》谓：

> 丘养浩字以义，福建泉州府晋江县人。正德辛巳进士。授余姚知县。嘉靖四年擢浙江道监察御史。六年，丁忧。九年，补原职。十一年，丁忧。十五年，补浙江道。十七年，升南京大理寺右丞。二十一年，升大理寺左丞；寻升左少卿。二十三年，升都察院右佥都御史巡抚四川。本年改任江西，被劾，未任，听调。[2]

丘养浩刊刻《居夷集》时为余姚县知县。次年（1525）升任都察院浙江道监察御史。他在都察院任职时间较长，又曾以都察院右佥都御史身份巡抚四川。丘养浩是否会在其都察院任职期间再行翻刻《居夷集》？从宋仪望刊刻阳明文集和阳明文粹的行动来看（宋仪望刊书事迹见本书第六章），丘养浩极有可能也有类似的行动。这也就是后世能够看到几个不同版本的《居夷集》，但刻书风格极为类似的原因之一。

阳明门人韩柱、徐珊则直接以"文以载道"的主张来为其刊行师门著述作辩护。韩柱《居夷集跋》：

> 夫文以载道也。阳明夫子之文由道心而达也。故求之跃如也，究之奥如也，体之扩如也。爱之美也，传之爱也。此《居夷集》所由刻也。刻惟兹者，见一班也。学之

---

① 雷礼纂辑：《国朝列卿纪》卷一百一十三，周骏富辑：《明代传记丛刊》（第39册），（台湾）明文书局1991年版，第120页。
② 雷礼纂辑：《国朝列卿纪》卷一百一十三，周骏富辑：《明代传记丛刊》（第39册），第160页。

者求全之志，乌乎已也。门人韩柱百拜识。①

"文以载道"是儒学的重要传统，也是人文化成的关键，韩柱以此来论述阳明诗文亦无可厚非，他认为刊刻《居夷集》可见阳明学旨，亦可由此体悟阳明学关于道的求索，这才是事情的枢机。因此《居夷集》的刊本可以在一定程度上满足阳明学者的求全需求，更加可以为学者求道提供诗文的典范。即，通过对集中收录的阳明诗文的阅读，可以彰显阳明本人对道心的感悟，可以为学者提供一个较好的诗文范本——性理学家的诗文除了诗文本身的文学意义之外，还有道的传承。道的传承意味着教化的延续，这种教化一方面是作为学派的阳明学的宗旨所在，一方面也是传统社会中道统传递的一个重要手段，所以徐珊《居夷集跋》称：

> 《居夷集》刻成。或以为：阳明夫子之教，致知而已。诸文字之集，不传可也。珊谓：天有四时，春秋冬夏，风雨霜露，无非教也。地载神气，风霆流形，庶物露生，无非教也。夫子居夷三载，素位以行，不愿乎外，盖无入而不自得焉。其所为文，虽应酬寄兴之作，而自得之心，溢之言外。故其文，闳以肆，纯以雅，婉曲而畅，无所怨尤者。此夫子之知，发而为文也。故曰：笃其实而艺则传，贤者得以学而至之，是为教。则是集也，无非教也，不传可乎？如求之言语文字之间，以师其绳度，是则荒矣，不传可也。集凡二卷，附集一卷，则夫子逮狱时及诸在途之作，并刻之，亦以见无入不自得焉耳。门人徐珊顿首拜书。②

显然，在阳明学人中，对于著述文字的理解存在着差异，或者说是争议。有一部分学者认为心学即是自我体证的过

---

① 韩柱：《居夷集跋》，王阳明：《王阳明全集（新编本）》卷五十三，吴光、钱明、董平等编校，第 2190—2191 页。
② 徐珊：《居夷集跋》，王阳明：《王阳明全集（新编本）》卷五十三，吴光、钱明、董平等编校，第 2191 页。

程，如果能够以阳明学的致知主张为本，则其他文字均无其传承的必要。另一部分包括徐珊在内的学者则认为，阳明所作诗文乃是得之心而溢之言外者，学者只要不执着于文字本身，而是以求道之心来看待阳明著述，则阳明著述为学者提供的不仅仅是一种语言文字之美，更是一种道德教化的典范，在此意义上，阳明诗文著述就不再只是一种文字的游戏，而是事关阳明学的教旨。因此徐珊说："是集也，无非教也，不传可乎？"这样的主张，阳明本人亦有认同，如阳明在正德十一年丙子（1516）说："使在我果无功利之心，虽钱谷兵甲、搬柴运水，何往而非实学？何事而非天理？况子、史、诗、文之类乎？使在我尚存功利之心，则虽日谈道德仁义，亦只是功利之事，况子、史、诗、文之类乎？'一切屏绝'之说，是犹泥于旧习，平日用功未有得力处，故云尔。"①阳明认为，诗文对于求道之人亦如五谷杂粮饮食之于养生，以养生为目的，则不挑食，任何食物均能提供养生的能量；以求道为鹄的，则不论子、史、诗文均能提供进德修业的营养，此方为博学的真义。

韩柱生平事迹不可考。徐珊事迹则于史有征，在清光绪《余姚县志》中的记录如下：

> 徐珊字汝佩，（《三祠传辑》：珊号三溪，本姓史。先世史涓六子弥贤，宋元革命，避迹迁姚。子得斋，生三子，长承史桃，仲出继张畴，季出继杨原。至六世杨靖子曰祐，弘治壬子举人。是为杨珂父，曰云凤，弘治戊午举人，官江夏令。复出后舅氏徐铣，是为珊父，故榜姓徐）正德十六年九月，同夏淳等师王守仁，中嘉靖元年举人。明年，会试策士以心学问，阴辟守仁。珊叹曰：乌能昧我之所得以幸时好乎。不对而出，闻者高之曰：尹彦明后一人。后官辰州同知。先是，守仁还自龙场，与冀元亨等讲学于州之隆兴寺。是年珊请于当道，于寺之北作祠宇，为虎溪精舍，置赡田，大集多士以昌明其学焉。（《阳明集》，参《思复堂集》《辰州府志》

---

① 王守仁：《与陆原静》，《王阳明集》，王晓昕、赵平略点校，第150页。

《姚江书院志略》）①

又，在《（同治）沅陵县志》中亦有数条与其相关者：

徐珊字汝佩，余姚人。少受学于王阳明。嘉靖二年以举人赴南宫试，策问心学，实阴诋阳明也，珊不对而出。二十年，官辰州府同知。初，阳明谪龙场，召还，道辰州，留虎溪，徜徉久之乃去。珊至，访遗迹，为书院，构修道堂，大集多士以昌明其学。明年庐陵梁廉来判于郡。廉亦珊之师也，珊事之一如阳明，不敢以同官而忘师谊，日谆谆请益不倦。（《王文成集》《罗文庄集》《府志》）

梁廉字定斋，江西庐陵人。早以道自任，主讲会稽时，日与余姚徐珊侍阳明于鉴湖，益有所得，珊后竟折节称弟子。嘉靖二十一年，由举人历工部主事，出为辰州府通判。时珊以同知先一年至，方建修道堂于虎溪。廉下车即谒祠下，复创见江轩其侧。益会士人，相与讲论，由是阳明之学大昌于辰州。（《徐汝佩记》《府志》）②

虎溪书院：明王阳明先生自龙场谪归，道过辰州，喜郡人朴茂，留虎溪讲学，久之乃去。嘉靖中，郡同知徐珊，阳明门人也，即虎溪为精舍，作堂其中，名以修道，（题联曰：天何言哉，春雨一帘芳草润；吾无隐尔，秋风满院木樨香）罗洪先有记。有轩名见江，（题联曰：远岫不因春送碧，短墙时为客留青）徐珊有记。隆庆中，郡守徐廷绶增置讲堂及学舍。崇祯初，守道樊良枢更题阳明书院，祀薛文清公于西偏。明末兵燹，废数十年。康熙四十五年，郡守迟煓添构数楹，奉公之主而以薛公祔。雍正四年，郡丞黄澍复修而拓之，自为记。十一年

① 周炳麟修：《（光绪）余姚县志》卷二十三，（台湾）成文出版社有限公司1983年版，第585页。
② 守忠等修：《（同治）沅陵县志》卷二十九，《中国地方志集成·湖南府县志辑》（第62册），江苏古籍出版社2002年版，第357—358页。

知县赵念曾改为虎溪书院。①

从上述历史记录来看，徐珊是阳明学人，在当世有一定的声望，在传播阳明学方面亦有其贡献。首先，他积极参与阳明学的讲学活动，通过讲学的方式与友人论辩，从而扩大士人对阳明学的理解。其次，他又在为政时创设书院（即前述方志中所谓精舍），吸引一批士子来此学习。书院讲学活动乃是性理学传播的最为重要的途径，正是在书院，阳明学成为士人讨论、学习的重点。这与邹守益建立复初书院的宗旨是一致的。最后，徐珊也通过整理、校订并出版阳明著述来为学者提供一可靠的文本，使阳明学通过书籍的形式传播。在贵州主政的阳明学人也采取了同样的策略。由此，我们可以认为，阳明学之所以成为一种学术运动，与阳明学人的这种主动的传播策略有着密切关系。特别是书籍的出版，不仅为当时学者讲习、研讨阳明学提供了范本，也为后世学者研究阳明学提供了基本的史料。可谓功莫大焉。当然，在阳明学的反对者那里，阳明学人并非个个都是道德高尚之人，相反，他们可能是被人嘲讽的对象，如李绍文《皇明世说新语》、王世贞《弇州史料后集》对徐珊的记录都极为负面：

> 陆澄、徐珊俱为王文成高弟。后陆以议礼悔罪，为上所鄙，谪高州倅。徐选辰州丞，侵军饷事发，自缢死。时人语曰："君子学道则害人，小人学道则缢死。"②
>
> 陆澄者，字原静，王文成公高弟也。时礼议初起，澄以刑部主事上疏，极论考献皇母太后非，且攻张、桂为邪说。其后大礼议定，澄丁忧服阕，至京复上疏，称张、桂议为正论而悔前之失言，请改过自新。温旨许之，补礼部主事。七年，《明伦大典》成，上阅之，见澄初疏，大怒，遂谕吏部："澄尝造悖理之论，惑诱愚

① 守忠等修：《（同治）沅陵县志》卷十三，《中国地方志集成·湖南府县志辑》（第 62 册），第 258 页。
② 李绍文：《皇明世说新语》卷七，《续修四库全书》（第 1173 册），上海古籍出版社 2002 年版，第 588 页。

蒙，逢迎取媚。又假以悔罪为辞，悖逆奸巧，有玷礼司，宜出之远方。"乃谪为广东高州通判。又有徐珊者，亦高弟。癸未会试，时主司出策问诋文成学，珊拂衣而出，天下高之。后以选人久次，得辰州府同知。侵军饷事发，自缢死。时人为之语曰："君子学道则害人，小人学道则缢死。"①

"君子学道则害人，小人学道则缢死。"成为士人讽刺阳明学的最佳话语，至于徐珊是否真正笃行阳明的教诲，是否在他的一生中做到了阳明学所追求的修己以敬则不在士人的考虑范围之类了。李绍文、王世贞显然不是理学家，他们对理学家群体的讽刺、反感并不令人感到意外。不出人意料，在阳明的全集中，徐珊的名字也几近消失。

第三节　萍蓬踪迹：书缘何时到此中

《居夷集》自编刊之时至今已经将近五百年。一部书如何才能经历住五百年的时间考验而传承至今，这是书籍史所要关心的问题。如果我们能有幸看到五百年前的真迹，有必要通过历史的考察去梳理其传承脉络，揭示其传奇，为学界的研究提供一点书籍史的思考。幸运的是，该书在国家图书馆、上海图书馆和台北故宫博物院等公藏机构皆有收藏。另外，国内的古籍拍卖市场也曾出现过一册，为日本养安院旧藏。由于这些古籍在前人手中多是深锁秘藏之书，只是在藏书家手中一代代传承，少为学人比勘，也不为版本目录学者所熟知，所以前人书目如《持静斋书目》《中国古籍善本书目》《王阳明文献普查目录》，以及拍卖图录，皆将所藏之本著录为嘉靖三年丘养浩刻本。但这几个传本并非同一版本，更不可能都是嘉靖三年刻本、印本，而是有原刻和覆刻的不同，甚至可能都是不同时间不同地点的覆刻本，只是它们都出自嘉靖三年的那个本子

---

① 王世贞：《弇州史料后集》卷三十五，《四库禁毁书丛刊·史部》（第49册），第700页。

罢了。

国家图书馆藏有两部《居夷集》，其中一部为原北平图书馆甲库善本（原书今存台北故宫博物院，以下简称"甲库本"），一部为新中国成立后新购善本（以下简称"国图本"）。后者是北京图书馆收购的孙祖同虚静斋藏书。国家图书馆藏两种《居夷集》皆已公布于"中华古籍数字资源库"。

（1）关于国图本。这是国图藏孙氏虚静斋本。《虚静斋宋元明本书目》著录："《居夷集》二卷《附集》一卷。明嘉靖甲申刻本。"[1]1959年版《北京图书馆善本书目》著录："《居夷集》三卷。明王守仁撰，明嘉靖三年丘养浩刻本，二册。"[2]1987年版《北京图书馆善本书目》著录："《居夷集》三卷，明王守仁撰，明嘉靖三年丘养浩刻本。二册，十行，行二十字，白口，左右双边。"[3]是书卷端题"门人韩柱、徐珊校"，卷首为丘养浩《叙居夷集》，卷末附韩柱、徐珊跋文各一则。此本有目录，卷一文类，卷二、卷三诗类。正文卷一至二首尾分别题"居夷集卷之一""居夷集卷之一终""居夷集卷之二""居夷集卷之二终"，卷三首尾题"附居夷集卷之三""附居夷集卷之终"（韩柱跋文前）和"居夷集卷之三终"。故据此，有将该书题目著录为《居夷集》二卷《附集》一卷（或《附录》一卷）者。是书有"杭州王氏九峰旧庐藏书之章""伯绳秘笈""虚静斋"印，为王体仁、孙祖同旧藏。又有"朱遂翔所见善本"印。[4]

王体仁（1873—1938），字绥珊，浙江绍兴人，盐商，富藏书，藏书楼有"九峰旧庐""东南藏书楼"。曾购得常熟瞿氏"铁琴铜剑楼"、苏州邓氏"群碧楼"等旧藏。《九峰旧庐藏书目录》著录王氏藏古籍宋元版百余种、明本千余种，方志2801部，有《九峰旧庐方志目录》。王氏去世后，其藏书

---

① 林夕主编：《中国著名藏书家书目汇刊》（第37册），商务印书馆2005年版，第292页。

② 北京图书馆善本部编：《北京图书馆善本书目》（第7册），第29页。

③ 北京图书馆编：《北京图书馆古籍善本书目》，书目文献出版社1987年版，第2347页。

④ 参见李文洁、贾大伟、刘悦等：《王阳明著述提要》，第4—5页。

大部分归清华大学图书馆和国家图书馆。^①郭立暄《中国古籍原刻翻刻与初印后印研究》记录北京大学图书馆藏"宋建刻本《诗人玉屑》二十卷"时说，上海图书馆曾收藏一部傅增湘旧藏本。傅氏《藏园群书经眼录》卷十九著录了一部宋刻本，说是董康（1867—1947，字授经，号诵芬）从日本带回国者，后来被王绶珊收入囊中。这部书有"杭州王氏九峰旧庐藏书之章""绶珊六十以后所得书画"等印。这部书后来退还给私人了。郭氏说："以书影对照此本（北京大学图书馆藏本），实为一版摹印。"^②朱遂翔，字慎初，浙江绍兴人，书商、藏书家，有抱经堂书局，刊售旧书。朱遂翔为王氏收书业务代办人。

孙祖同（约1888—约1940）字伯绳，号破梦居士，室名虚静斋，原籍浙江山阴，后迁江苏常熟。东吴大学毕业，曾主事中国书店，有《虚静斋诗初定稿》《虚静斋宋元明本书目》《虚静斋所藏名画集》。晚年因经营旅社亏空，债务累累，准备卖书还债，北京图书馆闻之，遂以旧币近亿金购走。^③王謇（1888—1969，字佩诤，号瓠庐）《续补藏书纪事诗》之"孙祖同（伯绳）"条谓："少饮香名静虚斋，天然清福早安排。老来偶立藏书约，中秘进呈不介怀。孙伯绳（祖同），籍山阴，寄籍虞山。绮年即能诗，刊有《静虚斋诗集》。同学东吴大学时，已有籍籍名矣。日寇劫后来沪。斥书画购版本。有明本一百二十种，编藏书目志各一册。嗣后得宋刻孤本《花间集》，又得宋医书一、元椠一。而祖遗旅社，其业不振，负重债，拟鬻书以救燃眉。北京图书馆闻之，以近亿金购之去。架上空而心中泰然矣。"^④

（2）关于甲库本。该书是原北平图书馆甲库善本，抗战期间北京图书馆善本寄存美国，后于1965年运至台湾。^⑤原本

① 参见李玉安、黄正雨编著：《中国藏书家通典》，第 802—803 页。
② 郭立暄：《中国古籍原刻翻刻与初印后印研究》，中西书局 2015 年版，第 217 页。
③ 参见李玉安、黄正雨编著：《中国藏书家通典》，第 888 页。
④ 王謇：《续补藏书纪事诗》，李希泌点注，书目文献出版社 1987 年版，第 53—54 页。
⑤ 参见昌彼得：《蟫庵论著全集·关于北平图书馆寄存美国的善本书》，台北故宫博物院 2007 年版，第 446—456 页。

今藏台北故宫博物院。1933年，赵万里《北平图书馆善本书目》卷四著录："《居夷集》三卷，明王守仁撰，明嘉靖刻本。"①为何赵氏未将该书按照通常的序跋落款日期著录为嘉靖三年？或许是赵氏以观风望气之术直接断定的。这一判断是准确的。王重民《中国善本书提要》一书中对这一版本有详细著录：

> 《居夷集》二卷《附集》一卷。一册，北图。明嘉靖间刻本，十行二十字，18.2×12.8。明王守仁撰。卷内题："门人韩柱、徐珊校。"按是集为守仁谪贵阳时所作，《附集》则逮狱时及诸在途之所作也。丘养浩序（嘉靖三年，1524），韩柱跋，徐珊跋。②

王重民依照丘养浩之序文将该书著录为《居夷集》二卷《附集》一卷。不过从文本内容、版心标卷数以及卷三末题记等来看，著录为《居夷集》三卷更为恰当。

（3）关于日本养安院藏本。2013年国内拍卖市场出现的《居夷集》，书名题《阳明先生居夷集》，与国图、上图藏本皆不同，是十分明显的另外一个版本。据拍卖信息可知，该书一册，半叶十行，行二十字，白口，左右双边，25厘米×15.2厘米。丘养浩序首页题："阳明先生居夷集"。卷端题"阳明先生居夷集卷之一，门人韩柱、徐珊校"。钤有"养安院藏书""折水山房藏书印""慈湖珍藏"诸印。此本亦著录为嘉靖三年（1524）丘养浩刻本。

"养安院藏书"是日本藏书世家曲直濑家族藏书印。日本德川家康的内科医官曲直濑正琳（1565—1611）有养安院书斋，是日本后阳成天皇所赐号，出自《荀子》："故大路之马必倍至教顺，然后乘之，所以养安也。""养安院藏书"楷书长方朱印是曲直濑正琳家族第五代曲直濑正珪（1686—1748）

① 赵万里撰集：《北平图书馆善本书目：一九三三年》，人民文学出版社 2011 年版，第 874 页。
② 王重民：《中国善本书提要》，上海古籍出版社 1983 年版，第 583 页。

的藏书印。曲直濑正珪是日本儒学家荻生徂徕（1666—1728）的门人。①曲直濑正琳所藏唐人钞本《文选集注》有"养安院藏书"印。②这部养安院旧藏《居夷集》当为流传至东瀛而又回归之善本。杨守敬东渡日本时曾购进若干种养安院藏书，如今国内尚有数种养安院旧藏古籍藏于公藏机构。

（4）关于上图本，就是黄裳旧藏本。由于《王文成公全书》广泛流传，《居夷集》似乎逐渐退出历史舞台及学者视野，徒添鉴赏家思古之幽情而已，如清人莫友芝（1811—1871）为丁日昌（1823—1882）藏书所编《持静斋藏书记要》卷上云："《居夷集》三卷，明王守仁撰，乃其谪居龙场时诗文。《全书》中无此目，盖明时单刊之本，颇善。（四库）未收。"③丁氏《持静斋书目》卷四中"《王文成全书》三十八卷"条记有："又《居夷集》三卷，惠栋藏，有'红豆山房所收善本'印。"④今上海图书馆藏本有"红豆山房所收善本"藏书印，可知此本即丁氏所记惠栋藏本。

上海图书馆藏本《居夷集》索书号为"线善803997"。该馆亦著录为嘉靖三年丘养浩刻本。该书藏印有"丁菡生家藏书籍印"（丁雄飞，1605—1687）、"朝爽阁藏书记"（黄虞稷，1629—1691），"红豆山房校藏善本"（惠栋，1691—1758），"元和马绍基香谷藏书印""香谷马氏珍藏之印""绍基""香谷"（马绍基），"孙毓修印""小绿天藏书"（孙毓修，1871—1923）。除此之外有黄裳（1919—2012）藏书印十余方："黄裳珍藏善本""草草亭藏书记""黄裳藏本"（序第一页），"木雁斋""黄裳容氏珍藏图籍"（目录第一页），"梦雨斋图书记""黄裳藏书""黄裳青囊文苑""容家书库""黄裳百嘉"（卷一卷端）、"黄

---

① 参见町泉寿郎：《曲直濑养安院家与朝鲜本医书》，王勇编著：《书籍之路与文化交流》，上海辞书出版社2009年版，第442—470页。

② 参见周勋初：《〈文选集注〉上的印章考》，赵福海主编：《〈昭明文选〉与中国传统文化：第四届文选学国际学术研讨会论文集》，吉林文史出版社2001年版，第126页。

③ 莫友芝：《宋元旧本书经眼录　持静斋藏书记要》，邱丽玫、李淑燕点校，杜泽逊审定，上海古籍出版社2009年版，第226页。

④ 丁日昌：《持静斋书目》，路子强、王雅新标点，上海古籍出版社2008年版，第469页。

裳浏览所及"（卷三末页）等。

丁雄飞，字菡生，号倦眉居士，江浦（今属江苏南京）人，丁玺之孙。藏书楼名"心太平庵"，聚书四万卷。与黄虞稷为挚友，互相借书、抄书、校书。有《古今书目》七卷。著述有《乌龙潭志》《江媚旧话》《倦眉居士日策》等百余种。①

黄虞稷，字俞邰，号楮园，晋江（今福建泉州）人。黄居中之子。康熙二十八年（1689）入明史馆，又兼《一统志》纂修官。其父藏书楼为"千顷斋"，有《千顷斋藏书目录》；黄虞稷改扩建，更名为"千顷堂"，藏书八万余卷，编有《千顷堂书目》三十二卷。在明史馆编《明史艺文志稿》。②

惠栋，字定宇，号松崖，长洲（今江苏苏州）人。惠士奇之子。藏书处有"红豆山房""百岁堂""九曲斋"，编有《惠氏百岁堂藏书目》三卷。著有《易汉学》《周易述》《后汉书补注》等。③

马绍基生平不详。马氏曾为清乾隆末年湖广总督毕沅（1730—1797）幕府宾客，为其收集金石碑刻。

孙毓修，字星如，一作恂如，号留庵，别署小绿天主人，江苏无锡人。晚清秀才，曾在上海商务印书馆编译所任职，后负责涵芬楼。著有《图书馆》《中国雕版源流考》等书。藏书楼为"小绿天庵"，编有《小绿天孙氏鉴藏善本书目》。主持商务印书馆《四部丛刊》古籍影印。④

黄裳，原名容鼎昌，山东益都（今山东青州）人。善书话，著述颇丰。黄裳收藏嘉靖本较多，故有百嘉室之书斋雅称。

黄裳与前述国家图书馆藏本印主孙祖同熟识。黄氏《榆下杂说》有《几种版画书》一文，提到在杨寿祺（1892—1962）来青阁书庄见到过孙伯绳（孙祖同）。此人是地产商人，喜欢古董收藏，兴趣变换，从书画到鼻烟壶再到书。"常在来青阁里碰到，不过我们之间并没有什么矛盾，因为彼此买书的路子

① 参见李玉安、黄正雨编著：《中国藏书家通典》，第303页。
② 参见黄虞稷：《千顷堂书目》，瞿凤起、潘景郑整理，上海古籍出版社2001年版。
③ 参见李玉安、黄正雨编著：《中国藏书家通典》，第387页。
④ 参见李玉安、黄正雨编著：《中国藏书家通典》，第786—787页。

不同。他只买刻本，不买钞校，因为后者鉴别困难。他买明板书，只收白棉纸本，不收竹纸印本，又一定要初印干净的，那标准是纸白如玉、墨凝如漆。"①1999年，黄裳作《上海的旧书铺》又提及此事，说孙祖同"立下了一种规矩，不取抄校，只收明刻白棉纸本，要雪白干净，无缺页。至于内容全可不计"②。2010年，黄裳写《张佩纶的藏书》一文，再次重复了这一段典故，他说："孙君也是位藏书家，常在来青阁中碰到。但彼此并未产生收书中常有的矛盾。原因是买书的路子不同。……他买书有一个原则：不收钞校本，因为不易断定真伪；买明刻本不收竹纸印本，必求白棉纸初印本，只求漂亮，不论珍惜或常见；还有一条，书买回后，必细数全书叶数，凡遇缺番，必退回。"③黄裳曾得到了孙祖同收藏后再出手的《尚书图》。孙氏《虚静斋宋元明本书目》云："《尚书图》一卷。宋刻本。为《六经图》之一，凡七十七图，间有残缺。"④黄裳说孙氏怀疑此书未必为宋刻。在20世纪50年代初某日，黄裳到来青阁，店员告之有孙伯绳要出售的《尚书图》。孙氏"买到以后，发现纸墨太新，印工太好，怀疑这不是真宋板，有点后悔了，想转手卖掉。我取来一看，是一本白麻纸精印、典型建本风格的宋刻版画，毫无可疑，就留下了"⑤。没多久，此书为郑振铎所知，要他参加1952年9月北京图书馆举办的"中国印本书籍展览"⑥，此书后亦捐赠给国家图书馆。

黄裳收藏旧籍中也有若干种出自前述王绶珊九峰旧庐。如跋《演山先生文集》谓："初余闻九峰旧庐有此书，后为朱氏所得，屡过市问之，皆靳而不出。孙助廉获其家书不少，余倩

① 黄裳：《几种版画书》，《黄裳文集》（第5册），上海书店出版社1998年版，第116页。该文写于20世纪80年代，文中还提及王绶珊、朱遂翔、孙毓修等人及其藏书。
② 黄裳：《春回札记》，福建人民出版社2001年版，第109页。
③ 黄裳：《来燕榭文存二编》，生活·读书·新知三联书店2011年版，第180页。
④ 林夕主编：《中国著名藏书家书目汇刊》（第37册），第246页。
⑤ 黄裳：《几种版画书》，《黄裳文集》（第5册），第115页。
⑥ 参见李致忠主编：《中国国家图书馆馆史资料长编（1909—2008）》（上），国家图书馆出版社2009年版，第430页。

渠为议价，亦不谐。其居奇之故，盖以余与演山先生名字偶同也。"①如跋《花庵词选》谓："《花庵词选》二十卷，此十卷外尚有《中兴以来绝妙词选》十卷，余后亦收一本，为王氏九峰旧庐故物。今年小绿天书出，亦有《中兴以来绝妙词选》一部，系《四部丛刊》底本。"②跋《澹生堂外集》谓："此册旧藏静惕堂，后入萧山王氏十万卷楼，有端履手题，更经华延年室收藏钞补，古香袭人，真书林奇物也。王授（绶）珊珍重收储，身后为朱某阴没入已，深藏密锁，人不可见。修绠堂孙氏乃独能取其书出。"③由此可知，黄裳得到绶珊藏书多是几经转手之物，颇为不易。

黄裳和孙祖同各有一部《居夷集》，尚不知二人是否曾交换浏览过该书。以现存国家图书馆之孙氏旧藏与上海图书馆之黄氏旧藏对观，孙氏藏本无论从品相还是字体来说都要略胜一筹。粗览两部书，极为相似，字体、行款、内容等皆似无区别。然而比勘二本就会发现：黄氏旧藏，字体较硬，点画干涩；孙氏旧藏字体较软，点画流畅。至于何本在先，文本校勘或许能提供一些线索。

首先，可以明确的是，上图本、国图本和甲库本皆非同一套书版刷印的书，不存在先印后印的关系。仅就书前第一页序文来看，虽然三部书的行款和字体看起来极为相近，但字的笔画却有明显的不同。例如，"於""下""哉""知""爲"等字的写法，国图本和上图本相近，而甲库本不同。这意味着国图本和上图本有更加密切的关系，而甲库本则另出一手。

表5　三种《居夷集》字体异同

单字	上图本	国图本	甲库本	行数
於	於	於	於	第八行
於	於	於	於	第九行

---

① 黄裳：《来燕榭书跋》（增订本），中华书局2011年版，第97页。
② 黄裳：《来燕榭书跋》（增订本），第107页。
③ 黄裳：《来燕榭书跋》（增订本），第199页。

（续表）

单字	上图本	国图本	甲库本	行数
下	下	下	下	第六行
下	下	下	下	第八行
哉	哉	哉	哉	第十二行
知	知	知	知	第十二行
为	爲	爲	爲	第十一行

从第一页开始，三部书就呈现出不同的字体风格，这或许是刻工精拙水平参差的缘故，也许是由写工的书写习惯所造成的。总之，从字的写刻精细度而言，甲库本最佳，国图本次之，上图本又次之。

其次，从文字校勘来说，三个不同版本的《居夷集》除了版式相同之外，文字上也存在异同。比如，较为明显的是目录最后一页，国图本和甲库本为"涉湘"，而上图本改为"涉湘于迈岳麓"。另外，上图本有马绍基于乾隆四十九年（1784）所作校勘痕迹，马氏以某一版本的《阳明全集》为据校订文字，并将该《全集》中所标注的年代全部抄录到《居夷集》上。今以马氏所校勘到的误字略窥三部不同版本的《居夷集》在文字上的异同。

表6　三种《居夷集》文字异同

卷数	页码行数	上图本	国图本	甲库本	马绍基校
卷一	第1页第12行	究	究	究	宄
	第1页第13行	簿	簿	薄	薄
	第2页第4行	旃	旃	旃	蕲
	第3页第5行	辨	辨	辨	辩
	第6页第14行	冰	冰	冰	水
	第6页第17行	摠	摠	摠	總
	第6页第19行	为	为	为	谓

（续表）

卷数	页码行数	上图本	国图本	甲库本	马绍基校
	第7页第1行	能	能	能	敢
	第7页第11行	颐	赜	赜	赜
	第13页第14行	侍君	侍君	侍御君	侍御君
	第14页第8行	还	还	还	环
	第15页第13行	曰	日	日	日
	第22页第9行	什	什	什	释
	第22页第10行	惧	娱	娱	娱
	第22页第19行	能	能	能	常
	第28页第3行	率	卒	卒	卒
	第28页第12行	民	氏	氏	氏
	第30页第4行	稅	稅	稅	税
	第31页第8行	也	也	也	已
	第31页第9行	七月	七月	七月	七日
卷二	第1页第16行	率	率	率	卒
	第4页第13行	掊	掊	掊	杯
	第10页第13行	窀	穿	穿	穿
	第12页第11行	大	大	大	丈
	第22页第9行	春	青	青	青
	第22页第17行	壹	壹	壹	壶
卷三	第1页第12行	栝	栝	栝	牿
	第2页第7行	震	震	震	霞
	第3页第13行	冈	冈	冈	罔
	第4页第11行	无	无	无	心
	第11页第4行	頭	顶	顶	顶
	第13页第1行	当	当	尝	尝
	第13页第18行	開	開	開	聞

　　由此可见，上图本的错字较国图本和甲库本要多一些。
这种错误多形近而误，或许是写工重写时的笔误，或者是刻工刻板之误。文字错误最少的是甲库本，国图本次之，上图本最多。

这些由印本所呈现出来的差异，不足以说明哪一个版本是更早的版本，也不能说明哪一个更晚，只能说明它们是不同的版本。至于它们之间到底有何种关系，在现有条件下尚不能予以细致的说明。

值得注意的是，马绍基在校勘时留下了"某字全集作某""某字集作某""某字原本作某""某字一本作某"等四种不同的表述，可惜马氏并未说明其所用以校勘的"全集""一本""原本"是何种版本。但很明显的是，马氏并不认为他所收藏的这部《居夷集》是初刊本，而是后来的覆刻本，否则不会有"原本"之说。而且，他在乾隆时代所见到的《居夷集》定非一种，而是几种。而民国孙毓修留下的题跋并没有注意到这一点，他似乎以为这部书就是嘉靖三年（1524）原刊，故有"先生卒于戊子十一月廿八日，在此刻后五年"的题识。显然，孙氏并不清楚《居夷集》存在多个刊本的情况。覆刻本是否曾经留下了题记，今存本未见，故不知其详。

总而言之，我们可以确定这样一个事实：目前可知的四部《居夷集》是四个不同的版本。由于这四个版本中除了养安院旧藏有一目了然的不同之外，其他三部古籍无论在版式、字体，还是整体的风格上，都是极为相似的，若不对比查看不易知晓其差异处。因此，我们可以说这三部书当同出一源，当是据同一底本而来的不同的覆刻本。这几个覆刻本或许都是嘉靖间的重刊，而丘养浩本人覆刻此书的可能性较大。他在都察院御史任上极有可能有不止一次重刻该书。至于国图本、甲库本和上图本中，是否会存在某一本为后二者的底本的情况尚无明显的证据予以证实。因此，为了稳妥起见，这三部《居夷集》的版本定为：明嘉靖间翻刻嘉靖三年丘养浩刻本。这样既可以说明这几部书同出一源，也避免了将覆刻本认定为原刻本的错误，这也是古籍版本鉴定往前进步的表现。

第四节 镌刻垂远：同志讲求切劘之

1952年，黄裳得到《新刊阳明先生文录续编》并跋：

> 此黑口本《阳明文录续编》三卷，佳书也。世未有
> 以之著录者。通行之本，大抵皆重刊汇编本耳。余前得
> 《居夷集》三卷，嘉靖甲申刊于黔中者，时先生尚存。
> 此集则刊于弃世后七年，亦贵州刊本。刀法朴茂，别具古
> 趣。大抵名人文集多传汇刻全书，而单刊者反易湮没，是
> 更足增重者。匆匆题识，未暇取校，不知尚有逸出全集之
> 外者否。壬辰二月二日，黄裳。①

　　黄裳此跋文未收录到黄裳书跋中。该跋文提到的名人文集
单刻本不为学者所重的原因在于全集（汇刊）本的流行，在一
定程度上对单刻零本流传不广的原因进行解读。由于仅仅是一
篇短跋，诸多问题尚待澄清。

　　首先，阳明本人是否将《居夷集》赠予友人呢？目前并
未见到十分明确的记录，不过一说为阳明书传作品《草书次张
体仁联句韵，寄答宋孔瞻书（二首）》中云："问俗观山两剧
匆，雨中高兴谅谁同。轻云薄霭千峰晓，老木沧波万里风。客
散野凫从小艇，诗成严桂发新丛。清词寄我真消渴，绝胜金茎
吸露筒。"又云："别久，想念殊深。召公之政敷于陕右，其
为乡邦之光多矣。""召公之政"自然不是无的放矢。此时的
阳明，所想的仍在敷政于天下，只不过他这时尚在老家，静待
复出罢了。这时要做的，自然是要对自己人生事业做初步的总
结。所以其二书云：

> 慰此思守先圣之遗训，与海内之同志讲求切劘之，
> 庶亦少资于后学，不徒生于圣明之朝。然蔽惑既久，人是
> 其非，其能虚心以相听者鲜矣。若执事之所尽礼恭而与人

---

① 黄裳：《墨批》，王阳明：《新刊阳明先生文录续编》，张新民审定，孔学堂书局
2020年版，第1页。

为善，此诚仆所欲效其愚者。然又道里隔绝无因，匪握手
一致其所倾渴，又如何可言耶？虽然，目系而道存，亦仆
见执事之书，既已知执事之心，虽在千万里之外，固当有
不言而信者。谨以新刻小书二册奉以教正。盖鄙心所欲效
者，亦略具于其中矣。[①]

该书法作品见于《宝晋斋所藏碑帖石刻》（何福安《宝晋
斋碑帖集释》），因有"苏台唐寅"字样及六如居士印，故被
视为唐寅所作书，经束景南考证，可以确证为阳明所作无疑。
束氏说："书二谈与同志讲明圣学，也明是阳明口气，断非唐
寅所能道。所言'谨以新刻小书二册，奉以教正'，即指阳明
嘉靖三年新刻之《传习录》与《朱子晚年定论》二书，阳明于
同时所作书札中多有类似之言，如《答王鳌庵中丞》云'谨以
新刻小书二册，奉求教正'（《全书》卷二十一，作于嘉靖三
年）。唐寅为画家，何来'新刻小书二册'？此亦足见书二
亦阳明所作也。"[②]将"新刻小书二册"直接说成《传习录》
《朱子晚年定论》二书似无任何证据，且嘉靖三年（1524）阳
明著述刊刻者似无《朱子晚年定论》，《传习录》的确有新刊
增订之本，但南大吉所刊为五卷，似非二册。二册者，指《居
夷集》似更妥帖。且从阳明给宋孔瞻的书信先列诗文来推断，
阳明赠予其诗文集《居夷集》似更合理。当然，此亦推测耳。

其次，从目录学的记述来看，此书在多地流传过。

在西南地区，明代普安州（今贵州盘州市）属贵州布政
使司，该州州志有嘉靖时期高廷愉编纂的《普安州志》十卷。
该书内容丰富，举凡地方地理、经济、文教、政治、社会等项
均有较为详细的记录。其中，卷三《学校志》云："作人之
地，风化关焉；师儒之职，丧则攸系。是故学有治，居业也；
庙有祀，具瞻也；器数书籍，备物昭文也。养正于蒙，则社学
弗可遗焉。爰并志之。"可见作志之人对于教化的基本主张。
不过，普安州的学校并不突出，甚至只有普安州儒学"在州治

---

① 束景南、查明昊辑编：《王阳明全集补编》，第 209 页。
② 束景南：《王阳明佚文辑考编年》（增订本），上海古籍出版社 2015 年版，第 890 页。

右。永乐十五年十二月，教授何本创建。嘉靖元年，知州沈天麟、指挥柳廷用重建于旧治上六丈许。二十二年巡按魏公洪冕、二十五年巡按萧公端蒙增修"。即在修志时，普安州儒学增修时日未久，儒学的藏书应为其时最为关键者，州志也详细记载了所藏书籍名单、数量及来源：

> 《易经大全》一部，《书经》一部，《诗经》一部，《春秋》一部，《礼记大全》一部，《四书大全》一部，《性理大全》一部，《五伦书》一部，《孝顺事实》一部，《为善阴骘》一部，《佛曲》一部，《大明一统志》一部。已上俱系颁降书籍。
>
> 《五伦书》一部，《通鉴纲目》一部，《大学衍义》一部，《韩柳文》各一部，《性理大全》一部，《近思录》一部，《论学绳尺》一部，《大学衍义》一部，《十九史略》一部，《源流至论》一部，《三场文脍》一部，《策学集略》一部，《东莱博议》一部，《策海集成》一部，《孔子家语》一部，《刘向说苑》一部，《春秋大全》五部，《礼记大全》三部。已上提学毛公科发下。
>
> 《阳明录》二部，《传习录》一部，《居夷集》二部。已上布政司发下。
>
> 《圣驾重幸太学录》一部，《大狩龙飞录》一部，《通惠河志》一本。已上新增。
>
> 《射礼》一本。提学徐公樾发下。
>
> 《三苏文粹》一部。巡按萧公端蒙发下。
>
> 《礼记便蒙》一部。巡按张公雨发下。
>
> 《学约古文》一部。巡按董公威发下。
>
> 《教家要略》一部。按察使胡公尧时发下。①

贵州普安州的教育机构所藏书籍来源大概有朝廷颁赐书、上级政府部门下发、官员馈赠和自行购置者。其中，朝廷

---

① 高廷愉纂修：《（嘉靖）普安州志》卷三，上海古籍书店 1961 年版，第 42—43 页。

颁赐御制书占有较大比重，另外主管教育的省级官员赠书极大充实了儒学藏书数量。值得注意的是，省级机关（布政司）下发了阳明学的三部著作。这在其他志书中并不多见，由此可见在嘉靖后期主政贵州者对于阳明学的推崇。可以推测的是，这三种阳明著述应为贵州刊本，故由省级机关下发。

在阳明学最兴盛的江浙地区，同样是在嘉靖时期的地方志中，我们发现阳明学人将阳明学书籍赠予地方学校以充实其藏书者，如安徽广德州（今安徽宣城）的复初书院书籍目录中亦有《居夷集》。

复初书院和阳明学派有着密切关系，《明儒学案》卷十六载："嘉靖改元，起用。大礼议起，上疏忤旨，下诏狱，谪判广德州。毁淫祠，建复初书院讲学。"[1]《明儒言行录》卷八载邹守益"归里，与其乡人刘邦采、刘文敏、刘阳、欧阳瑜等建复古、连山、复真诸书院，为四时之会"[2]。故复初书院的藏书甚至由邹守益一力购置。从书目可见除了本朝御制书之外，也包括正史及理学著作，当然也包括了举业用书。从上述嘉靖时期两部地方志书中，可见当时官方学校中所收藏的书籍多为朝廷颁赐的儒学书籍，同时，各级官吏亦赠书与儒学、书院，相对而言书院藏书更为丰富，有大量理学家书籍。

嘉靖时期，地方儒学、书院所藏阳明的著作包括前述《阳明录》《传习录》《居夷集》等。其中贵州地方儒学由布政司发下，此可证当时布政司应主持刊刻了阳明书籍三种予以下发至所辖各级官方学校，而《（嘉靖）普安州志》中所谓《阳明录》或为《阳明先生文录》。此书与贵州提学王杏、胡尧时有关。王杏曾在贵州刊刻《新刊阳明先生文录续编》，即前述黄裳藏本。此本有王杏《书〈文录续编后〉》跋文一则：

> 贵州按察司提学道奉梓《阳明王先生文录》，旧皆珍藏，莫有睹者。予至，属所司颁给之。贵之人士，家诵而人习之，若以得见为晚。其闻而慕，慕而请观者，

---

① 黄宗羲：《明儒学案》卷十六，沈芝盈点校，第331页。
② 沈佳：《明儒言行录》卷八，第138页。

踵继焉。……予因贵人之怀仰而求之若此，嘉其知所向往也。并以《文录》所未载者出焉以遗之，俾得见先生垂教之全录，题曰《文录续编》。於乎，读是编者，能以其心求之，于道未必无小补。否则，是编也，犹夫文也，岂所望于贵士者哉。先生处贵有《居夷集》，门人答问有《传习录》，贵皆有刻，兹不赘云。时嘉靖乙未夏六月，后学王杏书于贵阳行台之虚受亭。①

《居夷集》《传习录》之类的阳明学著述，早在嘉靖十四年（1535）之前就有贵州刻本，但刊刻后并未下发，而是另作他用，或者当时版刻之后作为礼物用作他途亦未可知，故王杏有"旧皆珍藏"之说。正是王氏任上，他将此书刷印并下发至所属儒学，前述普安州儒学是否在此之列？除了将原刻刷印下发之外，王杏又有新刊，即《文录续编》。这样就与普安州儒学所藏布政司下发三书《阳明录》《传习录》《居夷集》相吻合。故而我们可以合理推断，在嘉靖十四年左右，阳明学人主管贵州教育事业，他们将阳明之书视为当世事关教化的重要书籍，因此对原有书籍加以整理刷印后下发至贵州各县、州、卫儒学。

当然，王杏并不是贵州最后一位推行阳明学的教育主官，在谢东山《送仰斋胡尧时序》中提道：

> 我国家文明化洽，理学大儒后先相望。而阳明王公则妙悟宗旨，刊落支离，其有功于后学为尤大。山自弱冠时，得公《传录》而读之，虽以至愚之质，亦未尝不忻然会意。及读公《居夷集》，则未尝不叹天之所以重困公而玉之成者，实在乎此。其后，公之道大行发越，流传遍海内，而独盛于江西。今之江西士大夫，或隐或显，其挺然为世大儒者，非其友朋，则其门人弟子也。而吉安一郡，又为江西冠。为公友者，有整庵罗氏；为公弟子

---

① 王杏：《书文录续编后》，王阳明：《新刊阳明先生文录续编》，张新民审定，第485—489页。

者，有东郭邹氏、南野欧阳氏、晴川刘氏、双江聂氏、大廓王氏、念庵罗氏与今贵州按察使仰斋胡先生也。先生性定而气闲，察理精而执事敬，和不为靡，刚不为愎，非所谓挺然大儒者与。……虽先生职事在刑名案牍，然谓贵阳民夷杂处，尤宜先教化而后刑罚。既以躬行为此邦士人倡，复增修黉舍与阳明书院。凡公之遗言在贵阳者，悉为镌刻垂远，且与四方学者共焉。[①]

胡尧时为阳明门人，据1983年泰和县出土的明嘉靖四十一年（1562）胡尧时墓志可知：胡尧时（1499—1558）字子中，号仰斋，江西泰和人。为宋代儒者胡宏后裔。治《诗经》，嘉靖五年丙戌（1526）龚用卿榜进士。历任直隶淮安府推官、兵科给事中、长沙府攸县簿、云南按察副使、贵州按察使等职。[②]胡氏尝从学与王阳明，任职云南时，兼提督学校事，故收集阳明之文在贵阳者，悉为刊行。值得注意的是，《居夷集》并非首刻于贵州，因为嘉靖三年（1524），胡氏尚未中进士出仕，至嘉靖三十年（1551）时方为云南按察，并在此期间刊刻阳明之书。[③]胡尧时刊行的阳明著述，或包括原著的翻刻或者重修，如《传习录》《居夷集》；也有新刊增补者，由于现存资料有限，尚不知为何书。

总之，阳明《居夷集》在嘉靖三年由丘养浩在浙江余姚县梓行，此书成为阳明学的早期的重要著述。

而主持贵州教育的学者，在嘉靖时期多有阳明学人，故先后几任官员致力于阳明学书籍的传播，他们将阳明学著述予以翻刻并下发至所辖各府县卫儒学，其中就包括《居夷集》。同时，他们也对阳明著述自觉地加以整理，这些书籍为阳明学留下了宝贵的资料。因此，说《居夷集》有嘉靖甲申刻本不误，

---

① 谢东山删正，张道编集：《贵州通志》（点校本）卷十一，张祥光、林建曾、王尧礼点校，贵州人民出版社 2017 年版，第 718—719 页。
② 参见陈柏泉：《江西出土明代碑志集释》，《江西历史文物》1986 年第 S1 期。
③ 参见王路平：《黔中王门——贵州阳明文化学派的形成》，《阳明学刊》（第 6 辑），巴蜀书社 2012 年版，第 178 页；张明：《贵州"阳明书院"源流述略》，《阳明学刊》（第 8 辑），巴蜀书社 2016 年版，第 193 页。

而以甲申本为黔（贵州）刻本则误。当然，现今存世之本究竟是早期刊本抑或是贵州翻刻本，尚待进一步考察，较为合理的著录应为：《居夷集》三卷，王守仁撰，明嘉靖间翻刻嘉靖三年丘养浩刻本。

第五节 弦诵言游：忠义之情文灿然

阳明的文学成就，在《居夷集》中表现得淋漓尽致。①明人王志道说："儒者多不习兵家，守师说者不能自遣一词，往往为词章家所笑。先生即颛门较，犹足与何、李并时坛坫，与

---

① 篇目：卷一包括《吊屈平赋》《何陋轩记》《君子亭记》《远俗亭记》《气候图序》《送宪副毛公致仕归桐江书院序》《龙场生问答》《象庙记》《恩寿双庆诗后序》《卧马冢记》《宾阳堂记》《重修月潭寺建公馆记》《瘗旅文》《玩易窝记》《重刊文章轨范序》《五经臆说序》《答友人》《答毛宪副书》《与安宣慰书》《又答安宣慰书》《又答安宣慰书》《论元年春王正月》。计录赋、记、序、书、论共 22 篇。卷二包括《去妇叹》《罗旧驿》《沅水驿》《钟鼓洞》《平溪馆次王文济韵》《清平卫即事》《兴隆卫书壁》《七盘》《初至龙场无所止结草庵居之》《始得东洞遂改为阳明小洞天》《移居阳明小洞天》《谪居粮绝请学于农将田南山永言寄怀》《观稼》《采蕨》《猗猗》《南溟》《溪水》《龙冈新构》《诸生来》《西园》《水滨洞》《山石》《无寐》《诸生夜坐》《艾草次胡少参韵》《凤雏次韵答胡少参》《鹦鹉和胡韵》《诸生》《游来仙洞早发道中》《别友》《赠黄太守澍》《寄友用韵》《秋夜》《采薪二首》《龙冈漫兴》《答毛拙庵见招书院》《老桧》《却巫》《过天生桥》《南霁云祠》《春晴》《陆广晓发》《雪夜》《元夕二首》《家童作纸灯》《白云堂》《来仙洞》《木阁道中雪》《元夕雪用苏韵》《晓霁用前韵书怀》《次韵陆金宪元旦喜晴》《元夕木阁山火》《夜宿汪氏园》《春行》《村南》《山途》《白云》《答刘美之见寄次韵》《寄徐掌教》《书庭蕉》《送张宪长左迁镇南大参次韵》《南庵次韵》《观傀儡用韵》《徐都宪同游南庵次韵》《即席次王文济少参韵》《寄刘侍御次韵》《夜寒》《冬至》《春日花间偶集示门生》《次韵送陆文顺金宪》《次韵陆金宪病起见寄》《次韵胡少参见过》《雪中桃次韵》《舟中除夕》《溆浦山夜泊》《过江门崖》《辰州虎溪龙兴寺闻杨名父将到留韵壁间》《武陵潮音阁怀原明》《阁中坐雨》《霁夜》《僧斋》《德山寺次壁间韵》《沅江晚泊》《夜泊江思湖忆元明》《睡起写怀》《三山晚眺》《鹅羊山》《泗洲寺》《再经武云观书林玉玑道士壁》《再过濂溪祠用前韵》，共录诗计 90 题 110 首。卷三包括《咎言》《不寐》《有室七章》《读易》《岁暮》《见月》《天涯》《屋罅月》《别友狱中》《答汪抑之》《阳明子之南也其友湛元明歌九章以赠崔子钟和之以五诗于是阳明子作八咏以答之》《南游三首》《忆昔答乔白岩因寄储柴墟三首》《一日怀抑之也抑之赠既尝答以三诗意若有歉焉是以赋也》《梦与抑之昆季语逼崔皆在焉觉而有感因纪以诗》《因雨和杜韵》《赴谪次北新关喜见诸弟》《南屏》《卧病静慈写怀》《移居胜果》《草萍驿次林见素韵奉寄》《玉山东岳庙遇旧识严星士》《广信元夕蒋太守舟中夜话》《夜泊石亭寺呈陈娄请公寄储柴墟都宪及乔太常诸友用韵》《过分宜望钤冈庙》《杂诗三首》《袁州府宜春台四绝》《夜宿宣风馆》《谒濂溪祠萍乡道中》《宿萍乡武云观》《醴陵道中风雨夜宿泗州寺次韵》《长沙答周生》《涉湘于迈岳麓是遵仰止先哲因怀友生丽泽兴感伐木寄言》《游岳麓书事》《答赵太守王推官次来韵》《天心湖沮泊既济书事》，共录诗 35 题 67 首。

青田并代称两，文成也，斯兼之矣。然而以兼归先生，先生不受也。先生之言曰：止此良知，更无余事。"①阳明同时代的文人学者对阳明《居夷集》一书颇为看重。王廷相在给友人信中说：

> 予既归，病体渐平，得遂散适。幸甚。来谕以天意有怜，诚然哉。古人行事，岂必一一造极？位处疑丞，宣弼暗然，弗闻于世者，不知其几。皇甫谧何人哉？而大书于史，后学仰之，澄清宣郁，视为己式，岂不盛矣乎。道长直节守道，执之不摇。予尝静中以当世贤杰拟之。苟守之如一，当为世重，予岂其俦？律诗起于六朝，杨子之录诚是。李叔通《气候解》似犹未见《夏小正》，阳明《居夷集》中有"春王正月"之论，甚正甚的，非后儒驳僻之说，望观之。②

可见，时人除了对王阳明集中的诗有所关注之外，对于其文亦颇重视，认为是得当之论。阳明诗文之名望绝非浪得虚名，不过后来其理学家的名望掩盖了文学家之名，学者也就更多地从理学方面来加以研究。实际上，在明清时期，士人正是通过阳明的诗文来了解阳明的。明人关于松江府（今上海）的人物传记中就记载了士人读阳明《居夷集》，并以之为范者：

> 夏时字人正，别号阳衢，华亭人。……公善贫，亦善病，而性实至孝。得隽之后，日修甘旨，以奉其母石孺人。而当计偕期迫，逡巡若不欲行，此其心诚不愿徼一第以违母氏朝夕而，于是屏居静室中，精意潜思，体会阳明先生良知之学，著为《指南》一编。凡《传习录》《居夷集》莫不口诵而心维之。盖六年之间，其于学也，有所自得，似可以委命遗荣者，故当应制而逡巡如故也。非母夫人趣之使出，当不治装行矣。其登第，而官中翰也。其

① 王志道：《序二》，王守仁原著，施邦曜辑评：《阳明先生集要》，王晓昕、赵平略点校，中华书局 2008 年版，第 3 页。
② 王廷相：《与赵侍御世胤》，《王氏家藏集》卷二十七，《王廷相集》，王孝鱼点校，中华书局 1989 年版，第 499 页。

三载考绩而赠公父如其官，封其母孺人也。公以为为亲禄仕之念已毕，而迫乎母氏计闻，又以不及终养为憾。故虽部使者疏荐于朝，即家拜吏科不拜者，岂其薄承明厌青琐哉。则其孝思笃挚，故于轩冕尘视之，而金绯若浼耳。①

夏氏阅读阳明之书，并以其学术自期，将之贯彻于自己之生活中。值得注意的是，夏氏不仅仅以人人传颂的《传习录》为本，还将《居夷集》作为重要的参考书，可见时人对阳明此书的重视。除此之外，亦有学者用阳明《居夷集》作为评价其他著作的标准者，如胡维霖《寄熊坛石少司马》说：

承赐《采薇》佳刻，读之胜读王文成《居夷录》与苏长公《岭表》诸什。何也？事理毕具，而忠义之情文灿然，盖已变骚还雅。今衮归坐筹帷幄，以《采薇》治外，《天保》治内，不惟可褫奸雄之魄，兼可落夷虏之胆。但目前江湖气急，宜深心以镇之。若夫荏苒海邦，不飞不鸣，徒歌庆、历诗于湖上，窃恐孙伏之议石介也。凡可为司南者，惟勿吝金玉。②

胡维霖将阳明《居夷集》与苏轼贬谪诗文作品相提并论，可征在当时学者心中，阳明的《居夷集》代表了当时贬谪诗文的较高水准。作者文中对友人多方赞扬，认为熊氏的《采薇》诗体现了事与理的结合，情与文的融洽，或许这也是对于阳明、东坡贬谪诗文的基本特点。作者还指出熊氏要减少一些江湖气，其评价标准是否也因阳明、东坡而来？

入清之后阳明之书主要以《全书》或《传习录》等行世，其《居夷集》已少见记录，清人王士禛（1634—1711）曾见《居夷集》中《龙冈漫兴》诗手迹，其《跋王文成公龙冈漫兴诗卷》，云：

① 何三畏：《夏给谏阳衢公传》，《云间志略》卷十四，《四库禁毁书丛刊·史部》（第 8 册），北京出版社 2000 年版，第 437—438 页。
② 胡维霖：《寄熊坛石少司马》，《胡维霖集》卷一，《四库禁毁书丛刊·集部》（第 165 册），北京出版社 2000 年版，第 11 页。

右王文成公《龙冈漫兴》诗墨迹一卷，盖居龙场时所书。石来学宪得之于闽，携以入都。逾年，遂有督学黔中之命。一日过予，俾题其后。予按，先生疏救戴铣等，忤逆瑾，谪黔龙场驿，作"何陋轩"居之。日夜默坐，顿悟致知格物之旨。得失荣辱，一无所动其心。席文襄时为提学，辟贵阳书院，率诸生北面事之。盖先生平生之学，得力于龙场时居多。读此五章，其居易俟命之意犹可想见。石来以名儒往督学校，倡明绝学，与文成遥契于百数十年之后，渊源相接，夫岂偶然。此卷预兆之矣。康熙甲戌暮春，王士禛谨跋。[①]

此事在其《居易录》一书，亦有记录，云：

门人莆田林石，以礼部仪制司郎中出督贵州学政，云去年在闽得王文成公《龙冈漫兴诗》墨迹一卷，盖公谪龙场驿时所书，属予跋。其首章云："投荒万里入炎州，却喜官闲得自由。心在夷居何有陋，身虽吏隐未忘忧。春山卉服时相问，雪寨篮舆每独游。拟把犁锄从许子，漫将弦诵比言游。"若为之兆者。按文成以疏救戴铣等，忤逆瑾，贬黔之龙场驿，作"何陋轩"居之。日夜默坐，顿悟致知、格物之旨。席文襄书为提学，辟贵阳书院，亲率诸生北面事之。盖公平生之学，得力于龙场时居多。观卷中五章，可想见其无入不自得之乐。石来闽之名士，私淑文成有年，故以倡明绝学勖之。文成书遒劲，似山谷。[②]

从王士禛的这两条记录来看，他似乎并没见过《居夷集》一书。此处记录的阳明诗文，与全集本所录有两处文字不同："官闲"，全集本、《居夷集》为"官卑"；"比言

---

① 王士禛：《蚕尾文集》卷八，《王士禛全集》（第3册），袁世硕主编，齐鲁书社2007年版，第1954页。
② 王士禛：《居易录》卷二十三，《王士禛全集》（第5册），袁世硕主编，第4131页。

游"，《居夷集》同，全集本为"止言游"。此处，王士禛对阳明学的评价很高，对阳明诗文中所体现的居易以俟命的儒者精神表示了敬意，并冀望友人以阳明学"倡明绝学"相遥契，有所为而君子。

对于阳明的贬谪诗文，学者从不同的侧面加以评论，或认为是其学道尚未成功时的作品，但其已经展示了一种简易之学的气息，如钱基博评论说，阳明"《卧马冢记》《宾阳堂记》《重修月谭寺记》《建公馆记》《玩易窝记》诸篇，题下注戊辰，则正德三年，守仁三十七岁。是时学道未成，而刻意为文，吐词命意，力求遒古；想与何、李为声气之求耶？然气疏以达，不如梦阳之矜重；而亦无其僻涩聱牙之病。简炼醇雅，波澜气焰，未极侎奇伟丽之观；而春容尔雅，无艰难劳苦之态；条达疏畅，故天性也"[1]。或以为其诗文实际上在为学者提供了一种新的人生意义的典范，如左东岭认为，王阳明诗文"向士人昭示了一种新的人格形态，为士人摆脱现实苦恼提供了一种内在超越的有效途径"[2]。

显然，《居夷集》对于理解阳明学的形成及其学术内涵具有独特意义，即对此书的考察可以梳理出作为性理学家的阳明及其后学如何看待阳明学的一些线索。阳明学研究者多以钱德洪《刻文录序说》[3]和黄宗羲《明儒学案》[4]所谓"三变"说为依据，即认为阳明从词章入手，继而出入佛老，最后至龙场悟道，也就是说真正意义上的严格的阳明学是在其词章之外的学说，因此在阳明学人完成阳明全书编纂出版后，对阳明学研究的重点也就相应地聚焦于阳明全书前八卷，即《传习录》三卷和《文录》五卷，以及全书所附钱德洪等编纂之《年

---

① 钱基博：《明代文学》，商务印书馆1933年版，第614页。
② 左东岭：《王学与中晚明士人心态》，第139页。
③ 钱德洪《刻文录叙说》末："先生之学凡三变，其为教也亦三变：少之时，驰骋于词章；已而出入二氏；继乃居夷处困，豁然有得于圣贤之旨：是三变而至道也。"
④ 黄宗羲说："先生之学，始泛滥于词章，继而遍读考亭之书，循序格物，顾物理吾心终判为二，无所得入。于是出入于佛、老者久之。及至居夷处困，动心忍性，因念圣人处此更有何道？忽悟格物致知之旨，圣人之道，吾性自足，不假外求。其学凡三变而始得其门。"（黄宗羲：《明儒学案》卷十，沈芝盈点校，第180页）此类说法在阳明学研究中几乎随处可见，基本成为一种常识之见。

谱》。如秦家懿认为："阳明所撰之仿古体诗文，包括赋骚多首，及仿唐诗绝句。阳明之散文，早享盛誉，谪居龙场时所作之《瘗旅文》，尤是杰作。"不过仍拘于"五溺三变"旧说，认为包括词章在内的五溺是阳明归正于圣学之前的多种嗜好或兴趣，并引钱德洪年谱的记录为据，论证"五溺"为阳明的狂者性格，并强调"阳明于三十一岁前，勤学词章，遍读先秦与汉代古文，终于过劳成疾，得呕血病，因而叹息：'吾焉能以有限精神，为无用之虚文？'"①然而在性理学看来，此类观点过于呆板，且无法展现阳明学的全面性，如施邦曜认为世人于阳明学多未窥其蕴奥，徒追慕其事功之巨之伟；于阳明学之话语多为切身体会，仅以淡然无奇目之。如此，则阳明自为阳明，学者自为学者，"人人具有一先生焉，而竟无一人能为先生"②，故其纂集《阳明先生集要》分理学、经济、文章三编，清人徐坤对此的评论是："《集要》三编，曰理学、曰经济、曰文章，其实经济、文章皆自理学中来。公之序文，有曰：'伊、周之后无功，《六经》之外无言。'盖功不根乎理学，霸术是崇矣；言不衷乎理学，绮靡是尚矣。先生德积于中，不计其功，而功可媲美伊、周；不竞乎言，而言可以羽翼《六经》。此其合三不朽而归于一者乎。"③在理学视域中，辞赋诗文均是文章之业，它直接反映了理学家本人的思想世界，因此，诗文不能等闲视之。这是实事求是的解说，也较为符合阳明本人的理念。在嘉靖三年（1524）的一通书信中，阳明说：

> 祝生来，辱书惠，勤勤爱念之厚，何可当也。又推并过情，以为能倡明正学，则仆岂其人哉？顾自忘其愚不肖，而欲推人于贤圣之域；不顾己之未免于俗，而乐人之进于道。则此心耿耿，虽屡被诋笑非斥，终有所不能

---

① 秦家懿：《王阳明》，生活·读书·新知三联书店2017年版，第35页。
② 施邦曜：《序五》，王守仁原著，施邦曜辑评：《阳明先生集要》，王晓昕、赵平略点校，第12页。
③ 徐坤：《徐坤序》，王守仁原著，施邦曜辑评：《阳明先生集要》，王晓昕、赵平略点校，第1018页。

已。海内同志苟知趋向者，未尝不往来于怀，况如思道之
高明俊伟，可一日而千里也，其能已于情乎。子美、太白
有造道之资，而不能入于圣贤者，词章绮丽之尚有以羁縻
之也。如吾思道之高明俊伟，而词章绮丽之尚终能羁縻之
乎？终能羁縻之乎？①

　　束景南说，方氏"究心词章绮丽之学，故阳明在此札中有
所微讽"②。或未可以此观。方豪（1482—1530）为当时知名
文士，《明史》卷二百八十六《文苑传》有载："方豪，字思
道，开化人。正德三年进士。除昆山知县，迁刑部主事。谏武
宗南巡，跪阙下五日，复受杖。历官湖广副使，罢归。"③吾
人以为，阳明以道自任，亦期望得到朋友声援，他绝非一喜以
讽刺他人为乐之人，此书明白说他"自忘其愚不肖，而欲推人
于贤圣之域；不顾己之未免于俗，而乐人之进于道"。实为其
人真实写照，况且阳明本人词章造诣在当时亦颇有声望，只不
过后世为其性理学家之名所掩而已。特别是阳明学者多不为词
章，又将阳明学仅仅视为与词章之学泾渭分明的对立，故将阳
明学的文以载道的苦心视为无物。实际上，阳明一生从未放弃
过诗文的追求，即便从《全书》所收录的阳明诗歌数量来看，
正德元年（1506）下狱贬谪前归越诗35首、山东诗6首、京师
诗8首、下狱贬谪时有狱中诗15首、赴谪诗55首、居夷诗110
首。自知庐陵至嘉靖六年（1527）有庐陵诗6首、庐山诗6首、
京师诗24首、归越诗5首、滁州诗36首、南都诗74首、赣州诗
36首、江西诗120首，晚年居越诗34首、两广诗21首，又录赋
骚诗7首，总数达600余首。这在明代士人中或许并不算多，但
绝对不算数量少者，且其诗歌品质，绝非一般诗人所能比拟，
只不过他不为词章绮丽所拘，亦不为性理所拘，只在进于圣贤
之域耳。在阳明学研究中，其诗歌解读也是一个较为热点的方

① 束景南、查明昊辑编：《王阳明全集补编》，第 207—208 页。
② 束景南：《王阳明佚文辑考编年》（增订版），上海古籍出版社 2015 年版，第 861 页。
③ 张廷玉等：《方豪传》，《明史》卷二百八十六，第 7357 页。

向。①也有学者对阳明居夷诗文加以注释，如朱五义在《王阳明在黔诗文注释》中说："阳明谪居贵州两年余，写下了不少诗文，反映了他赴谪、生计、事农、讲学、悟道、社交、社会习俗和贵州山水等方面的状况。计有诗129首、文26篇，是我们研究王阳明和贵州历史的宝贵资料。"②此书以民国时期出版的阳明全书为据，对阳明在贵州的所有诗文加以注释，为学者提供了一定便利。不过，由于文本是从全集而来，也就缺少了对出版时间及其时代性的考察。

此外，《居夷集》单刻本与《全书》本所收录的诗文有一些异文，对于理解阳明的学术思想和文学修养不无助益，若是仅以《全书》本为据，可能就会缺乏对其文字运用的把握。比如张清河编注的《王阳明贵州诗译诠》（贵州人民出版社2017年版）对阳明在贵州期间的诗篇加以译注和诠解，所使用的底本是当代人整理的《全书》，也就没有注意到《居夷集》中的异文可能造成的不同理解。③异文对于诗歌而言绝非无关紧要。一字两字的差别，在某些文体中可能问题不大，而对诗歌来说则不得不加以重视，因为它所导致的不仅仅是我们对文义理解的差异，更有可能导致我们对作者思想认识的感受以及对作者遣词造句之精心程度认识的偏差。此处且举三例说明之。其一，《平溪馆次王文济韵》（《居夷集》卷二，第2页）"蛮烟瘴雾承相往，翠壁丹崖好共论"句中的"相往"二字，甲库本、国图本、上图本均为"相待"。王文济在平溪馆招待了阳明，阳明写诗表达谢意。《全书》改为"相往"，变成了同路相伴，文义不同。④其二，《初至龙场无所止结草庵居之》（《居夷集》卷二，第3页）"污樽映瓦豆，尽醉不知

---

① 关于阳明诗歌的论文有若干篇，如蔡龙文：《王阳明诗歌研究》，中山大学2008年硕士学位论文；李月杰：《王阳明诗歌研究》，厦门大学2008年硕士学位论文；朱海峰：《王阳明诗歌研究》，湖南大学2010年硕士学位论文；安秋萍：《王阳明诗歌研究》，北京师范大学2010年硕士学位论文；武剑：《王阳明诗歌论》，苏州大学2010年硕士学位论文；刘再华、朱海峰：《王阳明贬龙场期间诗文的精神境界》，《中国文化研究》2012年第2期。
② 朱五义：《王阳明在黔诗文注释》，冯楠校，贵州教育出版社1996年版，第203页。
③ 参见张清河：《王阳明贵州诗译诠》。
④ 参见张清河：《王阳明贵州诗译诠》，第14—15页。

夕"句中"污樽"二字，甲库本、国图本、上图本均为"匏樽"。《文章轨范》所选苏轼《前赤壁赋》中有"驾一叶之扁舟，举匏樽以相属"；"污樽"二字出自《礼记·礼运》"污尊而抔"，有孔颖达说解释的"凿地污下而盛酒"的意思。[①]"匏樽"在此处更为恰当。实际上，阳明《始得东洞遂改为阳明小洞天》第三首"上古处巢窟，杯饮皆污樽"句中用"污樽"已经说明了两者的区别。另外，《居夷集》中此句为《移居阳明小洞天》第三首而非《始得东洞遂改为阳明小洞天》第三首。《全书》漏掉了《移居阳明小洞天》（《居夷集》卷二，第4页）中的第一首诗"古洞闷荒僻，虚设疑相待"。其三，《秋夜》（《居夷集》卷二，第10页）"萧瑟中林秋，云凝松桂冷"中"云凝"二字，甲库本、国图本、上图本均为"露凝"。从"露"到"云"，当是手民之误。虽然我们也能用"凝聚的阴云"来解说后者[②]，但凝聚的寒露挂在松枝成了雾凇显然是更符合实际情况，那才是生活的经验。云、露二字之异，马绍基校阅时亦未察觉。校书之如扫尘，并非易事。由此可见，《居夷集》的嘉靖刊本仍具有重要的文献价值。

小结

《居夷集》是阳明生前编刻的第一部诗文集，也是他所认可的唯一一部诗文集。这部书从嘉靖三年（1524）编定，并由丘养浩等刻梓以来，曾在阳明学人群体中广为传播，成为从诗歌艺术角度理解阳明学的重要文献。这一文献被阳明门人弟子在嘉靖万历间所编刊的其他阳明文献所取代，这部书在嘉靖年间的刊刻情形也就不为人知了。

如今，我们通过比对四部传世的《居夷集》刻本，明确了这四部古籍并不是同一版本的不同印本，而是四种不同版本的印本。当然这四部书的确都同出一源，都是嘉靖三年编刻的

---

① 参见张清河：《王阳明贵州诗译诠》，第22—23页。
② 参见张清河：《王阳明贵州诗译诠》，第84页。

那一部书的千百化身之一。我们又通过对这部书编刻时刻的政治思想环境、这部书在后世学人中的影响，以及这部书的传承情况的考察，明确了《居夷集》在阳明学书籍世界中的特殊地位。从这部书的案例而言，阳明学的书籍世界相当复杂，深入地发掘其中的各种历史细节，有助于我们更好地认识阳明学的发展。

嘉靖六年（1527），邹守益请刻阳明文集，阳明亲自将其文字标以年月后，令钱德洪编辑，并说："所录以年月为次，不复分别体类者，盖专以讲学明道为事，不在文辞体制间也。"①这就意味着阳明对其著述有较为强烈的教育意义的考虑，即"阳明是将他的那些陈述理解为对学习过程中的诸多经验的表达，因此也理解为本质上是历时性的。同意付印其著述的一个动机似乎在于，经验历史会因此而得以记录下来，而他在这个历史的不同时期里所做的并为弟子所确立的文字陈述也不会被组合为一个超时间的思想系统"②。专注于讲学的阳明将著述视为讲学的辅助物，学者须将学问的重点放在对生活的改善上和在行动上，而不是被文本所束缚。以年月编次的目的是给学者一种时间的感受性，使之体会其学问生发的具体情境，进而产生一种感同身受的意义感，从而使学的追求保持在求道的方向，而不是仅仅被带入语言文字所构成的想象世界中。

既然文字只是实现好的生活和好的社会的手段，重要的就是人如何去实践，因此"志立得时，良知千事万为只是一事，读书作文安能累人？人自累于得失耳"③。良知从根本来说就是挺立人的心志，志之所在，则不为得失荣辱等外物判断所左右，人才能在这个书籍的世界和现实世界中找寻到真正的自我，这一自我也就是圣贤的气象。这是阳明《居夷集》中所展示的气象。从讲学的意义上说，以实践取向为主，要求文本尽量满足实践的情境意义，固然是性理学家在讲学中的经验之

---

① 钱德洪：《刻文录叙说》，王守仁：《王阳明集》，王晓昕、赵平略点校，第7页。
② 耿宁：《人生第一等事：王阳明及其后学论致良知》，倪梁康译，第170页。
③ 王守仁：《传习录下》，《王阳明集》卷三，王晓昕、赵平略点校，第93页。

谈。但是，性理学家们也并非只有讲学一途，事功、言语、文辞、讲学四者构成了士人生活的整体，因此我们尝试理解性理学家的思想时，需要对以讲学求道为主轴的性理学保持这种时间性的清醒，否则就不容易理解其时学术思想的细节变化或者历史情境，而这些正是我们理解文本的一把钥匙。

第四章

圣贤须有秘：阳明年谱与阳明学

岸远沙平，日斜归路晚霞明。孔雀自怜金翠尾，临水，认得行人惊不起。

——欧阳炯《南乡子》

对历史人物的研究离不开年谱。年谱所载内容为一人生平事迹，以此可见其人、其事、其学，所以古人对此极为珍重。司马迁云："周室既衰，诸侯恣行。仲尼悼礼废乐崩，追修经术，以达王道，匡乱世反之于正，见其文辞，为天下制仪法，垂《六艺》之统纪于后世。作《孔子世家》第十七。"（《史记·太史公自序》）又云："《诗》有之：'高山仰止，景行行止。'虽不能至，然心向往之。余读孔氏书，想见其为人。适鲁，观仲尼庙堂车服礼器，诸生以时习礼其家，余祗回留之不能去云。天下君王至于贤人众矣，当时则荣，没则已焉。孔子布衣，传十余世，学者宗之。自天子王侯，中国言《六艺》者折中于夫子，可谓至圣矣！"（《史记·孔子世家》）后世史书多以太史公为典范，故而年谱之作亦多以之为鹄的，特别是儒者之谱，多以儒者生平见其修经术、达王道之志，于其文辞则多以可为后世法则为取舍准绳。此一年谱精神，直到近代仍为学者所服膺。

曾国藩《经史百家杂钞序例》将年谱归于"记载门"之"传志类"，并认为："传志类，所以记人者。经如《尧典》《舜典》，《史》则《本纪》《世家》《列传》，皆记载之公者也。后世记人之私者，曰墓志铭，曰行状，曰家传，曰神道碑，曰事略，曰年谱，皆是。"[1]诚如梁启超所说："居恒服膺孟子知人论世之义，以谓欲治一家之学，必先审知其人身世之所经历，盖百家皆然，况于阳明先生者，以知行合一为教，其表见于事为者，正其学术精诣所醇化也。综其出处进退之节，观其临大事所以因应者之条理本末，然后其人格之全部，乃跃如与吾侪相接，此必非徒记载语录之所能尽也。"[2]胡适

---

[1] 曾国藩：《序列》，《经史百家杂钞》，岳麓书社2015年版，第2页。
[2] 梁启超：《阳明先生传及阳明先生弟子录序》，王守仁：《王阳明全集》卷四十一，吴光、钱明、董平等编校，上海古籍出版社2015年版，第1351页。

《章实斋先生年谱序》也说："我是最爱看年谱的，因为我认定年谱乃是中国传记体的一大进化。最好的年谱，如王懋竑的《朱子年谱》，如钱德洪等的《王阳明先生年谱》，可算是中国最高等的传记。"[1]阳明年谱之编，可谓阳明学确立之凭借，为后学入门之途辙，故自来为学者所重。明末清初大儒孙奇逢在其《日谱》中有读《阳明年谱》的记录：

> 先生在滁，而门人日益进。然游学之士，亦多放言高论，渐背师教者。因思之，闲邪存诚之外，别无学术；事亲从兄之外，别无事务。各人著力，彼此不相假贷，真所谓归而求之有余师也。则讲学之名可不立。鸟相忘于林麓，鱼相忘于江湖，岂不妙哉？受教者与立教者，各不可不慎也。[2]

对学者而言，阳明年谱既是一种学术资料，更是一种修身垂范的典型。宋明以来，年谱之学日渐繁盛，它事实上成为性理学家彰显其学术主张的一个最佳窗口。今日治阳明学之学者亦重视阳明年谱，并对早期年谱多有考订、正误、辨证，如陈来《有无之境》之附考有《年谱笺证》，对钱德洪《年谱》考证十八条之多，李丕洋《〈王阳明年谱〉史料及刻印勘误》（《阳明学刊》2009年第1辑）、杨正显《王阳明〈年谱〉与从祀孔庙之研究》[（台湾）《汉学研究》2011年第1期]、孙跃与张世敏《王阳明〈年谱〉订补》（《求索》2013年第1期）、永富青地《〈王文成公年谱〉订补》（《版本目录学研究》2013年辑）等对阳明年谱进行考订、补正，于阳明学研究颇具参考价值。其中，永富青地以《王阳明先生图谱》《新镌武经七书》《弘治十二年进士登科录》《居夷录》《新刊阳明先生文录续编》《王阳明法书集》等原始史料，对钱德洪《年谱》做了较为细致的考察；杨正显则比较了嘉靖本与《全书》

---

[1] 胡适：《胡序》，《章实斋先生年谱》，欧阳哲生编：《胡适文集》（第7册），第24页。
[2] 张显清主编：《日谱》卷二十三，《孙奇逢集》（下），中州古籍出版社2003年版，第1020页。

本两种阳明年谱的内容差异，认为其中的修订是为了让阳明能够从祀孔庙。此二位博士论文课题均为阳明学，用力甚深。那么，从书籍史的角度，我们如何认识阳明年谱呢？阳明年谱的编纂、刊行又有何种书籍史的意义呢？我们可以从版本目录学和文献考证的角度，从阳明年谱与阳明学学术关系这一视角，对此予以概要地说明。

第一节　蜂蝶绛霞：年谱之品种

谢国桢云："年谱家乘，可以因其人而窥见当日之时事。"① 年谱之编纂，宋明以来极为繁盛，为书籍史中一重要的部门。来新夏说："可以认为，年谱从明以来已在史籍中由附属于传记类、谱系类之下，而逐渐自成专目专类，取得了独立类目的地位，成为史籍分类中的一个组成门类。这种独立地位正反映了年谱所达到的发展程度。"② 阳明先生为一代儒宗，其殁后未久，门弟子即相约纂集，阐明师说，彰显宗旨，以阳明一生诠儒者求圣为圣成圣之迹。后之学者，往往能以其为入门之资，其功可谓巨矣。此事初由邹守益任总裁，阳明门人相约分头编写，分年份地整齐排比，钱德洪、薛侃等各负责其中部分。然经三十余年，薛氏未成稿而卒。其后钱德洪筹划统编，嘉靖二十九年（1550）在嘉义书院草拟若干卷次，又经罗洪先考订，复与王汝中等阳明门人相与校订，于嘉靖四十二年癸亥（1563）始成其功，次年刊行。胡松③《刻阳明先生年谱序》云："绪山钱子，先生高第弟子也，编有先生年谱，旧矣，而犹弗自信……就正于念庵诸君子。念庵子为之删繁举要，润饰是正，而补其阙佚，信乎其文则省，其事则增矣。计为书四卷。"此本除单行外，又收入《全书》卷三十二至卷三十八之附录七卷，即《年谱》一至三及《年谱附录一、二》

---

① 谢国桢：《增订晚明史籍考》，北京出版社 2014 年版，第 880 页。
② 来新夏：《近三百年人物年谱知见录》（增订本），第 892 页。
③ 胡松（1503—1566），字汝茂、号柏泉。安徽滁州人。嘉靖八年（1529）进士，官至南京兵部尚书、吏部尚书。嘉靖四十年（1561）任江西左布政使、右副都御史。著有《胡庄肃公文集》。《明史》有传。

《世德记》和《世德记附录》，胡松序中四卷亦相应改为七卷。①其后作阳明年谱者多有其人，然均无超越此谱者，至近年有日本阳明学者冈田武彦积廿余年之力，以花甲之岁动笔至鲐背之年始克成书之《王阳明大传》出，一时洛阳纸贵，风行知识界。最新成果则当属于束景南《王阳明年谱长编》（上海古籍出版社，2017），该书皇皇巨制，足以称之为新世纪之新成果也。

时至今日，阳明之年谱可谓夥矣。民国时期，学者已将阳明年谱情况进行详细著录，并做了初步的提要。民国十八年（1929）《北平图书馆月刊》第三卷第2号（第269页）刊发梁廷灿《年谱考略（续）》一文，其中著录阳明年谱七种：

> 《王文成公年谱》五卷。著者钱德洪字洪甫、二（王）畿字汝中，俱谱主弟子。所记阳明事实皆亲见亲闻。读斯谱者，不惟可见阳明之学术，其叙述阳明之事功亦详瞻也。《王文成全书》附刊本。

> 又，《阳明先生年谱》二卷。著者明李贽字卓吾，温陵人。卓吾年十四始读阳明书，喜其学，于是编其年谱。有后语一篇以代本书之序。道光湖南刻《王文成全集》附刊本。

> 又，一卷。著者施邦曜字尔韬，四明人。尔韬删撮阳明之文为集要，复删前谱附刊之。《阳明先生集要》附刊本。

> 又，又。著者清俞嶙字嵩庵，余姚人。嵩庵重编王集而删前谱之繁以成之，与施本同一用意也。《王阳明全集》附刊本。

> 又，删定一卷。删定者清唐铸，见《孝慈堂书目》。

> 又，《王文成公年谱》二卷。著者清杨希闵。《四朝先贤六家年谱》本。

---

① 浙江古籍出版社 2012 年版《王阳明全集（新编本）》（第 1278 页）和中华书局 2016 年"中华国学文库"本《王阳明集》（第 1153 页）均为七卷。

又，《王文成公年纪》不分卷。著者清陈澹然。石印本。

王守仁，字伯安，小名云。因筑室阳明洞，故学者称阳明先生。余姚人。生于明成化八年（1472）九月三十日，卒于嘉靖七年十一月二十九日（1529），得年五十七，谥文成。

其后，杭州大学图书馆资料组编印《中国历代人物年谱集目》著录21种，谢巍编纂《中国历代人物年谱考录》（中华书局，1992）著录34种，《中国古籍总目·史部》著录12种，张克伟《〈王阳明年谱〉问题琐议》（《古籍整理研究学刊》1992年第4期）著录42种，汤志波等编《明人年谱知见录》（中西书局，2020）著录31种。这些书目式著录，对于学界进一步深入研究阳明学起到了导引的作用。

单行本《阳明年谱》现存的早期刻本多种。其一为钱德洪、王畿编纂之《阳明先生年谱》七卷，嘉靖四十二年（1563）漳浦王健天真书院刊本，二册，日本蓬左文库藏。此系明正天皇宽永六年（1629）自中国购入，钤有"尾阳内阁"印①。永富青地《王守仁著作之文献学的研究》（东京汲古书院，2007年）认为，此天真书院刊本乃罗洪先考订本。此本半叶六行，行十七字，小字双行同，四周单边，白口，单鱼尾。内容包括嘉靖四十二年癸亥胡松《刻阳明先生年谱序》，嘉靖癸亥钱德洪《阳明先生年谱序》。正文《阳明先生年谱》卷之一自成化八年至正德十年（1472—1515）；卷之二自正德十一年至十三年（1516—1518）；卷之三自正德十四年至十五年（1519—1520）七月；卷之四自正德十五年八月至嘉靖二年（1520—1523）；卷之五自嘉靖三年至五年（1524—1526）；卷之六自嘉靖六年至七年（1526—1527）六月；卷之七自嘉靖七年七月至嘉靖八年（1528—1529）。卷一书名下方题"天真书院版"，卷端题"门人余姚钱德洪编述、山阴王畿补辑，后学吉水罗洪先删正，滁上胡松、江陵陈大宾、揭阳黄国卿校

---

① 参见严绍璗编著：《日藏汉籍善本书录》，第542—543页。

正，漳浦王健校刻"①。

其一为钱德洪编、罗洪先考订之《阳明先生年谱》三卷，明嘉靖四十三年（1564）周相、毛汝麒刻本，国家图书馆、浙江省图书馆、天一阁博物馆、安徽省图书馆藏。②其中，国家图书馆藏本订为四册（国家图书馆"中华古籍资源库"已公布数字版本）。册一，首嘉靖四十三年甲子（1564）周相《刻阳明先生年谱引》、次嘉靖四十二年癸亥（1563）胡松《刻阳明先生年谱序》、次嘉靖四十二年癸亥罗洪先《阳明先生年谱考订序》，次年谱正文上卷成化八年至正德十二年（1472—1517）闰十二月；册二，中卷，自正德十三年正月至正德十五年（1518—1520）六月；册三，中卷，自正德十五年七月至嘉靖三年（1520—1524）十月；册四，下卷，自嘉靖四年正月至嘉靖八年（1525—1529）十一月，末有陆稳《阳明王公年谱跋》。每半叶九行，行十八字，小字双行同，左右双边。卷端署：门人钱德洪编次，后学罗洪先考订。版心下有刻工名姓：徐升、升、湛、李葵、葵禾、刘凰、言、月、明、肖、昌、徐三等；《阳明先生年谱考订序》第一叶版心下有：省城邓班写、吉丰徐升刊；中卷首版心下有：邓班写、李葵刊。可知，此书写工为邓班，而刊工则为徐升、李葵等。对于此书刊刻情形，陆稳跋有较为详细的说明：

> 阳明王公，功在虔台。虔之人既已家祀而户祝矣，又梓其文以传。惟年谱未之有也。往绪山钱公述其岁月大略，图其像于石，刻之吉州。然其文未备，学士大夫有余憾焉。今念庵罗公始汇为书，提纲分目，列为三卷而年谱始完。罗公居石莲洞，二十年于兹矣学益深而道益盛。是书成亦竭终岁之力云。……稳虽不肖，位次王公之后，又有大贤如罗公者之言以传。韩愈所谓有余荣焉，非耶。谱

---

① 参见永富青地：《王守仁著作之文献学的研究》，第444—445页。
② 此书已由向辉、彭启彬点校整理（北京燕山出版社2022年版）。汤志波等《明人年谱知见录》中将嘉靖四十三年（1564）周相、毛汝麒刻本《阳明年谱》与《王文成公全书》本年谱视为同一书（即《王文成公年谱三卷附录二卷》）的不同版本。（参见汤志波等：《明人年谱知见录》，中西书局2020年版，第79页）

成，罗公以书来嘱稳梓之，以有留都新命，不及亲董其事，转属郡佐毛君汝麒终之。毛亦吾浙之贤者也。嘉靖癸亥九月二日吴兴陆稳跋。

陆稳此跋对钱德洪所著年谱事的描述表明：第一，钱德洪先编有年谱简编本，并在吉安府刊行；第二，钱氏初刊本较为简略，阳明学人认为与师说未备，故罗洪先加以重整校订，这与罗洪先《阳明先生年谱考订序》所说罗氏"自始至卒，手自更正，凡八百数十条"相一致；第三，此嘉靖四十三年（1564）刻本是罗洪先主持，他嘱托陆稳刊行，陆氏因有新的任命故托毛汝麒完成该事。陆稳写完跋文的次年刊刻工作得以完成，故首列周相之引文。周相《刻阳明先生年谱引》云：

> 嘉靖戊子春正月，相以知临川县被召选试河南道监察御史。二月，奏疏请皇上稽古修德以答天眷，端好尚杜佞幸。咎涉浚恒，落职，谪领表。时阳明先生正有讨田州之役。阅得相报，亟檄促我，曰："平田州易，集众思善后难。檄至，辄行。"又曰："俗心以谪官事事为俗吏。余谓此正俗吏之谈，全不省如何是俗，如何是不俗。道眼能自得之。"相被檄，矍然，遂就道。及丰城而报先生卒南安矣，本年十一月丁卯也。嗟乎，相将及门，卒不得一禀业以闻性与天道之说。虽然，檄数语，固性与天道之说也。先生年谱成，胡柏泉檄赣州佐毛汝麒刻之。未登梓，柏泉以少司马召，不俟驾行，嘱相促之。讫工荐帙展，无檄我数语，偶脱之邪？抑误谓迩言漫脱之邪？因足之，以确于绪山、龙溪、念庵。嘉靖甲子首夏九日，巡抚江西等处地方兼理军务、都察院右副都御史、明毗后学周相识。[1]

按：周相此序文所述一为阳明佚文。该檄文除了邀请周相

---

[1] 北京图书馆编：《北京图书馆藏珍本年谱丛刊》（第42册），北京图书馆出版社1999年版，第469—473页。

至阳明幕府之外，另有其学术之表达，即道与俗之关系，阳明认为俗学即使号称正学，实际上无关道统之延续和传承，道在人心。周氏文中提到的胡柏泉（胡松）时任江西巡抚，令毛汝麒负责刊刻阳明年谱事宜。据前述陆稳跋可知，罗洪先校订完成钱德洪纂辑之《年谱》后，通过江西官方使之在赣州刊行。"以确于绪山、龙溪、念庵"一语表明，此谱之纂，钱德洪、王畿与罗洪先为主要负责写作者。

前述两则序跋同时也说明了一个版本学上的问题，即何以《全书》本年谱与此嘉靖四十三年（1564）刻本有文字上的差异、内容上的出入以及主张上的不同，此本应该是罗洪先修订钱氏之本，而其后的《全书》本则是钱德洪对罗氏某些校订加以吸取之后的新版本。由此亦可见古人著述往往会一改再改，经多人之手，而最后成于某氏。

有明一代，阳明年谱除此钱德洪所编、罗洪先校订之单行本和谢廷杰《全书》本之外，尚有：邹守益编《王阳明先生图谱》一卷［有嘉靖三十六年（1557）年序抄本，清抄本、民国三十年（1941）程守中石印本］，耿定向《新建侯文成王先生世家》（耿定向《耿定向集》卷十三），雷礼《阳明先生传》（雷礼《镡墟摘稿》卷十二）、雷礼《南京兵部尚书王阳明行实》（雷礼《国朝列卿记》），杨起元《王阳明年谱》不分卷（杨起元《证学编》），周汝登《阳明先生谱略》一卷［万历四十二年（1614）《阳明先生祠志》三卷之卷中］，王畿编、李贽删订《王文成公年谱》二卷（或为托名），李贽编《阳明先生年谱》二卷，陈龙正编《阳明先生年谱》三卷（《阳明先生要书》八卷附），阙名编《阳明先生年谱》十卷附《遗事》一卷（焦竑《国史经籍志》《千顷堂书目》载、万斯同《明史》载），施邦曜编《阳明先生年谱》一卷（施邦曜《阳明先生集要》本），张国辅补编《重修阳明先生年谱》（明刻本），王应昌编《王文成年谱》一卷（《年谱纂要》一卷），佚名编《王阳明先生年谱》一卷［康熙十二年（1673）俞氏自公堂重刊本《王阳明全集》］等。

清人所编阳明年谱有：佚名编《王阳明先生年谱》一卷

[康熙十九年（1700）刊本《王阳明先生全集》本]，俞嶙编《阳明先生年谱》（康熙间刻本《阳明先生全集》），王文钧《阳明先生年谱》（康熙间刻本），张问达《王阳明先生年谱》（康熙间刻本《王阳明先生文钞》卷二十）、李元《王阳明年谱》（《湖北通志》卷八），陶浔霍编《阳明先生年谱》二卷［道光二年（1822）刻本]，张炳英《姚江年谱》二卷［同治十一年（1874）刻本]，唐铸万《删订阳明先生年谱》一卷、杨希闵《王文成公年谱节钞》（《五朝先贤十九家年谱》），刘原道《阳明先生年谱》一卷［光绪三十三年（1907）明明学社排印《阳明先生集要》三种]，陈澹然《王文成公年纪》不分卷（光绪间石印本）等。

近代以来，学人所作阳明传记类著述颇夥，据俞樟华《王学研究论著知见录》（俞氏：《王学编年》，吉林大学出版社，2010）、《百年明史论著目录》（安徽教育出版社，2012）著录有：余重耀《阳明先生传纂》（上海中华书局，1924），孙毓修《王阳明》（商务印书馆，1924），胡越《王阳明》（中华书局，1934），陈筑山《〈王阳明年谱节本〉〈传习录节本〉》（中华平民教育促进会，1928），钱穆《王守仁》（商务印书馆，1933），王勉三《王阳明生活》（世界出版社，1930），章衣萍《王阳明》（儿童书局，1933），马宗荣《王阳明及其思想》（文通书局，1942），王禹卿《王阳明之生平及其学说》（正中书局，1943），郑继孟《王阳明传》（台北书局，1957），杨天石《王阳明》（中华书局，1972），王熙元《王守仁（中国历代思想家34）》（台湾商务印书馆，1979），秦家懿《王阳明》（东大图书股份有限公司，1987），郑吉雄《王阳明：躬行实践的儒者》（幼狮文化事业公司，1990），张君劢《王阳明——中国十六世纪的唯心主义哲学家》［（台湾）东大图书股份有限公司，1991]，方国根《王阳明评传——心学巨擘》（广西教育出版社，1996），窦应泰《王阳明大传》（吉林人民出版社，1998），周月亮《心学大师王阳明大传》（中华工商联合会出版社，1999），李金松《王阳明》（海天出版社，1999），俞樟华《王学编年》，方志远《王阳明评传》（中国社会出版社，2010），乐文城《哲人王：心学大师王阳明传》（江苏文艺出版社，2013），王冠辉《王阳明评传》（华中科技大学出版社，2013），高濑武次郎《知行合一：王阳明详传》（赵海涛、王玉华译，北京时代华文书局，2013），杨东标《此心光明：王阳明传》（作家出版社，2014），冈田武彦《王阳明大传：知行合一的心学智慧》（杨田等译，重庆出版社，2015），束景南《王阳明年谱长编》（上海古籍出版社，2017）、《阳明大传："心"的救赎之路》（复旦大学出版社，2020）。上述著作中，以传统年谱方式出现的只有余重耀《阳明先生传纂》、陈筑山《王阳明年谱节本》、俞樟华《王学编年》和束景南《王阳明年谱长编》等。

第二节　栖鸟鸣蛙：诸子之集成

《阳明年谱》记载了阳明的一生学行与学术精神，故对于后学来说是学为圣贤的样本和师范，在阳明学的传播中有其独特作用。钱德洪、王畿、罗洪先等阳明门人以及其他诸多阳明学人为阳明年谱做出了各自的贡献。学者们对这些有名的阳明学人多有论说，此处不赘述。值得注意的是，阳明学人的学术主张并不相同，虽然他们在尊崇阳明这一点上是一致的，但对于如何理解阳明学，如何体贴阳明学，则各有异词。而正是他们的各自不同的学术主张的交锋、争论和严肃地辩难，使得阳明学不断发展，并成为一种时代思潮。张学智说："王阳明一生讲学宗旨几次发生变化，他的弟子也因根器利钝，及门早晚，性情趋向不同，对王阳明学说的吸收有不同的侧重。因此阳明殁后，王门弟子的学说呈现出很不同的面貌。他们之间的辩驳构成了明中期以后的主要学术内容。王龙溪和钱德洪是王阳明的高第，他们的学术宗旨有较大不同。这个不同，开启了王门后学的不同路径。"[1]阳明学在很大程度上就是在这些各执一说的学者间传承和发展的，因有其异说，方有其成说。后

[1] 张学智：《明代哲学史》，中国人民大学出版社2012年版，第126页。

儒或以为此阳明学分裂之象征，诚然。更关键的是，如果没有这些讨论，阳明学岂能延续数百年而不衰？

钱德洪说："师既没，吾党学未得止，各执所闻以立教。……未及一传而淆言乱众，甚为吾党忧。迩年以来，亟图合并，以宣明师训，渐有合异统同之端，谓非良知昭晰，师言之尚足征乎？谱之作，所以征师言耳。"①在钱德洪看来，编纂阳明年谱除了表彰阳明一生真精神之外，尚有统合阳明后学诸说的意思。在某种意义上说，钱德洪的主张得到了一定程度的实现，此书也成为钱德洪的代表作②，研究钱氏思想亦可以此书作为重要参考资料。阳明殁后，钱氏学术生涯主要以传播、坚持师说为己任，他也自认为年谱一编"其事则核之奏牍，其文则禀之师言，罔或有所增损。若夫力学之次，立教之方，虽因年不同，其旨则一。洪窃有取而三致意焉"③。钱氏所致意的在于不失阳明学术宗旨，不改阳明学术之实，不避阳明学术之讳，故阳明门人及后世学者多称之，如王畿云："友人钱洪甫氏与吾党二三小子虑学脉之无传而失其宗也，相与稽其行实终始之详，纂述为谱，以示将来。其于师门之秘，未敢谓尽有所发；而假借附会，则不敢自诬，以滋臆说之病。"④无论钱德洪、王畿都希望后世学者通过阳明年谱以为学行之资，以之起振学者，进而使儒学真传不至于流荡无归。

我们看到，阳明年谱并非仅有钱氏一家之说，而是诸子各有所述，各有所重，各有所承。阳明年谱也正是在这些学人的努力下不断推进的。其中也包括了大量不知名的阳明学人，比如毛汝麒、张元冲、崔振臬、庄诚等等，或相与讨论，或襄赞刻书，或另辑新谱，正是他们的努力，让阳明年谱传诸久远。

嘉靖四十三年（1564）刊刻阳明年谱的毛汝麒是阳明学

---

① 钱德洪：《阳明先生年谱序》，王守仁：《王阳明集》卷三十六，王晓昕、赵平略点校，第1148页。
② 参见钟彩钧：《钱绪山及其整理阳明文献的贡献》，（台湾）《中国文哲研究通讯》1998年第3期。
③ 钱德洪：《阳明先生年谱序》，王守仁：《王阳明集》卷三十六，王晓昕、赵平略点校，第1149页。
④ 王畿：《刻阳明先生年谱序》，王守仁：《王阳明集》卷三十六，王晓昕、赵平略点校，第1152页。

人，明万廷谦云：

> 毛汝麒字伯祥，嘉靖丁未①进士，出瞿文懿公门。
> 令番禺，善抚字，加意兴文。以忤监司左迁常德判。未
> 几，补广平署、五邑篆，全活饥民万计。升赣州同知，
> 贼酋章琏乱，时比之宁庶人之害，麒练兵讨之直捣穴，
> 平焉。以功加四品俸，随擢江右兵备佥事，尤多擒撄之
> 勋。倡明理学，谋于中丞陆稳刊布《阳明年谱》，盛传海
> 内。寻投劾东归，极意兴起后学。议建龙洲塔、造凤翔洲
> 神宇，以锁水口。草昧之功，盖匪细也。番禺、广平俱祠
> 名宦，豫章则祀之三贤祠云。②

林应翔亦云："毛汝麒……倡明理学，怂恿中丞陆公刊
布《阳明年谱》，为士人模楷。居乡议建龙洲塔，起凤翔洲神
庙，为水口障，邑士人深利赖焉。"③

在史传作者看来，毛汝麒刊刻阳明年谱，是其倡明理学
的重要佐证，且此谱传播海内，为士人楷模，有功阳明学。参
与编辑阳明年谱的"王汝中、张叔谦、王新甫、陈子大宾、
黄子国卿、王子健"④等人均得以之成为阳明学中值得一书
的儒者。如刘宗周《大中丞张浮峰先生暨配胡淑人合葬墓志
铭》云：

> 先生固文成高弟子也。昔者文成以"良知"之说教
> 天下，一洗学者训诂支离之习，返之践履，而消归于当
> 念，盖卓然孔、孟之旨也。而学焉者，往往不得其说，
> 动求之狂慧，不免转增玄解。解愈玄，而知之良愈晦，浸
> 淫趋于邪说，下者依旧训诂而已。则文成在日，目击及门

① 应为嘉靖二十九年庚戌（1550）科。
② 万廷谦等纂修：《（万历）龙游县志》卷八，《中国方志丛书·华中地方》，（台
湾）成文出版社有限公司1983年版，第106—107页。
③ 林应翔等修，叶秉敬等纂：《（天启）衢州府志》卷九，《中国方志丛书·华中地
方》，（台湾）成文出版社有限公司1983年版，第1131—1132页。
④ 钱德洪：《阳明先生年谱序》，王守仁：《王阳明集》卷三十六，王晓昕、赵
平略点校，第1149页。

之士，固已知其不免，明示诋诃。独横山、东郭、中离数君子佩其师说不忘，而在越复有先生云。文成尝曰："吾门不乏慧辩士，至于真切纯笃，无如叔谦。"指字先生，则先生之学于文成可知也。居恒每谓学者曰："孔子之道一以贯之，孟子之道万物我备，良知之说，如是而已。"又曰："学先立志，不学为圣人，非志也。圣人之学在戒惧谨独，不如是为学，非学也。"其发明师旨类如是。迨文成没，而慧辩之业日新月盛，先生独以反躬鞭辟卓立其间，使后学有所持循，则良知一脉传之至今，不尽为邪说所蚀，先生力也。先生宦辙前后在江西最久，政事之暇，日与东郭、念庵、洛村、枫潭诸公联讲会，以证订文成之学，因辟正学书院于省，会群彦士而修业焉。先生岁时进考其成，喁喁如也。异时名世钜儒多出其中。已又建怀玉书院于信州，以处湖东诸郡士，且特迎龙溪、绪山两先生递主讲席，江右宗风丕振。遂留绪山卒文成年谱之役，相与上下其议论，逾年而竣。先生之有功于师门又如此也。①

黄宗羲《明儒学案》以之入"浙中王门"，并说：

先生登文成之门，以戒惧为入门，而一意求诸践履。文成尝曰："吾门不乏慧辨之士，至于真切纯笃，无如叔谦。"先生尝谓学者曰："孔子之道，一以贯之；孟子之道，万物我备。良知之说，如是而已。"又曰："学先立志，不学为圣人，非志也。圣人之学，在戒惧慎独，不如是学，非学也。"揭坐右曰："惟有主，则天地万物自我而立；必无私，斯上下四旁咸得其平。"前后官江西，辟正学书院，与东廊、念庵、洛村、枫潭联讲会，以订文成之学，又建怀玉书院于广信，迎龙溪、绪山主讲席，遂留绪山为文成年谱，惟恐同门之士，学之有出

① 刘宗周：《文编七》，《刘宗周全集》（第6册），吴光主编，浙江古籍出版社2012年版，第673—674页。

入也，其有功师门如此。①

张元冲在《全书》本阳明年谱中出现三次，分别见于嘉靖二年（1523）十一月，问二氏与圣人之学；嘉靖五年（1526）四月和嘉靖六年（1527）九月壬午。其中嘉靖六年九月涉及的是阳明学争议较大的四有四无之论。张氏为阳明晚年门生，在阳明学人中有其独特地位，见证了阳明晚年的学术活动。刘宗周、黄宗羲所记录的张氏关于良知之说与孔孟学说的一贯之道和万物皆备于我相一致的说法应该反映了阳明学人对于阳明良知学的学术自信，即相信阳明学是孔孟学说的承续和复兴。

除了上述阳明门人之外，亦有私淑阳明的学者刊刻阳明年谱者，如明吴学周《（万历）象山县志》卷十四载：

> 崔振臬别号淑寰，番禺人。初任怀远令，后补象山。政平讼简，不事苛察，小民戴若慈母。值海上戒严，公训练土著，葺除戎具，立办劲弩千余，分给守陴者，躬自贾勇，为士卒先，孤城恃以无恐。捐俸刻《王文成年谱》，风起邑人士。忽闻左迁报，徐谓西席邵生曰：昔居蛮瘴，今作波臣，劳苦逢谤，岂非命钦。丞某摄篆遇公不复谨，公无几微动颜色。临岐，举象事，未竟者悉心以告，依然挥泪而别。其去不忘象如此。象为勒碑建祠，报之。岁时老稚罗拜祠下云。②

崔振臬刊刻的《王文成年谱》未知是何人所纂，刊刻时间是其任象山令期间。刊刻此书同样在于起振士人风气，所谓士人之风气，不外乎圣人之学，即是阳明学。

另外，高攀龙在其文集中也记载了其友人所撰之阳明年谱，高氏序称：

> 呜呼。道之不明也，支离于汉儒之训诂；道之明

---

① 黄宗羲：《明儒学案》卷十四，沈芝盈点校，第300—301页。
② 吴学周、陆应阳纂修：《（万历）象山县志》卷十四，明万历刻本。

也，剖裂于朱、陆之分门。程子之表章《大学》也，为
初学入德之门。今之人人自为《大学》也，遂为聚讼之
府，何天下之多故也。国朝自弘、正以前，天下之学出
于一。自嘉靖以来，天下之学出于二。出于一，宗朱子
也；出于二，王文成公之学行也。朱子之说《大学》，
多本于二程；文成学所得力，盖深契于子静，所繇以二
矣。夫圣贤有外心以为学者乎？又有遗物以为心者乎？心
非内也，万物皆备于我矣；物非外也，糟糠煨烬，无非教
也。夫然，则物即理、理即心，而谓心理可析，格物为外
乎。天下之道贞于一，而所以害道者二。高之则虚无寂
灭，卑之则功利词章。朱子所谓其功倍于《小学》而无
用，其高过于《大学》而无实者也。盖戒之严矣。而谓朱
子之学为词章乎？善乎。庄渠魏氏曰："阳明有激而言
也。彼其见天下之弊于词章记诵，而遂以为言之太详，析
之太精之过也。而不知其弊也，则未尝反而求之朱子之说
矣。"当文成之身，学者则已有流入空虚，为脱落新奇之
论，而文成亦悔之矣。至于今，乃益以虚见为实悟，任
情为率性。易简之途误认，而义利之界渐夷。其弊也滋
甚，则亦未尝反而求之文成之说也。良知乎？夫乃文成所
谓玩弄以负其知也乎？高攀龙曰：吾读谱，而知文成之
学有所从以入也，其于象山旷世而相感也，岂偶然之故
哉。时攀龙添注揭阳，典史庄大夫致庵公以兹谱示，而
命攀龙为之言。攀龙不敢，而谓公之文章、事业蔑以尚
矣，学士所相与研究公之学也，故谨附其说如此焉。①

"典史庄大夫致庵公"为庄诚，四川成都人，号致庵，隆
庆元年（1567）举人，历官公安县教谕、丰县知县，万历十二
年（1584）升赵州知州，万历十九年（1591）擢广东潮州府海
防同知。著《韩山汇稿》二卷，参与刊刻杨慎《升庵文集》、
胡直《衡庐精舍藏稿》《赵州志》等。《（雍正）云南通志》

---

① 高攀龙：《王文成公年谱序》，《高子遗书》卷九上，北京大学《儒藏》编纂与研
究中心编：《儒藏》（精华编二六五），北京大学出版社 2016 年版，第 306—307 页。

卷十九载：

> 庄诚，四川成都人。万历间，任赵州知州，以兴废
> 为己任。凡典礼、器物，整饬不遗。丽江、澜沧二土司构
> 讼，各怀金行贿。诚执使封金，闻于当路，俱置之法。
> 永平汰兵作乱，所过残掠，诚百计周防，赖以无事。清
> 浮粮，厘差发，疏水利，修举乡射，禁食毒草，凡利民
> 生、全民命者，无不力行。州志之修，自诚始。

《（嘉庆）大清一统志》卷四百七十八载：

> 庄诚，成都人，万历中知赵州。时丽江澜沧二土司
> 构讼，各怀金行贿。诚封金，闻于当路，俱论如法。永平
> 汰兵作乱，诚计防之，赖以无事。清浮粮，疏水利，至今
> 称之。

庄氏所著此《阳明年谱》今未见，或已佚。在这篇序文
中，高氏敏锐地指出嘉靖之后阳明学的兴盛和风行，以至于他
认为此后天下之学或出于朱子学或出于阳明学。在他看来，阳
明宗陆九渊而非朱熹。这就涉及阳明学与朱子学之间复杂关系
问题，它与阳明学术发展及不同时代学术思潮的变迁有着密切
关系。

在阳明年谱中，明末李贽是另一关键学者。清人刘原道跋
俞嶙《阳明先生年谱》云："阳明先生年谱之作，昉自明温陵
李卓吾贽，析为上下两卷，稍失烦碎。嗣后刊先生集者，必补
录年谱于卷首，大率以温陵为先河。惟互有增损，莫衷一是。
兹刻参校诸本，缺者补之，讹者正之，务期详确而无凌杂，俾
学者先得综观先生之生平，而后循其年而读其书，庶易晓然于
圣贤入德之序云。"[1]年谱之繁简，确属不易把握者。从刘原
道此种说法中，我们可以知道，李贽所编纂之《阳明年谱》在

① 北京图书馆编：《北京图书馆藏珍本年谱丛刊》（第43册），北京图书馆出版社
1999年版，第736页。

后世是较为风行的，甚至成为学者竞相仿效的对象，当然也是批评的目标。

李氏《阳明先生年谱后语》云："是春，予在济上刘晋川公署，手编《阳明年谱》自适，黄与参见而好之，即命梓行以示同好，故予因复推本而并论之耳。要以见余今者果能读先生之书，果能次先生之谱，皆徐、李二先生力也。若知阳明先生不死，则龙溪先生不死；鲁源、翰峰二先生之与群公于余也，皆不死矣。谱其可以年数计邪。同是不死，同是不死真人，虽欲勿梓，焉得而勿梓。"①李贽编纂阳明年谱，不止是为了将其生平做一系年式的排列，还是为了让人由其谱而读其书，由其谱而知其人，李氏对此也是颇具信心的，其与友人书信中多次提及，称之为"至妙"：

雪松昨过此，已付《焚书》《说书》二种去，可如法抄校付陈家梓行。如不愿，勿强之。《阳明先生年谱》及《抄》在此间梓，未知回日可印行否，想《年谱》当有也。此书之妙，千古不容言。《抄选》一依《年谱》例，分类选集在京者，在龙场者，在南赣者，在江西者，在庐陵者，在思、田者，或书答，或行移，或奏、请、谢，或榜文，或告示，各随处附入，与《年谱》并观，真可喜。士大夫携之以入扶手，朝夕在目，自然不忍释去，事上使下，获民动众，安有不中窾者乎？唯十分无志者乃不入目，稍有知觉能运动，未有不发狂欲大叫者也。待我回日，决带得来。②

我于三月二十一日已到济宁，暂且相随住数时，即返舟来矣。家中关门加谨慎为妙，尔方先生要为我盖佛殿及净室，此发心我当受之，福必归之，神必报之，佛必祐之。我于《阳明先生年谱》，至妙至妙，不可形容，恨远隔，不得尔与方师同一绝倒。然使尔师弟欠得十分十二分

① 北京图书馆编：《北京图书馆藏珍本年谱丛刊》（第43册），第332—333页。
② 张建业、张岚注：《与方伯雨》，《李贽全集注·续焚书注》（第3册），社会科学文献出版社2010年版，第37页。

亦快人，若照旧相聚，尔与令师亦太容易了也。①

从书籍流传而论，明末以来，李氏之谱流行而钱氏之谱阅者稀；至近世阳明全集流行，而李氏谱又渐隐矣。梁启超为民国时余重耀《阳明先生传纂》作序称："阳明先生，百世之师，去今未远，而谱传存世者，殊不足以餍吾侪望。集中所附《年谱》，诸本虽有异同，率皆以李卓吾所编次为蓝本。卓吾之杂驳诞诡，天下共见。故《谱》中神话盈幅，尊先生而适以诬之。若乃事为之荦荦大者，则泰半以为粗迹而不屑意也。"②梁氏虽掊击李卓吾，但由此可见李氏谱影响之大。李氏谱尚有题山阴王畿编订、温陵李卓吾删订者，《中国历代人物年谱考录》云："此谱署王畿编，恐是后人所托。盖当时王之名声较李为著，取李之删本，而冠以王氏之名。""李卓吾有后语一篇代序，其云：'年十四始读阳明书，喜其学，于是编其年谱。'由此可见，崇祯本署王畿编，实是后人所托。此本实系改编钱德洪本。"③据此，我们可以说，阳明年谱是在阳明学人的几代努力之下接续完成的。这些学人之间的学术主张有极为明显的差异，所以诸人所作阳明之谱也就有了千姿百态的样貌。

第三节　种果移花：内容异与同

我们知道，阳明年谱种类既多，内容差异在所难免；即便是同一版本，在流传中也辗转翻刻而出现错讹，更会因读者阅读而产生新的内容，故而校勘之学是年谱学研究的一个不可或缺方面。当然，首先是书目著录要有所区分，如谢巍《中国历代人物年谱考录》即将《全书》本和嘉靖四十三年（1564）单刻本视为同一部书的不同版本：

---

① 张建业、张岚注：《与汪鼎甫》，《李贽全集注·续焚书注》（第3册），第140页。
② 梁启超：《阳明先生传及阳明先生弟子录序》，王阳明：《王阳明全集（新编本）》卷五十二，吴光、钱明、董平等编校，第2147页。
③ 谢巍编撰：《中国历代人物年谱考录》，第274页。

《王文成公年谱》三卷《附录》二卷。

【谱主】王守仁，字伯安，幼名云，因筑室阳明洞讲学，学者称阳明先生，谥文成，馀姚人，成化八年壬辰九月三十日（公元1472年）生，嘉靖七年戊子十一月二十九日（公元1529年）卒，年五十七。

【编者】馀姚（明）钱德洪（洪甫）编，吉水（明）罗洪先（念庵）考订。

【版本】1.嘉靖四十三年（1564）赣州佐毛汝麒刊本（见存）〈北京、浙江〉

按：此本首有周相刻年谱引，次罗洪先序，又次胡松序。每叶十八行，行十八字，小字双行十八字，板心下方记刻工姓名，洁白皮纸印。浙图书目作嘉靖四十二年刻，误。此本无附录。

2.隆庆二年（1568）周恪等刊本《王文成公全书》附〈见存〉（北大、复旦、华师大、吉大、甘肃、南京、武大）

按：此本有附录二卷，为王畿辑。

3.隆庆六年（1572）新建谢廷杰于浙江刊本〈见存〉（浙江）

按：此本原附《王文成公全书》，疑与主书分离。涵芬楼曾藏有一部。[①]

这里，作者提醒我们阳明年谱存在两个不同版本的《全书》本和一个早期的单刻本。而且早期的单刻本和其后的《全书》本存在着版本内容上的差异。所以，从书目著录的一般规则来说，我们当然可以将《全书》本和单刻本分开著录，因为单刻本与《全书》本异同颇多，著者和版本均不相同。

民国以来，已有诸多学者注意到了此种情形，如古籍研究者毛春翔曾作《阳明先生年谱校记》一文刊于《浙江省立图书馆馆刊》（1935年第5期），今收入贾贵荣、耿素丽编《名人年谱》第5册（国家图书馆出版社2010年）。毛氏云，民国

---

① 谢巍编撰：《中国历代人物年谱考录》，第273页。

时浙江省图书馆曾印行过"浙江官书局版《王文成公全书》附录《阳明先生年谱》。善本书库另藏有明隆庆六年新建谢廷杰本及嘉靖四十三年毛汝麒刻本，取以互校，同异殊多"①。据毛氏所言，当年浙江省立图书馆所刊行的官书局本出自谢廷杰《全书》本，而毛汝麒刻本即是钱德洪编订本。毛氏以《全书》本和嘉靖本对勘，得两本差异处凡112条，除了版式差异、文字差异或错讹之外，毛氏对年谱内容方面出校记按语称："《明儒学案》姚江学派仅有刘晴川先生魁而无姓周名魁者，自以作刘魁为是。"②"嘉靖五年十一月无庚申，十二月十二日为庚申，应从嘉靖本。"③"嘉靖七年十一月廿九日丁卯下文云瞑目而逝，二十九日辰时也，则为丁卯无疑。盖乙卯乃十一月十七日也。"④"阳明先生卒于南安，其舆榇登舟必自南安而至赣后，其所如必为南康，盖南康为由赣至南昌必经之路也。此本与原本作南安均误，应从嘉靖本改定。"⑤凡此种种，可见在毛氏看来，毛汝麒刻本较之《全书》本较优。当然也有三种版本均为错误者。

又，据黄秀文《中国年谱辞典》载，马叙伦曾作《王阳明先生年谱校录》（《浙江省立图书馆报》第二卷）。马氏以浙江书局藏明新建谢氏原本、贵州祠堂明施邦曜《集要三编》本、余姚黄氏刻陶浔霍批注本校录。"谢本出钱绪山先生，最详；陶本出李卓吾，次之；施、俞皆简略。校录以谢本为主，因绪山手纂闻见亲切，详略中宜。凡一事各本概著录者，惟校其讹字；凡谢本有别本无者，则书某无；别本有谢本无者拈出之。谢本讹字或别本讹字，无疑者书某讹某，或书某某之讹；有疑者，书某作某。谢本有确系脱缺非简略者，据别本补正，

---

① 毛春翔：《阳明先生年谱校记》，贾贵荣、耿素丽编：《名人年谱》（第5册），国家图书馆出版社2010年版，第3092页。

② 毛春翔：《阳明先生年谱校记》，贾贵荣、耿素丽编：《名人年谱》（第5册），第3094页。

③ 毛春翔：《阳明先生年谱校记》，贾贵荣、耿素丽编：《名人年谱》（第5册），第3097页。

④ 毛春翔：《阳明先生年谱校记》，贾贵荣、耿素丽编：《名人年谱》（第5册），第3098页。

⑤ 毛春翔：《阳明先生年谱校记》，贾贵荣、耿素丽编：《名人年谱》（第5册），第3099页。

间从他书取证以期详实。"①则毛氏校订谢本与嘉靖本文字异同及内容差异，可能因马氏之文而来。另，《中国历代人物年谱考录》载"《长水先生文钞》卷三有《读文成侯阳明先生年谱》，也可参"②。该文为明人沈懋孝的读书笔记。

时过境迁，上述论文皆颇不易得，故无论是马氏还是毛氏之校勘，在今日阳明学研究中似乎少有提及者。学术之进步有赖于历代学者之努力，以及学术资料之搜集，信然。

嘉靖四十三年（1564）单行本和《全书》本之不同，为我们研究阳明学术提供了绝佳的资料。但是，如果我们将两种形态的阳明年谱视为同一书的不同版本，即将两书视为同一学者为了不同目的而作，我们就可能会根据目的论来解释其中的差异。比如杨正显《王阳明年谱与从祀孔庙之研究》比对了单行本与谢廷杰《全书》本，认为后者是"钱德洪等人为了阳明从祀孔庙的目的，将阳明事功、思想与行履的叙述往符合当时从祀标准的方向修改与塑造"。《全书》本通过种种巧妙的文字改写与说法隐晦了社会对阳明的质疑，"使得看《年谱》之人所接受到的阳明形象，不但是'文武合一'，且是行履端正、不愧屋漏的，亦是达到程敏政所要求的'无疵于公议'从祀标准。因此，在往后有关阳明的传记中，不论是官方撰述抑或是私家著述，对阳明的生平事迹与形象都只能有一种想像。全书本《年谱》中的王阳明是一个'合格'于当时从祀标准的'真儒'，而不是阳明自己所认为的'自反不缩''虽千万人吾往矣'的'豪杰'"③。作者说："究竟是为了什么目的，需要对《年谱》做删改呢？确实的理由与证据，笔者尚未寻找到，但仔细考察比对前后两个版本，'从祀孔庙'这个目的的确相当明显。假设真是为了从祀，那么谢廷杰所上的奏疏内容就相当重要了，因为后来的版本必定参照奏疏内容中所提到的标准进行删改。"④作者何以有如此看法呢？因为在他看来，无论

① 黄秀文主编：《中国年谱辞典》，百家出版社1997年版，第247页。
② 谢巍编撰：《中国历代人物年谱考录》，第276页。
③ 杨正显：《觉世之道：王阳明良知说的形成》，北京师范大学出版社2015年版，第322页。
④ 杨正显：《觉世之道：王阳明良知说的形成》，第296页。

是嘉靖四十三年（1564）单刻本还是《全书》本，都出自钱德洪之手，也就如前述年谱专家所载一样，将其书视为一个书的不同版本形态。这样，其内容的改变就不能从个人学术出发找原因，而是要从社会政治的原因出发，就可以轻而易举地将其中的某些差异予以解决了。不可否认的是，阳明全书的出版与阳明从祀有着密切关系。全书本《年谱》所确立的阳明图像仅仅是为了符合从祀标准的真儒？以政治意图来考察书史当然没有问题，但前提是要确定同一作者对同一文本做了较大的改动，否则容易流于一般性的解说，而无法说明其他的问题。比如，若以从祀的标准来考量阳明年谱的文字内容的改变，显然无法说明前述崔氏、庄氏刊刻阳明年谱的行动，也无法解释高攀龙所谓读年谱而知阳明宗主陆九渊的学有所入的种种论说，更无法理解李贽对阳明年谱的那种至妙感受。

政治的意图和读者的想象对于作品的产生及其理解有着至关重要的作用。如前文所论，嘉靖四十三年刊本并非钱德洪主导，而是另有其人，我们甚至可以说此毛汝麒刻本的主导者为罗洪先，所以该书特别标明"罗洪先考订"并非无关宏旨。而《全书》本为钱德洪主导或者谢廷杰主导，暂无证据表明罗氏参与其中。罗洪先与钱德洪两人虽然均为阳明后学，其学术取向不同或为文字差异的一个重要原因。故而，有必要对前人所著阳明年谱作更大范围的比较分析，以见阳明学风之变迁。此种分析的第一步则需要对年谱之纂集有一历史的了解，并对相关文字有所校勘，否则容易以读者的想象代替作者的苦心经营，或者以政治意图来说明学术异同。

单纯的文字内容的校勘尚不足以回应何以不同的问题。因此，我们需要注意到年谱的编纂者在纂集年谱时所持的立场问题，因为作者的意图往往会在文字中呈现出来。比如，有的年谱或者只是为了简要呈现谱主的一生大概的情形，所以纪事极为精简，这在诸多阳明年谱中对其生平事迹多简略记载的情形非常明显，如施邦曜《阳明先生集要·年谱》①、俞嶙《阳

---

① 参见王守仁原著，施邦曜辑评：《年谱》，《阳明先生集要》，王晓昕、赵平略点校，第13页。

明先生年谱》①载："七月，刻《古本大学》《朱子晚年定论》。"张问达《王阳明先生文钞》卷二十《年谱》载："七月，刻《古本大学》、刻《朱子晚年定论》，序之。"②此处仅仅纪刊书一事，看不出编纂者的明确写作意图，也无从考察刊书之背景与相关情形。从读者角度而言，是较为粗略的，或许正因如此，这三种年谱均未成为阳明年谱的典型。与此不同的是，单刻本、《全书》本与李贽本则因为纪事与文辞兼备，思想与历史并全，广为流传。

关于《古本大学》《朱子晚年定论》刊刻，在阳明学中至为关键，我们可以从此条记录一窥阳明年谱之内容差异、学者本人所持的理念与学术观念之演化。李贽《王阳明先生年谱》云：

> 七月，刻《古本》，序之。按：先生在龙场时，疑朱子《大学章句》非圣门本旨，手录古本，伏读精思，始信圣人之学简易明白。其书只为一篇，原无经传之分；格致本于诚意，原无缺传可补；以诚意为主而为格物致知之功，原不必增以敬字。③

此处，李贽不仅交代了阳明刊刻《古本大学》的时间，而且将朱子学与阳明学对立起来，以彰显阳明学术。这表明阳明后学的一种学术态度，即自觉将其学派与当时的官方主流的朱子学相区别。此种表述和《全书》本有着密切关系：

> 七月，刻古本《大学》。先生出入贼垒，未暇宁居。门人薛侃、欧阳德、梁焯、何廷仁、黄弘纲、薛俊、杨骥、郭治、周仲、周冲、周魁、郭持平、刘道、袁梦麟、王舜鹏、王学益、余光、黄槐密、黄蓥、吴伦、陈稷刘、鲁扶黻、吴鹤、薛侨、薛宗铨、欧阳昱，皆讲聚

① 北京图书馆编：《北京图书馆藏珍本年谱丛刊》（第43册），第705页。
② 北京图书馆编：《北京图书馆藏珍本年谱丛刊》（第43册），第404页。
③ 北京图书馆编：《北京图书馆藏珍本年谱丛刊》（第43册），第117页。

不散。至是回军休士，始得专意于朋友，日与发明《大学》本旨，指示入道之方。先生在龙场时，疑朱子《大学章句》非圣门本旨，手录古本，伏读精思，始信圣人之学本简易明白。其书止为一篇，原无经传之分；格致本于诚意，原无缺传可补；以诚意为主，而为致知格物之功，故不必增一敬字；以良知指示至善之本体，故不必假于见闻。至是录刻成书，傍为之释，而引以叙。①

何以要将阳明在龙场时思想变化置于正德十三年（1518）呢？钱德洪跋《大学问》说："《大学》之教，自孟氏而后，不得其传者几千年矣。赖良知之明，千载一日，复大明于今日。兹未及一传，而纷错若此，又何望于后世耶。"②在钱德洪看来，阳明学的良知之教，本于《大学》。在阳明学术活动中，关于《大学》特别是《古本大学》的记录颇为重要，故有必要加以详细表彰一番。钱德洪是阳明门人中极为重要者，他接触阳明时间较久，影响也最大。他的学术工作在很大程度上就是推重师说，把师说与当时的最主流的学术相提并论是一个很方便的选择。彼时，朱子学是学界所推重的，因此，钱氏将阳明学与朱子学加以对比，也就在情理之中。

这种将朱子学与阳明学二元对峙的学术主张，并不见得是所有阳明学人的共识，至少罗洪先就不这样看。罗洪先并未在阳明生前纳贽称弟子，故其论阳明之学更多地采用阳明著述原文。罗洪先曰："其见闻可据者，删而书之；岁月有稽，务尽情实；微涉扬诩，不敢存一字。大意贵在传信，以俟将来。而提督归安陆汝成梓于赣，是时亦有南京少司马命，年谱适传。洪先因订《年谱》，反覆先生之学，如适途者，颠仆沉迷泥淖中，东起西陷，亦既困矣。然卒不为休也，久之得小蹊径免于沾涂，视昔之险道有异焉。"③在《全书》本《年谱》中，"而提督"云云已删去。此句说明了年谱早期在江西赣州刊刻

---

① 钱德洪：《年谱一》，王守仁：《王阳明集》卷三十二，王晓昕、赵平略点校，第1054页。
② 王守仁：《大学问》，《王阳明集》卷二十六，王晓昕、赵平略点校，第828页。
③ 北京图书馆编：《北京图书馆藏珍本年谱丛刊》（第42册），第484页。

之事。而"年谱适传"改为"于是年谱可观"。"其见闻可据"云云者，则表明了罗氏对于阳明年谱的编纂意旨，即重在事实的准确性和思想表述的真实性，故单刻本载：

> 七月，刻《古本大学》。先生出入贼垒，未暇宁居。门人薛侃、欧阳德、梁焯、何廷仁、黄弘纲、薛俊、杨骥、郭治、周仲、周冲、刘魁、郭持平、刘道、袁庆麟、王舜鹏、王学益等讲聚不散。至是回军休士，始得专意于朋友，日与发明《大学》本旨。始刻《古本》，自为序，略曰："大学之道，诚心而已矣。诚意之功，格物而已矣。诚意之极，止至善而已矣。止至善之则致知而已矣。正心，复其体也；修身，著其用也。以言乎己，谓之明德；以言乎人，谓之亲民；以言乎天地之间则备矣。是故，至善也者，心之本体也。……圣人惧人之求之于外也，而反覆其辞。旧本析而圣人之意亡矣。"①

显然，这一记录严格遵照了罗氏对年谱的主张，交代了《古本大学》刊刻的基本情形，即该书是阳明在与诸门人弟子讲学过程中，为阐明其学说而作。此处并没有一句提及阳明学与朱子学之间的竞争关系，更没有前述钱德洪所谓阳明长期质疑并最终突破朱子学的描述。

相较三种版本的文字，我们可以看到，在嘉靖四十三年（1564）毛汝麒刻本中，编纂者并未专门强调阳明学与朱子学的差异，而是以其发明大学本旨作为主要论述原则，《全书》本则将阳明的对朱子《大学章句》的反思时间回溯至龙场时期，并且将其主张直接与朱子学对峙展现。《全书》本增加了若干阳明门人弟子名姓，又删去前一版本直接引用的阳明序文，增加了新的内容，概述性地表达了阳明学对于朱子《大学章句》的看法。后一种版本的文字对李贽年谱的影响是极为显著的。由此，我们也可以推知，李贽在纂集阳明年谱时，所本者为《全书》本。

---

① 北京图书馆编：《北京图书馆藏珍本年谱丛刊》（第42册），第591—592页。

第四节　在水兼葭：年谱影与迹

事实上，如果我们进一步考察阳明年谱，就可以看到，在阳明门人及其后学中，存在着下述三种不同的学术取向或者学术主张：一种主张阳明学与朱子学对立，故而年谱要揭示这种差异性；一种主张阳明学与朱子学融贯，故而年谱要呈现此种融洽感；一种主张阳明学本身就存在争议性，由此导致了学派的攻讦，甚无谓也，故年谱实事求是即可。

首先，主张阳明学是朱子学对立之学，阳明学之所以成为阳明学即在于其取代或者至少是破除了朱子学的某些基本预设。如耿定向《新建侯文成王先生世家》云：

> 先生在事，燕居则挽强习劳，出兵则跃马先驱。即倥偬中，时时朋来问学，挥尘谈道，其任事何勤，而神情又何暇裕耶。……其年，刻古本《大学》《朱子晚年定论》。报太和少宰罗整庵钦顺书，论格致甚辨；后报顾华玉璘书尤辨。而《拔本塞源论》发千古、万物同体旨，针砭俗习相沿痼弊，可俟百世者。二书具《传习录》中。薛侃等刻《传习录》，修濂溪书院以待四方来学。①

钱德洪《瀛山三贤祠记》云："余少业举子，从事晦庵《集注》《或问》诸说，继见吾师阳明夫子，省然有得于良知，追寻朱子悔悟之言，始信朱子学有原本，达圣道之渊微矣。故尝增刻《朱子晚年定论》，使晦庵之学大显于天下。观其《方塘》之咏，一鉴澄清，云影天光，上下掩映，想见其胸中空洞，万象森列。噫，亦何自而得此哉？源头活水，流而不息，言有本也。夫学莫贵于自得，斯逢源资深，道义之出无穷。"②又云："先师始学，求之宋儒。不得入，因学养生，而沉酣于二氏，恍若得所入焉。至龙场，再经忧患，而始豁

---

① 耿定向：《新建侯文成王先生世家》，《耿定向集》卷十三，傅秋涛点校，华东师范大学出版社 2015 年版，第 528 页。
② 钱德洪：《钱德洪集》，朱炯点校整理，宁波出版社 2019 年版，第 68 页。

然大悟'良知'之旨。自是出与学者言，皆发'诚意''格物'之教，病学者未易得所入也。每谈二氏，犹若津津有味，盖将假前日之所入，以为学者入门路径。辛巳以后，经宁藩之变，则独信'良知'，单头直入，虽百家异术，无不具足。自是指发道要，不必假途傍引，无不曲畅旁通。故不肖刻《文录》，取其指发道要者为《正录》，其涉假借者，则厘为《外集》。谱中所载，无非此意。盖欲学者志专归一，而不疑其所往也。"①在钱德洪看来，阳明学与世俗所谓朱子学截然不同，如有其所同，只不过是儒门一贯宗旨之所通，与世俗所谓宋儒之说大异旨趣，最低限度而言其所同者为朱子晚年定论，而非其他。

另外一种看法认为，阳明学的成就在于其独立思考，在于其回顾经典，并且以经典为依据，提出了颇有时代性和个性化的学术主张，正是这样的精神方才使阳明学得以挺立。如邹守益《王阳明先生图谱》云：

> 十四年己卯，先生至虔台。作《三箴》自儆。干戈倥偬中，日出射圃，切磋歌诗习射，若事无。门人王思、李中、邹守益、郭持平、杨凤、杨鸾、梁焯及冀元亨等偕至军中。致书杨士德、薛尚谦曰："破山中贼易，破心中贼难。区区剪除草窃何足为异，诸君扫荡心腹之寇，以收廓清平定，此诚大丈夫不世伟绩。"尝注《大学》《中庸》，自以所养未纯，不免务外，欲速毁。至是始出《古本大学》，为之序，及《修道说》。尝曰："致知二字，在虔时终日论此。"序文尝三易稿。②

邹氏图谱将阳明思想变化的时间推迟一年。值得注意的是，邹氏谱中所提到同至军中讲学论道者与钱谱所列举不同，这些人应是先后至阳明军中者。

---

① 钱德洪：《答论年谱书》，王守仁：《王阳明集》卷三十六，王晓昕、赵平略点校，第 1167 页。
② 北京图书馆编：《北京图书馆藏珍本年谱丛刊》（第 43 册），第 46 页。

第三种主张，认为前述两种态度多是阳明门人弟子或者阳明学人的信仰，事实上阳明学对于后世思想造成了混乱、争议，甚至是攻讦，对此而言仅仅年谱纪事即可，毋用赘词。在他们看来，阳明首倡的《古本大学》不仅是后世学术分裂的源头，也是学派分崩离析的缘由，故可以略去不谈，如杨希闵《明王文成公年谱节钞》于正德十三年（1518）条按语云：

> 又案：原谱于是年又有数目，曰刻《古本大学》，曰刻《朱子晚年定论》，曰刻《传习录》。此无关功业践履之要，徒生门户枝叶之辨。学究习气，互相攻讦，三四百年于兹。谓宜一切芟除，公之真面目、真骨髓乃益光莹精实。①

杨氏所谓原谱指的是《全书》本的钱氏谱。杨氏并不赞同阳明关于《大学》的阐释，这与清代学风相关，经过明末清初的社会思想动荡和转型，阳明之说即不再富有新意，故年谱编纂者不以为然。

再举一例，有关知行合一论，今人每每视为口头禅，然阳明当年提出此学说却并非一蹴而就者。李贽云：

> 四年己巳，先生三十八岁，在贵阳。提学副使席书聘先生主贵阳书院，因修葺书院而身率诸生事先生以师礼，舍见成宗师不敢居，而乃以驿丞为师。呜呼，以若所为，前有席元山后必待有李卓吾，千载真难匹矣。徐爱未会知行合一之旨。先生曰："《大学》言'如好好色'，见好色属知，好好色属行，只见色时已是好，非见后而始立心去好也。今人却谓必先知而后行，且讲习讨论以求知，俟知得真时方去行，故遂终身不行，亦遂终身不知。"盖知行合一，先生在龙场时，悟后教人语也。故附于此。②

---

① 北京图书馆编：《北京图书馆藏珍本年谱丛刊》（第43册），第506—507页。
② 北京图书馆编：《北京图书馆藏珍本年谱丛刊》（第43册），第98—99页。

年谱并非完全地替古人做传记，让古人在文字中再活一遍，而是要作谱之人与之互通声气，互感互进，在此谱主成为写作者之师范和友朋，同样，读者也能从中感受到作者的苦心。在李贽的阳明年谱中，他往往以自己的体会融入其中，故而一再称之为妙不可言，此处即一明证。李贽说，知行合一论是阳明在龙场悟道之后提出的学术主张，也以此来引导其门人与后学。不过，李贽更看重的是席殊师事阳明。我们也可以说，在李氏所处时代，经过阳明学人的大力推广，知行合一论已经成为人所共知者，无需多费口舌。但在此前，阳明学人却对此说的形成颇费力气，他们需要对相关的文字和故事进行细致地处理，以满足不同人群的需要。

我们看到，嘉靖四十三年（1564）单刻本与《全书》本文字关于此年的论述差异非常大，不仅仅有文字修润，还有其他一些可供我们思考的细节。以下用下划线形式标示其不同处。单刻本云：

> 四年己巳，先生三十八岁，在贵阳。提学副使席书聘主贵阳书院。是年先生始悟知行合一。始，席元山书提督学政，问朱陆同异之辨。先生不答，而告以所悟，元山怀疑去。明日复来，证之《五经》、诸子，渐觉有省。继是往复数四，乃豁然大悟，谓："圣人之学复睹于今，朱陆异同，各有得失，无事辨诘。"遂与毛宪副修葺书院，身率贵阳诸生以所事师礼事之。〇后徐爱因未会先生知行合一之训，决于先生。先生曰："试举看。"爱曰："如今人尽有知得父当孝，兄当弟，却不能孝不能弟，便是知与行分明是两件。"先生曰："此已被私欲隔断矣。圣贤教人知行，正是要复那本体。不是着你只恁的便罢，故《大学》指个真知行与人看，说'如好好色''如恶恶臭'。见好色属知，好好色属行，只见那好色时，已自好了，不是见了后又立个心去好；闻恶臭属知，恶恶臭属行，只闻那恶臭时已自恶了，不是闻了后别立个心去恶。就如称某人知孝、某人知弟，必是其人已曾

行孝行弟，方可称他知孝知弟；<u>又如知痛必已自痛了方知痛，知寒必已自寒了方知寒。此便是知行的本体。不然只是不曾知，此却是何等紧切着实的工夫。</u>"爱曰："古人说知行做两个，亦是要人见个分晓，即工夫始有下落。"先生曰："此却失了古人宗旨也。某尝说'知是行的主意，行实知的功夫；知是行之始，行实知之成。'<u>若会得时，只说一个知已自有行在。古人所以既说一个知，又说一个行，</u>只为世间有一种人，<u>懵懵懂懂</u>的任意去做，全不解思惟省察也，只是个冥行妄作，所以必说个知方才行得是；又有一种人，茫茫荡荡，悬空去思索，全不肯着实躬行也，只是个揣摸影响，所以<u>必说一个行，方才知得真。此是古人不得已补偏救弊的说话。若见得这个意时，即一言而足。</u>今人却就将知行分作两件去，故以为必先知了然后能行。我如今且去讲习讨论、做知的工夫，待知得真了方去做行的工夫，故遂终身不行，亦遂终身不知。<u>此不是小病，其来已非一日矣。某今说个知行合一，正是对病的药，又不是某凿空杜撰。知行本体原是如此。今若知得宗旨时，即说两个亦不妨，亦只是一个。若不会宗旨，便说做一个，亦济得甚事，只是闲说话。</u>"○书院旧有妖，守者以告。先生藏灯按剑坐后堂，将二鼓，<u>黑气撞门入，拔剑腰斩之，血淋淋逾墙，大喊去。妖遂息。</u>[1]

而《全书》本云：

四年己巳，先生三十八岁，在贵阳。提学副使席书聘主贵阳书院。是年先生<u>始论知行合一</u>。始，席元山书提督学政，问朱、陆同异之辨。<u>先生不语朱、陆之学，而告之以其所悟，</u>书怀疑而去。明日复来，<u>举知行本体证之《五经》、</u>诸子，渐有省。往复数四，豁然大悟，谓"圣人之学复睹于今日。朱、陆异同，各有得失，无事辩

---

[1] 北京图书馆编：《北京图书馆藏珍本年谱丛刊》（第 42 册），第 513—515 页。

诘，求之吾性本自明也"。遂与毛宪副修葺书院，身率贵阳诸生，以所事师礼事之。○后徐爱因未会先生知行合一之训，决于先生。先生曰："试举看。"爱曰："如今人已知父当孝，兄当弟矣，乃不能孝弟，知与行分明是两事。"先生曰："此被私欲隔断耳，非本体也。圣贤教人知行，正是要人复本体，故《大学》指出真知行以示人，曰：'如好好色，如恶恶臭。'夫见好色属知，好好色属行，只见色时已是好矣，非见后而始立心去好也；闻恶臭属知，恶恶臭属行，只闻臭时，已是恶矣，非闻后而始立心去恶也。又如称某人知孝，某人知弟，必其人已曾行孝行弟，方可称他知孝知弟：此便是知行之本体。"爱曰："古人分知行为二，恐是要人用工有分晓否？"先生曰："此正失却古人宗旨。某尝说知是行之主意，行实知之功夫；知是行之始，行实知之成，已可理会矣。古人立言所以分知行为二者，缘世间有一种人，懵懵然任意去做，全不解思惟省察，是之为冥行妄作，所以必说知而后行无缪；又有一种人，茫茫然悬空去思索，全不肯着实躬行，是之为揣摸影响，所以必说行而后知始真。此是古人不得已之教，若见得时，一言足矣。今人却以为必先知然后能行，且讲习讨论以求知，俟知得真时方去行，故遂终身不行，亦遂终身不知。某今说知行合一，使学者自求本体，庶无支离决裂之病。"①

上述两种年谱此一处文字差异极大，内容也相应有了变化，基本上每一句话都有所改动。我们以为这样的差异至少说明了三个问题：

第一，单刻本所坚持的是一种口语化和故事性的表达，而《全书》本则倾向于学术性和典雅化。明代印刷事业发达，士子们对于读物的需求在不断提升，一般的读书人对于故事性书籍的兴趣远大于学术性的著作，这一点直到今日也是如此。

---

① 钱德洪：《年谱一》，王守仁：《王阳明集》卷三十二，王晓昕、赵平略点校，第1032 页。

因此，我们可以大胆推测单行本所设想的年谱读者是社会上的一般读书人，所以文字尽量具有时代的特色，故事尽量生动有趣。事实上，这也是阳明学的一个特点，余英时称之为觉民行道，"这可以说是儒家政治观念上一个划时代的转变，我们不妨称之为觉民行道，与两千年来得君行道的方向恰恰相反。他的眼光不再投向上面的皇帝和朝廷，而是转注于下面的社会和平民"①。通过年谱来让更多的人知晓阳明其人、其事，让人产生一种神秘感、亲切感和认同感，

　　第二，按照单刻本的说法，则阳明知行合一说是在与人讨论中不断深化的，也是在经典的讲习中不断深入的，更是得到了诸如席书等人辩难的助益；而《全书》本修订后则看不到此种辩难的效果，或者至少是在一定程度上弱化了阳明学在创立时期诸友之间思想激荡的情形。

　　第三，单刻本对引文的处理尽量保持完整性，故事保留了时代性；而《全书》本则对引文进行了一定程度的删改，并对某些故事性的文字进行了处理。这些是否为了从祀的需要，我们不得而知。因为全书中在他处已收录全文，年谱中作省略处理也是再正常不过的。但一个明显的企图应是为了学术的纯正性和严肃性，而非以此来吸引一般士人的注意力。事实上，《全书》卷帙浩繁，倘若非为学术，或心向阳明之学，估计少有问津者。相反，单刻本则并不以学术严肃性作为第一要务，诚如罗洪先《阳明先生年谱考订序》所说："善学者竭才为上，解悟次之，听言为下。盖有密证殊资，嘿持妙契，而不知反躬自求实际，以至不副夙期者，多矣。固未有历涉诸难，深入真境，而触之弗灵，发之弗莹，必有俟于明师面临，至语私授，而后信久远也。洪先谈学三年，而先生卒，未尝一日得及门。然于三者之辨，今亦审矣。学先生之学者视此何哉？无亦曰是必有待乎其人，而年谱者固其影也。"②单刻本的意图，

① 参见余英时《宋明理学与政治文化》第47页。值得注意的是，余英时在论述阳明关于龙场悟道相关细节时，所使用的资料是《全书》本的材料，难免受到《全书》本的影响，他认为阳明从此不再关注现实的政治，从政治社会一头转向社会政治。本书第三章已说明此种论点尚可商榷。
② 北京图书馆编：《北京图书馆藏珍本年谱丛刊》（第42册），第485—486页。

此言已明矣。

由此可见，阳明年谱的编撰颇为复杂，一方面它是对阳明一生学术、事功的揭示，同时更是对阳明学者本身的一种考验，它绝非一简单纪事日志，而是透过事件的叙述来反应不同时代学人对于前贤的认同和对学术思潮的反思。同时，作者的观念，受众的考量等等，均会导致文本的差异和故事的变化。

2018年，贵州大学出版社出版的《王阳明年谱辑存》整理本二册，收录阳明年谱11种，包括钱德洪《阳明先生年谱》、邹守益《王阳明先生图谱》、施邦曜《阳明先生年谱》、张问达《王阳明先生文钞》、杨希闵《明王文成公年谱节钞》、刘原道《阳明先生年谱》、李贽《阳明先生年谱》、陈澹然《王文成公年纪》、陈筑山《王阳明年谱传习录节本》、佚名《王文成公年谱节略》和余重耀《阳明先生传纂》，汇集了编校者所知的重要阳明年谱，为学界提供了便利。点校者谓："欲了解阳明学术文章，必先熟稔阳明之生命历程。阳明事迹，史有所载，然多有简略之失，不如年谱记载之详瞻也。"①诚然，诚然。

小结

简而言之，作者的差异和读者的不同，思想的演变，时代的变迁，是阳明年谱呈现出多彩样貌的多重因素。至于其中是否充满了权力的考量，则少为学者所措意也。所以，我们阅读阳明年谱时，需多方考索、细致思考，以某一作者的某一年谱作为唯一的论据，显然是不够的；而阳明学之研究对于年谱资料的使用亦应保持一定程度上的清醒。

---

① 龚晓康等点校：《点校说明》，《王阳明年谱辑存》，贵州大学出版社 2018 年版，第 1 页。

第五章

学术赞助人：天真书院刻《阳明年谱》

从来治国学者，惟考核之业，少招浮议，至于义理之言，不遭覆瓿，即是非纷至。

——熊十力《原儒·序》

"树暝栖翼喧，萤飞夜堂静。……安得驾云鸿，高飞越南景。"①此诗为阳明贬谪至贵州，苦索人生时期的作品。彼时，正是他探求人生真理的关键时刻，面对着林莽秋风、静夜琼月，他想到的是如何让自己的一生更有意义，或者说是如何才能完成一生的梦想。在他看来，无论如何，我们的一生都将过去，但不能没有梦想，因为失去了梦想，也就真的一无所有了。对人生而言，梦想自然是内驱之力；对历史而言，想象也必然是创造之力。当阳明及其思想成为遥远的故事之后，我们要感受他的人生，除了看他的文字之外，还有一个关键的依据，那就是年谱。一部好的年谱，就是一个人一生的缩影，能给人以精神的激励，同时也能带来学术的启迪。

阳明年谱和其他传记作品一样，都是历史编纂的重要作品。这类作品不仅要对逝者一生进行回顾和总结，更希望借此表达某种社会的期待。②在本书第四章中，我们初步讨论了阳明年谱呈现出诸多版本的原因所在，认为政治权力与学术传播之间存在着某种关联，但由于写作该章时尚未看到藏于日本的另一种嘉靖末年刊本年谱，无法围绕三种版本展开细密的考察。经钱德洪之手编定的《阳明先生年谱》单刻本，除了国内较为常见的国家图书馆藏嘉靖本（以下简称"国图本"）③之外，尚有一日本蓬左文库藏嘉靖本（以下简称"文库本"）。

---

① 王守仁：《秋夜》，《王阳明集》卷十九，王晓昕、赵平略点校，第622页。此诗中间八句即本篇标题所用者。

② 参见崔瑞德、牟复礼：《剑桥中国明代史：1368—1644》（上卷），张书生等译，中国社会科学出版社1992年版，第727页。

③ 北京图书馆编：《北京图书馆藏珍本年谱丛刊》（第42册），第469—782页。此外，据《中国古籍善本书目》，浙江图书馆、天一阁博物馆和安徽省博物馆也藏有此本。天一阁博物馆藏该本，有缺叶。详见李开生《明嘉靖本研究》第289—290页。据李开生考订，胡松除了参与《阳明先生年谱》之外，还赞助了明王应电《周礼传》的吴凤瑞刻本刊刻，该书刊于嘉靖四十二年。吴凤瑞说："今秋（嘉靖四十二年，1563），少司马柏泉胡公以巡抚江西，搜求隐逸，大兴典礼，因得是，传檄凤瑞梓之。"（李开升：《明嘉靖刻本研究》，中西书局2019年版，第285页）

据相关书目文献信息可知，文库本有作于嘉靖癸亥（四十二年，1563）的胡松、钱德洪（1496—1574）序言，被学者视为初刻；国图本有作于嘉靖甲子（四十三年，1564）的周相序言，学者以此为再刻。这两个本子与《全书》中年谱关系密切，可以说这三个不同版本的年谱，为我们理解阳明学的学术展开提供了历史的线索，如果我们能以这三部书做对勘，不仅能看到阳明门人弟子是如何努力去传播师门宗旨的学术活动，还能从书籍史和思想史的视域对阳明学展开新的讨论。

由于文库本秘藏东瀛名古屋，至今不为国内学者所熟知，我自然也不例外。然而，很多事情总会在不经意间实现，经友人协助，我看到了文库本。2022年10月，此书的整理本由北京燕山出版社出版，为国内阳明学研究增加一部新的老资料，也为国内的古籍回归书写一段新故事。本章将初步揭示这一稀见年谱的主要版本特征，并以此为契机展开明代出版事业赞助人制度的考察，希望通过作为阳明学关键文本的阳明年谱之刊行检讨版本学何为这一课题。

第一节　遥穷晴月：蓬左文库秘本

文库本长期不为中外学者所知。首先披露浙江图书馆和蓬左文库藏有天真书院本《阳明先生年谱》的学者是阳明学研究者钱明[1]，其后则有版本目录学家严绍璗[2]、阳明学者永富青地[3]和余樟华[4]。他们几乎毫无例外地都认为阳明年谱初刊于嘉靖四十二年。钱明推测，钱德洪等人编纂的年谱，在嘉靖四十二年由胡松、王健等刊于杭州天真书院。其后，钱德洪又于隆庆二年（1568）对该书进行了增订，即后来的《全书》本。而且，此《全书》本在内容上与文库本基本一致，只有繁简的区别。他认为删去的部分多因《全书》本在其他处有了全文，故不用再录云云。

---

[1] 钱明：《〈阳明全书〉的成书经过和版本源流》，《浙江学刊》1988 年第 5 期。
[2] 参见严绍璗编著：《日藏汉籍善本书录》。
[3] 参见永富青地：《王守仁著作之文献学的研究》。
[4] 参见余樟华：《王学编年》。

对此，永富青地提出了质疑。他在《王守仁著作之文献学的研究》中以"钱德洪撰、罗洪先考订《阳明先生年谱》"为题介绍了国图本和文库本。他认为钱明所谓《全书》本是在文库本的基础上删订的说法并不妥当。浙江图书馆藏本和蓬左文库藏本并非同一个版本，前者与国图本一致，已有影印版本，较为学界熟知，后者则是孤本。永富氏认为，文库本、国图本与《全书》本在内容上有一致之处，也有相异之处，差异处很多。故而永富氏推测，在文库本与国图本之外，应当另有一本，或许就是钱明所谓隆庆二年（1568）增订本，这一未知的年谱才是《全书》本的真正来源。只不过这一年谱是否存世，并不可预料了。①

比勘国图本、文库本和《全书》本的内容可知，《全书》本未必就仅仅是对文库本的删繁就简那么简单。而且，文库本的刊刻时间晚于国图本，即年谱的初刊非出于天真书院，而是出于毛汝麒等人。或许是因为未见文库本的真面目，所以学者抱持着《全书》本与文库本"在内容上基本一致"的想象，对这部年谱的关切度极低。

实际上，不仅国图本在阳明学研究中具有重要价值，文库本同样具有相当关键的文献意义。

文库本计七卷，装订为2册。四周单边，白口。半叶六行行十七字，小字双行同。前有胡松《刻阳明先生年谱序》（1563）、钱德洪《阳明先生年谱序》（1563）。正文七卷，分别是：卷一，成化八年至正德十年（1472—1515）；卷二，正德十一年至十三年（1516—1518）；卷三，正德十四年至十五年（1519—1520）七月；卷四，正德十五年八月至嘉靖二年（1520—1523）；卷五，嘉靖三年至五年（1524—1526）；卷六，嘉靖六年至七年六月（1527—1528）；卷七，嘉靖七年七月至嘉靖八年（1528—1529）。

版心：上黑鱼尾，上题"阳明先生年谱"，下题"卷之几"；下线鱼尾，上标页码，下空白。无刻工姓氏。字体是典

---

① 参见永富青地：《王守仁著作之文献学的研究》，第452—453页。永富书为日文，此处得王广生教授翻译方知其详。

型的版刻"宋体"。钱德洪序为手写上板，类馆阁体。卷四有
手书"阳明先生年谱卷之四"。字体与卷首钱序一致，或许两
者同出一手，是否为钱德洪手迹则有待进一步考证。

卷端：大字题"阳明先生年谱卷之几"。卷一下小字
注："天真书院版。"全书仅此一处标示该书版属天真书院。

卷数之后小字七行，为编纂刊刻人署名：门人余姚钱德
洪编述、（门人）山阴王畿补辑，后学吉水罗洪先删正，（后
学）滁上胡松、江陵陈大宾、揭阳黄国卿校正，（后学）漳浦
王健校刻。

各卷正文在署名之后一行。故各卷卷端有大字三栏，小字
七栏。余下正文页面皆大字六栏。据严绍璗的著录信息，此为
日人于晚明崇祯二年（1629）时从中国购买的书籍，尾张藩主
旧藏，后归蓬左文库。①

版刻的其他形制方面与国图本类似，皆将某年岁顶格，
其他内容均低两格、小字。有黑框（黑底白字）标出本年最关
键的事项，如"是年先生有志圣学""是年先生为宋儒格物之
学"等。与国图本不同的是，该本的小字内容直接跟在大字后
面，不另起一行书写。如果不看内容，只看排版样式的话，
《全书》本采取了国图本的版式，即大字之后保留空白，小字
部分另起一行且低两格书写。但《全书》本在关键事项的格式
上却与文库本相同。因此，我们并不能全然认定《全书》本一
定就是根据某本而来，毕竟《全书》本亦未对此予以明确的说
明。《全书》本与两种单行本之间的复杂关系，由于缺乏相关
资料，不能做出绝对的判断。

在文字内容方面，文库本、国图本和《全书》本有着较
大的差异。文库本和国图本都收录了已经列入《全书》中的诸
多文本，但《全书》本并非仅仅对文库本或国图本进行删定那
么简单，在一定程度上来说，《全书》本是经过编者的重新编
辑工作而成的一部新书。同样的，文库本、国图本也各自经过
了编辑者的处理，并非年谱编定者钱德洪的原稿直接刻板刷
印。如果我们希望通过校订三部书得到一个最终的定本，或者

---

① 参见严绍璗编著：《日藏汉籍善本书录》，第543页。

说希望通过校勘三部书得到一个更加符合作者原意的本子，实际上是不太可能的。比如，关于知行合一说。文库本正德四年（1509）注明"是年，先生有知行合一之说"，国图本说的是"是年，先生始悟知行合一"，而《全书》本则标目为"是年，先生始论知行合一"，虽然只有说、悟、论的一字之差，看起来也没有什么意思的变化，但对考据学者来说，这样的变化令人迷惑。阳明在贵州的时期到底是他知行合一学说的创立期、阐发期，还是完善期呢？在国图本和《全书》本中都有阳明与徐爱论知行合一的故事，虽然两本之间有文字的异同，但毫无例外是为了让读者更加明了知行合一的主旨为何，奇怪的是文库本中没有这样的故事，却有一段编者说明：

> 始，席元山书提督学政，问朱、陆同异之辨。先生不语朱、陆之学，而告之以其所悟。元山怀疑而去。明日复来，证之以《五经》、诸子，渐觉有省。继是往复数四，乃豁然大悟，谓"圣人之学复睹于今日。朱、陆异同，各有得失，无事辩诘，求之吾性本自明也"。遂与毛宪副修葺书院，身率贵阳诸生，以所事师礼事之。

> 先生以晦庵分知行为进学之次第，先之以格致，而于知无不明，然后实之以诚正，而于行无所缪，是使学者影响测忆以求知，而不知性体有自然之明觉也；拘执固滞以为行，而不知性体有自然之感应也。本体知行，原无可间，故功夫不得以有二，乃立"知行合一"之说，使学者自求本体而知行不缪，庶无支离决裂之病。[①]

"先生以"至"决裂之病"一段在国图本、《全书》本中均无。类似这样多出的段落在文库本中比比皆是。文库本的出现为我们进一步讨论阳明年谱的形成及其社会思想价值提供了

[①] 钱德洪编述，王畿补辑，罗洪先删正：《阳明先生年谱：天真书院本》，向辉、彭启彬点校，第23页。

新的史料。①如果对文库本进行全书的校理，将其整理出来，定能为阳明学研究提供相当有价值的历史文献。

由于文库本、国图本的题名一致，同时也与《全书》本有着密切关系，这就让人不得不产生这样的疑问：同一个人（钱德洪）为何会写出三部内容差异如此之大的书呢？如果我们认为《年谱》的编纂者就是钱德洪，并进而认为编纂者不仅能把控编纂过程，还能对书籍的刊刻进行有效的干预，一定会有这样的困惑。但是，如果我们跳出编纂者本人，从书籍刊刻的过程来思考的话，或许提出的问题就截然不同了。

对于版本学来说，判定一部书的基本要件是：书名、卷数、著者、版本。如果能够对这四项进行著录，也就基本上达成了书目的基本要求。不管是前代的书目，还是当代的书目，从繁到简，这四个项目都是必不可少的。因为常识告诉我们，这些项目是我们了解一部书的最基本的信息，也是最重要的信息，只要有了这些信息，我们就可以进一步去了解所需要的其他书本信息。显然，这样的书目信息只能针对所谓的品种来说，而对于有着很多不同版本的同名或者异名书籍而来就需要进一步去说明了。因此，对《阳明先生年谱》之类的著述加以细致的考察，不管是版本目录，还是文献，抑或是历史哲学，都将有其积极的意义。

第二节　低檐峰影：赞助人的迷案

首先，我们认为，从赞助人的角度理解一部书的制造过

---

① 比如有学者认为，《全书》本和国图本出现巨大文字差异的原因在于钱德洪为了阳明先生从祀而作的"造神"式的操作。文库本的出现，则其说不售矣。如果阳明学人仅仅为了从祀就可以不顾当世的基本学术规则，在著述上乱动手脚，不仅蒙骗了时人，还欺瞒了后世十数代人，这实在是对历史的一种臆说。但如果没有文库本的出现，这种从祀假说的确能够成立，因为《全书》本和国图本之间就是有着诸多的明显的差异，其中不少差异如何解说，只能依靠学者的想象力。详见杨正显：《觉世之道：王阳明良知说的形成》，第286页。

程，是相当有必要的。①晚明时期，阳明学著作著述大都是在官方赞助人的支持下得以问世的。据国家图书馆编纂的《王阳明著述序跋辑录》《王阳明著述提要》可知：《阳明先生则言》二卷，明嘉靖十六年刻本。赞助人是浙江周文规。应良说："文江周子按浙任，道担当以作人为最先事。且属临海令岷川刘子曰，子其志夫子之志，广《则言》之传于人人，良也。"②薛侃说："或质诸周子文规，曰：然。遂命锓之。"③也就是说，该书是阳明门人薛侃求助当时浙江主官周文规，周氏让临海县负责具体刊行事务的。

《传习录》三卷《续录》二卷的第一任赞助人是绍兴府主官南大吉。他于嘉靖三年（1524）："故命逄吉弟校续而重刻之，以传诸天下。"④这一版本流行十几年之后，书版开始模糊，于是王畿、钱德洪等先后寻求新的赞助人刊行。嘉靖二十九年（1550），王畿说南大吉刊本行世二十余年，"传且久，漶阙至不可读，学者病之。畿乃谋诸郡倅萧子奇士，命江生涌检勒，得其漶且阙者若干篇付工补刻，而二册复完"⑤。萧奇士（萧彦）是这一刊本的赞助人。萧彦《重刻传习录后跋》说："阳明先生之学，一贯之学也。先生以明睿智资，豪杰之才，凡先圣之微辞奥旨，超然默契于数千载之下。今其见诸阐明者，其或与文公朱子有异，要之，各就其所见而期以继往开来者耳。孟子曰：君子亦仁而已矣，何必同学者果于是而潜心焉，其从违之辨，亦当有以自得之矣。故谓文公为支离者，非也；谓先生为求异于文公者，亦非也。是义也，传习之

---

① 研究明代史籍的专家傅吾康先生在《剑桥中国明代史》撰写的《明代的历史著述》中曾注意到明代出版事业的赞助制度。他通过对地方志编纂出版考察，认为地方志在四部书的分类中列入史部地理类是有问题的，比较恰当的是列入政书类，因为地方志描述的一个行政区范围的政治生活的全部情况，而且"它们（地方志）的主要用途是作为地方官员的参考手册，因为地方官员通常是外地人，需要它们提供有关该地区行政的一切情况。此外，编辑和出版这类手册，提高了一个地区的声望。赞同方志的出版，被看成是一种促进地方上的自我认同和团结的行动"［崔瑞德、牟复礼：《剑桥中国明代史：1368—1644》（上卷），张书生等译，第743—744页］。
② 应良：《则言叙》，李文洁等编纂：《王阳明著述序跋辑录》，第9页。
③ 薛侃：《阳明先生则言序》，李文洁等编纂：《王阳明著述序跋辑录》，第11页。
④ 南大吉：《刻传习录序》，李文洁等编纂：《王阳明著述序跋辑录》，第14页。
⑤ 王畿：《重刻传习录序》，李文洁等编纂：《王阳明著述序跋辑录》，第88页。

录，其要也。是录之刻，迄于今，廿有七年矣。彦备员兹郡，访之龙溪王先生，欲求数十部以遗同志，而旧梓之漫毁而缺失者几半矣。谨捐俸鸠工而补刻之，庶先生开示来学之意为不泯也。时嘉靖二十九年庚戌岁仲秋月吉日判绍兴郡事吉水东治萧彦书于府署之观我亭。"①可知，绍兴府刊刻的《传习录》自南大吉为赞助人之后，尚有萧彦。萧彦当时是绍兴府通判，他在此任职的时间是嘉靖二十七年（1548）至二十九年。

过了三年，阳明学人又求得赞助人，刊行了一本。这次是由刘起宗请求宁国府泾县知县丘时庸赞助刊行的。钱德洪说："去年秋，会同志于南畿。吉阳何子迁、初泉刘子起宗，相与商订旧学。谓师门之教，使学者趋专归一，莫善于《传习录》。于是刘子归宁国，谋诸泾尹丘时庸，相与捐俸，刻诸水西精舍。"②钱德洪寻找到泾县县令漳浦丘时庸，丘氏赞助刊行之。也就是说，赞助刊行的地方政府主官至少是一县令。当时泾县有一书院名为水西精舍，该刊本也在此完工。③

至于流传广泛的《阳明先生文录》，也离不开官方赞助。嘉靖三年（1524）阳明门人邹守益因参与大礼议事件被贬谪到安徽广德州任州判职，即当地政府主官的二把手。在广德期间，邹守益除外协助主官的工作之外，还主导建立了复初书院，或许即以此为基础刊行阳明及其他相关著作，比如《谕俗礼要》《训蒙诗要》和《阳明先生文录》等。而且，嘉靖六年（1527）邹守益也因为在广德期间有政绩，升迁为南京礼部主客司郎中。刊行阳明及其他人的著述或许也是他政绩的一个重要的指标。钱德洪说："嘉靖丁亥四月，时邹谦之谪广德，以所录先生文稿请刻。先生止之……谦之复请不已，先生乃取近稿三之一，标揭年月，命德洪编次。……德洪复请不已，乃许数篇次为附录，以遗谦之。今之广德板是也。"④显然，先有嘉靖三年苏州府知府南大吉赞助刊行《传习录》，后有嘉靖六

① 王守仁：《阳明先生文录》，国家图书馆藏明嘉靖刻本。
② 钱德洪：《续刻传习录序》，李文洁等编纂：《王阳明著述序跋辑录》，第19页。
③ 丘时庸还作为赞助人刊行了《泾县志》十一卷，该书署名为"漳浦丘时庸校刊"。见李开升：《明嘉靖刻本研究》，第231—232页。
④ 钱德洪：《刻文录叙说》，李文洁等编纂：《王阳明著述序跋辑录》，第107页。

年左右广德州赞助刊行《阳明先生文录》。邹守益任广德州通判，与前述萧彦的职位类似。

阳明门人中，薛侃、钱德洪等是其著作的编辑者，而邹守益等则是主要的刊刻赞助人。钱德洪等人编好书稿后，即寻求赞助人以能将书稿变成刊本。黄绾说："洪甫（钱德洪）携之（《阳明先生存稿》）吴中，与黄勉之重为厘类，曰《文录》、曰《别录》。谋诸提学侍御闻人邦正刻梓以行。"①闻人诠当时是浙江提学，可以做刻书赞助人，刻印了《阳明先生文录》五卷《外集》九卷《别录》十卷。值得注意的是，此书虽然被定为嘉靖十四年（1535）刊本，但有阳明门人邹守益写于嘉靖十五年（1536）的一篇序。我们知道，邹守益不仅赞助刊刻了第一部《阳明先生文录》，也是此后阳明年谱的总裁，他长期在政府教育文化部门任职，曾出任南京国子监和南京翰林院主官等职，他作为赞助人出现在诸刊本阳明文献中都是可以想见的。

这是应邀成为赞助人的，也有主动成为赞助人的。比如嘉靖三十二年（1553）宋仪望出任河东主官，他就刊行了一部《文录》。宋仪望说："阳明先生文集始刻于姑苏，盖先生门人钱洪甫氏诠次之，云自后或刻于闽、于越、于关中，其书始渐播于四方学者。嘉靖癸丑春，予出按河东，河东为尧舜禹相授受故地，而先王之学则固由孔孟以溯尧舜。于是间以窃闻先生绪言语诸人士而若有兴者。未几，得关中所寄先生全录，遂橥而刻之。"②在宋仪望之前，范庆也做过类似的工作，他说："阳明先生遗集传于世者，有《存稿》《居夷集》《文录》《传习录》。门人绪山钱子乃并之曰《文录》，复取先生之奏疏、公移，厘为《别录》，合刻于吴郡，惟《传习录》别存焉。未几厄于回禄，版遂残缺。嘉靖甲辰庆来守兹郡，亟求焉，仅得《文录》版什之二三，然鲁鱼亥豕犹未免也。《别录》盖荡无存矣。爰重加校葺，而补其奏疏二十三篇，汇为

---

① 黄绾：《阳明先生文录序》，李文洁等编纂：《王阳明著述序跋辑录》，第83页。
② 宋仪望：《河东重刻阳明先生文集序》，李文洁等编纂：《王阳明著述序跋辑录》，第92页。

《文录》，以《传习录》附于卷后，别为《语录》，凡为卷共二十。庶可以见先生之全书云。……庆不敏，生也晚，不获从先生之门，犹幸诵其遗训，愧未之能学也。梓成，敢僭识于简末。"①范庆在任苏州知府，也即吴郡郡守时，主动充当了编辑刊刻阳明著述的赞助人。按照范庆的说法，在苏州府原有钱德洪等人编辑的阳明著述的版片，因为遭遇水火灾害，这些版片只有极少留存。等他上任时，他以知府的名义让下属吴县儒学教谕许赟与长洲县儒学训导华锚和张良才具体办理重新刊行的相关事宜。另外，还有巡按陕西监察御史间东也充当过赞助人，他说："东按西秦，历关、陇，见西土人士俊髦，群然皆忠信之质也。因相与论良知之学，尽取先生《文录》，附以《传习录》并《则言》共若干卷刻之。"②临漳县令赵友琴说："友琴生也晚，款启寡闻。夫也不知文，不知先生之文，而窃有志于先生良知之学脉也。谬刻而序之，以公诸同志。"③由此可见，阳明著述的编纂者是一个群体，而刊行者则主要是自省级的总督巡抚、府州的长官佐贰，到县级的县令教谕等，他们在政策许可的情况下，将阳明著述的刊刻纳入政府文教事业之中，让阳明的著述得以问世、传世。

从地方的官刻本的制造过程来说，赞助人或者应邀，或者主动，先将某书的刊刻纳入政府经费的支出项目，为刻书提供必要的经费支持；同时，还根据当地的文教现状选择负责刊行事宜的项目负责人，以便确保所刻之书能够达到当时士人对于书籍的一般期望。当然，他们也要考虑到刊本的其他问题，比如收支平衡等，所以他们更倾向于利用书院等教育机构来办理，或许这样就能在完成板刻之后刷印给当地的士子了。

有些赞助人还善于做一些宣传的工作，比如通过请求上级主官或者较有声望的学者撰写序言等。嘉兴郡守赞助刊行的《阳明先生文录续编》就请求徐阶撰写了一篇序文。在该文中，徐阶说："余姚钱子洪甫既刻《阳明先生文录》以传，又

---

① 范庆：《阳明先生文录跋》，李文洁等编纂：《王阳明著述序跋辑录》，第98页。
② 间东：《重刻阳明先生文集序》，李文洁等编纂：《王阳明著述序跋辑录》，第99页。
③ 赵友琴：《阳明先生文选序》，李文洁等编纂：《王阳明著述序跋辑录》，第173页。

求诸四方，得先生所著《大学或问》《五经臆说》序、记、书、疏等若干卷，题曰《文录续编》，而属嘉兴守六安徐侯以正刻之。刻成，侯谋于洪甫及王子汝中，遣郡博张编、海宁诸生董启予问序于阶。……徐侯方从事于政，独能聚诸生以讲先生之学，汲汲焉刻是编以诏之，其异于世之为者欤？使凡领郡者皆徐侯其人，先生之学明，而洪甫之忧可释也。"①徐阶希望嘉兴府学的士子们购买此书，也是极为直白的宣传了。从这里我们也可以看到，地方官僚充当赞助人刊行学者的著作，多是在传承学术文化的理念下展开的，这也推动了晚明学术的繁荣。可以说，如果没有这样的赞助制度，我们可能就难以找寻当时的学术文化样态了。

这种赞助出版的故事，一直延续到了明末清初。清顺治三年（1646）巡按浙江监察御史王应昌曾赞助刊刻《王阳明先生传习录论》三卷《附集》一卷。他有序一篇，题为《传习录总论》，其中说："隆庆壬申年，新建谢君来按浙，为王文成公搜全书梓之，谢君所按者全浙，又时当全盛，故其刻《全书》也易。余今所按止杭、嘉、湖三郡，又兵燹未已，故殚力尽能，以期塞吾愿。虽《传习》一录，犹岌岌乎难之。"②具体操办者则是浙江提学佥事李际期，他说："岁乙酉河南夫子王公持斧而至，入其邦，发其书。……谓先生之教，莫《传习》一录急，而丹之，而节之，而诠之，于是乎论，于是乎梓。"③像晚明时期这样以地方政府主官身份赞助学术著作的出版，在后来的历史中似乎不再成为理所当然之事，至少他们对刊行阳明学的著述并没有那么热衷，这也是学术风气转向的一个例证。

我们以《王阳明著述提要》《王阳明著述序跋辑录》所收集的资料为基础，将现存阳明著述的明代刊本做一梳理，如下表：

① 徐阶：《阳明先生文录续编序》，李文洁等编纂：《王阳明著述序跋辑录》，第127页。
② 王应昌：《传习录总论》，李文洁等编纂：《王阳明著述序跋辑录》，第25—26页。
③ 李际期：《传习录论序》，李文洁等编纂：《王阳明著述序跋辑录》，第29页。

表7 阳明著述的明代刊本赞助人

书名卷数	版本著录	赞助人	赞助人职官	刊务	编务
《居夷集》三卷	明嘉靖三年丘养浩刻本	丘养浩	余姚知县	韩柱 徐珊	韩柱 徐珊
《阳明先生则言》二卷	明嘉靖十六年薛侃刻本	周文规	两浙巡按	应良	薛侃 王畿
《传习录》三卷《续录》二卷	明刻本	丘时庸	泾县县令	泾县水西精舍	钱德洪
《阳明先生文录》五卷、《外集》九卷、《别录》十卷	明嘉靖十四年闻人诠刻本	闻人诠	苏州提学	不详	钱德洪
《河东重刻阳明先生文录》五卷《外集》九卷《别录》十卷	明嘉靖三十二年宋仪望刻本	宋仪望	河东巡按	不详	不详
《重刻传习录》（附于《阳明先生文录》五卷后）	嘉靖二十九年（明刻本）	萧彦	绍兴府通判	江涌	王畿
《阳明先生文录》五卷、《外集》九卷、《别录》十四卷	明嘉靖二十九年阎东刻本	阎东	甘肃巡按	不详	不详
《阳明先生文录》五卷、《外集》九卷、《别录》十四卷	明嘉靖刻本	不详	不详	不详	不详
《阳明先生文录》十七卷、《语录》三卷	明嘉靖二十六年范庆刊本	范庆	苏州知州	许赟等	许赟等
《阳明先生别录》三十卷	明嘉靖间刻本	不详	不详	不详	不详
《王文成公全书》三十八卷	明隆庆六年郭朝宾刻本	郭朝宾	浙江巡抚都察院右副都御史	张誉 阙成章 余良桢等	唐尧臣等
《王文成公全书》三十八卷	明万历初谢廷杰刻本	谢廷杰	提督学校巡按直隶监察御史	周恪 林大黼 李爵	罗洪先 胡松 吕光洵 沈启原
《文成先生文要》五卷	明万历三十一年陆典等刻本	吴达可	江西巡按	陆典 堵奎临等	陆典 堵奎临 王时槐等

（续表）

书名卷数	版本著录	赞助人	赞助人职官	刊务	编务
《阳明先生道学钞》八卷	明万历三十七年武林继锦堂刻本	刘东星	疑工部尚书（督两浙学政）	（黄与参、疑于尚宝）武林继锦堂	李贽
《阳明先生文选》四卷	明万历赵友琴刻本	赵友琴	临漳县令	不详	不详
《王文成公文选》八卷	明崇祯六年刻本	不详	不详	陶珽	钟惺
《阳明先生集要》三编十五卷、《年谱》一卷	明崇祯七至八年王立准刻本	王志道	左副都御史	（疑黄道周）王立准	施邦曜

以上加上两种嘉靖本的《阳明先生年谱》，则上述19种晚明时代的阳明学著述中，除了少数尚不清晰的，大部分是能够确定其刊行赞助人的。由此，我们可以认为，明代的地方官刻本自嘉靖以来，已经形成了比较完备的赞助人制度，阳明学著作的刊行也得益于这一制度。当然，在古籍的著录中按照通常的规则并不会去著录赞助人，所以我们也就很少从这个方面去思考相关的问题。

第三节　窅然幽独：官为刊行之集

那么，明代官方赞助出版的程序如何呢？我们可以万历年间的一部阳明著述见其一斑。这部书题为《阳明先生文选》，是时任江西巡抚吴达可作为赞助人主持刊行的。此书现藏国家图书馆，著录为：《文成先生文要》五卷，明万历三十一年（1603）陆典等刻本。①吴达可（1541—1621），字叔行，号安节，江苏宜兴人，万历五年（1577）进士，曾任江西巡按，官至通政使司通政使。吴达可在江西主官任上资助出版阳明著述的程序是这样的：

---

① 参见李文洁、贾大伟、刘悦等：《王阳明著述提要》，第52页。

　　首先，赞助人因某种机缘将某书列入了赞助计划。吴达可说，他的老师是周讷溪（周怡），而周的老师是邹守益。也就是说，吴达可为阳明后学。他出面资助刊行阳明学著述也是水到渠成的事情。

　　其次，赞助人或者直接用现成的著作进行刊刻工作，主要资助前人的著作刊刻，或者资助尚未刊行的著作；或者根据既有的书籍进行编辑的工作，他们会重新刻上一套书版，而少有把其他地方的旧版片采购回来予以修版的，除非是版片就存在于其任职的地方，这样就会出现一部书的新品种。事实上，大多的赞助人都会采取后一种赞助的方法。

　　再次，刊刻工作的流程包括，赞助人指派下级官僚具体负责，同时也会聘请学者协助。吴达可在江西任职期间，指令下属赣县和瑞金县二位县令陆典和堵元列就既有的阳明全集编辑一部选本。陆氏说："直指吴公渊源远绍，以其事属小子及堵元列氏。中丞李公谓虔刻未详，复以刻于浙者，俾得遍搜，于是剪其烦文，存其切要，厘为五卷。"①也就是说，他们先试图以江西刻本来做编辑工作，但随后依据李某的建议找到了浙江刊本，或许就是谢廷杰的全集本，并在这一版本的基础上进行了文本的删订和编辑。陆、堵等完成编辑工作后，吴达可又请学者王时槐校订一过。王时槐说："幸直指安节吴公按莅虔州，追念先生，以其学特倡，而尽泄以开群蒙。与其平寇讨逆之功皆在江省，当使后学闻之，以信吾圣学之有裨于世，而非托诸空言也。爰命赣令陆君典偕瑞金令堵君奎临即先生《全集》摘录之，题曰《文选》，以便观省，将授诸士卒业焉。复嘱时槐覆校之。"②也就是说，赞助人对所刊的书籍组成了一个刊书课题组，分工合作，完成了文本的编辑。

　　最后，官方赞助的刊本在刊工经费、版刻形制、校勘程序方面都有规可循。其中刊工多以匠户为之，他们需要将本人姓氏刻在版片上，这就是我们能看到的刻工。此本的刻工有：

---

① 陆典：《跋语》，李文洁等编纂：《王阳明著述序跋辑录》，第179页。
② 王时槐：《阳明先生文选序》，李文洁等编纂：《王阳明著述序跋辑录》，第176页。

科、思、三、曾坛、曾时等三十余人。①检查其他阳明著述的明代官方赞助刻本，亦多有刻工姓氏。②

至于阳明年谱经钱德洪编纂成书，经历了漫长的编纂过程，然后才进入刊刻的流程。永富氏在其著作附录二《王守仁著作出版年表》中给出了年谱编纂刊刻信息。我们据《全书》《阳明先生祠志》等加以补充，有下面的年谱编纂、刊刻时间线。

阳明去世后不久，薛侃等人即倡议编纂年谱，薛侃与欧阳德、钱德洪等为编纂成员，分头分年分地搜集成稿，议定邹守益为总裁。

嘉靖二十七年戊申（1548），青原会议时，各自撰写的年谱资料搜集或已完成，诸人分撰稿未毕。

嘉靖二十九年庚戌（1550），钱德洪完成年谱的一部分。

嘉靖三十五年丙辰（1556），邹守益编《王阳明先生图谱》刊行。

嘉靖三十九年庚申（1560），钱德洪又完成年谱的一部分稿件。

嘉靖四十一年壬戌（1562），邹守益去世，钱德洪统稿年谱，罗洪先参与删订工作。

嘉靖四十二年癸亥（1563），《阳明先生年谱》合订稿于四月完成。是年夏天某日，滁州胡松完成年谱序；八月，钱德洪写就年谱序。永富氏以为，年谱初刊于本年，即在浙江杭州天真书院刊刻的本子，是为文库本。

嘉靖四十三年甲子（1564），《阳明先生年谱》在江西赣州刊行，即国图本。③

这里，我们可以看到书籍的编撰与出版是一部书能够为我们所见、所读的关键。因此，文献版本也更多地关注编纂者和出版者。鉴于在版本鉴定中，若无其他证据时，可以将刊书序跋作为判定的主要依据，将文库本定为嘉靖四十二年（1563）

---

① 参见李文洁、贾大伟、刘悦等：《王阳明著述提要》，第53—54页。
② 如赵友琴刻本《阳明先生文选》，崇祯七至八年王立准刻本《阳明先生集要三编》。
③ 参见永富青地：《王守仁著作之文献学的研究》，第532—537页。

刻本亦无可厚非，因为只有两篇有明确时间的序文。但我们判定版本，不能就此止步，需要进一步考察。

书籍版刻之所以成为一门学问，其原因就在于除了简单判定之外，还有更为复杂的历史和事实有待考察。就文库本而言，由两篇跋文推断刊刻的具体时间就会出现一定的误差。

首先，按照判定版本的办法，我们可以通过序跋寻找线索，由于文库本的序文只有两则，我们需要找更多的证据，《全书》本中的记录自然是比较可靠的。在《全书》本中有罗洪先的一篇序，详细地说明了当时编刊年谱的情况。他说，钱德洪等门人弟子在青原之会以后花了很长时间搜集资料，但十余年后完成年谱的编纂，鉴于阳明门人如薛侃等人先后过世，让他有了加快编纂进度的想法。于是，他停下其他的事务，专注于年谱："明年四月，年谱编次成书，求①跋约，会滁阳。胡汝茂巡抚江右，擢少司马，且行，刻期入梓，敬以旬日毕事。已而即工稍缓，复留月余。自始至卒，手自更正，凡八百数十条。"②胡松是年谱的赞助人，他的职位变动让年谱刊行遇到了一些麻烦。

其次，《全书》本的年谱附录还有相关的记载，留下了可供参考的线索。在嘉靖四十二年的纪事中，作者说："四十二年癸亥四月，先师年谱成。""洪先开关有悟，读《年谱》若有先得者，乃大悦，遂相与考订。促洪登怀玉，越四月而谱成。"③也就是说，在《全书》本中，钱德洪只是说罗洪先读了他的年谱稿件之后有不少体会，他们一起在怀玉书院花了几个月的时间，基本完成了年谱的定稿工作。这里所谓的"谱成"只是完成了书稿，并不是刊刻。而且，在这一年的纪事中也没有关于年谱刻成的记录。很显然，嘉靖四十二年的确有年谱刊行的动议，并且已经开始相关工作了，但是并没有完成。所以，我们可以肯定地说文库本不是嘉靖四十二年刻本。

---

① 求，一本作来。此据彭启斌先生考证。
② 罗洪先：《阳明先生年谱考订序》，王守仁：《王阳明集》卷三十六，王晓昕、赵平略点校，第1149页。
③ 钱德洪：《年谱附录一》，王守仁：《王阳明集》卷三十五，王晓昕、赵平略点校，第1141页。

那么，它是什么时候的刻本呢？如果一定要对该书的刊刻时间进行更精确的判断，我们就需要将该刊本的主要赞助人即胡松的履历加以研判，大概就能确定刊书的时间段了。

据王世贞（1526—1590）《弇山堂别集》①和张廷玉《明史》②的记载，嘉靖时期有两位进士出身的胡松③，均为直隶人，一为绩溪胡松（1490—1572），正德九年（1514）进士，曾任工部尚书、刑部尚书；一位是滁州胡松（1503—1566），嘉靖八年（1529）进士，曾任南京兵部尚书、吏部尚书。赞助阳明学人的，是滁州胡松。滁州胡松资助了很多书籍的刊刻，除了《阳明先生年谱》之外，还有《滁州志》、《孝肃包公奏议集》十卷④、《广舆图》二卷⑤、《唐宋元名表》四卷⑥、《范忠宣公奏议》二卷⑦、《安边疏要》一卷⑧、《续文章正宗》二十卷⑨等。作为赞助人，为刊刻书籍作序，这是明代官刻书的通例，所以我们在明代的官僚文集中多见书序。

滁州胡松，字汝茂，谥庄肃。⑩他成进士后，从东平州主官开始从政生涯，升南京礼部郎中、山西提学副使、山西参政。以言事指斥权贵得罪，家居者十余年。其后因有人推荐而复官，任陕西参政，转任江西左布政使、右副都御史，嘉靖四十二年（1563）任兵部左侍郎，升南京兵部尚书，嘉靖四十四年（1565）任吏部左侍郎，嘉靖四十五年（1566）卒于吏部尚书任上。其个人著述有《督抚江西奏议》《督抚江南奏议》《胡庄肃公奏议》《胡庄肃公遗稿》《胡庄肃公文集》

① 参见王世贞：《皇明奇事述一》，《弇山堂别集》卷十六，魏连科点校，第 295 页。
② 参见张廷玉等：《胡松传》，《明史》卷二百〇二，第 5345—5348 页。
③ 参见朱宝炯、谢沛霖：《明清进士题名碑录索引》，上海古籍出版社 1980 年版，第 1744 页。
④ 参见丁丙：《善本书室藏书志》，《宋元明清书目题跋丛书》（第 9 册），中华书局 2006 年版，第 497 页。
⑤ 参见丁丙：《善本书室藏书志》，《宋元明清书目题跋丛书》（第 9 册），第 521 页。
⑥ 参见丁丙：《善本书室藏书志》，《宋元明清书目题跋丛书》（第 9 册），第 900 页。
⑦ 参见范邦甸等：《天一阁书目 天一阁碑目》，江曦、李婧点校，上海古籍出版社 2010 年版，第 121 页。
⑧ 参见范邦甸等：《天一阁书目 天一阁碑目》，江曦、李婧点校，第 124 页。
⑨ 参见范邦甸等：《天一阁书目 天一阁碑目》，江曦、李婧点校，第 486 页。
⑩ 《明史》卷二百〇二称滁州胡松谥庄肃，而明人李春芳文集中收录有为胡松撰写的墓志铭，其谥为庄肃，明人文集及书目中记录亦同，故应以庄肃为准。或许绩溪胡松之谥为恭肃。

等。《明史》称滁州胡松："洁己好修，富经术，郁然有声
望。"①胡松与罗洪先是进士同年，在他被罢职居家时，罗洪
先、唐顺之等也有同样遭遇，曾共同研讨过学术，"时公同年
友罗君洪先、唐君顺之，亦以言事废。二公并有志学古者，与
入宜兴山中，盘桓究解，而公之神，已脱然超上乘矣"②。正
因为如此，钱德洪才在其书信中请求罗洪先给胡松写信，让胡
松充当刊刻年谱的赞助人。

为了让阳明年谱得到官方的认可，钱氏等人请滁州胡松担
任该书的第一赞助人。胡松同意了这一请求，钱德洪给罗洪先
的信中说："柏泉公读兄《年谱》，深喜。经手自别，决无可
疑。促完其后。昨乞作序冠首，兄有书达，幸督成之。"③由
于罗洪先和胡松有同年的关系，且早就相熟，所以阳明门人对
他寄予厚望。收到钱氏书信后，罗洪先回复说："柏泉公为之
序，极善。俟人至当促之。"④在胡松的支持下，该书的刊行
列入政府项目，开始执行。按照当时官刻本的流程，先要对书
稿进行校订，胡松让罗洪先来办理这项工作。"柏泉公七月发
《年谱》来，日夕相对，得尽寸长。平生未尝细览《文集》，
今一一详究，始知先生此学进为始末之序。因之颇有警悟。
故于《年谱》中手自披校，凡三四易稿。于兄原本，似失初
制，诚为僭妄。……不及请正，今已付新建君入梓，惟兄善教
之。"⑤胡松收到钱德洪发出的年谱稿件，然后交给罗洪先准
备刊行。罗氏花了很大的精力去重新校订、删改和增补。当然
也耗费了不少时间。

由于胡松升迁，这位赞助人的预期目标或许难以达成，
所以他们希望加快刊刻进度，最好能在胡松离开前完工。罗氏

---

① 参见张廷玉等：《胡松传》，《明史》卷二百〇二，第5345—5347页。
② 李春芳：《吏部尚书赠太子少保谥庄肃胡公墓志铭》，《李文定公贻安堂集》卷七，
《四库全书存目丛书·集部》（第113册），齐鲁书社1997年版，第186页。
③ 钱德洪：《答论年谱书》，王守仁：《王阳明集》卷三十六，王晓昕、赵平略点校，
第1160页。
④ 罗洪先：《论年谱书》，王守仁：《王阳明集》卷三十六，王晓昕、赵平略点校，
第1157页。
⑤ 罗洪先：《论年谱书》，王守仁：《王阳明集》卷三十六，王晓昕、赵平略点校，
第1158—1159页。

在当年八月将校订稿发给了胡松的下属，也就是滁州毛汝麒。但是，赶工刊刻或许并不合适，所以罗洪先做了两手准备：第一，寻求新的赞助人，比较合适的人选就是陆稳；第二，趁机对年谱做更进一步的修订，他花了个把月的时间完成了这项工作。

仅从赞助人这一项，我们可以初步认为将天真书院定为嘉靖四十二年（1563）刻本尚有可进一步考察的必要。就我们的观察而言，文库本的刊行时间要晚于国图本，即在嘉靖四十三年（1564）以后。比较明显的证据是，钱德洪的序已经标明时间是嘉靖四十二年八月。年谱四月完成之后是否就进入刊刻尚不明了。而胡松的序文中关于年谱的卷数标以墨钉。这说明此年该年谱内容虽然已确定，但刊定时的卷数并没有编定。

第四节　怵尔抱警：重新认识明本

明代刻书自有其独特之处。据古籍版本调查，阳明学著述和其他古籍一样佚而不存者颇多，而存世阳明学著作的版刻品种数以百计，而版本情况就更加复杂了。[1]这自是明代出版业兴盛的一个缩影。相较于宋代，明代是雕版刻书的"又大盛"期。[2]"明清两朝各地刻印的书籍，数量之大，品种之多，比之前代，不知超越了多少倍。"[3]明代的出版事业，更是可以用"蒸蒸日上和空前发达"[4]来形容。像阳明学人一样努力著述，并将前贤作品予以刊行，在明朝人看来再正常不过，这也造就了明代出版的兴盛。

究其原因，繁荣的书业与官方成熟的赞助人制度密切相关。这种赞助制度，对于后世人来说颇为陌生，前人是很熟悉的，如清初王士禛（1634—1711）《居易录》卷七说："明时

---

① 参见连玉明、陈红彦主编：《王阳明馆藏文献典籍普查、复制和研究丛书》。
② 参见张秀民：《中国印刷史》（插图珍藏增订本），韩琦增订，浙江古籍出版社2006年版，第237页。
③ 上海新四军历史研究会印刷印钞分会编：《雕版印刷源流》，印刷工业出版社1990年版，第93页。
④ 上海新四军历史研究会印刷印钞分会编：《雕版印刷源流》，第94页。

翰林官初上，或奉使回，例以书籍送署中书库，后无复此制矣。又如御史巡盐、茶、学政部郎榷关等差，率出俸钱刊书，今亦罕见。宋王琪守苏州，假库钱数千缗，大修设厅，既成，漕司不肯破除。琪家有杜集善本，即俾公使库镂板印万本，每部直千钱，士人争买之。既偿省库，羡余以给公厨，此又大裨帑费，不但文雅也。"①这就是为什么明朝虽然没有现代的缴送制度，但是中央及地方能够保存庞大数字书籍的原因。

在王士禛看来，这种赞助出版制度宋代已经有了先例，但未必就是如宋人故事，因为明代官僚作为赞助人参与刻书活动，不止刊刻藏家善本，也直接资助当代书籍的出版，也正因为如此明代的文艺才能如此之繁盛。当然，如果我们仅仅从历代正史的《艺文志》著录来看，尚无法发现明代的出版繁荣情况。

表8　正史艺文志著录书籍数量

书目	部数	卷数	二级类目数
《汉书·艺文志》	596	13369	38
《隋书·经籍志》	4191	49467	55
《旧唐书·经籍志》	3061	51852	42
《新唐书·艺文志》	3277	79221	44
《宋史·艺文志》	9819	119972	45
《明史·艺文志》	4633	10597	35

注：本表据吕绍虞《中国目录学史稿》（武汉大学出版社2012年版）及相关史籍记载制成。

从上表可见，《明史·艺文志》著录的书籍量相较于前代的要少，要是我们由此得出明代文教出版事业不如前代，或许就是想当然了。而事实是《千顷堂书目》著录明代书籍17828部，明史馆臣编订的《明史艺文志稿》尚保留有13000余部。

① 王士禛：《居易录》卷七，《王士禛全集》（第5册），袁世硕主编，第3813页。叶德辉亦引用此条史料，不过结论截然相反。详见叶德辉：《明时书帕本之谬》，《书林清话》卷七，吴国武、桂枭整理，华文出版社2012年版，第180页。

清人编纂前代史书时，在著作出版方面依据的是《千顷堂书目》，最后定稿的主事人执行了"卷数莫考""疑信未定"两条限制性标准，以"宁阙而不详"为标榜，所以明人著述数量看起来与雕版时代之前的写本时代累代相传典籍数量相差无几。当然，清人之所以能厘定出书籍作者的姓氏、籍贯、书籍的卷数等，就是因为有比较准确的记载。若以此标准去删订前代史志目录，或许所剩无几。明代人的著作之所以有三分之一左右能做出较为准确的判定，若没有彼时官方书籍赞助人制度的完备和成熟，是绝无可能的。后世版本学家如叶德辉等人，或者只看到了当时官僚呈缴书籍的表象，并没有再进一步去思考如何理解表象之下的本质问题。所以，叶德辉在《书林清话》这部版本学名著中，仅以"好事之习"①四字来解释明人著述大量版行的原因，而且认为这种喜好承自宋人。这种理解并不足以说明书籍文化的内在价值，更不足为训。

从某种意义来说，搞出版的人定然是"好事之徒"，但出版业的繁荣绝对是好事而非坏事。一个社会没有重视出版的风气，何谈文化自信？又何谈继承发展呢？事实上，明代的出版在整个出版史上都具有举足轻重的地位，其原因就在于当时上自中央政府各部，下至地方诸府县，均有赞助出版的制度规范。就地方而言，各地方的督抚、学政等，往往是赞助出版的第一责任人。从明初开始，曾主持《永乐大典》的解缙就曾上疏朱元璋《太平十策》，其一就是资助出版："宜令天下投进诗书著述，官为刊行。令福建及各处书坊今国学见在书板，文渊阁见在书籍，参考有无，尽行刊完。于京城及大胜港等处，官开书局。就于局前立碑刻详书目，及纸墨二本，令民买贩，关津免税。每水陆通会州县，立书坊一所，制度如前。"②解缙对于资助出版的具体办法有四：官方资助私人著述；中央政府收藏书籍予以刊刻；根据经济社会发展条件，设立官办书籍

① 叶德辉说："明时官出俸钱刻书，本缘宋漕司郡斋好事之习。"（叶德辉：《明时书帕本之谬》，《书林清话》卷七，吴国武、桂枭整理，第180页）
② 解缙：《太平十策》，《文毅集》卷一，四库全书本。此一材料经张秀民《中国印刷史》引用而广为书籍史学界所熟知。参见张秀民：《中国印刷史》（插图珍藏增订版），第239页。

经营，并且给予免税政策优惠；支持地方设立书局书坊，促进本地文化繁荣。总之，在解缙看来，政府资助出版是礼兴乐备、文化繁盛、教育昌明、天下太平的重要举措。

我们无法获知解缙的这一奏疏是否奏效，但明代的官僚们喜欢充当出版赞助人却是人尽皆知的。胡应麟《经籍会通》卷四说："今宦涂率以书为贽，惟上之人好焉。由诸经、史、类书卷帙丛重者，不逾时集矣。朝贵达官多有数万以上者。"① 官僚支持出版，并以书籍的收藏作为标榜，家藏万部书也并非奇谈。在官方赞助制度的推动下，书业发达了。藏书也就不再成为少数人的事业。故而叶昌炽《藏书纪事诗》收录五代到清末藏书家1175人，明代将近一半，有427人之多。没有大量的版刻书籍，藏书是不可能的。大量版刻书籍生产并流通，十万卷楼、万卷楼等才可能在全国遍地开花。私人藏书成为风尚，政府部门自然也不例外。比如当时的行人司规定"其以事奉差复命者，纳书数部于库。秘阁而外，差可读者，此耳"②。后来有人专门为行人司的藏书编写了目录，著录数千种之多。③ 私人藏书之家编有目录的也不在少数，据范凤书在20世纪末所做的文献调查，可考的明代藏书目录有167种，存世的有近50种。④ 要有书，才有藏书；要有大量的书，才有大藏书家。这似乎不必解释。必须明确的是，明代藏书家收藏的书，大多是刊刻的印本书，抄本写本已失去了它的历史地位。王应麟说：

> 叶少蕴云：唐以前，凡书籍皆写本，未有模印之法，人以藏书为贵。人不多有，而藏书者精于雠对，故往往皆有善本。学者以传录之艰，故其诵读亦精详。五代时，冯道始奏，请官镂板印行。国朝淳化中，复以《史记》《前、后汉》付有司摹印。自是书籍刊镂者益多，士大夫不复以藏书为意。学者易于得书，其诵读亦因灭

---

① 胡应麟：《经籍会通四》，《少室山房笔丛》卷四，上海书店出版社2001年版，第41页。
② 转引自徐凌志主编：《中国历代藏书史》，江西人民出版社2004年版，第277页。
③ 参见徐凌志主编：《中国历代藏书史》，第278页。
④ 参见范凤书：《中国私家藏书史》，大象出版社2001年版，第263页。

裂。然板本初不是正，不无讹误。世既一以板本为正，而藏本日亡，其讹谬者遂不可正，甚可惜也。此论宋世诚然，在今则甚相反。盖当代板本盛行，刻者工直重钜，必精加雠校，始付梓人。即未必皆善，尚得十之六七；而钞录之本，往往非读者所急，好事家以备多闻，束之高阁而已，以故谬误相仍，大非刻本之比。凡书市之中无刻本，则钞本价十倍。刻本一出，则钞本咸废不售矣。（今书贵宋本，以无讹字故。观叶氏论，则宋之刻本患正在此。或今之刻本，当又讹于宋邪？余所见宋本讹者不少，以非所习，不论。）①

诚如胡应麟所说的明代人所出版的诸多书籍的确是校勘精良的，唯其有成熟的赞助人制度，才能够形成如此局面。但是，晚清以来的学者们多沿袭旧闻，以王应麟的不得其善的十之三四来断定整体，以至于有所谓的叶德辉"明人刻书而书亡"的经典论断。即便叶德辉《书林清话》声称"明人好刻书，而最不知刻书"②，也不得不承认"明时法制之严，刻书之慎"③，不得不感叹"明人刻书，亦有极其慎重，必书刻并工者"④，其结果是清代的藏书家或鉴赏家把这类刻本误以为是元代版刻或者更早，邺架珍藏。⑤对于以收藏和鉴赏为第一要务的版本家而言，或许这并非"好事"，因为它不具备"稀奇古怪"的善本性质，甚至还为版本的鉴定带来了无穷的麻烦。但对于普通读者来说，却是一件幸事。

第五节　年徂无闻：斯谱其无穷乎

如今，我们要想了解阳明的历史世界，只能通过《阳明年谱》之类的著作，可以说正是这些版本繁多的著作构成了我们

---

① 胡应麟：《经籍会通四》，《少室山房笔丛》卷四，第 44 页。
② 叶德辉：《书林清话》，吴国武、桂枭整理，第 180 页。
③ 叶德辉：《书林清话》，吴国武、桂枭整理，第 179 页。
④ 叶德辉：《书林清话》，吴国武、桂枭整理，第 185 页
⑤ 叶德辉：《书林清话》，吴国武、桂枭整理，第 185—186 页。

理解历史的最佳入口，从此进入，既能有知识上的收获，也会得到智识上的考验。

《阳明年谱》在明清的诸多年谱中具有标杆的意义。文献学家郑鹤声（1901—1989）曾说："年谱之作，盖始于宋元丰间吕大防撰之《韩文》及《杜诗年谱》。元明以还，其数渐增。然大抵出于后学者之手，不若出于自撰，或亲故者之精审也。自撰年谱，以清初孙奇逢为首创。出于亲故者，莫善于《王阳明年谱》。王谱材料，由其门生分年搜集，经钱德洪加以编纂，最为精审。至于材料之运用，或仅采学术，或兼顾时事，要视谱主本身之行状而异，不可以一格论。"①也就是说，《阳明年谱》无论在撰写者的水平，材料的完备程度和书写的精细度等各方面都是足可称道的，也是学者们所认可的可作为范本的著作。之所以如此，自然与阳明学人的努力有着直接的关系。

试想，如果没有阳明学人不断地寻求赞助人刊行其学派的著述，没有海内外的大量留存的阳明学文本，仅仅有几种所谓的珍本、善本，它绝无可能成为世人皆知的常识，更没有可能造成长久且深远的历史影响。②阳明学研究者张艺曦说，阳明学著作的刊行，打开了其学术传播的范围，破除了因人因地的限制③，由此，阳明学人用学术著作的编纂、刊行和阅读、传播构成了一个阳明学的学术思想的书籍循环：学术传播→书籍阅读→书籍流传→再版改编→学术传播。

在这个循环中，是没有书籍制造人的故事的。所谓的书籍制造人，不仅仅是书籍的作者、编者，还包括赞助者，阐释者

---

① 郑鹤声：《吴霜崖先生年谱·序》，卢前编：《霜崖先生年谱》，民国《南北词简谱》本。

② 张艺曦认为，一门学术流行有多重因素影响，学说的创造力、学术内容的吸引力、学术主张的树立、讲学活动的推广和书籍的刊行等等皆不可少。在某种意义上来说，关键书籍的刊刻流传是学术传播的重要助力。事实上，不少学术领袖和中下层士人，都是通过书籍来接触、了解和接受阳明学的，可以说这就是一个阅读改变世界的最佳例证。［参见张艺曦：《明中晚期古本〈大学〉与〈传习录〉的流传及影响》，（台湾）《汉学研究》2006 年第 1 期；张艺曦：《阳明学的乡里实践：以明中晚期江西吉水、安福两县为例》，北京师范大学出版社 2013 年版，第 294 页］

③ 参见张艺曦：《阳明学的乡里实践：以明中晚期江西吉水、安福两县为例》，第 294 页。

和传播者。这是这些人共同构成了书籍的循环。比如，人人皆知《传习录》是阳明门人徐爱、薛侃、陆澄、陈九川等人搜集整理的，但要是没有钱德洪的编集，没有南大吉、丘时庸、王应昌等上至总督巡抚，下至县令教谕等地方官员的赞助支持，其书不可能在数百年间反复刊行，读者也就不可能最便利地获取阳明学的文本，也就无法通过书籍来感受阳明学的精神世界了。而且，从赞助人的角度来看阳明学的传播，我们还能得到另外一个与阳明学研究的常识不太一样的认识。

传统的观点认为，宋明以降的学者不管是心学，还是理学，从北宋诸子，直到明末清初诸儒，他们坚持的理想是不变的，即钱穆所谓的"夫不为相则为师，得君行道，以天下为己任，此宋明学者帜志也"。但是清代学者就没有办法以此志为标榜了，因为"为之君者既不许其以天下治乱为己任，充实斋（章学诚）论学之所至，亦适至于游幕教读而止，乌足以上媲王介甫、程叔子之万一耶"[①]。20世纪30年代以来，钱穆的这一说法得到了广泛的认同，不过其弟子对此并不完全拥护，他们也纷纷提出了新的说法。例如余英时在本世纪初曾于讨论宋明理学时，提出清代考据学发端于晚明的洞见，并揭橥朱子学是"得君行道"哲学，而阳明学则是"觉民行道"的哲学，这在一定意义上是将其师的研究做了进一步的阐发。但其中的价值判断转移是不言自明的。自此以后，很多学者都认同阳明学之所以造成晚明以来的影响，其根源在于阳明学人将主要的精力放在了争取基层民众和士大夫的支持之上。余英时认为："王阳明在明代理学史上的划时代贡献，便在于他用'觉民'取代了'得君'，示学者另一条'行道'的途径，因而使'三代之治'再度成为一种令人向往的理想。"[②]他认为阳明后学中最重要的人物也当然是那些在基层发动人群信仰的人物，比如泰州学派。

余氏论述的矛盾地方在于，他认为阳明及其弟子希望建立一种理想的社会秩序，这种秩序一定是要和现实的社会全然

---

① 钱穆：《自序》，《中国近三百年学术史（一）》，九州出版社2011年版，第2页。
② 余英时：《宋明理学与政治文化》，沈志佳编，第58页。

不同的，现实的政治秩序中的各色人物和种种制度设计也让这
一理想事实上没有达成的可能，为了实现这样的理想，只有发
动群众，通过个体意识的觉醒，最终才有希望来一个彻底的改
变。但是，只要我们细致考察阳明及其门弟子的行事、著述，
我们就会发现他们的理想绝不是要革命式的终结旧世界，更不
是要通过个性解放实现私的激荡扩充，从而实现道的天下大
化，恰恰相反，阳明学首先是一种政治哲学，他们首先要解决
的问题不是理想问题，而是生命的安顿，学术的明悟，以及社
会秩序的重整和调适。所以，他们要建立事功，要编集著述，
要寻求赞助，要反复讲述、传播良知之学。而且，最为关键的
是，传统的中国一直具有士大夫的精神，这种精神即便经过了
无数次血与火的洗礼，仍旧存在着，这也就是为什么良知之学
能够在数百年之后再次成为社会讨论的焦点的一个缘由。

　　从《阳明年谱》而言，钱德洪等人完成年谱撰写工作之
后，做了几个方面的工作。一方面是谋求赞助人刊行，一方面
是将稿件的誊录本交由罗洪先校订。这中间经历了我们今天难
以想象的困难。钱德洪说："去年归自怀玉，黄沧溪读《谱》
草，与见吾、肖溪二公互相校正，亟谋梓行。未几，沧溪物
故，见吾闽去，刻将半矣。六卷已后，尚得证兄考订。然前刻
已定，不得尽如所拟。俟番刻，当以兄考订本为正也。中间增
采《文录》《外集》《传习续录》数十条，弟前不及录者，是
有说，愿兄详之。"[1]也就是说，钱德洪曾试图寻求赞助人刊
刻他本人编集的《年谱》，但是因为赞助人的去世和转任，并
未完成，只能停工。在此期间，罗洪先完成了《年谱》的删订
工作，钱德洪自然是非常乐见其成的。但他觉得还有些地方需
要继续增删，如此才能得到一个比较完善的本子。

　　据现有资料，可以确认的是，嘉靖四十二年（1563），
钱德洪校定年谱的成稿完成，胡松的序文也写就。钱氏将年谱
稿本连同胡松的序文抄录了好几份副本，分送阳明学人和赞助
人，包括王畿、罗洪先和胡松等。赞助人胡松将刊刻事委托给

---

[1] 钱德洪：《答论年谱书》，王守仁：《王阳明集》卷三十六，王晓昕、赵平略点校，
第 1167 页。

赣州主官毛汝麒。胡松当是通过政府的公文形式发出指令给毛汝麒的。毛氏在得到任务指令后，随即展开工作，包括组织校勘学者，招募写刻工匠，准备刊刻所需梨木板材，提供刊书场地，预备刊书日常用度等等。这项工作进展比较顺利，毛氏还专门从江西省城聘请了写工邓班将书稿誊写成用于雕版的稿件。徐昇等一众刊书工匠也很快进入工作状态。然而，在毛氏没有预料到其后因胡松的升迁让此书的刊刻出现了较为棘手的问题。

如果按照胡松的序，他是在嘉靖四十二年五六月间得到书稿，并且按当时的赞助人通例写了序言。但是在毛氏尚未完工时，胡松就调离现职了，他没有太多的时间就地等待工作的交接。按照明代官刻本的惯例，该书的完成尚需一位新的赞助人，当然最好是胡松的继任者。但是，阳明的门人弟子们对于刊行该年谱很迫切，钱德洪曾说："先师千百年精神，同门逡巡数十年，且日凋落，不肖学非夙悟，安敢辄承？非兄极力主裁，慨然举笔，许与同事，不敢完也。又非柏泉公极力主裁，名山胜地，深居廪食，不能完也。岂先师精神，前此久未就者，时有所待耶？"[1]由此可见，当年胡松作为年谱的赞助人，为阳明学人提供了相当大的帮助。不管是为了完成师门事业，还是要完成赞助人的意图，都有必要继续推进。其中罗洪先立即行动，在这一年的八九月间找到了陆稳作为赞助人。陆稳的地位合适，而且他本人也很乐意做这个事情，所以他很快写了一篇序跋。陆氏的跋文题写的时间是嘉靖四十二年九月。

这就是说，胡松升迁之后，阳明门人弟子为了确保该书的刊行完成，立即采取了补救措施，以确保年谱的顺利完成，毕竟这是当时阳明学人的头等大事。但是，他们万万没有想到的是，前一赞助人胡松对年谱刊刻事宜非常上心，他与周相完成常规工作交接后，还把刊书事做了交接。因此，周相也成了年谱的赞助人了。

这样一来，这部书出现了三位赞助人，分别是前任胡

---

① 钱德洪：《答论年谱书》，王守仁：《王阳明集》卷三十六，王晓昕、赵平略点校，第 1165 页。

松、现任周相和陆稳。这中间如何进行工作的安排，可能令具体操办人毛汝麒相当难办。极有可能毛汝麒报送的时间是比较晚，这从周相的序文题写时间就能看出来。其序落款时间为嘉靖四十三年（1564）首夏九日，即该年四月。也就是说，从前一年九月到次年四月，毛氏有了足够的时间完成刊刻、刷印和装订等各项工作。或许，当该书全部书版雕镌完成之后，他们才将此事报告周相，并且请他做赞助人。其实，周相已经得到了前任的委托。这就令周相相当恼火。阳明门人弟子没有第一时间请他当赞助人，而是找了另外一人。这就是周相会在他的赞助序言中抱怨说，他没有在年谱中看到阳明给他的一通书信的原因所在。

按常理，赞助人应该审阅手稿之后才开始刊刻。由于年谱的前任赞助人胡松是升迁前布置的任务，而且阳明门人又做了一些工作，等于是绕开了应该是事实上的第一赞助人的周相。这样，周相做了一次与当时的书籍刊刻第一赞助人身份略有不同的事情。当然，他赞助的这一刊本留下了很多比较有趣的故事，为后来人考订阳明生平事迹和学术思想提供了不少史料。这一刊本曾在一定范围内传播，所以现存的毛氏刊本有国家图书馆、天一阁博物馆和浙江图书馆等多家藏本。

但是，毛汝麒的这一刊本完成后没有得到皆大欢喜的结局。周相的不满已经在序文中有所表达了。钱德洪等阳明门人弟子的反应如何呢？

罗洪先自然不能不满意。因为他请出陆稳做赞助人，让年谱得以变成刊本。他说："得吴尧山公书，知《年谱》已刻成。承陆北川公（陆稳）分惠，可以达鄙意矣。绵竹共四十部。此外寄奉龙溪兄（王畿）十部。伏惟鉴入。……弟去岁至今，皆在病中，无能复旧。然为学之意，日夕恳恳，始知垂老惟有此事紧要。"[1]胡松离任后，罗洪先请托陆稳为第一赞助人。在陆稳的协助下，这部书总算是刻成了。对此，罗洪先是比较欣慰的。他告诉钱德洪，他本人在校订完成年谱之后生病

---

[1] 罗洪先：《论年谱书》，王守仁：《王阳明集》卷三十六，王晓昕、赵平略点校，第 1159 页。

一场，感觉身体大不如前。能见到年谱的刊定，自然是相当高兴。另外，或许他自己出资从毛氏那里领取了五十部绵竹纸的成品，其中十部赠予王畿，另外一部分给钱德洪。

第六节　违迹未屏：天真书院之谜

作为阳明著述的最主要的编集者，钱德洪的看法最值得我们注意。从现有的资料来看，他的态度是颇为吊诡的。一方面，他的确是请罗洪先对年谱进行校订，或许也允诺可以让他尽情删订；一方面，他作为阳明的忠实门徒，既然已经终身以传扬阳明学为己任，对于毛氏刊行的年谱中出现的某些话语，或许他是很不满意的。比如说国图本正德十四年（1519）六月记录朱宸濠造反有"孝宗为李广所误，抱养民间子。我祖宗不血食者，十四年于兹矣"[1]，"是时武宗初生，李广用事，外间不察，妄为飞语"[2]之类的话。阳明学人在嘉靖时期的处境艰难，正在积极争取士大夫官僚的支持，这类政治不正确的话语出现在年谱之中，是甚无谓的。诸如此类的在国图本中尚有不少。阳明年谱旨在阐扬师说，彰示阳明事功，不宜有此，钱德洪当然不可能满意。所以我们看到，文库本和《全书》本皆没有这些无谓的话语。

这里所谓的"飞语"就是民间传闻，即所谓谣言满天飞。在阳明的年谱中出现这种话语，更加可以确认这应该不是钱德洪的手笔。所谓"飞语"云云往往是一种托辞，定会遭到学者质疑，以敬慎出名的钱德洪，或不至于做此等文章。当然，在明代中晚期以"飞语"来写作的不仅此例。很多人撰写年谱、行状之类的文字时往往有之。如王世贞记载说："盛荣简端明墓表，欧阳文庄撰，出故人吴明卿手，甚雅健有法，且不为浮誉，第少有牴牾。……云：'召拜春坊庶子兼翰林侍读，充经筵讲官。己丑，公复坐飞语，调南符卿。'按，公以经筵疾咳失仪见纠，上不悦，改补南尚宝。今云中飞语，则似

---

[1] 北京图书馆编：《北京图书馆藏珍本年谱丛刊》（第 42 册），第 605 页。
[2] 北京图书馆编：《北京图书馆藏珍本年谱丛刊》（第 42 册），第 607 页。

以人言调，非因公误也。"① 显然，飞语是当世传闻，多为讳语，既非可靠消息，也非实际发生，在年谱中用这类的民间传闻，是不符合阳明年谱编者的传播阳明学问事功的意图的。

因此，我们可以认定国图本或者自于罗洪先之手，或者出于校勘该本的毛汝麒等人之手。这些文字不会是钱德洪的手笔，所以当钱德洪见到由周相作为第一赞助人的年谱时，并不是很满意。对于年谱应如何才能成为一部阐扬师说的著作，他和阳明其他门人之间的意见也并不能统一。故而我们看到谢廷杰所主持的《全书》中对《年谱》以外部分都标明了著作者，而《年谱》部分却根本没有署名，其原因或许就在于年谱的编纂、修订和刊刻经历了很多难以为外人所知的故事。② 当然，《全书》本的《年谱附录》部分也为后人的考察提供了线索。其一，《年谱附录》只收录了钱德洪、罗洪先和邹守益的《论年谱书》。邹守益是年谱的第一任总裁官，钱德洪是第二任总裁，罗洪先则是成稿后的删订者，他们对于年谱的贡献也是最大的。其二，《年谱附录》收录了钱德洪、罗洪先、王畿、胡松、王宗沐等人的序跋，没有周相和陆稳的序跋。也就是说，钱德洪等人对这一刊本是相当不满意的。

当然，钱德洪也并没有因为前一刊本的出现而放弃了他的努力，实际上他很快就寻求了新的赞助者，并且成功地将书版放在了阳明学大本营——天真书院，这一重新制造的刊本曾在阳明学人群体中流传，并且其中有些进入了市场流通，最终有一部东渡日本，保存至今，成了我们了解这一段历史的唯一见证。

据《（嘉庆）大清一统志》卷二百八十四载，晚明时

① 王世贞：《史乘考误十一》，《弇山堂别集》卷三十，魏连科点校，第538—539页。
② 即《编校文录及汇刻全书姓氏》（参见王守仁：《王阳明集》，王晓昕、赵平略点校，第13页）。按理说，《全书》的主体部分是《文录》和《年谱》，但仅有编辑和校阅《文录》者名单，没有《年谱》编纂、校阅人名单，抑或后者的情况过于复杂的缘故，以至于《全书》编纂者认为不列为佳？这是万历间谢廷杰重刻《全书》时所作，而隆庆六年（1572）初刊《全书》时，各卷皆有编次者、茸录者、校正者、增茸者和考订者姓氏。其中《年谱一》注明：钱德洪编次、王畿补茸、罗洪先考订、胡松校阅、吕光洵增订，《年谱二》同，《年谱三》增订者为吕光新，《年谱四》增订者为沈启源，《年谱附录》为沈启源录。见王守仁：《王文成公全书》（郭朝宾本）。谢廷杰重刊《全书》时将这些信息悉数去掉，何以如此则不得而知。

期，阳明后学因活动需要，曾在浙江杭州钱塘县正阳门外的玉龙山设立过一个集会据点。传说这里原本是南齐的天真禅院旧址，所以他们将新建的这个地方命名为天真精舍，也就是天真书院。万历年间，因为禁毁书院的缘故，这个书院也被迫改名，在当地巡抚主官的奏请之下，得到了皇帝批准，并赐名为勋贤祠，这个名称也就一直保留下来，整个清代都存在。

按理说，天真书院作为阳明学人的大本营，在此刻书并不需要其他的赞助人，也就没有必要保留胡松的跋文了，但是现在看到的这一刊本有胡松的序，同时还有钱德洪的序。这说明，此一刊本是钱德洪为了对此前刊本采取的补救措施。而且该刊本除了胡松和钱氏的两篇序文之外，没有其他人的序跋文字，这在钱德洪等人刊刻的著述中也是相当少见的。当然，我们并不知晓传承至今的文库本，是否就是当年天真书院藏板的原貌，是否还有其他的序跋发生了丢失等，故而对其刊刻的相关情形不能做过多的推论。

值得注意的是，文库本中"天真书院版"，未必就意味着是天真书院刻，它只能说明这部书的书版在天真书院。由于《年谱》中没有相关的信息，我们无法考察其中刊刻详情，但我们从另一所谓天真书院刻本《阳明先生文录》中，多少能看出一些端倪来。学界多以为《阳明先生文录》有嘉靖三十六年（1557）的天真书院刻本，并且认为这是钱德洪、王畿和胡宗宪（1512—1565）的一个刊本。[1]这样说是将阳明著作的编撰者和赞助者混同的结果，而且也没有注意到古代刻书的一些细节问题。事实上，赞助人胡宗宪在他的序文中已经说得非常清楚了。他说：

> 绪山钱子复诠次成编，名曰《阳明先生文录》。首刻于姑苏。今闽、越、河东、关中皆有刻本，亦足以征良知之达诸天下矣。天真书院，为先生崇祀之所，四方士来游于此，求观先生之文者，每病其难得。钱子偕龙溪王子谋于予曰："古人有倚马论道者，兵事虽倥偬，亦不可无

---

[1] 参见束景南：《王阳明年谱长编》，上海古籍出版社2017年版，第1644页。

此意。愿以姑苏本再加校正，梓藏于天真，以惠后学何
如？"予曰："诺。"遂捐俸金若干两，命同知唐尧臣董
其事，以九月某日刻成。钱子谓予："宜有言。"予素不
文，然慕先生之道久矣，何敢以不文辞。①

据胡序可知，钱德洪、王畿请求时任都察院左佥都御
史、直浙总督的胡宗宪充当《阳明先生文录》的赞助人。极有
可能当时杭州还没有阳明文录的刻板，所以他们提出的这个请
求也是比较合理的。在苏州、福建，甚至连关东都有了阳明的
文录，而阳明曾经主政过的杭州地区却没有刻本；钱德洪还
说，他们这个新的本子还会在苏州版的基础上进一步修订，并
不是纯粹的翻板，于是胡宗宪就同意了。按照赞助人制度，他
点头之后，需要下级官员负责。胡氏令时任杭州府同知唐尧臣
负责此事。钱德洪按照当时赞助人制度的惯例请"有言"。后
来，胡松的序言也同样如此。杭州府的同知是当地政府的"二
把手"，他来负责刊刻事宜，按理不会把这部书放在天真书院
来进行刊刻，但按照钱德洪与赞助人胡宗宪的约定，刻书完
成之后，书版放在天真书院，可以为四方来学之士提供刷印服
务。既然是版片放在天真书院，书院人士在版片上加雕"天真
书院版"五个字也是合理的。

综上，通过我们考察，可以确认文库本的刊定时间晚于
国图本。由此我们还能进一步去理解明代的书籍刊行的某些制
度，比如赞助人制度；和某些与学术传播相关的故事，比如后
世学者，包括未见到文库本之前的笔者本人，都试图从国图本
中推论阳明的学术思想以及阳明门人弟子的思想世界，应该说
与历史的真相是存在着一定距离的。当然，如果我们没有见到
文库本的话，我们无论如何是没有办法去想象这中间的复杂故
事。这样，学者认为《全书》本的年谱从文库本而来的设想，
虽然从文本内容而言并不准确，但是从当时的年谱制造过程来
说，却是相当准确的。

---

① 胡宗宪：《重刊阳明先生文录叙》，王阳明：《王阳明全集（新编本）》卷
五十二，吴光、钱明、董平等编校，第 2108—2109 页。

我们知道，版本学的一项任务在于书籍相关信息的披露。如果能通过我们的调查，揭示某一书籍的不同版本情况，并且提供某种比较可靠的信息，对于学术研究而言，自有其价值。但是，如果信息是不准确的话，故事就可能完全成了另外一个样子了。阳明年谱的信息即是其中一例。

嘉靖末年刊刻的两种《阳明先生年谱》，虽然都是阳明门人所作，经过了钱德洪、罗洪先和王畿等人之手，但刊行的机构性质截然不同。文库本是以杭州天真书院藏板来刷印的，而国图本是赣州府刊行。天真书院此时还属于阳明学人的私组织，他们把所藏书版进行刷印，用于市场流通的可能性很大。后者则明确属于官刻本，因为它的所有经费都来自地方政府部门，刊书的全部事宜皆有府县主官负责组织协调。虽然我们没有看到阳明年谱中记录官方如何资助该本刊行，但从该书的赞助人之一巡抚胡松所支持的另一刻本能窥见晚明时期地方官刻本的一般情形。

王应电的《周礼传》一书完成于嘉靖三十七年（1558），由于没有经费，大概以抄本传于学者之间。他的这部书得到了吉安府两任主官的支持。先有何迁，认为该书有价值，值得刊行，就让吉安府下属永丰县办理。不过，刊刻工作尚未完成（抑或仅有刊行意图，而尚未正式启动），何迁就转任升迁了。这件事情就按下了暂停键。一年后，新任主官胡松热衷此事，王氏著述得以由手稿变成刻本。当时，永丰县知县为吴凤瑞，专为刊刻此书发了文书，并将它放在了该书的后面，即《永丰县奉都察院行文》，该文称：

> 况前院业已处有工价银近五十金，稍助以米粮、板木，即可成书矣。为此牌仰本县官吏，照牌事理。即便于本儒处查取前书及其工价。该县再行凑助食米、梨板等项，将前《周礼传》一书顾觅工匠，校正刊刻。完日仍刷拾数部送院，并具处过米石、板片缘由，一并缴报。①

---

① 李开升：《明嘉靖刻本研究》，第285页。

从这一公文可知，当时府县刻书，首先，需主官同意批准后方可实施，其中府院以现金的形式资助，并且需要最后的成果，即十数本印刷装订好的成书。其次，是县政府有关部分出配套资金，不够的部分需要当地政府自筹经费，他们需要完成的事项包括但不限于：文稿的校订、刻工的招募、食宿的安排以及项目进度的管理等。或许由于时间紧的缘故，在经费允许的情况下，《周礼传》全书含附录不到十卷装订成书为十册，延请的刻工将近四十人，而《阳明先生年谱》三卷三册的刻工则只有五人左右。所有刻工必须具名，也是为了经费结算的便利。再次，府县刻书采取的是县令负责制，他们拥有在书本之后的署名权，即专写一后序，即作为他们工作成绩的一种，也可以作为考核的一个依据。最后，州府的主官是地方官刻本得以成为可能的关键，因此他们的序跋多在书前位置。他们会将各县呈送的书籍作为礼物馈赠其上级和同僚。而且，地方政府官僚在全国范围内升迁流动，各地学者的书籍也会经由他们之手传播到他们所经行之地。如果某些人觉得有必要扩大读者群体，他们又会在其主政之地重新刊行，在一般情况下会直接用他们的藏本作为底本付梓。

如此一来，增加了某一书籍读者数量，扩大了作品的影响，同时也增加了后世考订家们的判断难度。这种原样覆刻的本子，很难断定其刊行时间和地点，除非有较为明确的说明，或者刊刻风格出现了较大的变化。事实上，明代人刻书覆刻技术已经相当成熟，雕版印刷的技艺达到了一个新的高度。特别是从明中期以来，创造性地制造出仿宋体的雕版字体，对刻工技艺的要求降低，覆刻也就更加容易了。这样一来，书籍越来越缺乏鉴赏家所期待的趣味，也就有了"嘉靖以前，风尚近古，时有佳本；万历以后，风气渐变，流弊极于晚季"①之类的说法流行于版本鉴赏群中。时至今日，它还是我们判定善本佳刻的一个先见。

有意思的是该嘉靖本《周礼传》与国图本《阳明先生年谱》的开本大小几乎一致。前者书高30.0厘米，宽17.0厘

---

① 郑鹤声、郑鹤春编：《中国文献学概要》，上海书店1983年版，第237页。

米，版框高19.9厘米，宽13.8厘米。后者与前者只有毫厘的差异。或许这一时期的书籍，一般都是此种大小。不止如此，两本都注明了刻工，其中"月""昌""禾"等三名刻工同见于二书。[1]若仅一人互见，或可认为是偶合，三人互见或许说明当时有一批江西刻工在各府县流动工作，他们中的某些人承揽了政府的业务，然后召集大家集体开工。由于刊刻一部书往往需要耗时数月之久，所以比较紧急的时候，也会从其他府县赶来帮工。抑或者当时刊书的地点并不在各县城，而是府城，如此一来刻工就只需要在各府城之间流动即可。

天真书院版又是何种情形呢？天真书院最开始作为阳明学人的聚集地，后来改成祭祀阳明之地。再后来，它改成了不专祭祀阳明的勋贤祠。当然，不管是晚明以后延续了数百年的勋贤祠，还是曾经聚徒讲学的天真书院，都在历史的洪流之中消失了。作为实物的那些建筑，作为故事的那些讲说，大多不可考证。但正如很多历史故事一样，总有一些意外，天真书院曾经或者刊刻过不少学者用书，抑或者保存了不少他处刊刻书籍的版片，以方便前来学习的阳明学人。据《西湖游览志馀》载，天真书院除了祠堂之外，还有"文明阁、藏书室、传注楼"等。[2]也就是说，这一书院具有典型的传统书院运作模式，保存书籍，包括保存书版，是其中一项不可或缺的职能。

第七节　山泉无适：书皮之学释义

版本学作为一门学科，是近代才形成的。它是以书籍的不

---

[1] 国图本《阳明先生年谱》刻工有：徐昇、刘凰、肖韶、徐三、李葵、湛、言、月、昌、明、禾、八、召等。（参见李文洁、贾大伟、刘悦等：《王阳明著述提要》，第112页）《周礼传》刻工有：十泗、存、忠、三、时、守、宣、定、溪、余、肖真、罗光、高、东、宫、奇、坎、完、君、宗、月、文、正、徐述、法、名、用、康、恁、昌、罗忠、刘禾、辰、春、允、宋泰、罗炼等。（参见李开升：《明嘉靖刻本研究》，第286页）徐昇还参与过嘉靖间四明范氏刊《范氏二十种奇书》和范氏《司马温公稽古录》的刊刻。［参见李国庆：《明代刊工姓名全录》（上），第693页］刘凰参加过嘉靖间修补元兴文署刊本《资治通鉴》的刊刻。［参见李国庆：《明代刊工姓名全录》（上），第346页］
[2] 参见李榕：《（民国）杭州府志》卷十一，民国丙寅（1926）年刻本。

同版本样式为研究对象，在实践操作层面强调科学调查和文献搜集，在学术贡献层面追求价值判定和信息共享，在人员组成上多以图书馆和高校及科研院所文献研究者为主体。有学者甚至以为，所谓的版本学是只管"版本"（即确认某种书是某时某地某人写、刊、刻、印）而不管其内容的，版本叫作调查，内容叫作整理；版本叫作鉴赏，内容叫作研究；调查为整理服务，鉴赏为研究之余。比如黄永年等老一辈学者就坚持这样的观点。①如此，版本学就是通过某些特征来确认版本，然后在此基础上对其进行鉴赏，也就成为某种雅好之学，并限于特定的人群。大多数人看书并不关心版本的形式问题（行款、字数、板框、装帧、刻工等，最多还包括序跋、藏印等），所以这些被研究者所弃之不顾的东西才是版本学所要观察、关心和著录的。这种版本学的思考样式，是清代以来的通识。版本鉴定和书籍目录也就成了版本学的最主要内容。至于如何做此种版本学，谢国桢在为王重民《中国善本书提要》所作序中有较为详细的说明：

> 研究版本目录之学，所以要明了书籍的页数、行款、尺度的大小、刻书人的姓名、装订的形式，为的是给后人留下原书的本来面貌。在还没有摄影术的时代，书籍本貌的留存只有靠影钞或模刻，古人叫做留真。留真这两个字，见于《前汉书·景十三王传》，其由来已久，清末杨守敬所镌刻的书影，叫做《留真谱》，其来是有自的。有三兄所撰的提要，对于每书的行款，每页每行的字数，以及刊刻书籍的逸事，记载得极为详细，这种做法，不要看它是一桩细事；有人甚至讽刺为"书皮之学"，这是不对的。故友赵万里先生尝对我说：顾（广圻）批、黄（丕烈）校、鲍（廷博）钞的书籍和他们所著的题识之所以可贵，因为书籍既经他们考定版刻的年代，评定真伪，和当时获得此书的情况，则此书的源流全都表现出来，给后人读书或校刻书籍以不少的便利。有三

---

① 参见黄永年：《古籍版本学》，江苏教育出版社 2009 年版，第 8 页。

兄不但能绘画出书籍的本来面貌，而且能提要钩玄，详述书中的内容，不是浮皮潦草而是踏踏实实地做工作，这是极为可贵的。①

谢国桢本人对于版本目录的做法，也有两点认识。第一，记录书籍体制的内容，主要是篇目的次序问题；第二，书籍刊刻的形式，比如行款、书口、扉页、鱼尾、书牌等。将大量书籍的体制和形式进行综合整理，就成了版本目录。②此种目录，收书范围是限定的，收书的标准也是因人而异的。比如谢国桢曾著《晚明史籍考》，其中有年谱一类，限于该书收书体例，就没有收录晚明时期学者为阳明所作的任何一种年谱。

最值得我们注意的是，谢国桢转述赵万里关于版本学价值的说法，提出了"版本学要对书籍的源流予以表现"这一当代版本学任务的主张。这已经溢出了传统目录之学的范围，成了一种新的版本学，不仅仅是书皮，还保留了更加深层的思考。换句话说，当代的版本学家对于版本学的认识不仅要把前人关于书籍的有关信息予以揭示，更重要的是能够通过细致的考察去表现书籍的源流变化，因为透过这种源流变化的过程，能够让我们注意到古籍所蕴涵的古代历史文化的价值，甚至能够从中得到某些与浅见途说不同的理解，如此一来书皮之学也就有了它的学术意义了。

谈论版本的前提是作为知识载体的书籍以诸样式的存在。作为调查和鉴赏的版本学是知识，是书皮之学；作为一种关于书籍知识的智慧则起源甚早。鉴于一切版本的知识都是以版本的存在为其先决条件，早期的版本学家主要关注的并不是版本是否以及为何存在、是否以及为何应当存在。所以，书籍存在的诸样式作为一个既成事实，是他们讨论的起点。也即，他们并不关心版本的概念本身，而是要处理诸样式之间的差异问题，以及某一具体样式内部的问题。如果质疑某种版本样式存在的，或者其存在是否有必要，通常意味

①谢国桢：《谢序》，王重民：《中国善本书提要》，第10页。
②参见谢国桢：《谢国桢全集》（第2册），谢小彬、杨璐主编，第646—647页。

着他们对某种知识有了判断，也就不再需要某一特定的存在了。换言之，版本的诸样式所承载的知识是问题的关键，其他的问题并不成为古典版本学家关心的课题，甚至他们根本不会意识到它还会成为一个问题。所以，我们可以认为，古典版本学的第一要务在于知识本身，而非样式。它所关注的自然是某一样式所呈现的内部文字和故事等是否足以传递某种价值或知识，从根本上来说，也是因为价值和知识的追求，导致了版本的多样性的问题，而不是相反。如此，我们进入一个书籍的某一个版本样式，也就意味着我们要从它内部开始进行理解。事实上，对于非藏书家的普通读者来说，任何一个版本在其知识的价值意义上来说是等值的，造成其价值的高下的原因是其内容本身。当然，从清代以来，这种古典的版本学被另外一种价值追求所掩盖，版本学也就成了所谓的门径或者钥匙，人们也不再关心以某种版本样式存在的知识的关键意义了。

对阳明研究者来说，但凡一个阳明学著述的版本，无论是确定无疑的，还是疑信参半的，都是我们搜集遗闻，找寻思想线索的重要依据。辑佚的工作在阳明学研究中已经开展了数十年，不管是《遗言录》《稽山承语》《传习录栏外书》，还是国图本《阳明先生年谱》，其中的阳明话语都被先后整理出来，附录到了《王阳明全集》之后，为阳明学研究增添了不少新的资料。而文库本《年谱》长期以来没有被学者细致比勘，因此其中有大量资料属于佚文性质，系统加以整理，当为今后研究提供不少第一手的史料。我们且以有疑似钱德洪题签的卷四为例，略作说明。

文库本卷四起正德十五年（1520）八月咨部院仲冀元亨冤状，迄嘉靖二年（1523）十一月都御史林俊会先生于萧山。全卷共24个雕版页面，约八千字。其中标目有正德十六年（1521）的"是年先生始揭致良知之教"，本年五月的"是月与岭南同志书"，六月的"按乞便道归省书""与陆澄论养生之说"，今皇帝嘉靖元年（1522）七月的"按门人陆澄辩忠谗以定国是疏"，嘉靖二年（1523）的"二月南宫策士"等六处。国图本有"是年先生始言致良知""归兴""别谦之"等三处，《全书》本仅保留"是年先生始揭致良知之教"一处。

这一时期是阳明正式提出致良知主张的时期。这一时间段，国图本在上中下三卷之卷中部分，《全书》本排在卷三十三和卷三十四［改卷自嘉靖元年（1522）起］。

正德十六年（1521）第一条标目"是年先生始揭致良知之教"。《全书》本同，国图本题为"是年先生始言致良知"。文库本全文为：

> 十六年辛巳，先生五十岁。正月，居南昌。是年，先生始揭致良知之教。先生闻前月十日，武宗驾入宫，消息比旧颇佳，始舒忧念。自经宸濠、忠、泰之变，益信良知，真足以忘患难、出生死，斡旋化机，整齐民物，所谓考三王，建天地，质鬼神，俟后圣，无弗同也。乃遗书守益曰："近来信得'致良知'三字，真圣门正法眼藏。往年尚疑良知恐有未尽。今自多事以来，只此良知，无不具足。譬之操舟得舵，平澜浅濑，无不如意，虽遇颠风逆浪，舵柄在手，可免没溺之患耳。"一日，门人在侍。先生喟然发叹。九川问曰："先生何叹也？"曰："此理简易明白若此，乃一经沉埋，数百年来不得出露头面，是何说也。"九川曰："亦为宋儒从知解上入，认识神为性体，故闻见日益，障道日深耳。今先生拈出'良知'二字，此古今人人真面目，更复奚疑。"先生曰："然。譬之人有冒别姓坟墓为祖墓者，邻佑少年见其经管既久，俱不为非，虽有知者，又先受赂，鸣之于官，何以为辩？只得开圹验其志石。然志石又为前人改过，又何以辩？幸有骸骨，将子孙滴血，真伪无可逃矣。我此'良知'二字，实千古圣圣相传一点滴骨血。"

《全书》本的同一处的文字为：

> 十有六年辛巳，先生五十岁，在江西。

正月，居南昌。

是年先生始揭致良知之教。先生闻前月十日武宗驾入官，始舒忧念。自经宸濠、忠、泰之变，益信良知真足以忘患难、出生死，所谓考三王、建天地、质鬼神、俟后圣，无弗同者。乃遗书守益曰："近来信得'致良知'三字，真圣门正法眼藏。往年尚疑未尽，今自多事以来，只此良知无不具足。譬之操舟得舵，平澜浅濑，无不如意，虽遇颠风逆浪，舵柄在手，可免没溺之患矣。"一日，先生喟然发叹。九川问曰："先生何叹也？"曰："此理简易明白若此，乃一经沉埋数百年。"九川曰："亦为宋儒从知解上入，认识神为性体，故闻见日益，障道日深耳。今先生拈出良知二字，此古今人人真面目，更复奚疑？"先生曰："然。譬之人有冒别姓坟墓为祖墓者，何以为辨？只得开圹将子孙滴血，真伪无可逃矣。我此'良知'二字，实千古圣圣相传一点滴骨血也。"○又曰："某于此良知之说，从百死千难中得来，不得已与人一口说尽。只恐学者得之容易，把作一种光景玩弄，不实落用功，负此知耳。"先生自南都以来，凡示学者，皆令存天理去人欲以为本。有问所谓，则令自求之，未尝指天理为何如也。间语友人曰："近欲发挥此，只觉有一言发不出，津津然如含诸口，莫能相度。"久乃曰："近觉得此学更无有他，只是这些子，了此更无余矣。"旁有健羡不已者，则又曰："连这些子亦无放处。"今经变后，始有良知之说。

显然，仅从这一条来说，《全书》本是对文库本进行了删改和增补而来的，删6处，增2处。增加的这两处，在国图本的原文中均有。另，格式调整1处，即《全书》本不再区分大小字号，而是通过分段的方式来表示。值得注意的是，国图本此一条的内容尚有阳明语录1条及钱德洪按语1条，但正文部分与其他两种差异较大，其第一段为：

先生自南都以来，凡禀学者皆令存天理去人欲以为本。有问所谓则令自求之，未尝指天理为如何也。间语友人曰："近欲发挥此学，只觉有一言发不出，津津然如含诸口，莫能相度。"久乃曰："近觉得此学，更无有它，只是这些子了，此更无余矣。"旁有健羡不已者，则又曰："连这些子亦无放处。"其后经宸濠、张许之难，始有致良知之说。①

国图本的这一段中没有文库本"忧心明武宗"之说。如果我们以有此语的版本来论证阳明思想变化，岂不是仍能要得君行道？显然，当时的情况没有得君与觉民两条路线的斗争问题。相反，对于阳明学人来说，重要的是争取一切可以争取的力量来实现现实秩序的改善和世道人心的维系。所以，我们看到阳明学人对于年谱的编纂有着极为慎重的考量，不单单将其视为一部普通的书，而是希望通过这部严谨的作品来激励读者去实践良知之学。所以，钱德洪说："师没后，吾党之教日多歧矣。……刻《传习续录》于水西，实以破传者之疑，非好为多述，以耸学者之听也。故《谱》中俱不采入。而兄今节取而增述焉。然删刻苦心，亦不敢不谓兄一论破也，愿更详之。"②钱德洪对罗洪先的删订年谱是有其保留意见的。这些地方在文库本还有保留。这也从一个侧面说明文库本要晚于国图本。

至于《全书》本到底出自国图本，还是文库本，其实《全书》本中已经有编刊者的答案。《全书》卷三十二至三十六为附录一至五，即年谱一至三，年谱附录一至二，卷三十七至八为附录六至七，即世德纪和世德纪附录一。其中，《年谱附录二》前有编刊者的说明：

《增订年谱》刻成，启原检旧谱，得为《序》者

①钱德洪：《阳明先生年谱》，毛汝麒明嘉靖四十三年刻本。
②钱德洪：《答论年谱书》，王守仁：《王阳明集》卷三十六，王晓昕、赵平略点校，第1167—1168页。

五，得《论年谱》者二十。乃作而叹曰：《谱》之成也，非苟然哉！阳明夫子身明其道于天下，绪山、念庵诸先生心阐斯道于后世，上以承百世正学之宗，下以启百世后圣之矩。读是《谱》者，可忽易哉！乃取叙书汇而录之，以附《谱》后。使后之志师学者，知诸先生为道之心身，斯《谱》其无穷乎？①

启原是秀水沈启原，是校阅《文录》者之一。这里，他称阳明为师，应该是阳明门人弟子。据明过庭训《本朝分省人物考》记载：沈启原（1525—1591），字道初，别号霓川，一号存石，秀水（今属浙江嘉兴）人。嘉靖二十五年（1546）举人，嘉靖三十八年（1559）进士，曾任南京工部郎中、四川参议、山东参议。沈氏"所笃好惟图籍。上自金匮石室之藏，以至古今集，悉购无遗。或少缺略，借之储书家，务缮写完好乃已。平居不耐酬应，或谭经史，评法书，而阍人持刺以进，盖未启缄，眉为之攒矣。即当路诸公，多门生故吏，启原绝迹不入城，不投谒。然当路推毂人才，必引以为重，启原视之泊如也"②。沈氏热衷藏书，且学术水平不错，并且他恰好是浙江杭州府左近的嘉兴府人，曾有一段时间任职于南京。那么，他究竟是在何时参与刊定所谓的《增订年谱》呢？据过庭训的记载，沈氏于嘉靖"癸亥（1563），转本司郎中。寻调南仪制司。丙寅（1566）迁四川参议。……己巳（1569），以内艰归。服阕，补山东参议。其分道在济南"。从此记录而言，他参与《全书》本年谱的校勘事宜，可能的时间有二：其一是嘉靖四十二年（1563）到四十五年（1566）间，其二是隆庆三年（1569）之后的三年居丧期间。由于目前所知的《全书》本首刻于隆庆六年（1572）③，所以我们可以推定沈启原是在后一

① 王守仁：《年谱附录二》，《王阳明集》卷三十六，王晓昕、赵平略点校，第1147页。
② 过庭训：《本朝京省人物考》卷四十五，《四库禁毁书丛刊·史部》（第61册），北京出版社2000年版，第422页。
③ 徐阶《王文成公全书序》云："隆庆壬申，侍御新建谢君奉命按浙，首修公祠，置田以供岁祀。已而阅公文，见所谓《录》者《集》各自为书，惧夫四方之学者或弗克尽读也，遂汇而寿诸梓，名曰《全书》。"（徐阶：《王文成公全书序》，王守仁：《王阳明集》，王晓昕、赵平略点校，第1页）

时间段应谢廷杰之请参与此事的。这一时期，他丁内艰在家，刚好有时间从事年谱的校勘事。

从前述赞助人的考察中，我们知道书籍编纂者对书籍的刊定未必就有指挥的权力，编纂者将书稿交给赞助人所指派的刊刻书籍负责人之后，他们的工作任务就暂告一个段落了。只有等到刻印完成，拿到了刷印的书籍之后，他们才会以读者的身份再次与他们的著作相遇。

第八节　离人故境：谱其名世真才

阳明及其后学从正德年间开始登上历史舞台，造成了一个奇特的思想史奇观，学者得出结论："明儒之学，一阳明之学而已。"[1]他们的理由是，宋元的那些儒学家们，主要的学术关注点在于经典阐释，很少以某一两个口号作为宗旨来讲学号召；而明代的儒者则基本上每个重要的学者都有自己的标志性口号，其中口号最为响亮，旗帜最为鲜明的当属阳明，"阳明所标者为独宏远"，"蔚然为有明惟一大儒"[2]。阳明及其门人的追随者极多，晚明时期，阳明学人四处聚徒，设立书院，传闻中"阳明书院之在宇内者，七十二，而浙中居其六"[3]。这些书院吸引了不少人来了解阳明其人其学，自然也就传播了阳明的学术思想。这些书院中人，除了讲学之外，也要读书，阳明年谱当是其中一个重要的选项。问题是，我们并不清楚当年那些人读的是何种版本的年谱，大约只能根据后世所见来建立一种历史的想象。因所见之书本的限制，容易对书籍的传承产生误判，比如梁启超曾于1923年时就阳明年谱说过这样的话：

> 阳明先生，百世之师。去今未远，而谱传存世者，殊不足以餍吾侪望。集中所附《年谱》，诸本虽有异

① 郑鹤声、郑鹤春编：《中国文献学概要》，第118页。
② 郑鹤声、郑鹤春编：《中国文献学概要》，第119页。
③ 邵廷采：《姚江书院记》，赵所生、薛正兴主编：《中国历代书院志》（第9册），江苏教育出版社1995年版，第278页。

同，率皆以李卓吾所编次为蓝本。卓吾之杂驳诞诡，天下
共见。故《谱》中神话盈幅，尊先生而适以诬之。若乃事
为之荦荦大者，则泰半以为粗迹而不屑意也。梨洲《明儒
学案》，千古绝作，其书固以发明王学为职志，然详于言
论，略于行事，盖体例然也。其王门著籍弟子，搜采虽
勤，湮没者亦且不少。余姚邵念鲁廷采，尝作《阳明王子
传》《王门弟子传》，号称博洽，未得见，不识视梨洲何
如？且不知其书今尚存焉否也？[①]

　　梁启超说，他考察的结果是大部分清代人看到的阳明年
谱，都与明末李卓吾的作品相关。那是因为李氏的作品，反复
刊行，广为流传。对当代学者来说，《全书》本则是比较容易
获得的书籍，所以有学者就据此认定，所有关于阳明的事迹，
多从《全书》本而来。比如杨正显说，清代官方修撰的各种地
方志，只要是提到阳明的传记，都是沿袭了《全书》本的说
法，后世对于阳明的理解都出于《全书》本的想象。[②]这样的
说法，大概都是据所见所闻而提出的观点。由此可见，阳明年
谱的早期版本，在后世的流传是相当稀见的，至于文库本则更
是孤罕的珍籍，能在今天读到这部年谱，自然是相当幸运的事
情了。

　　查考前人目录，我们的看法或许略有不同，如焦竑《国
史经籍志》卷三、黄虞稷《千顷堂书目》卷十、《明史·艺
文志》著录的是"《阳明先生年谱》十卷"，范邦甸《天一
阁书目》卷二著录的是"《阳明先生年谱》三卷"，朱睦㮮
《万卷堂书目》卷二著录的是"《阳明年谱》三卷"，十卷
本的阳明年谱不知道是何种书，但天一阁所藏因有存世，可
知与国图本为同一版本。看起来似乎此七卷的文库本的确是
少为人知。

　　雕版时代，知识的传播逐渐摆脱了口口相传和传抄摹写

①梁启超：《阳明先生传及阳明先生弟子录序》，王阳明：《王阳明全集（新编本）》
卷五十二，吴光、钱明、董平等编校，第2147页。
②参见杨正显：《觉世之道：王阳明良知说的形成》，第286页。

的时空限制，依靠不断翻刻覆刻的诸多书籍，人类的精神世界的深度和广度可以借着读书而拓展。然而，刻印书籍的传播总有其天然的限制，前代之书，往往不为人知，读未见书也就成了藏书之家的噱头。就阳明年谱而言，早期的几种刊本未有单行的整理本之前，需要读它就得去故纸堆中找寻，或者去拍卖市场碰运气。随着电子版本时代的到来，今天的我们可以通过互联网技术方便获取相关数据资料，能够较为便利的从各种全书和丛刊中调阅所需的部分，未见书越来越不再成为问题。可是，我们的前代人并没有这样的条件，对他们来说能够看到一部单行的年谱都是一件相当幸运的事情。

众所周知，关于阳明的年谱，学界已经有了多篇考订论文，也有不少新的谱著，几乎将阳明及其学说的各种问题都进行了细致的辨析，如果我们想要通过一个孤本秘籍来推翻这些论述，是不可想象的，也毫无意义。因此，新发现的善本，其价值并不在于将过去的研究予以反证式的终结，恰恰相反，它为在既有的研究成果之上，推进我们的认识起到某种促动作用，从而为我们更好地理解阳明学本身起到一点学术的价值启发，大概也就是它的意义所在了。毕竟，至少四百年没有与读者互动过的书籍，根本没有发挥其作为书本身的价值，只能且必定是一过去式的文物。但是，当它重新出现时，我们见到了，并且阅读了，就可能从此开启了书籍的阅读之旅，也就重新回到了书籍循环。这或许是我们阅读它、推介它、阐释它的价值所在。由此出发，考察其书曾经的历史，揭示其制造的过程，甚至在某种程度上推进我们对于书籍的一般认识，则这一版本具有的历史意义就得到了新的阐发。

阳明学术在清代并不为学者所重视是不争的事实。相较于明代的地方政府官僚一再资助阳明著作的情形，清朝的官僚们已经很少将眼光聚焦在这上面了。阳明学看起来即将退出历史舞台，成为真正的历史故事。不过，作为历史人物的阳明并没有全然地隐没。我们看到，乾隆十六年（1751），皇帝南巡，为阳明祠题写了"名世真才"的匾额。后来，祠宇主事者还将这一匾额刻石为碑，以为永久之计。[①]西吴悔堂老人《越中杂识·祠记》说："御书'名世真才'四大字，在府城内王文成公祠前河干，本乾隆十六年南巡时所赐祠额也。王氏后裔恭摹，勒石建亭覆之，碑阴刻左副都御史胡宝泉谕祭文，使往来之人咸瞻仰云。"[②]道光庚子年（1840）四月，郑光祖到杭州，乘船过钱塘："从西兴镇（有驿丞），雇乌棚船（行家最多欺弊，以下略同。另有白棚船，较大，价较贵）。行内河（不通外江）。路向东南，而东两岸多巨樟。十里。陡见高山一座，萧山也。县城建于山下。舟进西门，两岸墅廛密比，有王文成公祠（明王守仁，余姚人，卒谥文成）。祠前有大碑，刊御书曰'名世真才'。三里。出东门，夜行八十里至绍兴府。"[③]也就是说，至少在鸦片战争时期，位于杭州的勋贤祠还是保存完好的。

阳明其人其学，或许因为乾隆皇帝的这一举动，在朱子学的鼎盛时期得到了延续护身符。故清人朱培行说："窃以有真学者始有真才，学之不真，才即可议。天语煌煌，一字之褒，荣于华衮；爝火之光，瓦釜之鸣，可以无庸矣。"[④]《四库全书》中也收录了《全书》。对于这部书，四库馆臣有这样的说法："隆庆壬申，御史新建谢廷杰巡按浙江，始合梓以传，仿《朱子全书》之例以名之。盖当时以学术宗守仁，故其推尊之如此。守仁勋业气节卓然，见诸施行，而为文博大昌达，诗亦秀逸有致，不独事功可称，其文章自足传世也。此书明末板

① 参见陈时龙：《论天真书院的禁毁与重建》，《明史研究论丛》（第 11 辑），故宫出版社 2013 年版，第 115—124 页；钱明：《杭州天真书院的历史沿革及功能转化》，《教育文化论坛》2014 年第 1 期。由于仅仅根据明代的《勋贤祠志》等史料进行分析，并未对清代杭州钱塘阳明祠的历史进行追踪，钱氏得出了这样的结论，即"单一的祠堂祭祀功能，只是依托于朝廷政治的庇护和地方官员的监管。明清更替之后，政治庇护消退，监管流于形式，学风日趋虚浮，财产争端纷起，勋贤祠走向衰败和毁灭的命运已无法避免"。这与乾隆南巡时题赐匾额的历史并不相符。乾隆五十二年（1787），礼部右侍郎提督浙江学政还以此为据，修缮阳明先生墓石，并刻铭为记，有"名世真才，皇哉天表"的说辞。（参见朱珪：《明兵部尚书兼右都御史总制两广江西湖广军务封新建伯赠侯王文成公墓碑》，《知足斋文集》卷二，商务印书馆 1936 年版）
② 转引自余樟华：《王学编年》，第 669 页。
③ 郑光祖：《大禹陵》，《一斑录·杂述三》，清道光《舟车所至》丛书本。
④ 朱培行：《重刻阳明先生集要三编后序》，李文洁等编纂：《王阳明著述序跋辑录》，第 258 页。

佚，多有选辑别本以行者。"①不独全书的书板不复存在，年谱的书板也早就不知去向，嘉靖年间的两种年谱也就成了珍稀孤罕的珍本，成了藏书之家的什袭之珍，少有读者能见到了。直到20世纪末，阳明学才以一种新的姿态进入人民的视野，阳明的著作也逐渐开始成为普通读者所能获取的读本。如今，阳明门人钱德洪等人编辑整理的，经当时政府资助刊行的两种不同版本的《阳明先生年谱》经当代人的整理，重新被读者摆上书架。

小结

通过以上的考察，我们可以得出如下初步的结论：

第一，从文库本出发，我们考察了阳明学著作的刊刻情况。明代的书籍刊刻自有其严格且成熟的制度化操作流程，官方的赞助人制度是其中之一。举凡地方官刻本，皆经主官批准之后，由专官负责校勘，包括对文稿的处理，协调经费使用，联系专家学者校勘，以及组织匠户刻工执行，还包括对刷印成品的部分处置等。赞助人对刊本负有特定的责任，也享有在该刊本上留下序跋的权利。明代官僚热衷于教育文化事业，喜好收藏各类书籍，也乐意赞助各类学术书籍的出版，形成了一个官方刊行与学者编辑的良性出版互动关系，对于明代学术的发展有着导向性的作用。

第二，阳明学的著述大多以地方政府赞助的方式刊行，是阳明学人不懈努力的结果。他们不限于一时、不限于一地、不限于一人地寻求赞助，反复刊刻以阳明著述为中心的各种作品，为阳明学全国范围内的推广起到了学术出版和文化教育方面的效果，也进而推动了阳明学人群体的形成。就阳明年谱而言，经过数十年的准备之后，钱德洪完成了书稿的纂集工作，然后开始了寻求官方赞助出版的过程。江西、浙江两地的地方行政长官赞助了年谱的出版，但是人事的变动会造成这种官方赞助出版发生变故，嘉靖末年出现两部《阳明先生年谱》的刊本就是这一赞助人人事变动的结果。

---

① 纪昀等：《王文成全书·提要》，李文洁等编纂：《王阳明著述序跋辑录》，第130页。

第三，赞助人不仅负责刊刻的资金投入，享有写序的权利，同时也需要对书籍的刊刻质量予以把关，因此官刻本的质量往往是可以保障的，通过层层把关和严格的审核，可以确保该刻本能够作为礼物呈缴上官，甚至是报送至朝廷。更为关键的是，赞助人及其下属官僚甚至还能够对书稿进行实质性的修订、删改和调整，也就是说书稿的作者在交出书稿之后，就不再享有对书籍刊刻的直接处置权了。虽然如此，作者仍旧可以用同一部书稿寻求新的赞助人进行再次出版，这就是有些著作会在官方的资助下反复刊行的原因之一，这也是同一书稿会存在内容差异的一个原因。学术出版的官方赞助制度是较为成熟的文化教育出版制度，其延续的时间较长，所涉及的书籍类型也相当多样，对这一制度的相关研究尚有更大的学术研究空间。

第四，所谓的天真书院刻本，并不准确。"天真书院版"只能说明该书版片曾藏于此，并不意味着它必为该书院刊刻。由天真书院藏板刷印的这一阳明年谱，其刊刻时间不早于另一已知的嘉靖本年谱。这两部年谱和《全书》本的年谱之间各有异同，并不存在直接的承袭关系。该刊本保留了大量阳明学的佚文，特别是钱德洪的批注，是研究阳明学的一个重要版本。

第五，文化的繁荣，离不开著作和出版；出版的繁荣，离不开政治和学术。这不仅是古代王朝的历史故事，也是当代的现实。阳明崛起于有明正德嘉靖时，袭平草寇山贼，戡定藩王作乱，有旷世之功，复以致良知教，讲学江南，弟子三传不竭，成世传之学。推重他的人将他视为有明第一人，而忌惮者亦处心积虑予以贬斥。事功无可置喙，则以学术罪之，故以心学与朱子学相悖为最大号召，鼓动士林；明廷倾覆，复以心学煽动罪之①，其事功亦为前朝幻影。不仅如此，其书也多佚失

---

① 比如，顾炎武《日知录》说："以一人而易天下，其流风至于百有余年之久者，古有之矣。王夷甫之清谈，王介甫之新说，其在于今，则王伯安之良知是也。《孟子》曰：'天下之生久矣。一治一乱。'拨乱世反之正，岂不在于后贤乎！"（顾炎武著，黄汝成集释：《日知录集释（全校本）》卷十八，栾保群、吕宗力校点，上海古籍出版社2006年版，第1068页）顾炎武找出来三位王姓人物，并指责他们造成了历史的悲剧。这种指责在政治哲人那里最为常用，也广为流传。

不存，他也就成了一个传说的人物了。在我们这个时代，通过古籍的调查和保护，阳明相关的文献不断被揭示出来，就连隐藏于东瀛的阳明年谱，也在好事者的努力下让我们得以睹见其真面目。此是书籍循环的新故事。

第六章

湮没与昭晳：宋仪望与阳明学

> 意到已忘言，兴剧复忘饭。坐我此岩中，是谁凿混
> 沌？尼父欲无言，达者窥其本。此道何古今，斯人去
> 则远。空岩不见人，真成面墙立。岩深雨不到，云归
> 花亦湿。①

——王守仁

学术的传承既有直线的承续，更有多线的滋殖。直接承续的学术史关心的是节点事件、人物和关键概念，而多线滋殖的思想史关心的是学术如何在生活世界的展开。前者让人对历史有一个整体的演化图景的观感，让历史充满了必然的逻辑；后者让人对历史有一个整体的运动图景的观感，让历史充满了人事的张力。前者需要对通行的著作展开思想的萃取，要让过去的历史成为书写的材料；后者需要对浩瀚的史籍展开侦探的追迹，要让传说的历史成为故事的主线。

学术是书籍世代传承的依凭，政治是书籍生产的动力，时间是理解书籍历史的钥匙。书籍在学术、政治和时间的三重作用下成为一种需要不断进行重新思考的学问。学术追求创新的发展，政治追求稳健的利益，时间会重新估量一切价值。阳明学也是如此。论及阳明学，不能离开对阳明著述的考察，不能离开对学术、政治和时间的多重观察。在这里，具体的人和书构成了多重因素交汇的节点，这些节点并不会一直显明地让人看见，未见才是常态。四库馆臣论及叶绍容编《阳明要书》八卷时说："是书成于崇祯乙亥，取守仁《全书》摘其要语，前有小序八首，及凡例四条，皆著其删纂之大意。《浙江通志》载，宋仪望辑《阳明文粹》十一卷，王畿辑《阳明文选》八卷，而无此书之名，盖偶未见也。"②馆臣注意到《浙江通志》曾著录过两种不同版本的阳明文选，但馆臣却没有在《总目》中著录这两种著作，或许如馆臣所谓"盖偶未见也"。

时至今日，宋仪望所编集的著作已经成为珍贵的善本古籍。如，在国务院公布的《国家珍贵古籍名录》中收录多种阳

---

① 王守仁：《忘言岩次谦之韵》，《王阳明集》卷二十，王晓昕、赵平略点校，第660页。
② 永瑢等：《四库全书总目》卷一百七十六，中华书局1965年版，第4668页。

明著作,①除了《全书》之外,尚有《阳明先生文录》《传习录》等多种。其中,题为《阳明先生文粹》的多部善本颇为特出,它有多家藏的不同版本:

表9 入选《国家珍贵古籍名录》的《阳明文粹》

编号	书名	责任者	版本	收藏单位
02119	《阳明先生文粹》十一卷	（明）王守仁撰（明）宋仪望辑	明嘉靖三十六年（1557）刻本	青海民族学院图书馆
05984	《阳明先生文粹》十一卷	（明）王守仁撰（明）宋仪望辑	明嘉靖三十二年（1553）姚良弼刻本	南京图书馆
05985	《阳明先生文粹》十一卷	（明）王守仁撰（明）宋仪望辑	明隆庆六年（1572）宋仪望刻本	南京图书馆
05986	《新刻精选阳明先生文粹》六卷	（明）王守仁撰（明）查铎辑	明嘉靖四十五年（1566）泾川查氏里仁堂刻本	安徽省博物馆
09126	《阳明先生文粹》十一卷	（明）王守仁撰（明）宋仪望辑	明嘉靖三十六年（1557）孙昭大梁书院刻本	天津图书馆
11956	《新刊精选阳明先生文粹》六卷	（明）王守仁撰（明）查铎辑	明嘉靖四十五年（1566）唐龙泉刻本	宁波市天一阁博物馆

很明显,宋仪望（1514—1578）将阳明著作编辑成一部新书,题为《阳明先生文粹》。这部书流传开来之后,又有一位叫查铎（1516—1589）的人编了一部同名的书,但内容上略有

---

① 据"国家珍贵古籍名录数据库"（http://www.nlc.cn/pcab/gjzggjml/）中的检索结果,被收录的古籍中作者项为王守仁的有 39 部之多。

差别，故而题为"新刊精选"。①另外，现存古籍书目中标注"隆庆六年宋仪望刻本"的古籍，除了阳明的文选之外，尚有《邹东廓先生文选》《欧阳南野先生文选》两种，也就是说宋仪望在阳明学的传播中有着颇为独特的地位。

然而，不论是查铎，还是宋仪望，在阳明学的谱系中并不为人熟知，他们制作这样的书是出于什么样的考虑？为何这部书能够广为流传并传承至今？它对阳明学而言，又意味着什么呢？

第一节　湮没无闻：学人的谜题

阳明学是一场在历史时间中展开的学术与政治运动。②政府官僚、士子学人、乡民大众合力促成了阳明学的浩大声势。就历史的书写而言，仅有一部分人被纳入"史"的谱系之中，阳明学也不例外。在阳明学的学术谱系之中，更多的人是不知所踪的，即便是那些曾经为这一运动的潮头人物也是如此。我们知道，阳明去世后，其门人弟子及再传子弟为了传播阳明学，各显其能。③宋仪望、谢廷杰和查铎等是较为突出的。就阳明学的传承而言，他们的名字与阳明学著作紧密相连，他们都参与过阳明学人著述的编集与刊刻，曾经充当过阳明学著作

---

① 据张秀民《中国印刷史》（插图珍藏增订版）第 368 页载，明代金陵书坊创一种带图案花边的书名页，后来唐氏富春堂推广到每一页正文的四边，称为花栏。这种花边书名页，最早似见于嘉靖四十五年（1566）金陵戴氏刻王守仁的《阳明文粹》，书名页上大书"精选后学便读，阳明先生文粹"大字两行，旁有小字联"指历圣相传之正脉，在孩童不虑之良知"，中间有一小行"嘉靖丙寅岁秋七月吉日梓行"，上横书"金陵戴氏新刊"。此《阳明文粹》全称为《新刊精选阳明先生文粹》六卷，明人查铎选编。十行二十二字，白口，四周双边。卷端题："赐进士毅斋查铎精选，庠生竹塘查芬校正，金陵龙泉唐氏梓行。"卷末有"嘉靖丙寅岁秋七月金陵戴氏龙泉绣梓"刊记。有总目，作六卷，卷六为诗，分卷上下，今藏天一阁博物馆。此查铎选本另有嘉靖四十五年泾川查氏里仁堂刻本，今藏安徽博物馆。卷端题："赐进士毅斋查铎精选，庠生竹塘查芬校正，金陵龙泉唐氏梓行。"卷末有"嘉靖丙寅岁秋七月泾川查氏里仁堂梓"刊记。有嘉靖丙寅查芬序。（参见崔建英辑订：《明别集版本志》，贾卫民、李晓亚参订，中华书局 2006 年版，第 100 页）此六卷本《新刊精选阳明先生文粹》乃查铎之新刊本，是否与宋仪望所刊之本有关，待考。
② 参见邓志峰：《王学与晚明的师道复兴运动》（增订本）。
③ 相关研究详见杨国荣：《王学通论——从王阳明到熊十力》（增订本），华东师范大学出版社 2021 年版；陈来：《有无之境：王阳明哲学的精神》。

刊行的赞助人。查铎是王畿和钱德洪的弟子，其著作目前已
列入阳明后学著作的编校整理计划。①《阳明先生祠志》载：
"查铎，字汝懋，号毅斋，直隶泾县人，进士，历官广西宪
副。受业龙溪之门，笃信致良知简易直截为三字符。人谓其品
如麟凤，心如天日云。"②查铎，南直隶泾县（今属安徽宣城
市）人。他于嘉靖二十八年（1549）成为举人，嘉靖四十四年
（1565）成为进士。他先后任湖广德安府推官、刑科给事中、
山西左恭议、广西提刑按察司副使、广西驿传道副使。死后入
祀阳明祠和乡贤祠。《明儒学案》卷二十五有传。黄宗羲将其
与戚贤、冯恩、贡安国、沈宠、萧彦、萧良幹等列入阳明学的
南中学派。③《传习全录》《新刻阳明先生文粹》等皆与查氏
相关。

　　万历四十二年（1614），周汝登（1547—1629）为南京
设立的阳明祠堂编辑《阳明先生祠志》时详录阳明门人及私
淑弟子。其中，《从祀私淑弟子行略》记录阳明后学三十余
人，包括徐阶（1503—1583）、赵贞吉（1508—1576）、郑晓
（1499—1566）、徐樾（？—1552）、林春（1498—1541）、
唐顺之（1507—1560）、王襞、尹一仁、查铎、殷迈（1512—
1581）、陆光祖（1521—1597）、王时槐（1522—1605）、王
栋（1503—1581）、耿定向（1524—1596）、吴悌（1502—
1568）、沈谧（1501—1553）、萧廪、罗汝芳（1515—
1588）、孟秋（1525—1589）、刘嘉谟、李逢阳、杨希淳、张
元忭（1538—1588）、杨起元（1547—1599）、韩贞（1509—
1585）、傅光前、邹德涵、萧良幹、陶望龄（1562—1609）、
徐爌、戚衮、贡安国、周怡（1506—1569）等。这里面有查
铎，没有宋仪望。宋仪望被黄宗羲列入江右学派，并收录了他
的《从祀或问》一文，今人多以为此文在阳明从祀事上极为重
要，何以周汝登不录？④

---

① 参见张昭炜主编：《阳明学文献整理与研究的新进展》，上海古籍出版社 2018 年版，第 156—164 页。
② 周汝登：《阳明先生祠志》卷中，明万历刻本。
③ 参见黄宗羲：《明儒学案》卷二十五，沈芝盈点校，第 579 页。
④ 参见黄宗羲：《明儒学案》卷二十四，沈芝盈点校，第 551—562 页。

从阳明学的传播来看，查铎、宋仪望和谢廷杰等是第二代以刊刻阳明及其门人著作为主要贡献而留名的阳明学人，但他们的事迹少为人知。[①]谢廷杰自不必说，《全书》是在谢氏赞助下刊行的。但该书的刊行却颇为吊诡，充满了学术与权力的张力。[②]谢氏确为阳明学的信徒，他为阳明从祀和阳明著作的刊刻做了很多具体的工作，包括上疏论证阳明从祀的理由，赞助阳明全书的两次刊刻，特别是后者成为人们了解阳明学术的主要文献依据，其影响直到今天仍无可替代。当代阳明学文献的整理，几乎无一例外是从谢廷杰赞助或参与赞助刊行的《全书》出发。不过，在阳明学人群体中，谢氏似乎不见其踪迹，黄宗羲《明儒学案》根本没有提及他的名字，阳明后学的讨论中也少有对他的行为予以表彰。朱鸿林说："这样一个与阳明从祀极具关系的人物，竟然事迹学行未为时人所道，以至后世湮没无闻，这与其说是一种遗憾，毋宁说是一种讽刺。"[③]

为何是讽刺？因为在当今的阳明学研究中，呈现的是一个前赴后继的学术运动，是几代学人不懈努力，进而改变了整个明代思想的学术潮流。学人注意到从晚明到清初的王学发展，注意到了一些关键的人物和思想，但对于那些提供了基本文献的人却要么熟视无睹，要么故意忽略，这与阳明学的形象截然

---

① 阳明学人可以分成第一代门人、再传弟子、三传弟子，亲传弟子又有早年讲学弟子和晚年门人。至万历初年，阳明的第一代门人只有极个别人如王畿（1498—1583）在世，其他如席书（1461—1527）、王艮（1483—1541）、季本（1485—1563）、薛侃（1486—1545）、徐爱（1487—1517）、南大吉（1487—1541）、聂豹（1487—1563）、邹守益（1491—1562）、陈九川（1494—1562）、钱德洪（1496—1574）、欧阳德（1496—1554）、罗洪先（1504—1564）皆离世。阳明学最后成为官方认可的学术，在万历初年，当是第一代门人之后的再传弟子努力的结果。参见王传龙：《阳明心学流衍考》，吕妙芬曾注意到宋仪望在江西籍阳明学人中的重要性。吕妙芬认为江西永丰县的阳明再传弟子以嘉靖九年（1530）成为诸生的宋仪望、郭汝霖、邹濂和罗靖等四人为代表。但罗靖和邹濂两人不得寿，只剩宋仪望和郭汝霖二人。这两人皆以仕宦显名，也即他们俩成为阳明再传弟子中有名的官僚学者。吕妙芬认为宋仪望在江西永丰县提倡阳明学的成就不显著，但因为长期在各地任官，对阳明学在他所到之处的传播有重要影响。比如打开了福建阳明学的局面，比如振兴了京师讲阳明学的讲会活动，还写了关于阳明从祀的重要文献等等。见吕妙芬：《阳明学士人社群：历史、思想与实践》，（台湾）"中央研究院"近代史研究所 2003 年版，第 165—168 页。
② 详见朱鸿林《〈王文成公全书〉刊行与王阳明从祀争议的意义》《阳明从祀典礼的争议和挫折》《王阳明从祀孔庙的史料问题》。朱鸿林：《孔庙从祀与乡约》，第 125—198 页。
③ 朱鸿林：《孔庙从祀与乡约》，第 133 页。

相反。朱鸿林注意到，谢廷杰参与赞助或者作为第一赞助人的《全书》在隆庆六年（1572）和万历二年（1574）先后在杭州和南京刊行，认为它绝非满足读者需要的出版行为，而是一种个人以效忠阳明为目的的政治行动，而赞助人谢廷杰其人其事在阳明学人群体中的隐晦充满了讽刺意味，因为谢氏的努力并未为当世学人珍视，阳明学人何以漠视如此重要的赞助人呢？而当代学人则将他所编刊的阳明著作（即杭州本与南京本《全书》，前者为隆庆本，后者为万历本）视为进入阳明学的唯一入口，这中间的反差实在过于惊人。反过来说，谢氏赞助刊行阳明著述，竟然没有被阳明学人所阻挠，让他从心所欲，一而再地制作阳明著作全集定本，阳明的门人弟子们是否还有一个我们所设想的那种阳明学术群体？因此，朱鸿林认为能解释讽刺现象的理由只能是："'阳明学派'或王学信徒事实上欠缺了团结精神。"①

谢廷杰没有进入周汝登《阳明先生祠志》的私淑弟子名单，也未入黄宗羲《明儒学案》之类的阳明学术谱系。但在江西新建的县志有他的传记："谢廷杰，字宗圣，一夔曾孙。嘉靖三十八年进士。隆庆壬申巡按浙江，首修阳明王公祠，置田以供岁祀。已而阅公文，见所谓录若集，各自为书，惧四方学者弗克尽读，遂汇而寿诸梓，名曰《全书》。属华亭徐阶序之。阶称廷杰为政崇节义，育人才，立保甲，厚风俗，动以王公为师。著《两浙海防类考》十卷。仕至大理寺丞。卒，崇祀乡贤。（徐阶《王文成公全书序》）"②在后代同乡眼里，谢廷杰为阳明建祠，为阳明刊书，足以成为历史。而且，谢氏所赞助刊行的阳明著作还有徐阶的序文。何以谢廷杰约请徐阶作序？我们认为，这与宋仪望有着密切的关系。

黄宗羲《明儒学案》卷二十四抄录了宋仪望的《阳明先生从祀或问》，并有小传介绍："宋仪望字望之，吉之永丰人。由进士知吴县。入为御史。劾仇鸾拥兵居肘掖，无人臣礼。复劾分宜之党胡宗宪、阮鹗。迁大理丞。分宜中之，出备

---

① 朱鸿林：《孔庙从祀与乡约》，第 150 页。
② 承需修：《（同治）新建县志》卷四十一，清同治十年刻本。

兵霸州，移福建。大计归，以荐补四川佥事。迁副使，视福建学政。升参政。入为太仆、大理卿。巡抚南直隶佥都御史。建表忠祠，祀逊国忠臣。表宋忠臣杨邦义墓。卒年六十五。先生从学于聂贞襄，闻良知之旨。时方议从祀阳明，而论不归一，因著《或问》，以解时人之惑。其论河东、白沙，亦未有如先生之亲切者也。"①从黄氏小传来看，宋仪望从中进士以后一直在仕途，从知县、御史到兵备、佥事，从学政、大理寺卿到都御史，数十年间迁移不定。值得一提的是他不畏权贵和表彰忠烈。至于和阳明学的关联，一是他曾从学于阳明门人聂豹，一是他为阳明从祀发表过文字。或许黄氏并不认为宋仪望在阳明学的传播过程中有其自身的特点。按照黄宗羲的记载，宋仪望是典型的官僚学者，从进士起家，在中央和地方各级部门任职。在政治上，他参劾过仇鸾、胡宗宪、阮鹗等人，后者是权臣严嵩的党羽。我们知道，胡宗宪和阮鹗也是阳明学的赞助人。他们是钱德洪等人的支持者。在阳明后学中，聂豹是一个奇特的存在。钱德洪等人编集阳明著作和年谱等事项中，并未提及聂豹。聂豹并未在阳明生前称门生，而是在阳明去世后，在钱德洪的见证下办理了"补票入门"手续。②上述宋仪望参劾仇鸾及严嵩党羽事，聂豹本人亦有行动。也就是说，宋仪望追随了他老师聂豹的政治主张，亦步亦趋。

宋仪望与谢廷杰又有何种关系呢？谢廷杰编集《全书》的明代刻本有多种，谢氏本人参与的有隆庆本和万历本。徐阶为《全书》做了一篇序文，其中提到"隆庆壬申，侍御新建谢君奉命按浙，首修公祠，置田以供岁祀。已而阅公文，见所谓录若集各自为书，惧夫四方之学者或弗克尽读也，遂汇而寿诸梓，名曰《全书》。属阶序"③。如今，我们将徐阶序文中所谓的"隆庆壬申"作为《全书》的刊刻时间。在古籍版本的鉴定中，序跋题记等是重要的依据，我们往往会依据它来确认一

---

① 黄宗羲：《明儒学案》卷二十四，沈芝盈点校，第 551 页。
② "阳明既殁，先生时官苏州，曰：'昔之未称门生者，冀再见耳，今不可得矣。'于是设位，北面再拜，始称门生。以钱绪山为证，刻两书于石，以识之。"（黄宗羲：《明儒学案》卷十七，沈芝盈点校，第 370 页）
③ 徐阶：《王文成公全书序》，王守仁：《王阳明集》，王晓昕、赵平略点校，第 1 页。

部书的刊刻时间，如果没有序跋，则根据书中其他的时间线索予以认定。20世纪50年代末，台北"中央图书馆"出版馆藏善本书目，著录了两种隆庆本。版本判定根据是所藏善本中时间文字，包括制诰、序文等。这一判断后来被研究者予以否定，这是古籍研究不断深入的结果。[①]随着古籍调查的开展，各公藏机构古籍的揭示工作给研究者带来了极大的便利。据《王阳明文献普查目录》著录，隆庆六年（1572，实为万历初年）谢廷杰本有近三十家单位收藏，是所有阳明著作中今存最多的一种。[②]何以一部万历初的刊本能够有如此多部传承至今？由于谢廷杰本人未有文集传世，我们只能在与他同时代的宋仪望等人记录中找寻答案。

搜索宋仪望的资料时，找到了这样一条记录。安徽省绩溪县磡头村有一"司平坊"牌坊古建筑，今人编辑的《绩溪县志》将它作为地方古迹加以著录：

> 司平坊。在家朋乡磡头，沿溪跨道，二柱三楼歇山

---

① 《中国古籍总目·集部》中著录《王文成公全书》三十八卷的明刻本有隆庆二年（1568）郭朝宾等杭州刻本（台图）、隆庆六年（1572）谢廷杰应天府刻本（国图、北大、上海、南京）、隆庆六年谢廷杰刻万历三十五年（1607）左宗郢等重修本（山西师大、武大）和万历二十四年（1596）刻本（北京文物局、广西）等。（参见中国古籍总目编纂委员会：《中国古籍总目·集部》，中华书局2012年版，第637页）台图的著录出自《"国立中央"图书馆善本书目·甲编》卷四（中华丛书编审委员会1958年版，第123页）经朱鸿林考证，之所以认定是隆庆二年，或据书前有隆庆二年的制诰。郭朝宾本应为隆庆六年，而谢廷杰本则为万历元年（1573）。其主要证据是谢廷杰和郭朝宾等人的履历。笔者又在《（乾隆）杭州府志》中发现了另外一条证据，可为朱氏说再增一证。郭朝宾杭州刻本中题衔杭州府的官员有："杭州府知府南昌徐渊，同知嵩明段丝绵，通判新建孙烺、吴江周兆南、丰城赖守中，推官泾县萧彦，仁和县知县张誉。"这些人同时还为浙江杭州的"两浙名贤祠"做过工作。《（乾隆）杭州府志》载："两浙名贤祠，在西湖孤山之阳，祀汉严光、唐陆贽、宋林逋、赵抃王十朋、吕祖谦、张九成、杨简、国朝宋濂、王琦、章懋、陈选，皆浙产也。隆庆六年，巡按御史谢廷杰，即陆宣公旧祠改祀，而徙宣公像于祠前之恩纶阁，颜其门曰西湖书院。都御史仁和陈洪蒙为记。"陈氏《两浙名贤祠记》云："此四君子者（明代宋濂等），功在社稷，朝廷念其忠勤，则既有特祠祀之矣，是非合祠所当及也。议既定，杭守涂公渊，同守段君丝锦，通府孙君烺，周君兆南，赖君守中，推府萧君彦，暨仁和令尹张君誉，以侍御公之意借来征文于予。予谓杭以西湖重湖之胜，以是祠重湖。今以诸名贤重，微侍御公则欲重者特是湖耳。今得公表章之，而浙之名贤咸昭揭，在人耳目，虽赫赫不可盖者，固不系祠之有无，乃其风后学，而佐声教，则增光于山川多矣。"（郑沄修：《（乾隆）杭州府志》卷四十七，清乾隆四十九年刻本，第2—3页）谢廷杰在浙江巡按任上，开展表彰先贤的工作，既有建设祠宇，也有刊刻书籍。

② 参见贾大伟、李文洁、刘悦等编纂：《王阳明文献普查目录》，第12页。

式，花岗石结构，高10米，宽4米。南向，恩荣坊。石柱底层两侧石狻猊4只撑护。上下额枋镂刻鲲鹏展翅与双龙戏珠。中间平板正面楷刻"元戎分理"，反面"易奥司平"。款落"钦差巡抚右佥都御史宋仪望，钦差提督学校御史谢廷徐，巡按直隶监察御史武坤享；徽州知府宦孔昕、同知党鳌、通判徐庭行，绩溪知县李星、主簿李文卿，典史教谕庄希益、训导李佳，为广西都司正断事许时润立"。建于明万历五年（1577）。①

这里，县志编纂者有几处文字的错误。"易奥司平"应为"百粤司平"。落款人名中，"谢廷徐"应为"谢廷杰"，"宦孔昕"应为"崔孔昕"，"党鳌"应为"党馨"，"徐庭行"应为"徐庭竹"，"李佳"应为"李僖"。牌坊始建时间当是万历二年（1574）。查阅清丁廷楗《（康熙）徽州府志》卷三可知，万历初年徽州府官员情况如下：

知府：崔孔昕，山东滨州人，进士，隆庆五年（1571）任，升盐运使。萧敏道，江西南昌人，进士，前本府总管循正宗孙，万历三年（1575）任。同知：党馨，山东益都人。进士，隆庆五年任。丁应宾，胡广龙阳人，进士，万历三年任。通判：朱守行，浙江乐清人，岁贡，隆庆五年任。徐庭竹，江西上饶人，举人，万历二年任，升工部主事。高选，北直深泽人，举人，万历六年（1578）任。绩溪知县：李星，浙江海盐人，举人，嘉靖中任。陈嘉策，万历二年任。主簿：李文卿。郦琥，浙江诸暨人，监生，万历二年任。典史：萧廷授，嘉靖中任。蔡文伟，字在英，福建莆田人，万历中任。教谕：庄希益，隆庆五年任，见《名宦传》。邵芝，武义人，万历二年任。训导：李僖，胡广人，贡生，隆庆中任。傅以翼，云南人，贡生，隆庆中任，升教谕。孙性之，江西宁州人，贡生，万历二年任，以忧去。

万历二年年初，宋仪望和谢廷杰共同参与了徽州府的社会活动，他们的身份都是钦差御史。从绩溪县磡头村保留的这

---

① 绩溪县地方志编纂委员会编：《绩溪县志》，黄山书社1998年版，第844页。

一司平坊来看，当时此二人的关系较为密切。不仅如此，他们都在阳明学的传播过程中发挥了重要作用。宋仪望和谢廷杰既然同时出现在一个题名单上，则我们可以推断，此二人有相互的交往，谢氏刊行阳明全集之事也是宋氏所知的。甚至，谢氏所编《全书》之所以有如此多部传承至今，与宋仪望有关也未可知。更有趣的是，我们在古籍书目中发现了这样一条著录，让故事更加扑朔迷离。张钧衡（1873—1927）《适园藏书志》卷十四载："《阳明先生文录》三十五卷，隆庆刊本此福建重刻河东宋仪望本。卷一至三《语录》，卷四至八《文录》，卷九至十八《别录》，卷十九至二十五《外集》，卷二十六至三十一《续稿》，卷三十二至三十五《年谱》终焉。"[1]张氏藏书在二十世纪四五十年代大部分归'中央'图书馆，不知所谓的福建重刻宋仪望本是否在列。[2]此本与我们所知的宋氏刊本颇不一致，不知著录准确与否，待考。若宋仪望确有三十五卷本《阳明先生文录》的设计，则该书与谢廷杰编集的《全书》三十八卷本编排几乎相同。若真有此一种刻本存世，则创意编辑阳明全书并付诸实施的首功将另有其人矣。

第二节　家食宦迹：宋仪望简历

宋仪望可以算作阳明学的二传弟子。今据胡直（1517—1585）《大理卿宋华阳先生行状》[3]、曾同亨（1533—1607）撰《明故嘉议大夫大理寺卿华阳宋公墓志铭》[4]、叶向高《大

---

① 中国书店编：《海王村古籍书目题跋丛刊》（第6册），中国书店2008年版，第423页。
② "国立中央图书馆"善本书目·甲编》卷四著录的《阳明先生文录》凡三种，皆著录为嘉靖十四年闻人诠姑苏刻本，又有一二十七卷本《阳明先生文录》，为嘉靖三十六年赣州董氏刊本。未见所谓三十五卷者。但稍微奇怪的是，其中一部闻人诠本有24册，另外两种皆20册，而三十八卷本《王文成公全书》亦24册。因未见相关报道，不知其详。见国立"中央图书馆"：《善本书目》（中册），第123页。
③ 参见胡直：《衡庐续稿》卷六，《胡直集》，张昭炜校，上海古籍出版社2015年版，第738—746页。
④ 参见陈柏泉编著：《江西出土墓志选编》，江西教育出版社1991年版，第419—428页。

廷尉华阳宋先生传》①、《明史·宋仪望传》②等文献，及今人曾珍《宋仪望年谱简编》③等研究，可知宋仪望生平简历如下：

宋仪望祖上为盐商，到他祖父宋魁昂开始从政，终于七品散官。他父亲叫宋闻义，似未入仕。宋仪望为其族作序说："国朝来，子姓乃大兴于盐监，效陶朱、猗顿之行，如是者凡数世。弘治中，存庵公始以明经起科，企我昆弟又幸继登于科甲。"④

宋仪望的生平可以分为两大阶段，即求学时期和仕宦时期。

（1）求学时期，从十七岁开始，到三十四岁中进士止

这期间，和阳明学有关的且关系到宋仪望一生的事件有：嘉靖九年（1530），十七岁，听江夏令萧质（字宜文，号虬山）讲学；听同乡前辈聂豹讲阳明致良知学，执弟子礼。嘉靖十年（1531），十八岁，成为县学生（弟子员）。嘉靖十三年（1534），二十一岁，阳明后学二百余人在青原山聚会讲学，宋仪望前去听讲。⑤嘉靖十四年（1535），二十二岁，初婚，父亲去世，用原配郭氏嫁妆为父亲办理丧事。嘉靖十八年（1539），二十六岁，第一次参加乡试，不中。考试归途遇到盗匪，同行沈某被盗寇杀死。宋仪望逃脱并安葬沈某。嘉靖二十二年（1543），三十岁，第二次参加乡试，不中。再次赴阳明学人的青原山聚会。在这些阳明学人的讲会中，宋仪望结识了阳明门人邹守益、欧阳德、罗洪先等人，他最钦慕的则是聂豹。这几位学者皆对宋仪望期待颇高。宋仪望年轻时就因为地缘关系，接触到了阳明后学的讲会活动，并且和阳明门人中

---

① 参见叶向高：《苍霞续草》卷五，《四库禁毁书丛刊·集部》（第125册），北京出版社2000年版，第228—229页。
② 参见张廷玉等：《明史》卷二百二十七，第3315—3316页。
③ 参见曾珍：《宋仪望诗集校注》，湘潭大学2013年硕士学位论文。
④ 宋仪望：《华阳馆文集》卷三，《四库全书存目丛书·集部》（第116册），齐鲁书社1997年版，第633—634页。
⑤ 邹守益《录青原再会语》说："嘉靖甲午闰月己卯，同志再会于青原，二百余人。"（邹守益：《邹守益集》卷八，董平编校整理，凤凰出版社2007年版，第444页）

的核心人物有了交往，这为他后来的仕宦生涯带来了很大的影响，也为他今后传播阳明学创造了条件。

嘉靖二十六年（1547），三十四岁，第三次参加乡试，成为举人。次年在北京参加会试，第269名（4300人参加考试，录取300名），"江西吉安府永丰县学生，《易》"①。登进士第，到都察院实习。本年一甲三名分别是李春芳、张春和胡正蒙。同年进士有张居正（23岁，会试第160名）、王世贞（19岁，会试第82名）、王时槐（25岁，会试第213名）等。在殿试中，宋仪望的排名靠后，是三甲进士。《会试录》载："宋仪望，贯江西吉安府永丰县，民籍，县学生。治《诗经》。字望之，行四，年三十四，正月二十八日生。曾祖邦铉，寿官。祖魁昂，七品散官。父闻义。前母严氏，母钟氏。慈侍下。兄敏、凤、掀、仿。娶郭氏。江西乡试第三十名，会试第二百六十九名。"②嘉靖二十六年（1547）冬，六十一岁的聂豹系狱，三年在狱中，著《困辨录》和《幽居答述》（即《聂豹集》中《答戴伯常》）。这一年，他的江西同乡胡直也参加了会试，不过名落孙山。

（2）仕宦时期，从三十五岁到六十五岁

宋仪望从基层县令做起，当过都察院监察御史，出任过地方督抚和中央七卿。当然，他在南京大理寺卿任上仅一年，大理寺卿任上则仅几个月。以下是他的仕宦履历情形：嘉靖二十八年（1549）戊申，三十五岁，任吴县县令。任职三年，期间设文学书院。嘉靖三十一年（1552）壬子，三十八岁，考察优秀，升河南道御史。河南道监管礼部、翰林院、都察院及其他监、院、寺、府、局、卫等三十七机关。次年，上疏揭发大将军仇鸾（1506—1552）挟寇自重，疏文留中。③不久，仇

---

① 龚延明主编：《天一阁藏明代科举录选刊·会试录》（点校本·下），闫真真点校，宁波出版社2016年版，第245页。
② 龚延明主编：《天一阁藏明代科举录选刊·登科录》（点校本·下），毛晓阳点校，宁波出版社2016年版，第36页。
③ 阳明著作的另一赞助人绩溪胡松（1503—1566）也反对仇鸾。"俺答入犯京师，（胡松）又力阻仇鸾以边兵卫京师、移武库仗于营之议。"（吴仁安：《明清江南著姓望族史》，上海人民出版社2009年版，第663页）

鸾病死，通敌案发，剖棺枭首。虽然宋仪望的奏疏并没有呈报于皇帝，但都察院官员应该都知道此事，宋仪望也就有了先见的美名。在从仕初期，宋仪望和当时大多数官僚一样，主要是以言论取胜。都察院御史的职责是纠核百官，充当天子耳目之司。仇鸾之死，与嘉靖皇帝本人有莫大关系，牵扯到高层的政治斗争，宋仪望的奏疏，还未奏效时，仇鸾病死，而宋仪望也大概在这时得到了内阁大臣徐阶的认可。

嘉靖三十二年（1553）癸丑，四十岁，升任河东巡盐御史。河东即今山西运城。出巡御史除了讲读律令、监察地方官员之外，还有监察学校的任务，"学校。仰提调官凡遇庙学损坏，即为修理完备。敦请明师，教训生徒，务要作养成材，以备擢用，毋致因循弛废。仍将见在师生员名缴报"①。宋仪望出巡时为河津县儒学作记。资助建立河东书院、《阳明先生文粹》刊行。宋仪望虽然是盐政御史，但严格按照都察院御史职责行事，这样的做法也得到了同僚的认可。嘉靖三十四年（1555），宋仪望回到都察院。该年末，宋仪望休病假，回老家。

嘉靖三十五年（1556）丙辰，四十三岁，休假结束，掌管都察院河南道并七道印绶。上疏论边防。揭发总督胡宗宪淫侈误国、福建巡抚贪婪无状。阮鹗下狱。阮鹗和胡宗宪被认为是严嵩党人。②本年胡直中进士。嘉靖三十六年（1557），四十四岁，参与监修皇宫三大殿正门和午门工程，拒绝权贵的工程代理请托。嘉靖三十七（1558）年，工程结束，升任大理寺右丞。

嘉靖三十八年（1559），四十六岁，以母亲年老请假。嘉

---

① 李东阳等撰，申时行等重修：《大明会典》卷二百一十，广陵书社 2007 年版，第 2804 页。

② 徽州绩溪胡宗宪（1511—1565）依附赵文华，厚结严嵩父子，得到重用。总督浙江军务，平定两浙倭患，进封右都御史、太子太保。嘉靖四十一年（1562）以属严嵩党羽被革职系狱，三年后在狱中自杀。万历初复官，谥襄懋。（参见吴仁安：《明清江南著姓望族史》，第 664—665 页）

靖四十年，其母以九十高龄去世，丁忧三年。①宋仪望以亲老待养的理由离开朝廷，或许是要离开朝堂的激烈斗争。也许正因为如此，徐阶对他并不满意，结果等他丁忧结束后并没有让他回到北京，而是直接在地方任职。在宋仪望丁忧期间，朝堂发生了巨大变化。嘉靖四十一年（1562）五月严嵩致仕，徐阶成为内阁首辅，成为新一代权臣。

关于这一段生平，《明史》卷二百二十七说："及受命督三殿门工，嵩子世蕃私贾人金，属必进（作者按：欧阳必进）俾与工事，仪望执不可。工竣，叙劳，擢大理右寺丞。世蕃以为德，仪望请急归，无所谢，世蕃益怒。会灾异考察京官，必进迁吏部，遂坐以浮躁，贬夷陵判官。"②清人徐湘潭说："及督三殿门工，嵩子世蕃受贾人金，属其党户部尚书欧阳必进，俾与工事，公坚持不可。工竣叙劳，擢大理寺丞。严氏方以为德，而公请急归，无所谢。遂益滋怒，会考察京官，必进迁吏部，即诬贬公为州倅。严氏败，乃累迁福建兵备副使。"③徐氏所述只是抄录《明史》本传，未加考察。叶向高（1559—1627）为宋仪望所作传记中说："出按河东盐，请急归。再起，又欲纠分宜任子蕃，乃先言其所厚督臣淫侈状，任子大嫌先生。会有三殿朝门之役，中贵人欲增工直，易殿址，先生奉命督视，皆持不可。任子私贾人金，以属工部欧阳尚书，又为先生所格。于是内外之怨悉集，先生逡巡欲引避，属迁丞大理，遂告归。而欧阳尚书者方移吏部，与任子协谋，假风霆变，谪先生夷陵知州。"④嘉靖叶向高传记中明确说宋仪望在丁忧起复之前就已经降职。据《明代职官年表》，⑤欧阳必进（1491—1567）于嘉靖三十年（1551）接替胡松任工部尚书，任职到三十三年（1554）九月，丁忧归。三十五年年底回

---

① 吕妙芬《阳明学士人社群：历史、思想与实践》第168页注意到：宋仪望在江西永丰县讲学是他生命最后一段时间。而据《行状》来看，宋仪望四十六岁至五十二岁这段时间就在永丰县。
② 张廷玉等：《宋仪望传》，《明史》卷二百二十七，第3316页。
③ 宋仪望：《重刻华阳馆集序》，《华阳馆文集》，《四库全书存目丛书·集部》（第116册），第282页。
④ 叶向高：《苍霞续草》卷十五，《四库禁毁书丛刊·集部》（第125册），第228页。
⑤ 参见张德信：《明代职官年表》（第1册），黄山书社2009年版。

朝，任刑部尚书，次年又任工部尚书，四十年（1561）三月至十一月间任吏部尚书。宋仪望在嘉靖三十八年（1559）就告假回家了，接下来又丁忧在家，所谓欧阳必进压制云云皆属于揣测之辞。宋仪望辞职居家前后长达五年，复出不得回到中央，必然不是严嵩及其党羽的原因。严嵩于嘉靖四十一年（1562）五月倒台，并且很快削职为民。所以，宋仪望复出不得入京和严嵩及其党羽的掣肘有关，但也与他得罪其他官僚有更密切的关系。《世宗实录》卷四百九十六载，嘉靖四十年（1561）五月"壬午。吏部会都察院奉旨考察在京诸司官不谨。通政司左参议王用康等三十四人年老，大理寺寺正吴应凤有疾，翰林院编修曹大章浮躁，大理寺右寺丞宋仪望等二十六人才力不及，工科都给事中袁汝是等十七人诏黜降如例"①。看起来，严嵩党人在倒台之间已经将宋仪望做了降职处分。

嘉靖四十四年（1565），五十二岁，起复补夷陵知州，未赴任，转霸州兵备按察佥事，到任后捕获盗贼。在任期间被兵科给事中弹劾。嘉靖四十五年（1566），五十三岁，升任四川按察司副使。因东南倭乱，转任福建监军副使。与总兵官戚继光合作抗倭。隆庆元年（1567），五十四岁，福建乡试监考负责人。隆庆二年（1568），五十五岁，考核再次被黜，降薪两级，辞职回家。在家期间聚会青原山讲学。从五十五岁到五十七岁，宋仪望都没有获得重新出山的机会。但这期间，宋仪望并没有放弃，在他离职期间，有十数人推荐他再次出仕。曾同亨在其墓志铭中说："江陵相国故与公同籍，称肺腑交。比秉政，数推毂公。然公不忘规切，至彼此往复书牍，是非所在，务引于正徒以不能与世浮沉，故正人君子、高朗有识之士，相与慕悦。而琐琐者，嗛其异己，挤之百方。"②张居正是宋仪望的同年进士，隆庆元年入阁，万历元年（1573）开始秉政，宋仪望的升迁与张居正有密切关系。

隆庆五年（1571），五十八岁，由四川按察佥事升副使，

---

①《明世宗实录》卷四百九十六，（台湾）"中研院"历史语言研究所校印1962年版，第8225页。

②陈柏泉编著：《江西出土墓志选编》，第425页。

年末调任福建提学。任职期间发表《学政录》，将《阳明全集》《阳明先生文粹》作为考生必读书。在福建时，宋仪望把学习阳明学当作科举选拔的标准之一，"以教育官员的权势来提倡，自然有相当效果"[①]。隆庆六年（1572）升福建右参政。万历元年（1573），六十岁，二月升任太仆寺少卿，九月升为大理寺右少卿。

万历二年（1574），六十一岁，二月升任右佥都御史巡抚应天。在任打击海盗倭寇。撰《从祀或问录》一卷。"时廷议王阳明先生从祀事，议者拘牵旧文，不能究竟其学，至为聚讼。公曰：'是未可以口舌争也。'乃著为《或问》一篇，反覆数千言。大意谓尧舜开道心精一之传，未尝求理于物，牿心于外。孔门《大学》一书首言'明明德'，明德者，即吾道心之灵觉不昧者，而知识其末焉，故明明德之功，要在致知。后儒误训'致知'为推极其知识，殊失《大学》知本之旨。阳明则指示之曰：'是致知者，乃致吾之良知，而非以知识先也。'以是见阳明实本尧、舜、孔门正旨。从祀允当。一时闻者醒醒，然卒未行。"[②]所谓的廷议，是前一年（1573）三月兵科给事中赵思诚挑起的议论。赵氏上疏全面否定阳明学术，请求取消阳明从祀。他在奏疏中说，阳明"党众立异，非圣毁朱。有权谋之智功，备奸贪之丑状，使不焚其书、禁其徒，又从而祀之，恐圣学生一奸窦，其为世道人心之害不小。"[③]赵思诚奏疏上报之后，下部议。宋仪望此时的职官属于兵部管辖，因此也就被迫参与了这场讨论。不过，他并没有立即发表意见，而是写就文章，等待时机。[④]或许这是宋仪望老成的表现。

万历三年（1575），六十二岁，升右都察院副都御史，仍为应天巡抚。万历四年（1576），六十三岁，十月接替王世贞任南京大理寺卿；次年十月接替严清任北京大理寺卿，不久因

① 吕妙芬：《阳明学士人社群：历史、思想与实践》，第165—168页。
② 胡直：《大理卿宋华阳先生行状》，《衡庐续稿》卷六，《胡直集》，张昭炜编校，第742—743页。
③《明神宗实录》卷十一，（台湾）"中研院"历史语言研究所校印1962年版，第367页。
④ 参见吕妙芬：《阳明学士人社群：历史、思想与实践》，第165—168页。

被弹劾而请求退休，十二月调职南京。这一年年底回到老家。之所以在北京任职很短时间就请求离职，曾同亨说其原因是："公与勘事给事中议义辄左，上书乞骸骨，不报。而先是吴人伊郎中某尝刺谒公，阍人知其心疾，闭不为通，伊衔公不置，所在腾谤。诸不乐公督赋者，群口和之。台谏不察，遂及公。上心知其诬而外难言者，令公暂解秩归，胥后命公闻，忻然无所归咎，诸相知屡书趣行，不应。闭户南村，读书其中，有终焉之意。"①《神宗实录》卷七十记载，万历五年（1577）十二月辛丑，"南京科道官詹沂、陈王道等纠拾户部尚书殷正茂、保定巡抚孟重、大理寺卿宋仪望、太常寺少卿方九功、南京鸿胪寺卿王樵时，九功先已处分，命调仪望于南京，樵致仕，余留用"②。也有人说，宋仪望是因为对张居正的施政有所规劝，失去了张居正的信任。③万历六年（1578）十月初一去世，终年六十五岁。

从宋仪望的生平可见，他年轻时，正是阳明门人讲学聚会时期，恰好离永丰县的距离不算太远，他先后几次前往听会，结识了江西籍的阳明门人。另外，聂豹是永丰人，曾有回乡讲学经历，④宋仪望也赴会听讲。其后，宋仪望与聂豹走得很近，从他的一生行事来看，大有追随聂氏的意思。聂豹去世后，其行状即由宋仪望撰写，墓志铭则出自徐阶手笔。⑤清程嗣章《明儒讲学考》将徐阶、王时槐和宋仪望依次排列：

> 徐阶字子升，号存斋，华亭人。嘉靖二年进士，仕至太子太傅，武英殿大学士，兼吏部尚书，加少傅。罢归。卒，赠太师，谥文贞。聂豹初令华亭，阶受业其门。当国之日，聚四方计吏，讲学大会于灵济宫，听者数

---

① 陈柏泉编著：《江西出土墓志选编》，第 423—424 页。

② 《明神宗实录》卷七十，第 1513 页。

③ 参见南炳文、庞乃明主编：《"盛世"下的潜藏危机——张居正改革研究》，南开大学出版社 2009 年版，第 205 页。

④ 参见聂豹：《聂豹集》，吴可为编校整理，凤凰出版社 2007 年版。

⑤ 徐阶《明故太子太保兵部尚书赠少保谥贞襄聂公墓志铭》、宋仪望《明荣禄大夫太子太保兵部尚书赠少保谥贞襄双江聂公行状》。参见聂豹：《聂豹集》，吴可为编校整理，第 635—650 页。

千人。

············

王时槐字子植，号塘南，安福人。嘉靖二十六年进士，仕至陕西参政。罢归，起官太常卿，不赴。与同年庐陵陈嘉谟同师刘文敏。嘉谟字世显，号蒙山，仕至湖广参政。

宋仪望字望之，吉安永丰人。嘉靖二十六年进士，仕至大理寺卿。学于聂豹，又从邹守益、欧阳德、罗洪先游。守仁从祀，仪望有力焉。①

由此可知，徐阶和宋仪望都算是或者被人看作是聂豹的门人弟子，他们之间的交往密切，特别是所谓的灵济宫讲学，宋仪望也是后期的核心人物之一。胡直《行状》谓："是岁，复当天下群工入觐，公率诸缙绅偕诸觐臣讲学灵济宫，亹亹多所发明。"②灵济宫讲学活动在嘉靖、万历年间相当有影响力。徐学谟《世庙识余录》卷二十一云："京师灵济宫讲学之会，莫盛于癸丑、甲寅间。盖当是时大学士徐阶、礼部尚书欧阳德、兵部尚书聂豹、吏部侍郎程文德主会，皆有气势，缙绅可扳附得显官，故学徒云集至千人。丙辰而后，诸公或殁或去，惟阶尚在，而讲坛为之一空矣。戊午岁，太仆少卿何迁自南京来，复推阶为主盟，仍为灵济宫之会。乃迁名位未可恃，号召诸少年多无应者。"③宋仪望等在万历二年（1574）的灵济宫讲会是否与阳明门人王畿所记载的京师同志大会一致尚不清

① 程嗣章：《明儒讲学考》，《四库全书存目丛书·子部》（第29册），齐鲁书社1995年版，第612页。
② 胡直：《大理卿宋华阳先生行状》，《衡庐续稿》卷六，《胡直集》，张昭炜编校，第742页。
③ 徐学谟：《世庙识余录》卷二十一，《四库全书存目丛书·史部》（第49册），齐鲁书社1996年版，第353页。

楚。①从王畿与耿定向的通信来看，宋仪望并没有进入王畿等人的圈子。宋仪望属于阳明学人的另外一个圈子。

第三节　晋溪司马：阳明的信件

在阳明再传弟子中，宋仪望是特殊的。这从聂豹和邹守益去世后，他们二人的行状皆由宋仪望撰写就能窥见。而且，不管是宋仪望本人的著作，还是他的行状和墓志铭都将赞助阳明学人著作以及支持阳明学术传播作为重点来记录，这说明宋仪望本人是有心以阳明学来成其历史之名的。刘珹为其文集作序说："先生生平学问以阳明王公为宗，而东廓邹公、南野欧阳公其于阳明，犹二程之于周元公也。先生皆尝师事之，故其学实宗阳明而溯周程，而于汉人下笔操语，似不屑屑者，乃观集中所载，则又深得汉人风度。"②

宋仪望生前自编《华阳馆文集》十二卷。他去世后，其后人又对他的诗文集做了增补续编。崔建英《明别集版本志》载："《华阳馆诗集》十四卷《文集》十二卷，明宋仪望撰。《附录》一卷。明万历三年魏学礼校刻本。九行十八字，线黑口，四周双边，无鱼尾。卷端题：'吉郡宋仪望著，吴郡门人魏学礼校。'万历三年皇甫汸序，王世贞序，文集万历乙亥（三年）刘珹序。皇甫序曰：'我明标文苑之宗，不朽之业，非公（宋仪望）其谁。门下士魏生季朗校梓甫毕，示余请序。'宋仪望，字望之，永丰人，嘉靖丁未（二十六年）进士，官至南京大理寺卿。"③崔氏所记此本为宋仪望生前刊定

---

① 王畿说："闻京师已复同志大会，乃吾丈与一二同志倡之，浣慰可知。曾见台时相会否，此可与性命相许之友。古云：'供千僧不如供一罗汉。'求友之心，无间出处，惟丈自爱。"（王畿：《与耿楚侗》，《王畿集》卷十，吴震编校整理，第240页）"闻京师已复同志之会，吾丈与楚侗二三兄实倡之。此会实系世道之盛衰、人心向背、学术邪正之机，皆在于此。六阳从地起，阳长则阴自消，出处虽殊，此志未始不相应也。"（王畿：《与曾见台》，《王畿集》卷十二，吴震编校整理，第304—305页）彼时曾见台是大理寺少卿，宋仪望刚由南京大理寺卿转任，是否立即参与同僚的活动？参见吴震：《明代知识界讲学活动系年：1522—1602》，学林出版社2003年版，第316页。
② 刘珹：《华阳馆文集序》，宋仪望：《华阳馆文集》，《四库全书存目丛书·集部》（第116册），第284—285页。
③ 崔建英辑订：《明别集版本志》，贾卫民、李晓亚参订，第358页。

本，为重庆图书馆藏本。宋仪望曾将此书赠与士林友人，如王世贞《宋丈望之见示〈华阳馆集〉志谢》云："久矣谈天碣石荒，谁堪别馆号华阳。剑从江右光含斗，书学淮南字有霜。此去中兴多大雅，向来孤愤半清商。亦知行部阳春色，倘许新题到草堂。"[1]如今我们可以从《四库全书存目丛书·集部》第116册见宋仪望文集旧貌。该册收录重庆图书馆藏万历本和北京大学图书馆藏清道光二十二年（1842）宋氏中和堂刻《华阳馆文集》十八卷《续集》二卷本。

万历本有目录，目录只有分类没有细目，卷一至四为序类，卷五记类，卷六碑类，卷七至八志铭类，卷九至十传类，卷十一行状类，卷十二杂著。除了万历三年（1575）皇甫汸序，王世贞序，文集万历乙亥（三年，1575）刘瑊序之外，全书末《华阳馆附录》收录了嘉靖三十二年（1553）癸丑许宗鲁《蒲藩校刻河东诗叙》、张献翼和张凤翼《吴下重刻河东诗集序》。道光二十二年（1842）本有目录，目录有细目没有分类，卷一至四为序类，卷五记类，卷六碑类，卷七至八志铭类，卷九至十传类，卷十一行状类，卷十二杂著，卷十三五七言古诗，卷十四五言律诗，卷十五五言律诗，卷十六五言律诗、五言排律，卷十七至十八七言律诗，续集卷一或问录，续集卷二学政录。道光二十二年（1842）宋氏中和堂刻本，有《明史》本传、徐湘潭《重刻华阳馆集序》、王锡爵和刘瑊《华阳馆文集序》。徐湘潭序说："予昔略睹公集，始知其诗文，亦皆有规格，直方刚大之意，形于毫端，不愧有德有言之选。而问其集，版已久湮，以故外间少称道。去年，与其族裔钟山文学言之，文学因与公裔及族士重镌公集，而属予序。予慕公深且久矣，得附名于集以传，夫岂敢辞。独惜公之别刻《奏议》，及他所著述讲学书数种，今皆未之见。即今所镌公之集，亦苦不得前代原刻之全本以为柢，未能如欧阳公之著作行天下，使人人得考见其一生言行本末之详，恐后之论公者，或将以疑余言为乡里阿誉之私焉。此则把笔时所为彷徨而悁叹

---

[1] 王学范主编：《王世贞抚郧诗文集》，长江出版社2010年版，第137页。

者也。"①也即宋仪望编刊文集之后的二百六十年后，他的后裔新刻了一部他的诗文集，仍题《华阳馆文集》。新的这部文集对原来的十四卷诗集做了压缩处理，而将原来单行的两部著作《或问录》《学政录》作为续集部分予以保留。

《华阳馆文集》卷一收录《易经臆说序》《三礼纂注序》《礼记集注序》《河东重刻阳明先生文集序》《刻阳明先生文粹序》《刻阳明先生与晋溪司马书序》《心斋王先生年谱序》《刻巡闽稿序》《校编邹东廓先生文选序》《上卿省觐诗序》《河东行台杂咏序》《秋泛使君湖诗序》《拟福建乡试录序》《校刻陈螺田先生存稿序》《陈氏家乘序》《游武夷杂体诗序》《重刻宛陵梅圣俞诗集序》等刻书序文。可见，宋仪望在世时编集他本人的个人文集，已经有意识地将他与阳明学联系起来：他不仅赞助刊刻了阳明本人的两种著作（《阳明先生与晋溪司马书》《阳明先生文集》），编集了一种阳明著作（《阳明先生文粹》），②还赞助刊刻了聂豹、邹守益等阳明门人的著作，自然是为阳明学的传播做出了贡献的人物。

先看《阳明先生与晋溪书》。阳明与王琼（1459—1532）的书信，曾有多种版本流传，前人已有充分的研究。③《全书》卷二十七《续编二》有《与王晋溪司马书》，阳明致王琼的十五封书信。④而此书最早的刊本当与宋仪望有关。宋仪望《刻阳明先生与晋溪司马书序》说："顾今所刻《阳明文集》，其与晋溪司马书不少概见，何也？锦衣戴君伯常雅慕二

---

① 徐湘潭：《重刻华阳馆集序》，宋仪望：《华阳馆文集》，《四库全书存目丛书·集部》（第116册），第282—283页。
② 此三序文（指《河东重刻阳明先生文集序》《刻阳明先生文粹序》《刻阳明先生与晋溪司马书序》）已收入《王阳明全集（新编本）》卷五十三，第2157—2160、2235页。
③ 参见钱明：《王阳明散逸诗文续补考——兼论黔版〈阳明文录续编〉的史料价值》，张新民等：《中华传统文化与贵州地域文化研究论丛》（第二辑），巴蜀书社2008年版，第22—55页；束景南：《王阳明佚文辑考编年》（增订版），第513页。钱氏与束氏认为，从宋仪望的序文可知，阳明与王琼的十五封书信最早由戴伯常刊刻。
④ 即"伏惟明公德学政事高""守仁近因奉贼大修战具""前月奏捷人去""生于前月二十日""守仁始至赣即因""即日伏惟经纶邦政""生惟君子之于天下""近领部咨见老先生""辄有私梗仰恃""守仁不肖过蒙荐奖""迩者南赣盗贼""忧危之际不敢""自去冬畏途""屡奉启皆中途""比兵部差官来"。《全书》仅仅将各信札另起一段，不标"又"或"第几"。

先生之为人，乃购于司马公仲子，得所与书，凡十五篇。亟缮其本，仍以王公在虔题奏诸疏，间为论说，以究二公之用心，并刻以传。翌日出以示予，且以叙见属予。"①宋仪望称，在他所见的《阳明文集》刻本中，收录的阳明致王琼书信不多。他不知其然，也未予推测。宋仪望所说的"今所刻《阳明文集》"或即其赞助刊行的《河东重刻阳明先生文集》。该书《外集》卷五收录阳明《上晋溪司马》书二通，与十五篇比起来是相当少。宋仪望初次重刊阳明文集在嘉靖十五年（1536）丙申，此时钱德洪还未编集《阳明先生文录外集》之《续编》。据徐阶《阳明先生文录续编序》："余姚钱子洪甫既刻《阳明先生文录》以传，又求诸四方，得先生所著《大学或问》、《五经臆说》、序、记、书、疏等若干卷，题曰《文录续编》，而属嘉兴守六安徐侯以正刻之。"②"嘉兴守六安徐侯以正"是嘉兴府知府徐必进。《嘉靖三十五年进士登科录》载："徐必进，贯直隶庐州府六安州，民籍。州学增广生。治《书经》。字以正，行一，年二十七，十二月初一日生。曾祖鉴。祖珊，寿官。父立，监生。母汤氏，继母潘氏。具庆下。娶汪氏。应天府乡试第二十五名，会试第一百八十名。"③徐必进在嘉靖四十四年（1565）任嘉兴府知府。④《阳明先生年谱附录》载："四十五年丙寅，刻先生《文录续编》成。师《文录》久刻行于世，同志又以所遗见寄，汇录得为卷者六。嘉兴府知府徐必进见之曰：'此于师门学术皆有关切，不可不遍行。'同志董生启予征少师存斋公序，命工入梓，名曰《文录续编》，并《家乘》三卷行于世云。"⑤也就是说，《文录续编》是在徐必进任嘉兴府知府的第二年资助出版的。《文录

① 宋仪望：《刻阳明先生与晋溪司马书序》，《华阳馆文集》卷一，《四库全书存目丛书·集部》（第116册），第607页；宋仪望：《刻阳明先生与晋溪司马书序》，王阳明：《王阳明全集（新编本）》卷五十三，吴光、钱明、董平等编校，第2235页。
② 徐阶：《阳明先生文录续编序》，王守仁：《王阳明集》，王晓昕、赵平略点校，第6页。
③ 龚延明主编：《天一阁藏明代科举录选刊·登科录》（点校本·下），毛晓阳点校，第204页。
④ 参见刘应钶：《（万历）嘉兴府志》卷九，明万历二十八年刻本。
⑤ 钱德洪：《年谱附录一》，王守仁：《王阳明集》卷三十五，王晓昕、赵平略点校，第1144页。

续编》后来成为《全书》的一部分，与单刻本当有不同。

除了《全书》之外，《阳明先生与晋溪书》尚有一种文集本和单行本。嘉靖三十六年（1557）赣州董聪刊《阳明先生全录》的《正录》卷五有《类刻阳明先生与晋溪书》。首都图书馆、北京教育学院图书馆、浙江图书馆、安徽省图书馆等多家单位收藏。[1]该书卷首有嘉靖三十五年（1556）王春复《赣梓阳明先生全录引》和嘉靖三十六年（1557）谈恺《阳明先生全集序》。正文部分包括《正录》五卷《外录》九卷《别录》十四卷。后人以王氏或谈氏序将该书称为《阳明先生全录》或《阳明先生全集》。[2]目前仅知日本名古屋大学图书馆藏本和台北"中央图书馆"藏本《正录》卷五有《类刻阳明先生与晋溪书》。此本版心鱼尾上方题"萧氏古翰楼"，鱼尾中为"阳明正录卷五"，下有刻工。[3]该本明确标示了第几书。萧氏为萧斯馨。[4]赣州萧氏古翰楼曾刊刻《名家诗法》八卷（天一阁藏），嘉靖三十一年（1552）刊；《梁贞白先生华阳陶隐居集》二卷《附录》一卷（上海图书馆藏），嘉靖三十一年（1552）刊；《绝妙古今》四卷（首都图书馆藏），嘉靖三十四年（1555）刊；[5]《韵经》（台北"中央图书馆"藏），嘉靖三十一年（1552）刊，亦是董聪委托萧氏翻梓等。[6]董聪，字谋之，是邹守益的学生。邹守益《赠董谋之》云："予往岁受学虔州，与董子希永切磋世讲之谊。后二十有八年，复寻郁孤、通天旧游，希永之冢子谋之趋而问学焉。予曰：生固名家也。……古之聪也，聪于道德；后之聪也，聪于势利。故鸡鸣而起，孳孳则同。而舜跖且天渊，生其谋之而已！"[7]

隆庆六年（1572）《阳明先生与晋溪书》一卷，上海图书

[1] 参见贾大伟、李文洁、刘悦等编纂：《王阳明文献普查目录》，第11页。
[2] 参见李国庆编：《明代刊工姓名全录》（下），第888页。
[3] 参见李国庆编：《明代刊工姓名全录》（下），第888页。
[4] 参见瞿冕良编著：《中国古籍版刻辞典》（增订本），苏州大学出版社2009年版，第763页。
[5] 参见杜信孚：《明代版刻综录》（第1册），江苏广陵古籍刻印社1983年版，第78页。
[6] 参见李国庆编：《明代刊工姓名全录》（下），第940页。
[7] 邹守益：《赠董谋之》，《邹守益集》卷三，董平编校整理，第101页。

馆藏，索书号：线普长59450。①有嘉靖四十二年（1563）王
宗沐（1523—1592）序，嘉靖四十三年（1564）王祯跋与隆庆
六年陈文烛跋。王宗沐序题《刻阳明先生手柬小序》。他说：
"余舟行次湘江，于箧中检尝手录阳明先生与晋溪公柬一帙，
秉烛读之，因废书而叹。……余惧其泯没，因寄友人王宗敬
于婺州，使刻以传同好。"②隆庆六年（1572）陈文烛跋，题
《重刻阳明王先生手柬后语》，云："往季癸亥，中丞王公得
前书读之，慨然有志于新建公之为人，梓于婺州。顷抚淮，命
烛校而新之。"③陈文烛《二酉园文集》卷三题《王阳明手柬
序》。④王宗沐赞助刊刻《阳明先生与晋溪书》先后其任山西
左布政使和漕运总督任上，前者刊于浙江金华（婺州），后者
刊于淮安。王宗沐说，他所赞助刊刻的阳明与王琼书信底本是
他本人抄录的稿本。王宗沐没有说明这一抄本的底本是书信原
稿抑或是某一刻本。

宋仪望作序之本今未见，不知该书是已刊刻而亡佚，还
是未曾刊刻。从宋仪望的序中可知，该文是他应戴经之请而
作。戴经则是聂豹门人。宋仪望在《双江聂公行状》中说，聂
豹被系于锦衣卫监狱时，"锦衣百户戴经伯常因执弟子礼，从
受学。在狱与桂洲夏公，亦时时与说性命真机，夏公首肯良
久"⑤。锦衣卫百户戴经与聂豹有师生之谊，故而戴经请求聂
豹门人在都察院任职的宋仪望出面为《阳明先生与晋溪司马
书》作序当在情理之中。

① 此信息得自上海图书馆沈从文先生。
② 王宗沐：《敬所王先生文集》卷五，沈乃文主编：《明别集丛刊·第三辑》（第24册），
黄山书社2015年版，第118—119页；王宗沐：《刻阳明先生手柬小序》，王阳明：《王
阳明全集（新编本）》卷五十三，吴光、钱明、董平等编校，第2237页。
③ 陈文烛：《重刻阳明王先生手柬后语》，王阳明：《王阳明全集（新编本）》卷
五十三，吴光、钱明、董平等编校，第2238页。
④ 参见陈文烛：《王阳明手柬序》，《二酉园文集》卷三，《四库全书存目丛书·集
部》（第139册），齐鲁书社1997年版，第38页。
⑤ 参见宋仪望：《华阳馆文集》，《四库全书存目丛书·集部》（第116册），第
407、740页。

第四节　锦衣之卫：戴经的角色

阳明门人中，聂豹、邹守益等人的文集中均有与戴经相关的文字。戴经与系狱的聂豹曾有较长的书面讨论，是为《幽居答述》（收入聂豹文集时改为《答戴伯常》）。①宋仪望在为聂豹所撰写的《行状》中也提到了戴经。他说："（嘉靖二十六年，1547）会执政夏公入谤者言，拟旨逮先生锦衣狱。既被拷，无所验。明年九月，又奉钦依行巡按御史覆勘。是时尚书西磐张公在留都，大言于众，愿以百口保某无他。未几，夏公亦被罪下狱，相对赧然，乃知其祸起于浮议，先生略不为动。所著有《被逮稿》《困辨录》《幽居答述》等稿。既巡按御史黄君洪昆勘至，于是谤事悉明白矣。寻得旨落职南归，时己酉春正月也。"②又说："往被逮时，从容出见使者，更囚服，慷慨就道。室中悲号不胜，先生若不闻。门人父老送之，无不流涕，先生第拱手以别。是时，同郡东廓、念庵诸公皆追送江浒，犹相与讲学不辍。锦衣百户戴经伯常因执弟子礼，从受学。在狱与桂洲夏公亦时时与说性命真机，夏公首肯良久。"③聂豹之所以能在监狱中继续创作，与戴经有莫大关系，而《幽居答述》就是聂豹和戴经的学术问答。聂豹文集中

---

① 吴震等人已注意到聂豹文集中收录的《答戴伯常》这一答问的价值，但他们并未进一步考察戴伯常为谁氏。参见吴震：《聂豹　罗洪先评传》，南京大学出版社 2001 年版，第 100 页；方旭东：《理学九帖：以朱子学为圆心的研究》，商务印书馆 2016 年版，第 290—300 页。方氏文中以为，戴经是经由聂豹才得见阳明学著作，时为嘉靖二十六年（1547）冬聂豹系狱之际。方氏说，从聂豹《艮斋记》可见戴经在四十岁之前一直生活在湖北钟祥（即嘉靖及其父所居兴王府）。钟祥属于荆州地区，那里几乎没有什么阳明学者，戴经也就不可能接触到阳明学著作了。又说，他到北京后，在嘉靖十九年（1540）至二十六年（1547）间都在当狱吏，也没有什么机会接触阳明书籍。又说，戴经主要是自学，没有师承，没有学友。（方旭东：《理学九帖：以朱子学为圆心的研究》，第 297 页）由于方氏不知道戴经的履历，对他的情况作了当然的想象。聂豹《艮斋记》中并未有说戴经因为生病没能追随嘉靖皇帝到北京，只是说他曾因为太过劳累而生病数年。聂豹说的是戴经是"抚军从事"，是"督狱"而不是狱吏。如果戴经仅仅是个狱吏，聂豹会与他做笔谈？如果戴经在此前对阳明学一无所知，聂豹会与他谈论高深的学术问题？归有光在《戴楚望集序》中已明确说，戴经在年少时就结识了湛若水，显然是早就知道阳明学的。
② 参见宋仪望：《华阳馆文集》，《四库全书存目丛书·集部》（第 116 册），第 404、736 页；
③ 参见宋仪望：《华阳馆文集》，《四库全书存目丛书·集部》（第 116 册），第 407、740 页；

收录了《再答楚望二首》①《答戴子问学次韵》②《别戴子》③
《答戴伯常》④《填大江东去词用苏韵答戴子三首》⑤等与戴
经的诗词，还有为戴经著作的序文《心经纲目序》。⑥

　　戴经曾托画师为其绘制图卷，又请一众文人士大夫为题
词于卷。邹守益门人侯一元（1511—1585）作《题戴锦衣楚望
卷》："抱玉荆南献未成，纡朱早已侍承明。影缨日觐天颜
喜，莛履时令客座惊。射虎南山随短服，听莺上苑感同声。
看君自具封侯骨，犹是当年楚望生。"诗有小序称："锦衣
名经，号艮斋，浙德清人。父楚藩医。从龙为执金吾。楚望
台，其故为儒读书之所。"⑦侯一元师从邹守益，是阳明二传
弟子。⑧据说，张居正曾请侯一元为其诗集写序，而侯氏拒绝
了。侯一麐说，侯一元"平生恭俭，然不肯以非礼徇人。大名
有要宦，托市屋材，不能许；而江陵相公为翰林学士，请序诗
集，亦不应。自是相公憾之终身，而要宦当觐日论列，嗾令
波及先生"⑨。而侯一元却为戴经的诗集写了一首题辞，可见
戴经与侯氏的关系颇不一般。不止侯一元有题诗，还有其他
官僚学者，如马自强（1513—1578）《赠戴锦衣讲堂侍直》：
"银膀新趣直，金吾旧奋庸。讲筵环羽骑，剑佩护铜龙。班
接邹枚武，功期耿邓封。青宫恩数渥，千载庆遭逢。"⑩徐
中行（1517—1578）《题戴卫尉讲堂侍直卷》："崇贤新辟

① 聂豹：《双江聂先生文集》，北京大学《儒藏》编纂与研究中心编：《儒藏》（精华编二五八），北京大学出版社 2017 年版，第 746 页。
② 聂豹：《双江聂先生文集》，北京大学《儒藏》编纂与研究中心编：《儒藏》（精华编二五八），第 760 页。
③ 聂豹：《双江聂先生文集》，北京大学《儒藏》编纂与研究中心编：《儒藏》（精华编二五八），第 760 页。
④ 聂豹：《双江聂先生文集》，北京大学《儒藏》编纂与研究中心编：《儒藏》（精华编二五八），第 623—683 页。
⑤ 聂豹：《双江聂先生文集》，北京大学《儒藏》编纂与研究中心编：《儒藏》（精华编二五八），第 517—518 页。
⑥ 聂豹：《双江聂先生文集》，北京大学《儒藏》编纂与研究中心编：《儒藏》（精华编二五八），第 350—351 页。
⑦ 侯一元：《二谷山人集·江右稿》卷十，《侯一元集》，陈瑞赞编校，黄山书社 2011 年版，第 939 页。
⑧ 详见陈瑞赞：《前言》，侯一元：《侯一元集》，陈瑞赞编校。
⑨ 侯一元：《侯一元集》，陈瑞赞编校，第 1608 页。
⑩ 马自强：《赠戴锦衣讲堂侍直》，《马文庄公集选》卷十三，沈乃文主编：《明别集丛刊·第二辑》（第 93 册），黄山书社 2015 年版，第 420 页。

旁枫宸，调护仍分宿卫臣。在昔虎贲称学术，于今鹤禁缀儒绅。听经东观花阴静，托乘西园月色新。更道从龙来郢里，好因授简和阳春。"①张四维（1526—1585）《题戴锦衣讲堂侍直卷》："将军六郡豪，世业袭龙韬。博望新开讲，千牛近佩刀。宵严铜漏静，日卫羽旄高。恩宠春宫里，时时奉衮袍。"②从这些诗句来看，戴经是嘉靖皇帝的近侍武将。马自强是嘉靖三十二年（1553）进士，翰林院庶吉士，嘉靖四十三年（1564）为翰林院修撰，万历初任礼部尚书，入阁。③张四维也是嘉靖三十二年（1553）进士，翰林院编修，万历时任礼部尚书，由张居正引荐入阁（《明史》卷二百十九）。徐中行是嘉靖二十九年（1550）进士，曾任刑部主事、员外郎，嘉靖三十六年（1557）出任福建汀州府知府。④他们给戴经作诗的时间应聂豹出狱后（嘉靖二十七年）几年，能将一众人等聚集的时间或为嘉靖三十二年（1553）。本年聂豹任兵部尚书，阳明学人在灵济宫大会讲学。嘉靖三十四年（1555），聂豹因不能提供平定倭寇方略，被勒令辞职。

嘉靖万历时期的"后七子"的李攀龙、王世贞、谢榛、宗臣、梁有誉、徐中行、吴国伦等人几乎都有与戴经相关的诗作。比如，李攀龙诗《金吾行赠戴将军》："先皇诸将何其雄，君家大人国士风。赐钱留起嫖姚第，诏宴数入兰台宫。五云忽变石城气，七校亲随万乘东。当年带砺山河在，四海车书日月通。侍从敢闻潜邸事，朝廷竟录代来功。此时十岁羽林孤，跃马能弯两石弧。汉主临轩求故剑，承恩一拜执金吾。生成燕颔宁辞武，得奉龙颜不羡儒。三提卤簿陪陵寝，再护楼船下郢都。禁中自失张安世，天上还看周亚夫。"⑤谢榛有诗作

---

① 徐中行：《题戴卫尉讲堂侍直卷》，《徐中行集》卷七，王群栗点校，浙江古籍出版社 2012 年版，第 126 页。
② 张四维：《条麓堂集》卷二，《张四维集》，张志江点校，上海古籍出版社 2018 年版，第 42 页。
③ 参见邢宽：《马自强年谱》，贾三强主编：《陕西古代文献研究》（第一辑），商务印书馆 2016 年版，第 180—191 页。
④ 参见富路特、房兆楹：《明代名人传》（第 2 册），第 789—791 页。
⑤ 李攀龙：《金吾行赠戴将军》，《沧溟先生集》卷五，包敬第标校，上海古籍出版社 2014 年版，第 146 页。

《雨雪曲酬戴锦衣伯常见赠》："穷冬雨雪白浩浩，蓟门万木惊春早。横笛谁吹出塞声，梅花乱落关山道。海云不散寒悠悠，客怀无那空倚楼。有人忽赠阳春曲，坐吟祛我羁旅愁。风流云是楚望子，家在郢中四千里。三十年来锦作衣，天颜咫尺多清辉。金阙门中鸣珮入，玉河堤上摇鞭归。归来对酒兴不尽，月明更奏飞龙引。"①吴国伦《酬戴金吾伯常论学》："西京大戴儒者徒，从龙奉诏执金吾。玉勒雕戈汗血马，先驱警跸驰道呼。道傍仰视色如土，岂知将军不徒武。说剑能轻万人敌，谈经更号群玉府。赤日耿耿垂高天，辞金不独关西贤。结交欲尽天下士，妒杀五陵诸少年。两朝侍从恩已深，但学东方且陆沈。年来属车少行幸，休沐颇遂思玄心。玄心如珠赤水见。精光不逐风云变。却问西河讲业人，此中何物堪交战。"②又《题戴子终慕堂》："自失趋庭路，殊伤陟岵情。平原秋草色，残垒夜鸟声。实恐川陵易，宁知燧谷更。岁华愁并促，风木恨俱鸣。紫碣哀猿卧，玄台吊鹤行。衣冠虔伏腊，祠宇肃幽明。双涕悬终老，千秋殉此生。向来虞殡曲，常使楚魂惊。"③

为何这些文士要为一位锦衣卫官员写诗呢？邹守益《艮斋说》为我们提供了线索。邹守益说：

> 吾友晴川刘君亟称锦衣戴伯常之义，予赋诗赠之。予儿义、善上南宫，以道谊相砺也。伯常介以征言，曰：经甫七龄丧先君，赖母氏劬而育之，时与朋侪僦居澡沦。寓藩邸龙山之楚望台，每瞻直北红日中天，恒渴观光之期。皇上龙飞，籍应攀附，因忆在楚所望，身亲见之，遂以楚望自号。嗣入金吾，直侍卫，扈跸南狩，督狱北司，凡二十年，丛脞无真。见及例授锦衣百户，陞

① 谢榛：《雨雪曲酬戴锦衣伯常见赠》，《谢榛全集》卷三，朱其铠等校点，齐鲁书社 2000 年版，第 91 页。
② 吴国伦：《酬戴金吾伯常论学》，《甔甀洞稿》卷八，《四库全书存目丛书·集部》（第 122 册），齐鲁书社 1997 年版，第 590 页。
③ 吴国伦：《题戴子终慕堂》，《甔甀洞稿》卷十八，《四库全书存目丛书·集部》（第 122 册），第 693 页。

谢殊遇。清夜奋省，至于泣下。窃意所望似协乎中，而所志恐徇乎外，乃以"艮斋"易之，誓当竭忠定志，以止其所。①

晴川刘君是阳明门人刘魁（1488—1552）。刘魁字焕吾，号晴川，泰和人。正德举人，曾任宝庆府通判、钧州知州、潮州府同知和工部员外郎。嘉靖二十一年（1542），皇帝要在三大殿之外再建祐国康民雷殿，刘魁上疏反对，触怒皇帝，被廷杖。关在监狱前后七年。到了隆庆时，刘魁才得以平反。《明史》卷二百九有传。刘魁称颂的戴伯常应是与他年纪差不多的人，也才有邹守益所谓"督狱北司凡二十年"云云。

锦衣卫，是明代的独特建制。《明史·刑法志》载："锦衣卫升授勋卫、任子、科目、功升，凡四途。嘉靖以前，文臣子弟多不屑就。万历初，刘守有以名臣子掌卫，其后皆乐居之。士大夫与往还，狱急时，颇赖其力。"②戴经在嘉靖时期为锦衣卫的重要人物，在锦衣卫曾主诏狱事，救了不少人，其中有阳明学人聂豹、刘魁等。这些人对戴经都非常感激。聂豹《艮斋记》：

戴子伯常，家世以校籍，隶锦衣卫。睿皇帝分封之国也，简世家相卫翼以行，而戴氏与焉，遂家承天，为承天戴也。承天旧有楚台，台高峻，眺望可远，戴子以考命读书其上，暇则引领北向，瞻云恋日，而宾王之念油然以兴。乃叹曰："邦畿千里，惟民所止"，遂号楚望。盖即其地与志而寓意以自励云。辛巳岁冬，今皇上龙飞江汉，入绍大统。往从封诸臣工，咸云从景附，大者鼎食，小者梅感，食旧德而复自道者何限。时戴子甫弱冠，以颖拔负俊名，隐如也。寻以积劳婴剧疾，几不免，淹屯数年而后复。乃遂厌薄举子业，观颐自求，以上窥古人身心之学。久之，若有所得，骎骎向往也。嘉靖庚

---

① 邹守益：《艮斋说》，《邹守益集》卷九，董平编校整理，第 484—485 页。
② 张廷玉等：《刑法三》，《明史》卷九十五，第 2339 页。

子，召补抚军从事，督狱凡九载。是年，叙劳绩，奉恩例
试职户侯，牙璋虎服，翱翔于霓旌霜仗之间，天威不违颜
咫尺耳。复自叹曰："岂若于吾身亲见之哉。楚望之想
像，失之远矣。"易号"艮斋"。盖悟厥止，将图所以报
称者，间就余质艮义以自淑。……伯常家世出温台，其学
三变，余往序其高节堂备之。①

戴经追随皇帝到北京，二十多岁即已经有了名声。不
过，有一段时间他身体有问题，养病多年才再回到工作岗位。
在三十多岁的时候戴就已经是锦衣卫负责诏狱的主事人。他
原本号楚望，成为锦衣卫千户之后改为艮斋，并由聂豹为之
作记。戴经与阳明学人及嘉靖万历间的文人颇为密切。归有
光的文集中留下了好几篇与戴经有关的文章，如《戴锦衣家
传》说：

戴锦衣者，父文润。其先湖州之德清人，后为安
陆人。安陆，今之承天府也。文润家州郭外，为兴府良
医，事睿宗皇帝。父戴隐君殁，文润以毁灭性，郢中人以
孟子之语题其庐曰"终慕"，故锦衣家有终慕之堂。夫人
徐氏，夫亡时，年二十九。子经，甫七岁，即锦衣也。家
贫，克励清操，以拊其孤。及锦衣贵，终不改其淡泊，故
锦衣家有高节之堂。今皇帝以亲藩入继大统，国中旧臣皆
用恩泽升。锦衣年甚少，补环卫，积功劳至指挥使锦衣之
职。于上十二卫最亲贵，兼领诏狱。士大夫被逮者，多
见掠辱，少有全者。而锦衣恂恂然，为人尤仁恕。凡被
系者，往往从其人问学，常保护之。御史杨爵、给事中
周怡、员外郎刘魁，禁系累年。三人已赦出，相谓曰：
"微戴君，吾等安得生至今日乎？"聂尚书豹亦在系，甚
称锦衣之德。谢都御史存儒，巡抚河南，以师尚诏反。锦
衣奉驾帖往逮，行数千里，衣破弊，谢公以一缣赠之，却

① 聂豹：《双江聂先生文集》，北京大学《儒藏》编纂与研究中心编：《儒藏》（精华编二五八），第421—423页。

不受。锦衣今谢事家居，门庭寂然，其清素如此。锦衣名
经，字伯常。归子曰：余寓京师南薰坊，锦衣时过从，
示余以家所藏文字，为芟其芜而归之质，作《戴锦衣
家传》。然余读华亭杨奉常之《论终慕》，有旨哉！
有旨哉！①

归有光还为戴经的文集做了序，即《戴楚望集序》。归有
光称："世宗皇帝自郢入继大统，戴楚望以王家从来，授锦卫
千户。其后，稍迁至卫佥事，尝典诏狱。当是时，廷臣以言事
忤旨，鞫系者先后十数人。楚望亲视食饮、汤药、衣被，常保
护之，故少瘐死者，其后往往更赦得出。如永丰聂文蔚，以兵
书被系，楚望更从受书狱中，以故中朝士大夫籍籍称其贤。嘉
靖四十四年，予中第，居京师，楚望数见过，示以所为诗。其
论欲远追汉、魏，以近代不足为。予益异之。予既调官浙西，
遂与楚望别。隆庆二年春，朝京师，楚望之子枢，哀其平生
所为文百卷，谒予为序。"②戴经的生卒年不可考，据归有光
此序可知，他在隆庆二年（1568）时，他的儿子戴枢出面刊刻
《戴楚望集》。这时戴经尚在人世。

又，王世贞《戴金吾御戎策序》云：

余守尚书刑部郎，而戴君伯常时以推择为金吾缇骑
长，间过从谈艺甚适已。稍稍闻其直金吾狱，而故相夏
忤旨系当死，相严恨之甚，以属君，俾甘心焉，君谢弗
应。而大司马聂贞襄公，以平阳守事逮，君师事之，与
谈王氏良知之学。其帅陆撼之，君亦弗为动。余雅以贤
戴君，而会余出宪青齐，罢归里，再起藩臬，始入领太
仆，别君者二十年，而君亦用勋，屡迁大校，遂擢裨其帅
而且罢矣。君业已六十余，然鬒发泽面，与促膝环堵，
谈说天下事，亹亹不倦已。出一编书示余，曰此所以志

① 归有光：《戴锦衣家传》，《震川先生集》卷二十六，周本淳校点，上海古籍
出版社 1981 年版，第 607—608 页。
② 归有光：《戴楚望集序》，《震川先生集》卷二，周本淳校点，第 27—28 页。

也。……余固惜戴君之不遇，而嘉其意之近厚而有余忠，因为叙次其语。①

　　王世贞任刑部郎中在嘉靖三十二年（1553），升任山东按察司副使、兵备青州是嘉靖三十五年（1556）十月。王世贞于嘉靖三十六年（1557）到青州赴任。万历二年（1574）王世贞任太仆寺卿，两人别离约二十年。②此时戴经六十出头，则戴氏出生年岁当在正德五年（1510）前后。如此，嘉靖皇帝入京时，戴经也是少年，他们或为儿时玩伴亦未可知。

　　除了王世贞为戴经集有序文外，欧大任（1516—1595）也有《楚望集序》。欧氏说：

　　　　德清戴君伯常诗二卷，盖初仕京师时作也。伯常先人良医公提药囊事献皇帝于兴藩，因家焉。楚望台，其游息之地也，集因以是名云。正德末，伯常从今皇帝龙飞江汉，录先人功，授锦衣卫千户，进指挥佥事，显矣。然每饭意未尝不在楚望下也。夫丹林绿水之游，果可以系硕人考槃之念；而钟鸣鼎食之欢，固不能夺嘽咺踯躅之思哉。嘉靖初，上方兴礼乐，以登闳至治，而伯常官禁近，备宿卫，亲睹郊庙礼仪，圣明制作之盛，退而歌咏，颂述殆有意于乐府协律之作。两从上陵，每在钩陈卤薄中。复扈跸，幸郢涉郧，邓望沅湘，寻童稚钓游之地，登降沿洄，游行眺听，瞻枌榆而攀桑梓，获与里间父老子弟，伏承宣谕，以为汤沐光宠。是时，盖亦忼慨于大风云起之歌，而希艳于阳春白雪之曲矣。居京师，周旋纨绮间，非其好也。问学于大司马聂公，而时时从临清谢茂秦、济南李于鳞、长兴徐子与、武昌吴明卿、魏顺甫诸君游。暨余至，则伯常隐名迹，远权势，逍遥园居，实辱交焉。每过海筹亭，恒把酒赋诗，纪皇恩，述先德，相与谈

① 王世贞：《弇州山人四部稿》卷六十八，沈乃文主编：《明别集丛刊·第三辑》（第34册），黄山书社2015年版，第149—150页；《景印文渊阁四库全书》（第1280册），台湾商务印书馆1986年版，第180—181页。
② 参见郑波：《王世贞文学研究》，中华书局2011年版，第259—261页。

郓中故事，悠然于石城京岭之外。间以是集命余为序。余闻张子孺，汉宿卫之臣也。谦退忠谨，夙夜不怠。将军封侯，天子亲焉。施及嗣人，延寿千秋。缪侯武始，咸有敬侯之风，汉人谓功臣之世，保国持宠，未有若富平者也。伯常魁岸钜人，文武殆将为宪，其子孙多贤，盖楚望基之矣，谓为今之富平，非耶。①

总之，戴经的父亲曾为正德时藩王府（兴王府）医生，故戴经与嘉靖皇帝（1507—1567）认识时年纪尚幼，属于兴王府旧人，后来跟随皇帝入京，多年后升任锦衣卫指挥使。又曾跟随皇帝出行或奉命出使，属于皇帝近臣。他任锦衣卫时保护了不少官僚大夫，在士人群体中有较高的声誉。他又和阳明学人多有亲近，这是阳明学在嘉靖时期得以广为传播的一个有力支撑。

后来，人们对戴经事迹已不知其然。明末清初人沈佳撰《明儒言行录》，该书卷八"刘魁"条云："刘魁字焕吾，江西万安人。嘉靖间乡荐，仕至工部员外郎。初判宝庆，历迁工部员外郎。上时务十事，皆嘉纳。有诏徙雷坛禁中，公上疏谏。自分获谴，先授家僮囊金三两治后事。疏入，上震怒，杖之廷。入狱，创甚，有百户戴经者，药之得不死。"②戴伯常就是戴经，是刘魁的救命恩人。

清代时，戴经的著述大都失传。黄虞稷（1629—1691）《千顷堂书目》卷二十三："戴经《戴楚望诗集》□卷。以王家从世宗入继大统，授锦衣卫千户，历官卫金事。在锦衣，常护视诏狱诸人。从聂豹受经于狱中。一时士大夫皆称其贤。"③从上述欧大任《楚望集序》可知，《戴楚望诗集》应为二卷。清丁宿章《湖北诗征传略》卷二十五录归有光《戴楚望集序》，并有按语称："案，经诗文不概见。邑志并其姓名

① 欧大任：《楚望集序》，《欧虞部集》卷四，《四库禁毁书丛刊·集部》（第47册），北京出版社2000年版，第82页。
② 沈佳：《明儒言行录》卷八，《景印文渊阁四库全书》（第458册），台湾商务印书馆1986年版，第906—907页。
③ 黄虞稷：《千顷堂书目》卷二十三，瞿凤起、潘景郑整理，第612页。

而佚之。据震川文录入。震川非漫言者，且言其子概衰其所为文百卷以乞序，当不等诸小言之詹詹，何竟一无可传也。或亦菟罗之未至欤。"①戴经曾经显赫一时，不仅有阳明学人为之作文，还有文学史上有名的嘉靖后七子为之作诗文。百年后，即不见其踪影，他的故事不再为阳明学人所讲述，更不为学人所熟知。比如，民国时，有人从天一阁藏书中发现了一部戴氏的著作。罗振常《天一阁藏书经见录》有这样的记载："《使楚稿》。前诗数十首，次文数首，多游记。末一首为《奉使辞金记》。戴子奉使至蒲圻，'谕县尹以旨意，顷县尹逮兵部侍郎谢君存儒至，乃与话平生，述事状，知其为诚悫人也。是夜，持金以为赠，辞之，屡增而屡辞。次日，乡大夫相继来，亦以此输。戴子曰：四海之内皆兄弟也。今人处此患难之地，有力者皆思恤之，此古今之通义也。予无力以周之，又从而取之，是不义也。若君命何'云云。以后为凤山赠别，皆所赠之诗文（《送戴锦衣序》）。按其《荆门山行记》中，称嘉靖癸丑十月奉使。"②罗振常没有说戴子为谁。其后王国维还为之做了细致的考证。王氏《传书堂藏书志》称："《使楚稿》一卷附《凤山赠别》一卷。明钞本。此嘉靖癸丑戴锦衣奉使蒲圻时作，附《凤山赠别》一卷，则楚人所赠诗文也。集中不见锦衣之名。按《千顷堂书目》云：戴经以王家从世宗入继大统，授锦衣卫千户，历官卫金事。在锦衣常护诏狱诸人，从聂豹受经于狱中，一时士大夫皆称其贤。有《戴楚望诗集》。此稿中有《荆门山行记》云：'自忆从龙而北，历十八年，始随圣人大狩来兹，迄今又十四年矣'云云，是锦衣即戴经无疑。锦衣此行，实案蒲人故汴抚兵部侍郎谢存儒事，存儒馈以金，不受。有诗见集中，云'师门多至训，再拜谢深情'，盖犹不忘双江之教也。天一阁藏书。"③王国维查考《千顷堂书目》，找到戴经即戴锦衣，是聂豹的弟子，并且从《使楚稿》中找到

① 丁宿章：《湖北诗征传略》卷二十五，《续修四库全书》（第1707册），上海古籍出版社1996年版，第512页。
② 周子美编：《嘉业堂钞校本目录·天一阁藏书经见录》，华东师范大学出版社2000年版，第208页。
③ 王国维：《传书堂藏书志》，王亮整理，上海古籍出版社2014年版，第1222页。

了戴经忠于聂豹学说的证据。陈乃乾（1896—1971）也曾见过戴经的这部书，其《明人别集书目题跋》云："《使楚稿》，明戴经。蓝格钞本。嘉靖癸丑奉使蒲圻所作。后附《凤山赠别》诸诗文。"[1]

作为锦衣卫千户、佥事的戴经，曾充当过阳明学人的保护人。归有光说："盖楚望之于道勤矣。始，楚望先识增城湛元明，是时年甚少，已有志于求道。既而师事泰和欧阳崇一、聂文蔚，至如安成邹谦之、吉水罗达夫，未尝识面而以书相答问。及其所交亲者，则毗陵唐以德、太平周顺之、富平杨子修，并一时海内有道高名之士。予读其所往来书，大抵从阳明之学。至于往复论难，必期于自得，非苟为名者。"[2]止如此，他还刊刻过几种阳明著作，《阳明先生与晋溪司马书》是其中之一。

为何戴经购买了阳明给王琼的书信之后，要让宋仪望写一篇序文呢？这应该与宋仪望是聂豹的门人，并有刊刻阳明著述的经验有关。

第五节　河东重刻：覆刊阳明集

嘉靖三十二年（1553），在都察院任职的宋仪望出按河东（山西）盐政。在此期间，他为河津县、猗氏县县学的重建写了文章。宋氏《华阳馆文集》卷五载其《河津县重修儒学记》一文：

> 今上癸丑春三月，予奉命出按河东。河东自冬徂春，皆不雨，民乃大饥。是时河津令高文学来言修学事。予谓：古者兴作苟不因天度民，《春秋》必书以刺时事。然鲁修頖宫，经乃不见。是政教之本也，修之便，虽然其少需乎。夏五月雨，是年大有秋。予乃檄县举事，已得奸法者，褫其赀若干佐之。于是令文学以耆民二人督其

---

[1] 陈乃乾：《陈乃乾文集》，虞坤林整理，国家图书馆出版社 2009 年版，第 437 页。
[2] 归有光：《戴楚望集序》，《震川先生集》卷二，周本淳校点，第 28 页。

功，而听民酿金为助。未几，庙庑堂奥、神厨牲所、斋
舍门楔，存旧易蠹，焕焉大备已。又易学官前民地，加
宏敞焉。是年秋杪，予按行郡国，自蒲坂历华阴，返自
韩城，抵于龙门，谒禹庙，览河山之胜，慨然久之。迟
明，趋学官展事已顾而乐焉。于是令率其学官弟子跽而
请，曰：河津之学敞且久矣。今幸徼福于下，执事愿一言
以诏多师多士，且俾后之莅兹土者，知学校之为重，而
章台臣之急教本也。予闻之，喟然叹曰：尔令尔多师多
士其知学校兴建之縣，与兹地昔时之盛乎？……汉唐以
来皆知重学校而宗孔氏，然其制莫备于我明。岂非以孔
子本仁义、述六经以教万世？是故，庙祀孔子于学校，
正以使天下皆知尊孔氏，而后尧舜禹汤文武之绪得赖以
不坠欤？……昔者子夏盖尝学于夫子矣，出见纷华而说
入。……其后笃信夫子，返以其学授于河汾。是向之所
战，至此而后胜焉。今吾与诸生且将从事于子夏之战，以
求说于夫子之道，如临深渊，如履薄冰，则虽未必至于夫
子也，其亦庶几已乎于是。诸生闻之，唯唯而退。①

宋仪望在山西巡查期间，重视学校的重建，以为此乃政
教之本。曾写下诗句抒发其书院情怀："郊原过雨草烟新，满
院风光绝四邻。深洞细云依断壁，曲池流水引通津。到来幽径
花仍发，坐卧闲房鸟自亲。最忆安阳张仲子，肯留文藻照青
春。"②宋仪望认为作为学校的书院不仅事关政治，更事关民
生，因此需要主官加以着重考量。通过学校的教化，通过孔孟
之道的传承，通过对于仁义道德的讲求，才能真正实现圣人之
道的不坠于地。他更强调学校师生要有一种如临深渊、如履薄
冰的态度，悉心讲求，虽然未必能成为孔夫子那样的圣人，但
庶乎不远矣。不过仅仅有了学校焕然大备的建筑设施，并不
能保证学校之多师多士能够自然完成教万世之主旨，重点在

① 宋仪望：《河津县重修仁厚学记》，《华阳馆文集》卷五，《四库全书存目丛书·集部》（第116册），第334—335页。
② 宋仪望：《初游河东书院怀前台长张仲修》，《华阳馆文集》卷十七，《四库全书存目丛书·集部》（第116册），第455页。

于相与讲明正学，同时更需要本身传递着圣人之道的可靠文本可读，因此，他积极刊刻阳明学相关著述。嘉靖三十二年（1553）秋天，宋仪望赞助刻印了"阳明先生文集"。他说：

> 阳明先生文集，始刻于姑苏，盖先生门人钱洪甫氏诠次之云。自后刻于闽、于越、于关中，其书始渐播于四方学者。嘉靖癸丑春，予出按河东。河东为尧、舜、禹相授受故地，而先生之学则固由孔孟以溯尧舜，于是间以窃闻先生绪言，语诸人士而若有兴者。未几，得关中所寄先生《全录》，遂橥而刻之。①

所谓"关中所寄先生全录"，当是闾东本。闾东《重刻阳明先生文集序》作于嘉靖二十九年（1550），其云：

> 《阳明先生文录》，旧刻于姑苏。《传习录》刻于赣。继又有薛子（薛侃）者，刻其《则言》。然相传不多得，同志者未得合并以观全书，每有余憾。东按西秦，历关、陇，见西土俊髦，群然皆忠信之质也，因相与论良知之学，尽取先生《文录》，附以《传习录》，并《则言》，共若干卷刻之，愿与同志者共焉。②

当时闾东是巡抚陕西监察御史。陕西治所即在关中，所以宋仪望所据之本当是闾东本。宋仪望只说有关中刻本，不提闾东，或许这是他一贯的做法也未可知。

宋仪望重刊《阳明先生文集》二十四卷，包括《文录》五卷，其中卷一至三书，卷四序、记、说，卷五杂著；《外集》九卷，其中卷一赋、骚、诗，卷二至四诗（卷二居夷诗、

---

① 宋仪望《河东刻阳明先生文集序》，《华阳馆文集》卷一，《四库全书存目丛书·集部》（第116册），第605页；宋仪望：《河东重刻阳明先生文集序》，王阳明：《王阳明全集（新编本）》卷五十三，吴光、钱明、董平等编校，第2157页。《王阳明全集（新编本）》中有部分字词与《四库全书存目丛书》本不同，此据《存目》本。下同。
② 闾东：《重刻阳明先生文集序》，王守仁：《王阳明全集》卷四十一，吴光、钱明、董平等编校，第1766—1767页。

卷三庐陵诗6首、京师诗24首、归越诗5首、滁州诗36首、南都诗47首、赣州诗36首，卷四江西诗120首、居越诗34首、两广诗21首），卷五书，卷六序，卷七记，卷八说、杂著，卷九墓志铭、墓表、墓碑、传、碑，《别录》十卷，其中卷一至七奏疏，卷八至十公移。值得注意的是，这样的文集排序是钱德洪设计的，下文我们将对此进行说明。

宋仪望刊书时还对阳明学的发展情况作了评判。他说："先生既殁，在门之徒有号称脱悟，或少变其师说而轶于绳墨，后进之士遂妄加訾议，而卒视圣人为不可及。呜呼，是则可惧也已。今之读先生之书者，果能求先生之心，体先生用功之实，譬之衣服饮食，饱暖自知，若是则将终身从事，犹惧涉汪洋而茫无涯涘也。彼人之不至，訾不訾，又何与于我哉。是则先生之学也，是则重刻先生之集之意也。"①宋仪望认为，阳明学在当时已得到诸多士子的认可，但阳明去世之后阳明后学开始偏离师说，甚至有自立门户的想象出现（此文收入宋仪望《华阳馆文集》卷一时将"自立门户"等语句删除，其缘由不可知）。宋仪望以为，阳明后学对阳明学的阐释已造成很大争议，乃至对阳明学本身也多有訾议，因此刊刻阳明本人的著述极为必要。当然，最重要的并不在于阳明著述文本本身，而是透过文本所传达的圣人之道，激发士人对于圣人可及这一理念的阐发和践行。只有有了这种对圣贤的崇敬和信仰，自身谨慎行事，不断磨砺，才是真正的阳明学，也即是尧舜禹之心传得以光大的基点。

其后，宋仪望又在隆庆六年（1572）赞助刊刻该书，是为建宁府知府邵廉重刊本。宋氏专为此本作序，称："是集予往按河东刻之。今复承乏视学闽中，适司谏南丰邵君守建宁。予过建，辱君过从署中，相与剧谈阳明先生之学。司谏君曰：今所刻阳明全集直与孟氏七篇相表里，盖佛家所谓正眼法藏也。顾请前集翻刻之，以惠八闽士子如何？予谢曰：是不榖之志

① 参见宋仪望：《华阳馆文集》卷一，《四库全书存目丛书·集部》（第116册），第606页；宋仪望：《河东重刻阳明先生文集序》，王阳明：《王阳明全集（新编本）》，吴光、钱明、董平等编校，第2158页。

也。然必辱高序，庶几来哲知吾二人所用心云。司谏君曰诺。遂书之以识岁月。时隆庆六载岁在壬申仲春廿有八日。宋仪望题。"①宋仪望将他在山西运城巡盐御史任上重刊的阳明文集交给了建宁府知府邵廉。不过我们知道，到了隆庆年间，钱德洪等人编辑阳明文集及年谱的各项工作已经全部完成，宋仪望等人所谓的重刻全集，是否收录了钱德洪等人后来编辑的阳明著作呢？邵廉为重刊本作《刻阳明先生全集序》。此序《王阳明全集》（新编本）未收录。邵廉云：

　　天生出类之才，必从而诿属之，使能寻究道原，立功立言，以垂照后世。当代若阳明先生者，非所谓出类之才耶？其功业以匡时，著述以救世，具在是编。今其门人论述者，皆以为非其至也，而独揭其所谓良知者。嗟夫古圣蹈迪在门、阐述万世，孰逾孔孟氏哉？《论语》一书，辙迹所至，君相大夫交际，寓主隐约，觏接淹速，径曲污隆。门人问答，进退川流，即德容光斯照。故其自叙，曰无行不与二三子，曰述而不作，曰好古敏求忘食忘忧。其在门之士，知足知圣者，曰见礼知政，闻乐知德，未尝外著述也；曰贤于尧舜，曰绥来动和，未尝外事功也。其答问仁，曰克复，曰敬恕，曰认四教，曰文行忠信。至孟氏推尊孔氏，亦曰仕止久速，曰进退辞受而已。乃性与天道，虽颖悟之杰，且叹其不可得闻，而中人以下，夫子以为不可语上。盖欲学者潜修而默识尔。夫人心之良，譬之佳种，根苗秀实，概之一谷，而芟柞培溉，概之一事而成德达才。国医治病，温寒燥湿，惟变所适，圣门教旨谅同斯矣。明朝承元，斯道晦蚀，习浮踵陋，志士仅抱遗文，璞玉矿金，阒而不显。阳明先生揭致良知之学示人，本本元元，如起沉疴，如呼大寐，良以救世而康济生民、计安社稷。先生之实学孔门之宗派也。沿流之弊，或执灵明以为用而忘戒惧之为功；或自谓无意必弗信果以为体而不知恣肆而无忌。是于先生之全书，譬之

———————————
① 翟凤奎、向辉主编：《阳明文献汇刊》（第28册），第32—33页。

食而不知其味，程子屋脊过之喻，良若有慨于斯。今也余
不敢谓知先生之学。今论宗旨，昭昭乎若揭日月行矣。
顾念诸君子尊先生如孔孟氏，而略行事著述或有异于孔
氏自叙与其徒之阐述也。此则今督学宋公授刻先生全书
意也。谨序。隆庆六年岁在壬申季春望日南丰后学邵廉
书。（日本早稻田大学藏隆庆六年邵廉序刊本《阳明先生
文集》）

　　邵廉主持或赞助刊印过《陈伯玉文集》十卷、《欧阳文
忠公集》一百五十三卷、《南丰先生元丰类稿》五十卷、《翰
林罗奎峰先生文集》十八卷、《遵岩先生文集》四十一卷等。
《天禄琳琅书目》卷十"南丰先生元丰类稿"条云："每卷标
题次行有'南丰后学邵廉校刊'八字，未详邵廉为何如人。而
版式、纸质均系明制，无可掩袭。"[1]邵廉是谁？他为何与宋
仪望畅谈阳明学？宋仪望说他曾任福建建宁府知府。邵氏去世
后，陈文烛为之撰墓表，载陈文烛《二酉园续集》卷十九《成
都府知府邵公墓表》；[2]王弘诲为之撰墓志铭，载《太子少保
王忠铭先生文集天池草重编》卷二十《中顺大夫成都府知府圭
斋邵公墓志铭》。[3]据陈、王文字可知，邵廉（1528—1583）
字养心，号圭斋，江西永丰人。邵廉是嘉靖三十四年（1555）
举人，三次参加会试不中，于嘉靖四十四年（1565）中进士。
曾任工部虞衡司主事、兵科给事中、福建建宁知府、广东肇庆
府知府和四川成都知府。王弘诲说："初，公成进士，出新郑
高公（高拱）门。新郑再相，兼理诠部，欲以己意去所不善
者。公乘间具言，宰相当有休休量，不宜以恩怨示人。新郑
公阳颔其言而阴憾之。明年出知建宁。"在福建建宁府知府
任上，邵廉曾建崇正书院，祭祀朱熹（考亭）、刘子翚（屏

① 于敏中、彭元端等：《天禄琳琅书目》，徐德明标点，上海古籍出版社 2007 年版，第 349 页。
② 陈文烛：《二酉园续集》卷十九，《四库全书存目丛书·集部》（第 139 册），第 582—583 页。
③ 王弘诲：《太子少保王忠铭先生文集天池草重编》，《四库全书存目丛书·集部》（第 138 册），第 308—311 页；王弘诲：《天池草》，王力平点校，海南出版社 2004 年版，第 433—437 页。

山）、谢枋得（叠山）等儒者。王氏说，邵廉"解官归，不关外事。日与同志者讲知行之学。好读马迁、董、贾文，陆宣公、苏子瞻奏议，故疏草人争传之，而文不甚法迁、贾，要在摅所自得语，明习国朝典故，诸路便宜。著有《典志考义》二十卷，诗文二卷。"[1]邵廉的著作今未见传本。所知的只有他赞助刊行的若干种先贤著作。陈文烛文集中还有《邵圭斋先生集序》，其文曰："往余同邵养心举进士，观史部政，每论文及大江之西，则曰庐陵欧文忠、南丰曾文定、临川王文公、广昌何文肃、南城罗文肃此五大家者。……按牒而求，谁为文忠公之耳孙乎？谁为文定公之宗子乎？是在养心矣。昔人言诗有江西宗派，余于文亦云。养心有水部、谏垣、建阳、成都、山居诸稿，总序而题曰《邵圭斋先生集》。"[2]此书未见有传本。王弘海仅仅说邵廉晚年曾与人讲知行之学，未提及王阳明。他写作《邵公墓志铭》的时间是万历十一年（1583）癸未，此时阳明尚未从祀，邵氏参与传播阳明学之事也就不为作者所大书特书。

宋仪望《河东重刻阳明先生文录》传承至今，有多家收藏。崔建英《明别集版本志》著录：

《河东重刻阳明先生文录》五卷《外集》九卷《别录》十卷，明王守仁撰，明嘉靖三十二年宋仪望刻本。十行二十字，白口，左右双边，鱼尾下镌"阳明文录"。卷端不著撰人名氏。嘉靖乙未黄绾序，嘉靖丙申邹守益序，嘉靖癸丑（三十二年）宋仪望《河东重刻阳明先生文集序》。宋仪望曰："得关中所寄先生全录，遂檄而刻之。"（上海，四川）[3]

严绍璗《日藏汉籍善本书录》著录：

① 王弘海：《太子少保王忠铭先生文集天池草重编》，《四库全书存目丛书·集部》（第138册），第309、310页。
② 陈文烛：《邵圭斋先生集序》，《二西园续集》卷三，《四库全书存目丛书·集部》（第139册），第444—445页。
③ 崔建英辑订：《明别集版本志》，贾卫民、李晓亚参订，第96页。

《（河东重刻）阳明先生文录》（残本）五卷《外集》（残本）九卷《别录》十卷，（明）王守仁撰，宋仪望编，明隆庆六年（1572年）刊本。国会图书馆、早稻田大学图书馆藏本。按，国会图书馆藏本，《文录》今存卷三至卷五，共残本三卷；《外集》今存卷一至卷四；卷七至卷九，共七卷；《别录》存全本。原共十七册，现合为八册。早稻田大学图书馆藏本，共十册。①

《王阳明文献普查目录》著录：

《河东重刻阳明先生文录》五卷《外集》九卷《别录》十卷，（明）王守仁撰，明嘉靖三十二年（1553）宋仪望刻本。国家图书馆、上海图书馆、安徽省图书馆、四川大学图书馆。②

对于《河东重刻阳明先生文录》的版本情况，《王阳明著述提要》认为"对比此前已刊刻的嘉靖十四年闻人诠等刻本，是书实为宋仪望用旧版修版重印"③。据余姚志书所载：

闻人诠，字邦正，号北江。王守仁姑表弟，执贽称弟子。守仁在赣，诠与兄阆（字邦英），两致书问学，守仁两复之。尝危病兄阆，祈死求代。未几，阆卒，其母哭，丧明。守仁曰："闻人氏可谓慈孝兼至。"诠举嘉靖五年进士，知宝应县。县南有泛光湖，延袤三百里，风涛汩没，军民病之。诠议开越河以卫漕，舆论不决。乃试筑一方，以一准十，工用不烦，卒成之。擢御史，巡视山海关，修城保四万余丈。论救都御史王应鹏，逮入，廷杖。十一年，视南直隶学政。时，守仁没已六年，仅存《文录》《传习录》《居夷集》，余或散亡讹错，诠与德

---

① 严绍璗编著：《日藏汉籍善本书录》，第 1682 页。
② 贾大伟、李文洁、刘悦等编纂：《王阳明文献普查目录》，第 9 页。
③ 李文洁、贾大伟、刘悦等：《王阳明著述提要》，第 29 页。

洪定《文录》，刻之行世。世宗幸承天，后行宫尚存，人
虑再幸，诠上疏撤之。十八年改河南道御史。已，出备兵
辰、沅。请告归。卒年六十四。①

如此，则闻人诠是在南直隶提学御史任内赞助刊行《阳明
先生文录》。阳明去世后六年是为嘉靖十四年（1535）。闻人
诠之后，闾东于嘉靖二十九年（1550）重刊《阳明先生文集》
也是在都察院任内，闾东《重刻阳明先生文集序》题衔为"巡
按陕西监察御史内江后学闾东"。宋仪望《河东重刻阳明先生
文集序》题衔为"文林郎河南道监察御史庐陵后学宋仪望"，
序文的撰写时间则是"嘉靖癸丑"。宋仪望也是在都察院巡按
任内刊行该书，但苏州与河东相隔距离遥远，是否能利用旧版
尚难推测。但无论如何，从闻人诠、闾东到宋仪望刊本皆是赞
助人在都察院任职期间完成来看，可以说都察院是阳明文集的
主要赞助机构。

第六节　御史刻书：都察院刊行

从书籍的制作而言，"有明一代书籍生产之盛，是它以
前的任何时代所不可比拟的"②。古籍版本学界在处理明刻本
时，一般以刻书的主体分为政府刻书（官刻）、藩府刻书（藩
刻）、私人刻书（家刻）和坊肆刻书（坊刻）等不同的类型。
其中，政府刻书又分为内府刻书、中央政府刻书和地方政府刻
书等。③这种分类延续了明代人的认识，比如周弘祖《古今书
刻》通行本上编是刻书，所呈现的周氏版刻分类是机构和地域
二分法，机构区分中央机构，包括内府、礼部、兵部、工部、
都察院、国子监、钦天监、太医院、隆福寺、南京国子监、南
京提学察院；地域则是各省，包括北直隶、南直隶、浙江、
江西、福建、湖广、河南、山东、山西、陕西、四川、广东、

---

① 周炳麟：《（光绪）余姚县志》卷二十三，第586页。
② 李致忠：《中国古代书籍史》，文物出版社1985年版，第112页。
③ 参见赵前：《明本》，江苏古籍出版社2003年版；赵前：《明代版刻图典》，文
物出版社2008年版。

广西、云南、贵州等，各省又分布政司、按察司、各府和藩王府。①而下编是刻石，则只以地域划分。在中央机构中，周氏著录都察院刻书33种，包括：《史记》《文选》《潜夫论》《杜诗集注》《诗林广记》《千家注苏诗》《盛世新声》《太古遗音》《唐音》《臞仙神奇秘谱》《玉机微义》《诗对押韵》《武经直解》《孝经注疏》《适情录》《算法大全》《琴韵启蒙》《三国志演义》《水浒传》《千金宝要》《太平乐府》《悟真篇》《雍熙乐府》《烂柯经》《万化玄机》《披图测海》《中原音韵》《参同契》《王氏家藏》《杜研冈集》等。②

周氏所记未必准确，并且其所记也非常不详尽。据书目记载，都察院书籍有《都察院书目录》一卷一本。③周氏是否看到过这部书目，我们不得而知。而他又据何种资料得到的都察院刻书清单，亦是一大谜题。据李开升《明嘉靖刻本研究》一书可知，周氏极有可能是从金台汪谅的刻书广告中抄录了书目，并将其归于都察院。李开升提到，国家图书馆藏汪谅刻《文选》后印本有汪氏刻书广告：

> 金台书铺汪谅见居
> 正阳门内西第一巡警更铺对门。今将所刻古书目录列于左，及家藏今古书籍不能悉载。愿市者览焉。

---

① 按照周弘祖的思路，今人编纂了《全明分省分县刻书考》。该书较前人的不同处在于，以人系书，比如宋仪望是江西永丰县人，则其刊刻的《阳明先生文粹》《欧阳先生文选》等皆列入江西卷。该书又将都察院刻书列入北京市，并云："都察院，明代中央监察机构。长官为左都御史，下属十三道都监察御史，巡按州县，提督各道，为天子耳目风纪之司，亦刻书笺。"（杜信孚、杜同书：《全明分省分县刻书考·北京市卷》，线装书局2001年版，第2页）
② 参见周弘祖：《古今书刻》，上海古籍出版社2005年版，第325页。杨洪涛等人认为，周弘祖著录的都察院刊书33种，可以确定其中14种并非都察院刊本。但周弘祖本人又曾为都察院御史，其编书目时应该参考了都察院藏书。为何他的书目中都察院刻书错误如此之多？由于《都察院书目》亡佚，亦未见周弘祖本人相关论述，详情不得而知。关于周弘祖书目及都察院刻书，参见崔文印：《〈古今书刻〉浅说》，《中国典籍与文化》2007年第1期；杨洪涛、贾二强：《明代都察院刊刻〈三国志演义〉〈水浒传〉刍议》，《历史文献研究》2019年第1期；杨洪涛：《〈古今书刻〉新探》，《古籍整理研究学刊》2019年第2期。
③《述古堂藏书目录》卷四、《千顷堂书目》卷十、《绛云楼书目》卷一和《明史》卷一百三十四等著录相同。《都察院书目》未见今存本，不知是藏书目录，还是刻书目录。

翻刻司马迁正义解注《史记》一部；

翻刻梁昭明解注《文选》一部；

翻刻黄鹤解注《杜诗》一部，全集；

翻刻《千家注苏诗》一部；

翻刻解注《唐音》一部；

翻刻《玉机微义》一部，系医书；

翻刻《武经直解》一部，刘寅进士注。

俱宋元板。

重刻《名贤丛话诗林广记》一部；

重刻《韩诗外传》一部，十卷，韩婴集；

重刻《潜夫论》，汉王符撰，一部；

重刻《太古遗音大全》一部；

重刻《臞仙神奇秘谱》一部；

重刻《诗对押韵》一部；

重刻《孝经注疏》一册。

俱古板。

汪谅的刻书广告的14部书，有13种被周氏《古今书刻》著录为都察院刻书，仅有《韩诗外传》被替换成了《盛世新声》。[1]周氏《古今书刻》存在明刻本和明黄家善校刻本两种不同的版本，今通行本未必就是周氏之书原貌。[2]因此，到底是周氏原稿即已如此，还是后来的编刊者造成的问题，我们已经无从考究。我们能够确定的是，周弘祖《古今书刻》之通行本关于都察院刻书的著录是有问题的，故我们不能据此来分析都察院刻书的情况。对于都察院刻书，我们只能根据现有的古籍予以推测。阳明的著作恰为其中之一。

通行本《古今书刻》著录了两种阳明文献，其一是《阳明文集》，有南直隶苏州府和福建建宁书坊刻本。[3]其一是《阳

---

[1] 参见李开升：《明嘉靖刻本研究》，第92—93页。

[2] 参见陈清慧：《〈古今书刻〉版本考》，《文献》2007年第4期；肖禹、陈清慧：《〈古今书刻〉续考》，《文献》2014年第6期。

[3] 周弘祖：《古今书刻》，第326、366页。

明文录》，有南京国子监和南直隶扬州府两种刊本。①《阳明文集》和《阳明文录》究竟是什么书呢？南京国子监和扬州府的刊本则不知其所谓。我们所知的是，苏州府曾几次刊刻过阳明著作，其一是闻人诠赞助刊行的版本，其一是范庆主持刊行的重修本。我们看到，列入"别集类"的阳明文集的品种较为复杂。据今人古籍的调查可知，现存阳明先生文集的早期刊本有若干种：

嘉靖十二年（1533）癸巳黄绾作《阳明先生存稿序》。②嘉靖十四至十五年（1535—1536）乙未闻人诠刻本（《文录》五卷，《外集》九卷，《别录》十卷）、嘉靖二十六年（1547）丁未范庆刻本（《文录》十七卷，《语录》三卷）、嘉靖二十九年（1550）庚戌闫东刻本（《文录》五卷，《外集》九卷，《别录》十四卷）、嘉靖三十二年（1553）癸丑宋仪望刻本（《文录》五卷，《外集》九卷，《别录》十卷）、嘉靖三十五年（1556）丙辰董聪刻本（《正录》五卷，《外录》九卷，《别录》十四卷）、嘉靖三十六年（1557）丁巳胡宗宪刻本（《文录》五卷，《外集》九卷，《别录》十卷）、万历二十一年（1593）癸巳陈效刻本（《文录》五卷，《外集》九卷，《别集》三卷，《传习录》三卷，《传习续录》二卷），以及不知年代的嘉靖刻本和明刻本等。这些刻本中，以闻人诠本存世最多。③但征诸前人书目著录，情况略有不同。如，黄虞稷《千顷堂书目》著录：

王守仁《阳明文录》二十卷，又《文录别集》八卷，又《续录》八卷。又《阳明全书》三十八卷，又《居夷集》三卷，又《阳明寓广遗稿》二卷。（原注：字伯安，余姚人，南京兵部尚书，以军功封新建伯，世袭，谥文成。）又《阳明先生文粹》十一卷。（原注：宋仪望辑。）又《阳明文选八卷》。（原注：王畿辑。）

① 周弘祖：《古今书刻》，第 330、343 页。
② 参见永富青地：《王守仁著作之文献学的研究》，第 532—533 页。
③ 参见贾大伟、李文洁、刘悦等编纂：《王阳明文献普查目录》，第 8—9 页。

（点校者注：《明史・艺文志》只《阳明全书》三十八卷，无其他各种。）①

前述黄虞稷《千顷堂书目》所谓《阳明文录》二十卷，与之相当的早期刊本只有范庆刻本。明史研究者注意到，万历四年（1576），范庆之子范谦曾因为上疏救被张居正处罚的余懋学、傅应祯等人，被迫辞职回家，仍在万历九年（1581）二月被张氏处分，贬谪为福建左参议分守漳南。宋仪望是张居正同年，也因傅应祯等人处理问题而劝解张居正，张氏不满，宋仪望被劾。②也就是说，范谦（1534—1597）和宋仪望两人因为张居正而联系起来了。范庆之子范谦，字汝益，号涵虚，谥文恪。隆庆二年（1568）进士，选翰林院庶吉士，与修《实录》《大明会典》，官至礼部尚书。范谦在翰林院期间写过《拟新建文成侯谥议》的馆课文章，有所谓"以理学泽身心，履道坦坦；以儒术经世务，敷政优优"之说，对阳明及其学术的评价较为中肯。马自强（1513—1578）说该文"只此数言，可作阳明先生实录"。③可以说，范庆父子二人都对阳明学的传播有贡献。范庆为重刊阳明文集写了一篇文章，他说：

阳明先生遗集传于世者，有《存稿》《居夷集》《文录》《传习录》，门人绪山钱子乃并之曰《文录》。复取先生之奏疏、公移，厘为《别录》，合刻于吴郡。惟《传习录》别存焉。未几厄于回禄，版遂残缺。嘉靖甲辰庆来守兹郡，亟求焉，仅得《文录》版什之二三。然鲁鱼亥豕犹未免也，《别录》盖荡无存矣。爰重加校雠，而补其奏疏二十三篇，汇为《文录》，以《传习录》附于卷后，别为《语录》，凡为卷共二十，庶可以见

① 黄虞稷：《千顷堂书目》卷二十一，瞿凤起、潘景郑整理，第 537 页。
② 参见南炳文、庞乃明：《"盛世"下的潜藏危机：张居正改革研究》，第 205 页。
③ 范谦：《范文恪先生双柏堂集》卷十一，沈乃文主编《明别集丛刊・第三辑》（第61 册），黄山书社 2016 年版，第 501—503 页。王锡爵、沈一贯：《增定国朝馆课经世宏辞》，《四库禁毁书丛刊・集部》（第 92 册），北京出版社 2000 年版，第 112 页；连文萍：《明代馆课评点与庶吉士培育——〈增定国朝馆课经世宏辞〉的评点初探》，《教育与考试》2016 年第 1 期。

先生之全书云。於乎，先生之学，心学也，言语文章，先
生之应酬也，学固不专在是也。然而道德于是乎寓焉，
至教于是乎昭焉，经纶于是乎出焉，则亦莫非先生之学
也。庆尝三四诵读，则见其随事发挥，直指本体，明白简
易，人人可知可能，实学者入道之门。譬则菽粟布帛，
未有食之弗饱，衣之弗暖者矣。彼所谓文自文、道自道
者，可同日语耶？学者求之吾心而证之以先生之言，即先
生之言而反观于吾心，其于道也几矣。噫，先生有言，乃
若致知则存乎心，悟学者当自得之。庆不敏，生也晚，不
获从先生之门，犹幸诵其遗训，愧未之能学也。梓成，敢
僭识于简末。嘉靖丁未秋九月后学丰城范庆谨识。①

文末署："吴县儒学教谕许赟，长洲县儒学训导华镪、
张良才重校。"有人据此题署将这一刻本著录为张良才刻本。
张良才等人是该刻本的具体执行人。《（同治）苏州府志》卷
五十四"长洲县儒学训导"条："华镪，遂昌人，岁贡，嘉靖
二十二年任。张良才，新建人，岁贡，嘉靖二十六年任。"②
同书卷五十二载："王廷，嘉靖二十一年以工部郎中任，有
传。范庆，丰城人。金城，历城人。《补乘》云：林以嘉靖
二十二年任，而金自撰《府学徂徕堂记》乃作嘉靖二十八年，
则金当次林后。今案《记》云，嘉靖三十一年正月。《康熙
志》谓林于三十二年任，则时恰相接。作二十二年者误。《补
乘》说非也。今于林题名下，从《康熙志》改二作三，前后自
无龃龉矣。林懋举，闽县人。嘉靖三十二年以南户科任。后升
广东副使。乾隆、道光《志》三作二，误。"③史志中没有提
及范庆任职时间，据范氏《阳明先生文录跋》可知，他任苏州
府知府是嘉靖二十三年。而金城任职时间是嘉靖二十八年，则

① 李文洁等编纂：《王阳明著述序跋辑录》，第 98 页。《王阳明全集（新编本）》
据某书志移录改序文前半段。见范庆：《阳明先生文录跋》，王阳明：《王阳明全
集（新编本）》卷五十三，吴光、钱明、董平等编校，第 2154 页。
② 李铭皖等：《（同治）苏州府志》，《中国地方志集成·江苏府县志辑》（第 8 册），
江苏古籍出版社 1991 年版，第 526 页。
③ 李铭皖等：《（同治）苏州府志》，《中国地方志集成·江苏府县志辑》（第 8 册），
第 497 页。

范氏自嘉靖二十三年至二十八年期间都在苏州府知府任上。

又，《（道光）丰城县志》卷十二："范庆字元会，邑郭人。嘉靖进士，授刑部主事，历员外郎中，断核明允，决武弁夺爵事，不为权贵挠。奉使勘晋藩狱，情法两尽。出知苏州，禁火葬，革酒航，捕梼博，止游女，惓惓以移风易俗为要。祷雨辄应，救荒全济甚多。五载，升云南副使，为仇隙所构。归，日与同志讲良知之学。卒，祀乡贤。子谦。谦字汝益，隆庆戊辰进士。"①如志书所记，范庆晚年也讲阳明学。

又，明吴道南《吴文恪公文集》卷十九《明资政大夫礼部尚书兼翰林院学士赠太子少保范文恪公行状》云："公父讳庆，号存所，领嘉靖甲午乡荐，乙未进士。由刑部郎守姑苏，迁云南宪副。"②又云："侍宪副公（范庆）从邹文庄公（邹守益）游，有契乎阳明、增城二先生之旨要，以慎独躬行为宗，故尝语长公、次公：吾生平无以过人，第自信此心可对天日。以故振铎齐鲁，司辟雍，导庶常，皆实学也。语具见《讲业绪言》中。"③由此可知，范庆是阳明后学当无疑问。他是邹守益的门人，并且他曾带着儿子范谦一起问学于邹守益。邹守益有《存所宪伯同子容瀹之诸生九日登曲江亭》诗，"佳节卜胜境，振衣江亭晓""谁为吾道砥？浩气凌秋杏"云云，④存所宪伯就是范庆。范庆为云南按察副使，故称宪伯。范庆之所以在苏州府任上刊刻阳明文集也与他是阳明再传弟子这一身份有关。不过，他在序文中没有提及他问学邹守益，是邹氏门人这一特殊的身份，长期以来人们对他何以刊刻阳明著作的动机也就不得而知了。

范庆跋文中提到钱德洪编辑阳明遗集，定名为《文录》。邹守益说："钱子德洪刻先师《文录》于姑苏，自述其裒次之

① 徐清选等：《（道光）丰城县志》，（台湾）成文出版社有限公司1975年版，第1197—1198页。
② 吴道南：《明资政大夫礼部尚书兼翰林院学士赠太子少保范文恪公行状》，《吴文恪公文集》卷十九，《四库禁毁书丛刊·集部》（第31册），北京出版社2000年版，第569页。
③ 吴道南：《明资政大夫礼部尚书兼翰林院学士赠太子少保范文恪公行状》，《吴文恪公文集》卷十九，《四库禁毁书丛刊·集部》（第31册），第572—573页。
④ 邹守益：《阳明先生文录序》，邹守益：《邹守益集》，董平编校整理，第1205页。

意：以纯于讲学明道者为《正录》，曰明其志也；以诗赋及酬
应者为《外集》，曰尽其全也；以奏疏及文移为《别录》，
曰究其施也。于是先师之言灿然聚矣。"①邹守益此文写于嘉
靖十五年（1536）丙申，此序所提及的"刻于姑苏"即苏州，
也就是范庆所谓的已经"厄于回禄"的苏州府刻本。但从现存
的阳明文集早期刊本来看，其中尚有可进一步考证处。据《阳
明年谱》载，嘉靖六年（1527）"四月，邹守益刻《文录》于
广德州"②。钱德洪说，这次刊刻的《文录》共四册，主要以
讲学明道的文字为主旨，所录文字按年月编排，不分体类。阳
明去世后，钱德洪等人继续编集阳明文集，直到嘉靖十四年
（1535）方才刊刻新一版本的文录。《阳明年谱》载："十四
年乙未，刻先生《文录》于姑苏。先是，洪、畿奔师丧，过玉
山，检收遗书。越六年，洪教授姑苏，过金陵，与黄绾、闻人
诠等议刻《文录》。洪作《购遗文疏》，遣诸生走江、浙、
闽、广、直隶搜猎逸稿。至是年二月，鸠工成刻。"③钱德洪
任苏州府学教授，而赞助人就是在都察院任职的闻人诠。

　　阳明去世后，他的文集刊刻首先是由都察院官员赞助刊行
的。④钱德洪在《刻文录叙说》中收录了他给闻人诠的一封书
信——《复闻人邦正（闻人诠）书》。钱德洪在信中说："衮

---

① 王守仁：《王阳明集》，王晓昕、赵平略点校，第 2 页。
② 钱德洪：《年谱三》，王守仁：《王阳明集》卷三十四，王晓昕、赵平略点校，第
1098 页。
③ 钱德洪：《年谱四》，王守仁：《王阳明集》卷三十五，王晓昕、赵平略点校，第
1124 页。
④ 黄绾《阳明先生存稿序》称，阳明"不获尽见行事大被斯世，其仅存者唯《文录》
《传习录》《居夷集》而已，其余或散亡及传写讹错。抚卷泫然，岂胜斯文之慨！乃
与欧阳崇一、钱洪甫、黄正之率一二子侄，检粹而编订之，曰《阳明先生存稿》。洪
甫携之吴中，与黄勉之重为厘类，曰《文录》、曰《别录》，刻梓以行。"（黄绾：《阳
明先生存稿序》，《黄绾集》卷十三，张宏敏编校，第 227 页）题署"嘉靖癸巳秋九
月望日"相比于黄绾序，其中无"洪甫携之吴中，与黄勉之重为厘类，曰《文录》、
曰《别录》，刻梓以行"。（李文洁等编纂：《王阳明著述序跋辑录》，第 97 页）
题嘉靖乙未春三月之黄绾序则云："乃与欧阳崇一、钱洪甫、黄正之率一二子侄，检
粹而编订之，曰《阳明先生存稿》。洪甫携之吴中，与黄勉之重为厘类，曰《文录》、
曰《别录》，谋诸提学侍御闻人邦正，刻梓以行。"（见国家图书馆藏嘉靖刻本《阳
明先生文集》卷首，索书号 23048）也即黄绾原序作于嘉靖十二年。在闻人诠刊刻该
书时对序文做了修订，加上了闻人诠的名号，并改动了作序时间。这样的改动到底是
黄绾本人所为，还是闻人诠所为？不得而知。但黄绾本人文集中无"谋诸提学侍御闻
人邦正"，似乎表明了其态度。

刊《文录》，诸同门聚议，不同久矣。"①黄绾（久庵）认为应该尽可能全，编辑者只需要把阳明文字按年月和体类编排就行；邹守益（东廓）则认为阳明也并非圣人，他的学问主要是在提揭人心，也就是讲道方面，凡是于此无涉的文字不必放进文集中。钱德洪本人本来是赞同邹守益说法的，认为阳明晚年的讲学与早期的并不太一致，晚年的精熟之文应当为学者所重，如果把非关讲学的那些文字全部放在文集中，就不能反映阳明讲学家的身份。他又觉得黄绾的说法也是有道理的，因为文章都是时代的文字，阳明的门人或许还能分清阳明讲论的时代，后世未必就能区分清楚，况且以后阳明的文字在阳明门人这里就已经难得收集齐全，后人想要再收集更多就更困难了。最后，他思来想去，决定同时采纳两人的意见，既要有精选，又要尽可能收全："以文之纯于讲学明道者裒为《正录》，余则别为《外集》，而总题曰《文录》。疏奏批驳之文，则又厘为一书，名曰《别录》。"②按照钱德洪的设想，阳明文集分为《文录》《别录》二集，其中《文录》又分为《正录》《外集》两部分。《文录》是阳明讲学的定论定见，而《别录》则是阳明事业的文字表达。但我们所见的《全书》并没有按照钱德洪的这一设想编排，而是以《语录》三卷、《文录》五卷、《别录》十卷、《外集》七卷、《续编》五卷、《附录》七卷的形式构成了《全书》三十八卷（含卷之三十一下《山东乡试录》一卷）。这也从侧面说明，《全书》的编刊已经不由钱德洪所把握。

然而，范庆的序文和传世阳明《文录》之间存在明显的矛盾。如果说嘉靖十四年（1535）的苏州府刊本就是闻人诠刊本，而这一刻本的原版在范庆任苏州府知府时就已经损毁了七七八八，范庆不仅重刻了《文录》版片的十之七八，以及《别录》的全部，那么嘉靖二十六年（1547）范庆刻本完成以后，闻人诠本还能存在并且有几十部传承至今，当是后来有人依照闻人诠本翻刻过。翻刻本保留了闻人诠本的全部信息，以

① 钱德洪：《刻文录叙说》，王守仁：《王阳明集》，王晓昕、赵平略点校，第12页。
② 钱德洪：《刻文录叙说》，王守仁：《王阳明集》，王晓昕、赵平略点校，第12页。

至于我们今天将后来覆刻的版本视为是此前的母本。因此，现存各收藏单位的著录为闻人诠刻本有必要再研究。实际上，任文利已经考证，国家图书馆藏明嘉靖刻本《阳明先生文录》五卷《外集》九卷《别录》十四卷（索书号13354）才是真正的嘉靖十四至十五年（1535—1536）闻人诠刻本。①

解决闻人诠本《阳明先生文录》疑问的答案，也和宋仪望有关。天津图书馆、青海省图书馆藏嘉靖刻本《阳明先生文粹》，首为孙昭《重刻阳明先生文粹叙》。孙氏说："阳明先生全录，山西孔子刻于浙，蜀闰子刻于河西，则先生之学，大明于世。"这里的阳明先生全录就是《文录》《外集》《别录》一起的二十八卷本阳明文集。蜀闰子即闰东。而山西孔子是孔天胤。孔天胤（1505—1581），字汝阳，号文谷。嘉靖十年（1531）举人，次年中进士，曾任陕西按察司佥事、提督学政，河南按察司佥事，嘉靖二十二年（1543）任浙江提学副使，嘉靖二十五年（1546）丁忧，嘉靖二十九年（1550）起复，任陕西布政司左参议，后任河南左布政使。②《孔文谷集》卷三有其《刻朱子晚年定论序》。该书是他在浙江提学任内赞助刊刻的。他说："适见阳明王子略取其言，称其为定论也，且曰：世之学者徒守朱子中年未定之说，而不复知求其晚岁既悟之论，竞相呶呶以乱正学，不自知其入于异端。信斯言也，则学者宜深省之。吾故刻其书以视同志。"③此孔氏刊本今未见著录。又，台湾"中央图书馆"存薛蕙《薛诗拾遗》旧抄本一册，有嘉靖二十四年（1545）孔天胤序称："往予在大梁，使人吊先生于墓，求书其家不得，得遗诗若干于朱灌甫所。至浙多暇，刻存往懿，谓之拾遗。"孔氏谓，薛蕙著作仅有《老子集解》《约言》和《考功集》，作为薛氏莫逆，他

---

① 参见任文利：《〈阳明文录〉闻人诠姑苏刻本辨证》，《中国哲学史》2019年第4期。任氏比勘了国家图书馆藏嘉靖本《文录》与闻人诠本、范庆本，从文本内容、刻工等方面得出了国图嘉靖本当为闻人诠本的结论。任氏又谓诸家所藏所谓的闻人诠本"刊刻于何地，也许并不重要，我们只要确定其为钱德洪编订、晚于国图黄本（即索书号13354的嘉靖本）即可"。我们认为，还有必要进一步讨论。

② 参见张勇耀、韩兵强：《孔天胤评传》，商务印书馆2017年版。

③ 孔天胤：《刻朱子晚年定论序》，《孔文谷文集》卷三，《四库全书存目丛书·集部》（第95册），第46页。

想为友人做点事情，把他搜集到的一些诗篇刻版传播。而此书除了台湾"中央图书馆"所藏抄本之外，未见刻本存藏。孙昭所谓孔天胤刊刻《阳明先生文录》，揆之现存诸书，或即以闻人诠本重刊者，这也可以解释何以闻人诠本原刻在范庆任苏州知府时即已大规模重修而至今仍有多家存藏闻氏本的疑惑。

第七节　阳明文粹：弟子的传承

宋仪望不仅刊刻了阳明文集，还编集了阳明文选，是阳明学著作的重要推广人之一。编书人往往是爱书人，爱书人不外乎嗜书。嘉靖三十八年（1559）年底宋仪望告病回乡，期间修筑了藏书楼，名曰南园书屋。藏书楼三楹，前有轩，轩前有池，从轩至楼则横木为台。藏书楼工程从嘉靖三十九年（1560）十月开始，到次年九月才告竣。书屋中存经籍、子史、百家、佛老、方伎、韬钤、星历诸书数千卷，又有金石碑帖数十家。嘉靖四十一年（1562），宋仪望作《南园书屋记》说："予少也贱，于世味泊如。然性苦嗜书，常家贫不能得，每于士大夫家假贷以归。逾壮入仕，途北居燕，东出吴会，西历秦、晋、河、陕。其道里往来，淮扬、齐鲁、楚越之交，陆行水涉，盖不特一二至焉。方是时，其所购六经、子史、百家诸书亦多。束之行李，或经旬月始一检阅而已。自历仕迄今，十五六年，请告家居者二。今又以肮脏取嫉于时，不得复践省阙，参廷议。孔氏有言：'假我数年，五十以学《易》，可无大过。'予年近知命，齿发渐衰，苟复伛偻屈折，进取世资，孰若使予休老兹园，涉猎前闻，究心作者之林？少倦则散步园中，踞坐轩下，岫烟领云之所变幻，浴凫飞雁之所翔集，岩花石榴之所吐激，耳听目接，心旷神怡，可以乐而忘老也哉。"[1]可见，宋仪望热衷读书、藏书是他自小养成的习惯，在仕途中也依旧买书，但四处奔波，书籍"束之行李"，

---

[1] 宋仪望：《南园书屋记》，《华阳馆文集》卷五，《四库全书存目丛书·集部》（第116册），第340—341页。

直到近五十岁才在家筑楼读书。我们也可以认为，宋仪望对书册有一种发自其内心的敬仰之情，因此热心刊刻书籍，以便后学。因为自身有过家贫无法购书只能借书的经历，更使得他愿意从事这一事业。这也是他要将阳明文字精选刊刻的另外一个缘由，即为了奔走的士人之便。文集或二十余册，而文粹只四册矣。

据版本目录学相关调查，《阳明先生文粹》一书现存情况如下：

表10　现存《阳明先生文粹》书目信息

版本	藏地	备注
嘉靖三十二年（1553）河东书院刻本	台湾"中央图书馆"（2部）、南京图书馆、日本内阁文库	半叶十行，行二十字，白口，白鱼尾，四周双边。框高19.7厘米×13.7厘米。卷一卷端题"阳明先生文粹卷一"。有姚良弼跋。有据姚良弼跋作姚氏刊本
嘉靖三十六年（1557）大梁书院刻本	台湾"中央图书馆"、天津图书馆、青海民族学院图书馆	半叶十行，行二十字，四周双边，大黑口。有嘉靖三十六年孙昭《重刻阳明先生文粹叙》。有据序作孙氏刊本
嘉靖间河南府刻蓝印本	中央民族大学图书馆	半叶十行，行二十字，白口，四周双边
明嘉靖间刻本	国家图书馆	半叶十行，行二十字，白口，四周双边。章钰旧藏。索书号：FGPG 86312
隆庆六年（1572）刻本（又作明隆庆六年宋仪望闽中刻本）	浙江图书馆、湖南图书馆、日本内阁文库、东京都立中央图书馆	半叶十行，行二十字，白口，四周双边。框高19.1厘米×14.0厘米。卷一卷端首行上题"阳明先生文粹卷一"，下题"元册"，次行下题"吉郡宋仪望选编"。书口鱼尾上方题"阳明文粹"，中题卷之几，下计叶数，最下方有刻工名姓
隆庆六年（1572）刻本	南京图书馆	半叶九行，行十八字，白口，四周单边。版心上镌"阳明文粹"，卷一首叶版心下镌"刘德"
明刻本	浙江图书馆	半叶十二行，行二十字，四周双边。刻工：周吴（卷一首叶）、周欣（卷二第五叶）

资料来源：中国古籍善本书目编辑委员会编：《中国古籍善本书目·集部》，第619页；崔建英：《明别集版本志》，贾卫民、李晓亚参订，中华书局2006年版，第99—100页；永富青地：《王守仁著作之文献学的研

究》，第202页；中国古籍总目编纂委员会：《中国古籍总目集部》，第639页；贾大伟、李文洁、刘悦等编纂：《王阳明文献普查目录》，第18—19页。

南京图书馆藏明嘉靖三十二年（1553）刻本，有姚良弼跋文一则。姚良弼字梦贤，钱塘（今属浙江杭州）人。嘉靖十四年乙未（1535）进士，授南京刑部主事，出知岳州、惠州，官至云南按察司副使。[1]姚良弼作此序时在河东盐运运同任上，宋仪望为巡盐御史。[2]姚氏谓：

> 刊《阳明先生文粹》者，我代巡宋公按历河东，百度惟新，雅造士类，相与诸士讲明正学。虑诸士不能遍识也，刊先生《文集》；虑诸士不能知要也，择先生《序大学古本》《大学问》诸篇及《传习录》《答诸君子论学》诸篇，订为四本，名曰《文粹》，示良弼校刊。良弼捧诵之，拜首扬言曰："吁，休哉。阳明先生发明斯道之正传，我宋公嘉惠后学之盛心也。余小子不类，敢僭言乎。夫道也者，源于天、率于性、统于心，夫人皆有之也。尧舜禹之精一执中、汤之建中、武之建极，皆是道也，皆是心也。三代衰，王道熄，霸道焰，孔子、子思、孟子相继讲明斯道，曰求仁、曰忠恕、曰集义养气，皆是道也，皆是心也。孔孟殁，圣学晦而邪说横，诸儒训诂、破裂斯道。夫道之不明，阐之者晦之也。我阳明先生云致良知，所以发前圣贤之所未发。夫良知者，天命之性粹然至善、虚灵明觉之谓也。致良知者，随事随物，精察此心之天理以致其本然之良知，所谓廓然大公、物来顺应之也。使天下之人皆知此道具于吾心，切近精实，能于此心而致其良知焉。则天下之人各明其心，各见其性，治天下可运于掌上，圣贤事业不在兹乎？当

---

[1] 徐象梅：《两浙名贤录》卷三十八，《四库全书存目丛书·史部》（第114册），齐鲁书社1997年版，第246页。

[2] "宋仪望，字望之，江西进士，永丰人，嘉靖三十二年任；姚良弼，武功卫人，进士，嘉靖三十二年任。"苏昌臣：《河东盐政汇纂》卷四，《续修四库全书》（第839册），上海古籍出版社2002年版，第590、600页。

是时，固多遵信先生之说，而讲明之也。其诋侮悔谤之
者，未知先生之心也。先生独见而详说之，何暇计哉。我
宋公独得先生之心印，身体而精察之。观其法度明敕、心
之恻怛之昭宣也；纪纲之振肃、心之裁制之敷布也；仪
度之雍容，心之品节之发越也；善恶之剖析，心之好恶
之明决也；文章之灿烂，心之英华之显著也；至于孝以
事亲，忠以事君，又心之切近而精实者也。躬行心得之
余，又刊是集，以与诸士讲明斯道，以致其良知焉。先生
云，"诚得豪杰同志之士，扶持匡翼，共明良知之学于天
下，使天下之人皆知自致其良知以相安养，去其自私自利
之蔽"，其我公之谓乎。弼忝属末，承命，不能文，赘其
鄙说于简末。属下钱塘后学姚良弼顿首拜跋。[1]（姚良弼
跋《阳明先生文粹》，南京图书馆藏）

姚氏所作跋文将圣贤相传之学定义为心学，认为阳明的
致良知之说提出圣贤之道原本存于人心，无须向外考求，只需
随事随物精察，知其本心之良知即可证道，因此他明确将阳明
学归结圣贤之学。姚氏在文中从多方面吹捧了宋仪望的学术水
平和政治治理能力，甚至以"独得先生之心印"为说，这与后
世阳明学研究者所述阳明学术史大不相同。从清代至今，宋仪
望几乎就是无人问津的阳明后学之一。这或许与宋仪望的著作
及其《阳明先生文粹》等书皆少为人知有关。嵇璜《续文献通
考》卷一百九十三谓："宋仪望《华阳馆文集》十七卷《续
集》二卷《华阳文集》十二卷。仪望字望之，永丰人，嘉靖进
士，官至大理寺卿。臣等谨案，仪望所著其文，本名《华阳馆
集》，其诗别名《河东集》。此本合为一编，总题曰《华阳馆
文集》，盖后人所并。又黄虞稷《千顷堂书目》载《华阳馆文
集》十二卷《诗集》十四卷。今《文集》十二卷尚存，而《诗
集》未见。考总集内仅诗五卷，则十四卷之本已久佚矣。"[2]

① 永富青地：《王守仁著作之文献学的研究》，第 206 页。
② 嵇璜等：《钦定续文献通考》卷一百九十三，《景印文渊阁四库全书》（第 630 册），
台湾商务印书馆 1986 年版，第 572 页。

清人就已经很少见到宋仪望的著作，他所编集的《阳明文粹》也未见有清代重刊本，因此他对阳明学的贡献也就不为一般读者所熟知。

宋仪望编集文粹十一卷，相较钱德洪编辑的文集体量大为缩减。文粹按"元亨利贞"分为四册。据天津图书馆藏嘉靖本可知，该书前无目录，首孙昭《重刻阳明先生文粹叙》，次宋仪望《刻阳明先生文粹序》。元册卷一至二，亨册卷三至五，利册卷六至八，贞册卷九至十一。其中，卷一杂著13篇（《大学古本序》《修道说》《博约说》《示弟立志说》《礼记纂言序》《尊经阁记》《亲民堂记》《山阴学记》《朱子晚年定论序》《紫阳书院集序》《象山文集序》《别湛甘泉序》）；卷二答书1首（《答人论学书》）；卷三答书4首（《答罗整庵少宰书》《答欧阳崇一书》《答聂文蔚书二首》）；卷四答书2首（《答周道通书》《答陆原静书》）；卷五答书12首（《答黄宗贤应原忠》《答汪石潭内翰》《答王虎谷》《与王纯甫》《答王天宇书二首》《与薛尚谦》《答伦彦式》《与杨仕鸣》《与陆原静》《答舒国用》《寄薛尚谦》，从本卷答书均著录年代）；卷六答书11首（《寄邹谦之五首》《答欧阳崇一二首》《答友人问》《与黄勉之》《答南元善》《与陈惟濬》）；卷七杂著38首（《与辰中诸生》《答徐成之》《与黄宗贤》《与王纯甫二》《寄希渊二》《与戴子良》《寄李道夫》《与陆元静》《与希颜台仲明德尚谦原静》《寄门人邦英邦正》《寄诸弟》《答方叔贤》《复唐虞佐》《与席元山》《答甘泉》《与唐虞佐》《答方叔贤》《与陆元静》《答刘内重》《答友人》《答季明德》《与王公弼三首》《答以乘宪副》《答安福诸同志》《见斋说》《书魏师孟卷》《书石川卷》《书王天宇卷》《书王嘉秀请益卷》《书孟源卷》《书陈世杰卷》《书诸阳伯卷》《书中天阁勉诸生》《书林司训卷》，本卷末附宋仪望跋）；卷八杂诗52首（本卷后附宋仪望跋）；卷九《传习录一》[《徐爱序》、徐爱录语录14条及《徐爱跋》（"爱因旧说泪没"）]；卷十《传习录二》（陆澄录语录81条）；卷十一《传习录三》[薛侃录语录

36条及《徐爱序》（"门人徐爱序曰门人有私录阳明先生之言
者"），卷末附宋仪望跋］。由此可知，该书乃是宋仪望据阳
明诗文集选录编纂加以刊行者。

宋仪望在任河东盐政御史时，檄书要求刊刻《阳明先生文
录》，即前述《河东重刻阳明先生文集》。之后，又按照他的
设想编辑了一部更为精选、便携的阳明文选。为什么还需要在
已有的《阳明先生文集》的基础上，再行编辑出版一部新的选
集呢？也即该书的旨趣何在？书籍出版实际上是文化思想的传
播过程，这一过程受到若干因素的影响，特别是出版者对于文
本的选择倾向以及编辑群体的价值观值得我们关注，因为"传
播有效的水平有时还受到人格结构的负面影响。乐观、外向的
人会尽量搜寻同气相求的人……就社群总体而言，对有效传
播构成最严重威胁的因素有权力、财富和尊敬等价值观"①。
为回应相关的疑问，宋仪望作序一篇，以问答形式，阐述了他
在《阳明先生文集》之后重新编辑《文粹》一书的缘由。宋仪
望说：

> 《阳明先生文粹》若干卷，始刻于河东书院。盖余
> 企诸人士相与讲先生之学，故集而编之云。或曰："先生
> 之文，灿如日星，流若江河。子既檄刻其集，布之矣。兹
> 编之选，则何居焉？"予曰："道有体要，学有先后。先
> 生之学，以致良知为要。而其所谓文章功业云云，是特
> 其绪余耳，非学者所汲汲也。故余推本先生之学，取其
> 《［序］大学古本》《或问》等篇，他如门人所刻《传习
> 录》《答诸君子论学》等书，要皆直吐胸中所见，砭人膏
> 肓，启人蔽锢，尽发千古圣贤不传之秘。窃以为士而有志
> 于学圣人者，则舍此何适矣。"②（［］中文字为嘉靖本
> 原文，下同）

---

① 拉斯韦尔：《社会传播的结构与功能》，何道宽译，刘海龙、胡翼青评介，中国传
媒大学出版社 2013 年版，第 52 页。
② 宋仪望：《刻阳明先生文粹序》，《华阳馆文集》卷一，《四库全书存目丛书·集
部》（第 116 册），第 606 页；宋仪望：《河东重刻阳明先生文集序》，王阳明：《王
阳明全集（新编本）》卷五十三，吴光、钱明、董平等编校，第 2158 页。

　　宋仪望认为，阳明学的主旨就是致良知，这是学者所要学、所能学的，至于阳明的文章功业，皆是致良知之学的余绪，是致良知的效果，追求学的效果，乃是一种功利的学，不是真正的阳明学。要理解阳明学就需要追本溯源，看阳明如何讲述致良知之学，如何破除功利主义的俗见，如何以本心本性的追求来延续圣贤之学，这才是学者所能学、所应学的阳明学。因此，《阳明文粹》开篇就是《大学古本序》《修道说》《博约说》《示弟立志说》等阳明论学文字，这是邹守益、钱德洪等人所谓"纯于讲学明道者"。钱德洪等人编集阳明文字时，尚有阳明门人之间的相互争议，对于全录抑或选录，门人之间意见不一。邹守益等认为当精选，而黄绾等人则认为当收全。后来，钱德洪编《别录》收录阳明的奏疏、公移等工作文书，即有人批评说这样的文字过于琐细，与阳明学术似乎没有太大的关联。钱德洪不得不作辩解，他说："《别录》成，同门病其太繁者。德洪曰：若以文字之心观之，其所取不过数篇。若以先生之学见诸行事之实，则虽琐屑细务，皆精神心术所寓，经时赞化以成天下之事业。千百年来儒者有用之学，于此亦可见其梗概，又何病其太繁乎？"①钱德洪的自我申辩当然有其理由，但对于普通读者来说，全集性的文字，大部分人不会去细看，只有少部分人才有财力和精力去翻阅。作为邹守益的弟子，宋仪望可能更倾向于以精选文字来传播阳明之学。事实上，除了对阳明文集做了精选之外，他对邹守益、聂豹两人的著作都作了同样的处理，只不过后两者皆称"文选"而已。宋仪望又说：

　　若是，则《传习录》乃门弟子所撰记，故集不载。今子亦类而编之，何也？曰：先生之学，著为文辞，吐为述答，实则一而已，而又焉往而非先生之文也。

　　《阳明文粹》最后三卷是薛侃编辑的《传习录》。既然是阳明的文粹，何以要附录此书呢？宋仪望认为《传习录》实

① 钱德洪：《刻文录叙说》，王守仁：《王阳明集》，王晓昕、赵平略点校，第11页。

际上就是阳明思想的直接表达，不必因为是弟子记录而忽视。宋仪望的解释是，阳明之学，既包括他本人的著述，也包括他的讲说，他本人亲自讲述与亲笔书写的话语，应当同样视为阳明学术的表达，都是阳明之文。嘉靖六年（1527），阳明门人南大吉重刊《传习录》时，对该书做了增补，将阳明书信若干篇加入其中，改变了《传习录》最初的语录体样式。宋仪望在山西刊刻《阳明文粹》时是否见过新编的《传习录》尚不得而知。今比勘《传习录》"爱因未会先生知行合一"条"某要说做一个""某尝说知是行的主意""又不是某凿空杜撰"之"某"，嘉靖六年本皆为"守仁"。宋仪望又在卷十一末跋曰："宋仪望曰：阳明先生《传习录》三卷，为先生门人徐曰仁、陆原静、薛尚谦所录，即孔门弟子记《鲁论》之意，大有功于学者。兹并编之《文粹》卷中，庶四方同志得便览焉。右序则曰仁叙所刻《传习录》本旨，其所得盖深远矣，故并刻云。"从此可以推测宋仪望编集《阳明文粹》时所用底本是《传习录》的早期刊本，即南大吉新编本之前流传的薛侃本《传习录》。

至于阳明学在儒学中的地位，宋仪望说：

> 曰："先生录中所云'致良知'一语，则以为超然独悟，岂吾夫子之学，固犹有歉于此耶？"曰："善乎而之问也。昔者闻之，上古之时，人含淳朴，上下涵浸于斯道，而不自知。是以宓羲氏始画八卦，而未有文字。自尧舜有精一执中之训，而万世心学之传，无有余蕴矣。乃成汤、文武、周公数圣人者，其于斯道又各有所至，书传所载，可考而知也。及至周末，圣人之学大坏，学者各以所见为学，纷纷籍籍，流于异端而不自知者，不可胜纪。于是吾夫子始与群弟子相与讲明正学。今考其指归，大抵一以求仁为至。夫仁者，以天地万物为一体。欲立立人，欲达达人。心之本体，故如此耳。外是，即功业如五伯，要不免于失其本心。然当时传夫子之学者，惟颜、曾氏与子思、孟子数人而已。是故曰忠恕、曰慎独、曰集义、养

气，是数子之学，又各自有所得。要之，莫非所以求仁
也。是又数子之所以善学孔子也。呜呼，观乎此，则可以
论先生之学矣。先生之学，求仁而已矣；求仁之要，致良
知而已矣。何者？心一而已，自其全体而言谓之仁，自其
全体之明觉而言谓之知，是故舍致良知则无学矣。孟子
云：'智譬则巧，圣譬则力。'致良知以学圣，巧之至
也。呜呼，此非达天德者，其孰能知之。""若是，则子
之于先生之学奚若？"曰："吾吉有三君子，皆先生门
人，而予从而受学焉。学而未能，是则先生之罪人也。嘉
靖癸丑孟秋后学庐陵宋仪望谨序。"

宋仪望自述其学得自阳明及门弟子邹守益等人，又曾究心
阳明学术，因此对于阳明学的理解有其心得。他认为学宜有先
后次序，在阳明学，则首先要注重阳明发明道体的文本，即要
通过对阳明直吐胸中所见、发扬圣贤真精神的启发人心的论述
而展开，而《文集》所选则多在文章功业即事关文学、政治之
著述，虽然对于阳明学来说极为重要，但对于后学特别是有志
于学圣贤者，阳明有关致良知之说的文本乃是入门之要津。

关于阳明学的宗旨，宋仪望认为是"致良知"，所谓致良
知乃是万世心传之秘，因为圣贤所讲明的学问实际上是一种全
体的仁学，即仁者以天地万物为一体的学说，所谓正学就是求
仁之学，孔子之后，颜曾思孟虽然根据自得于心的学问，指示
了不同的圣贤之道，但归结起来仍旧不脱求仁的范畴。从此一
视域审视阳明学，其为求仁之学无疑，阳明学之求仁方法或路
径即致良知。圣贤学问与异端的区别之关键在于是否求仁，求
仁则是学圣贤，因为致良知就是求仁，因此舍致良知就无所谓
学了。

宋仪望编集《阳明先生文粹》有他的思考，为了让读者
更明确他的想法，他分别在卷七、卷八和卷十一之末留下了跋
文。其卷七跋文曰：

右《阳明先生文集》，海内虽多板行之，然书帙繁

多，四方同志未易便得。兹所刻《文粹》十一卷，皆以切于学者日用工夫，故校而编之。其答问诸篇中，或不专于论学者，则不嫌于断章截取，亦薛、王二公所编《则言》之意也。惟同志者谅焉。宋仪望识。

宋仪望说，他编选《文粹》是效法薛侃、王畿编《阳明先生则言》。薛侃《阳明先生则言序》谓："《录》（即《阳明先生文录》和《别录》）既备，行者不易挟，远者不易得。侃与汝中萃其简切为二帙，曰《则言》。"又说："先生之教贵知本也。……胡为而证其至也，考之书焉已矣，质诸圣焉已矣，资诸师友焉已矣，夫是之谓问学。问学之道无他，致其良知而已矣，此《则言》之意也。"①为何不直接将薛侃等编的《则言》直接刊行呢？或许是他手头没有这部书，抑或是他对《则言》尚不满意。今存《阳明先生则言》二卷，有四种不同版本，每一种只有一至二家单位收藏。《文粹》的版本要更多一些，每一版本也只有一二家单位收藏。

其卷八后跋文为：

宋仪望曰：诗之道盖难言哉。体天地之撰，类万物之情，极鬼神之变。自《三百篇》以下，多淫辞矣，而奚可以言诗？阳明先生诸体诗，要皆涵咏性情，敷畅物理，读之使人兴起忘倦。兹篇之选则以其专于论学者，故附见焉。学者观此而有得焉，则于斯道也，其殆庶几乎。噫，此岂可与浅见俗闻者道哉。

宋仪望的诗作不少。清人编集明代诗选集时，有选宋氏诗篇。如清朱彝尊《明诗综》卷四十八选宋仪望诗三首，分别是《初去吴门作》《自栾城趋柏乡》《游梅仙山》。陈田《明诗纪事·己签》卷九录宋仪望诗一首，即《滕王阁》。陈氏书中

---

① 薛侃：《阳明先生则言序》，《薛侃集》卷五，陈椰编校，上海古籍出版社 2014 年版，第 208—209 页。《薛侃集》中，该序末题："嘉靖丁酉冬十二月门人薛侃序"，而国家图书馆藏嘉靖十六年薛侃刻本《阳明先生则言》此序末则题："嘉靖十六年丁酉腊月朔门人薛侃识。"

的宋仪望小传较为简要："仪望字望之，吉安永丰人。嘉靖丁未进士，除知吴县，征授御史，擢大理丞。以忤严嵩旨，贬夷陵判官。嵩败，擢霸州兵备佥事，进大名副使，改福建，左迁四川佥事，累迁大理少卿。以右佥都御史巡抚应天，进右副都御史，就迁南大理卿，改北。有《华阳馆集》二十六卷。"①或许因为宋仪望本人写了很多诗篇，并且认为诗作是一个学者文字的重要项目，所以他在编辑《阳明文粹》时收录了阳明的诗作若干首。

宋仪望又曾于隆庆六年（1572）重刊此书。在嘉靖原序后有附注云：

> 按：是编往予手自校选，刻于河东，嗣后刻于大梁、洛阳间。顾海内学士多以不得先生刻本为恨。今年春，予视学闽中，乃重校，刻之。期与八闽人士共勉焉。隆庆六载闰二月宋仪望续题于正学书院。（日本内阁文库藏本、浙江省图书馆藏本皆有此）

从上述跋文可知，宋仪望的编集思路是要着重凸显阳明学切于日用实践的面向，凡是无关日用之学的一概予以剔除，甚至采取了截取的方式，其实这一选编模式也符合诸如《近思录》《朱子晚年定论》等书编纂的一贯宗旨，如朱子《近思录》序文称："相与读周子、程子、张子之书，叹其广大闳博，若无津涯，而惧夫初学者不知所入也。因共掇取其关于大体而切于日用者，以为此编。……盖凡学者所以求端用力、处己治人，与夫所以辨异端、观圣贤之大略，皆粗见其梗概。以为穷乡晚进有志于学，而无明师良友以先后之者，诚得此而玩心焉，亦足以得其门而入矣。"②这也是阳明本人的思路，他说："僭不自度，尝欲取《礼记》之所载，揭其大经大本，而疏其条理节目，庶几器道本末之一致。又惧其德之弗任，而时

①陈田辑：《明诗纪事》，《续修四库全书》（第1711册），上海古籍出版社2002年版，第378页。
②朱熹、吕祖谦：《朱子近思录》，严佐之导读，上海古籍出版社2000年版，第26页。

亦有所未及也。间尝为之说，曰：'礼之于节文也，犹规矩之
于方圆也。非方圆无以见规矩之用，非节文则亦无从而睹所谓
礼矣。然方圆者，规矩之所出，而不可遂以方圆为规矩。故执
规矩以为方圆，则方圆不可胜用。舍规矩以为方圆，而遂以方
圆为之规矩，则规矩之用息矣。故规矩者，无一定之方圆；而
方圆者，有一定之规矩。'"①

实际上，宋仪望在选编阳明先生文集时所带有的情感倾
向是十分明显的。首先他认为良知之学乃是阳明学的真精神，
凡是与此相关的重要文本都予以选录，包括阳明的诗作，也认
为不能仅仅以诗文等文字（文学）艺术的眼光放过。其次，他
作为阳明再传弟子，自认为不能做阳明学罪人，虽然极有可能
造成不必要的争议，但从后来此书一再重刊的情形来看，宋仪
望的这一选编本，在传播阳明学的过程中是有重要意义的。再
次，宋仪望认为，尊重（尊敬、敬仰）圣贤道统之传（即传夫
子之学统）需要进行有必要的甄别，否则就不可避免流于异端
而不自知，真正的道统传承者是历史上的孔门诸贤，衡定的鹄
的即在于求仁之学，显然阳明学是完全传承了这一道统的，并
且在宋仪望看来，舍此之学之外并无其他正学可言。

宋仪望在督学福建时曾有申饬学政文。其中，关于阳明学
的部分最引人注目。宋仪望提到的士子必读书除了本业的"五
经"之外，还需要读：性理诸书，如《太极图》《通书》《西
铭》《定性》《程氏遗书》《近思录》《性理大全》；史书，
《史记》《汉书》《旧唐书》《司马氏通鉴》《通鉴纲目》；
子书，《六子》《战国》诸书；文集，韩、柳、欧、苏、曾等
各大家集，《文选》《文粹》《文鉴》《文类》四大家集；古
今类书，如《文献通考》之类。最后，他说：

> 至于近代名儒，作者不一，求其直接孔孟不传之
> 绪，则阳明王先生其一人也。今欲将《阳明全集》与
> 《阳明文粹》刊布书肆，以惠学者。诸生能熟读先生之
> 书，深究先生之学，则所谓道德、功业、文章，皆举之

---

① 王守仁：《礼记纂言序》，《王阳明集》卷七，王晓昕、赵平略点校，第217页。

矣。诸生其慎听勿忽。①

他明确提出了应举考生要学习的书目，其中特别强调了
《阳明全集》和《阳明文粹》这两种他参与出版的书籍。又，
宋仪望《校编邹东廓先生文选序》："予自弱冠，获从二先生
（邹守益、欧阳德）游，得闻致良知之教，深愧薄劣，不能
发明师承。今年春，奉玺书督学来闽，乃以尝所校《阳明文
粹》，移诸郡刻之。其全录则属于建守司谏邵君。而又窃谓两
文庄公（邹守益、欧阳德）集，盖与先生之学互相发明。方图
校订，无何，邹君继甫（邹善）起家八闽，总宪，相对欢然，
因纵言及此。邹君曰：家君全录已梓于东省，比建守又重刊
焉。予辄然曰：有是哉，此吾党之幸也。然予见淮南李公校编
欧公文选四册，今欲君选先师集，专于学问者，亦如其数，予
将命公并刻焉，庶几三公之言，尤便流布。"②无怪乎叶向高
后来说："自东越倡良知之学，大行于江右，而邹文庄、欧阳
文庄二先生其最著者。稍后，则有华阳宋先生，尝从二先生
游，闻良知之说，而深好之，著为《或问》以发明其旨。其宦
游所至，必聚徒讲论，垂老而不休。尝为吾闽学使者，诸生中
有能为良知言者，皆置高等。吾闽人素笃信紫阳，于东越之学
不甚相入。初闻先生言而疑，久之稍信，其后乃益服习，觉训
诂支离之为非。然是时言良知者甚多，而率皆空虚无实，言青
天而行污池，至使人以此相诟病而讳言学。乃宋先生提躬守
道，一禀于绳墨，进退去就，大节皦然，屡挫不挠，盖可谓真
有见于良知之体而善致之者。"③政令的发布，书籍的刊行，
取士的倾向，以及他本人的表率，让阳明学在朱子学的故乡得

---

① 宋仪望：《学政录》，《华阳馆文集续刻》卷二，《四库全书存目丛书·集部》（第
116 册），第 487 页。
② 宋仪望：《校编邹东廓先生文选序》，《华阳馆文集》卷一，《四库全书存目丛书·集
部》（第 116 册），第 305—306 页。
③ 叶向高：《大廷尉华阳宋先生传》，《苍霞续草》卷十五，《四库禁毁书丛刊·集
部》（第 125 册），第 228 页。

以推广开来。①这是宋仪望在阳明学传播于福建的贡献，值得一书。

第八节　覆刻文粹：士大夫群体

宋仪望之后，都察院御史们又有多人踵其后，刊刻宋氏所编阳明著述。中央民族大学藏嘉靖河南府刻蓝印本，每半叶十行，行二十字，白口，四周双边，版心题"阳明文粹"。有嘉靖癸丑宋仪望《刻阳明先生文粹序》，嘉靖三十三年（1554）甲寅葛缙《阳明先生文粹后序》。葛缙曰："兹守河南，抟心楫志，忧与时积。有我阳山公按晋及陕洛，不弃缙之愚，而以阳明先生著作之精者授之，缙始昭然若发蒙矣。"②葛缙字仲荣，号双石，嘉靖十四年（1535）进士，先后任山西壤坦县令，兵部武选司主事，嘉靖三十年（1551）任庐州府同知，③嘉靖三十五年（1556）任山西按察司副使，嘉靖三十七年（1558）由山西按察使迁都察院右佥都御史巡抚山西，嘉靖三十九年（1560）升左副都御史，再升兵部左侍郎，嘉靖四十一年（1562）督视辽东军务。④葛缙序文中所谓"守河南"不是为河南府主官，而是任庐州府同知。据苏昌臣《河东盐政汇纂》卷四所记河东巡盐御史名录可知，宋仪望在此职位上仅嘉靖三十二年（1553）一年时间，次年即由李桢（字材用，江西举人，新昌人）接任。宋仪望休假回家，将该书给了庐州府知府葛缙，葛氏立即刊行之。⑤这是该书第一次重刻。

---

① 阳明学在福建的传承，参见张山梁：《漳州阳明学发展阶段探析》，《教育文化论坛》2021 年第 1 期；林晓峰、张山梁：《阳明学与福建地域文化》，《闽台文化研究》2020 年第 4 期；钱明：《阳明学传入福建的路径、时间及影响》，《赣南师范大学学报》2017 年第 1 期；钱明：《闽中王门考略》，《福建论坛（人文社会科学版）》2007 年第 1 期。
② 崔建英辑订：《明别集版本志》，贾卫民、李晓参订，第 100 页。
③ 国家图书馆藏《（万历）庐州府志》卷六载："葛缙字仲荣，昌邑人。由进士，三十年以通判升任。"
④ 参见刘廷銮、孙家兰编著：《山东明清进士通览明代卷》，山东文艺出版社 2015年版，第 152 页。
⑤ 苏昌臣：《河东盐政汇纂》卷四，《续修四库全书》（第 839 册），上海古籍出版社 2002 年版，第 590 页。

　　嘉靖三十六年（1557），都察院监察御史孙昭在河南大梁书院重刊《阳明先生文粹》，并有作序。这是该书再次重刊。孙氏说：

　　　　阳明先生全录，山西孔子刻于浙，蜀间子刻于河西，则先生之学，大明于世。今之士大夫率知谈论而崇尚之。兹江右宋子出巡河东，复择其言之精纯者，类成一编，附以《传习录》，名曰《粹言》。学者一展卷可知入门正路，则兹编又乌可少也。予自河浮洛间，集隽士校阅，其时义类，皆通解训释，质以先生之学，则怅乎若罔闻知，予甚闵焉，故重刻于大梁书院。俾士子服习，久之，庶有神解心悟，继阳明先生而兴者。至于微词奥旨，则自孔门之克复、虞廷之精一，源渊泓远。盖尝备叙于全录云。时嘉靖三十六年夏四月之吉。赐进士第巡按河南监察御史永嘉省庵孙昭拜书。（孙昭《重刻阳明先生文粹序》，天津图书馆藏本）

　　如宋仪望一样，孙昭也是都察院的御史。他之所以重刊《阳明先生文粹》也是因为他注意到宋仪望编辑该书时是尽心编纂的，将阳明学之精纯者萃于一编，极有益于初学者，可谓阳明学之入门正途。从此孙氏叙亦可见宋仪望在传播阳明学上的功绩。当然，最重要的还在于，此书宋仪望原刻刊于学校（书院），孙氏重刻亦于书院，其根本目的就在于让书院求学之士子讲习诵读，通过切身体验，最后达到神解心悟、继阳明先生而起。孙昭重刊《阳明先生文粹》一书，还有都察院御史亢思谦所作《重刻阳明先生文粹后叙》。亢氏说：

　　　　侍御斗城孙公之监豫也，省方布度，肃法弼违，日孜孜罔暇逸矣。间即进诸生，谈经论道，考德讲业，终日无怠容。诸生亦莫不惕然省、跃然兴，欣欣然若有所得也。公乃曰："文词日竞而心身之学不求，是枝叶繁而本实〔质〕拨矣，谓有能生耶？"遂刻《阳明先生粹言》于

大梁，俾知适从焉。刻既成，诸生若珙璧是获，相率告于
厶（某）［谦］。厶（某）［谦］曰："甚盛哉，斗城公
嘉惠尔多士之仁乎。夫学所以致道也。道惟一致，学贵得
师，故的立而射者趋焉，途坦而由者乐焉。匪是，则茫然
求、泛然索，精神徒散，其奚能淑哉。阳明先生，学道之
宗也；粹言［文粹］者，非若的与途乎。緊昔先生倡道东
南，英才翕集，一经指授，随质有成。故浙、粤、荆、扬
之间，仁贤彬彬然盛矣。经历之化，独未逮中州，乃今得
斗城公躬示言传，既明且尽。复是编刻焉，则望而趋，
出而由者，尚俟他求耶。盖先生之学，简易要约，直究
本原。编中剖几析微、萃精聚奥，又人人易知易从者。尔
多士诚奉持服习，师保如临，则所以格其非心、致其良知
者，可胜用哉。呜呼，法言要道，统会在心，力践深思，
为之自我。尔多士尚其懋哉。毋忝斗城公嘉惠之仁哉。"①

　　古籍编目者以亢氏序中所谓"斗城孙公"将馆藏之本定
为"明嘉靖三十六年孙斗城大梁刊本"②。那么，斗城孙公是
谁呢？他就是永嘉孙昭。斗城是永嘉的别称。《（雍正）浙江
通志》卷二十四"温州府城池"条云："《（万历）温州府
志》：晋明帝大宁元年置郡，始城，悉用石甃，东西附山，北
临江，南环会昌湖。始议建时，郭璞登西郭山，望海坛、华
盖、松台、积谷诸山错立如北斗，谓父老曰：若城绕山外，当
骤富盛，然不免兵戈水火，城于山则寇不入斗，可长保安逸。
因跨山为城，名斗城。时有白鹿衔花之瑞，故又名鹿城。"③
因此，这部书就是孙昭刻本，天津图书馆藏本佚去此序，台北
"央图"又只存亢序，故判定版本时各据所见定之。
　　亢氏文集中按照惯例去掉了刻书序的时间及题衔，即

①亢思谦：《重刻阳明先生文粹后序》，《慎修堂集》卷四，《四库未收书辑刊·第五辑》
（第21册），北京出版社1997年版，第78页。"［］"中文字是《阳明先生文粹》
跋文原文。
②"国立中央"图书馆：《善本序跋集录·集部》（第3册），第5页。
③嵇曾筠、李卫等纂修：《浙江通志》，《景印文渊阁四库全书》（第519册），台
湾商务印书馆1986年版，第658页。

"时嘉靖三十六年夏六月之吉，钦差提督学校、河南按察司副使河汾亢思谦顿首书"①。亢氏在此阐述了《阳明先生文粹》一书的意义，阳明学精粹尽在此书之中，人人易知易从，是故此书就是学问之道的望趋出由之本。亢氏认为阳明学在阳明在世时可能并未传递至中州河南，此书刊行不仅能让学子知晓阳明学的精粹，更能让人知晓学道之简易路径，若能以此为据，究心于真正的学问，即致道之学，无异于得一良师，足以令人得以不再茫然无措，因此此书之刊行可谓意义重大。

另，又有赵贞吉序刊者，其序为：

> 初编《阳明文粹》而刊之者，都御史宋阳山氏也。今重刻于扶风者，佥事带川梁君也。梁君名许，昔为御史，请从祀王先生，今复刊其书。二君子皆以一日之长视予，宿知予之不能藏其狂言也。序曰：是编多录与闽论意指异者，盖王先生学入理界最初之论，故能廓摧理路之碍，而晓然示人以行也。嗟乎，吾生有知，即知诵说先生之言。见世之儒生，始骇王先生之异而攻之，中喜王先生之为异而助之衍，终羡王先生之持异，乃欲驾其说。于是王氏之学又若自异矣。有童子闻予言之进曰："闻之天下无二道，圣人无两心，学奚贵异哉？"予曰："嘻，小子何知。夫学未至于圣人之地，而假名言以修心，其势不容于不异也。昔闽、洛之儒异唐、汉矣，唐、汉之儒异邹、鲁矣。三千、七十之流，各持其异入孔门，而欲争之；皆丧其名言，而如愚以归，故曰'虽欲从之，末由也已'，然后异者合，而道术一矣。此曷故耶？以得圣人为之依归也。是故圣人者，群言之家而道之岸也。夫众车离丽驰于康庄，而前却之异者，策使之也；众舟沿溯于广津，而洄突之异者，柂使之也；众言淆乱于名言，而喧聒于是非之异者，见使之也。至若行者抵家，则并车释之矣，何有于策？渡者抵岸，则并舟释之矣，何有

① "国立中央"图书馆：《善本序跋集录·集部》（第3册），第5—6页；永富青地：《王守仁著作之文献学的研究》，第684页。

于枻？学者而至于圣人之门，则并其名言丧矣，何有于见？故知圣人者，以自度为家也，不令己与人异也；以度人为岸也，不令人与己异也。如使闽、浙二大儒遇孔子而事之，必有以塞其异之源，而不令其末之流也。"童子曰："丈夫何以知之？"曰："予尝观夫子答问群弟子，而知道术之可一也。"噫，希矣！可易言哉。班固曰："仲尼没而微言绝，七十子逝而大义乖。于是百家之异论又竞起，遂至不可胜究矣。"孟子舆折以雄辩，而不能熄也；庄子休和以天籁，而不能齐也。使后生者不幸，而不睹古人之纯全，纷纷藉藉以至于今，悲夫！①

赵贞吉提到此书乃都察院御史梁许所刊。梁许，字君可，号带川，河南孟津人，隆庆二年（1568）进士，曾为都察院御史，官至陕西苑马寺少卿。明陕西兵备道苑马寺卿监察御史梁许墓今在孟津会盟镇双槐村。②"今重刻于扶风者，佥事带川梁君也"说的是，此时梁许已经升任陕西按察司佥事。这部书也就有了陕西刊本。清沈青峰《（雍正）陕西通志》卷十四有"万历二年佥事梁许檄知县杨以渐"云云，则梁许刊此书在万历二年（1574）左右。

赵贞吉在《阳明文粹》的序文中，以一般士人接受阳明学的观察出发，论述了刊行该书的意义。他认为儒生拘于旧说，多从新奇异说的角度来看待阳明学，认为与朱子学（即文中所谓闽论）有差异，不理解时就大肆攻击，稍有了解则又以之来攻击朱子学，最后又不免流于自持异说、自以为是。这种异见是否毫无道理呢？或者说人人持异见的话，如何才能达成圣人之道？在赵氏看来，道非而是一，但正如《论语·子罕》："颜渊喟然叹曰：仰之弥高，钻之弥坚；瞻之在前，忽焉在后。夫子循循然善诱人，博我以文，约我以礼。欲罢不能，

---

① 赵贞吉：《重刻阳明先生文粹序》，《赵文肃公文集》卷十六，《四库全书存目丛书集部》（第100册），齐鲁书社1997年版，第468—469页；王阳明：《王阳明全集（新编本）》卷五十二，吴光、钱明、董平等编校，第2116—2117页。
② 参见中共孟津县委宣传部编：《孟津文化大观·陵墓卷》，河南人民出版社2014版，第338页。

既竭吾才，如有所立卓尔。虽欲从之，末由也已。"（《论语·子罕》）即便是孔门高弟亦是从有异议开始，渐渐理会，最后皈依于圣道者，即朱子所谓"盖悦之深而力之尽，所见益亲，而又无所用其力也"[1]。我们所见之异者乃是求道之路上的工具，切不可将工具作为目的，工具的意义在于使人以各自不同、契合各自条件的最佳方式达到道的境域。因此，我们的眼光要放在道的合一上，而对于方法和工具的选择，则不能过于执着，否则就是失去了目标，从而也就不可避免地无法理解圣人之道。至于赵贞吉为何要给宋仪望编辑的著作写一篇序文呢？我们看到，嘉靖三十八年（1559）赵贞吉为严嵩《钤山堂集》写过序，称严嵩"功言并隆，才遇兼美"。在赵贞吉之前为严氏文集作序的人，还有湛若水（嘉靖三十年，1551）、张治（嘉靖二十四年，1545）、王廷相（嘉靖十二年，1533）、唐龙（嘉靖十年，1531）、黄绾（嘉靖十二年，1533）、崔铣（嘉靖十八年，1539）、孙伟（正德十年，1515）、王维桢（嘉靖二十五年，1546）、杨慎（嘉靖二十五年，1546）。这些未必皆是严嵩党人，但他们与严嵩的关系当是比较密切的，至少他们在某些方面是有着不一般的联系。至于赵贞吉本人，史籍多记载其与严嵩的矛盾关系，以及他与高拱的争执，他和徐阶似乎保持了更为和谐的关系，赵氏也被认为是阳明后学中坚分子，被视为泰州学派一系。[2]赵贞吉之所以为宋仪望编辑的《阳明先生文粹》重刻本作序，原因或许也就可以想见了。另外，赵氏曾在隆庆二年（1568）执掌都察院，[3]为都察院人编纂的书写序也在情理之中。

由此可知，宋仪望编辑《阳明先生文粹》刊刻源流为：嘉靖三十二年山西河东书院刻本，初刻；嘉靖三十三年庐州府刊本，覆刻；嘉靖三十六年河南大梁书院刻本，覆刻；隆庆六年福州正学书院刻本，覆刻；隆庆万历间陕西刻本，覆刻。这些刻本多在当地书院完成，可称之为书院刻本；同时，这些刻

---

[1] 朱熹：《四书章句集注》，第 112 页。
[2] 参见黄宗羲：《明儒学案》卷三十三，沈芝盈点校，第 747 页。
[3] 参见张德信：《明代职官年表》（第 1 册），第 605 页。

本的赞助人基本上都是都察院御史，这些刻本亦可视为都察院
刻本。

第九节　得其指归：宋仪望或问

宋仪望编集《阳明先生文粹》在晚明时期反复刊刻，在
明清以来的藏书目录中多有著录。如清代藏书家丁丙（1832—
1899）在《善本书室藏书志》中记录如下：

> 《阳明先生文粹》十一卷，嘉靖刊本。潘叔润藏
> 书。明王守仁撰。文成有《阳明文录》二十卷、《文录
> 别集》八卷，又《续录》八卷，又《阳明全书》三十八
> 卷，又《居夷集》三卷，又《阳明寓广遗稿》二卷，又
> 《阳明文选》八卷。与此《文粹》，皆著录于《千顷堂书
> 目》。是书十一卷，一卷杂著十三篇，二至六卷答书，七
> 卷杂著，八卷诗，九至十一卷为《传习录》。嘉靖癸丑庐
> 陵宋仪望刻于河东书院，自为序。属下钱塘后学姚良弼
> 跋，称代巡宋公按历河东，讲明正学，虑诸士不能遍识
> 也，刊先生文集。虑诸士不能知要也，择先生《序大学古
> 本》《大学问》诸篇及《传习录》《答诸君子论学》诸
> 篇，订为四本，名曰《文粹》，示良弼校刊焉。有"赵氏
> 鉴藏""潘介祉印""玉荀""潘叔润图书记"诸印。①

钱塘丁氏家族八千卷楼藏书颇丰，丁丙《善本书室藏书
志》著录宋元明刊本及明清抄校本二千余种。丁丙之子丁立中
编《八千卷楼书目》亦著录了这部书。其卷十六载："《阳
明先生文粹》十一卷，明王守仁撰，宋仪望编，明刊本。"②
不过，丁氏父子一则著录嘉靖本，一则著录明刊本，不知是否
为同一部书。丁丙注意到黄虞稷《千顷堂书目》已著录该书。

---

① 丁丙：《善本书室藏书志》卷三十六，《宋元明清书目题跋丛书》（第9册），中
华书局2006年版，第859页。
② 中国书店编：《海王村古籍书目题跋丛刊》（第4册），中国书店2008年版，
第256页。

丁氏藏书如今大部分在南京图书馆,此《阳明先生文粹》亦在列,即入选《国家珍贵古籍名录》之05984号。丁氏书志提到黄虞稷《千顷堂书目》有著录。在黄氏之前亦多见著录,如明人孙能传《内阁藏书目录》卷三载:"《阳明文集》,二十册,全。正德间王守仁著。""《阳明先生文粹》,四册,全。嘉靖间庐陵宋仪望选编。"①内阁书库中收藏的阳明著作两种,其一即宋仪望所编集的版本。《海王村古籍书目题跋丛刊》所收书目中,著录《阳明文粹》一书的有:清徐乾学(1631—1694)《传是楼书目》载"阳明文粹十一卷,明王守仁,四本。"②清嵇璜(1711—1794)等编《续文献通考》卷一百九十二载:"王守仁《文成全书》三十八卷。守仁见史类。臣等谨案,守仁是集,为隆庆间谢廷杰裒合诸集刊板以传。仿《朱子全书》之例名之。外多选辑别本,如宋仪望《阳明文粹》十二卷,王畿《阳明文选》八卷,叶绍颙《阳明要书》八卷《附录》五卷,其裔孙贻乐刊《王阳明集》十六卷,张问达编《阳明文抄》二十卷,俞璘(嶙)编《阳明全集》二十卷《传习录》一卷《语录》一卷,皆缺略,不及是编之详备。"③宋仪望选编的阳明文集,在后世学者看来是较为重要的阳明著作版本,值得一提。

其实宋仪望本人正有此种自期。他在《游白鹿洞》诗中写道:"宫墙何森邃,顾瞻发遐思。采蘋涧水中,荐之明信辞。自从混辟来,大道坦且夷。如何中世士,荆棘相蔽亏。仲尼起周末,删述折群疑。上下千余载,异端互相持。剖析良为勤,真性日以离。默诵无欲篇,斯言岂我欺。"④作为科举出身的明代士人,宋仪望在出仕方面期待的是报君恩、实现理想;同时,他也有儒者的自我期许,希望能够为学术做出某种贡献。

---

① 冯惠民、李万健等选编:《明代书目题跋丛刊》,书目文献出版社1994年版,第515、517页。
② 中国书店编:《海王村古籍书目题跋丛刊》(第1册),中国书店2008年版,第405页。
③ 嵇璜等:《钦定续文献通考》卷一百九十二,《景印文渊阁四库全书》(第630册),第549页。
④ 宋仪望:《游白鹿洞四首》其四,《华阳馆文集》卷三,《四库全书存目丛书·集部》(第116册),第523页。

只是，他自认为原创并非他所长，他愿意效法古圣先贤，以删述为著述。因此，他对阳明著作的认识与同时代的人有着显著的差异，当阳明学人在以讲会为传承阳明学，以振铎筑坛为续道之方，树宗旨、辨同异，纷纷呶呶，成为一时之风。故黄宗羲谓："有明事功文章，未必能越前代，至于讲学，余妄谓过之。"①当然，在嘉靖年间，讲学风潮正劲时，宋仪望也一直参与其中。宋仪望在给吕光洵的赠别序文中说：

> 正德间，阳明先生起自于越，讲致良知之学，大夫士始闻其说，莫不骇且疑。久之，则又翻然以悟已，乃相率从之，而其教遂盛行于江之南北。以为虽圣人复起，其说不能易也。其后门人各守其说传授，学者几遍海内。嘉靖初，士大夫仕于两都者，则又联属同志为会，会必根极先生绪言，而各发明之。至今盖三十余年。其间亦以诸君子能力任斯道，精神意气熏蒸灌注，一时闻者莫不奋发兴起，然后斯会始得借以不废。予自丁未登第，则有若南野欧公为礼侍，与诸同志为会，辩论切劚，至日昃不暇休。乃后，诸君子亦去来无常，而同志之会岁或举行之已辄罢去。丙辰冬，予与沃洲吕君相遇于淮，慨然以斯会散落为念。至则吉阳何君为太仆少卿，乃与罗子惟德、胡子正甫、邹子继甫辈复订前会，自卿寺以下，常至六七十人。而又间为小会，则惟予与何、吕二君企二三子也。未几，何君以大中丞抚江西，众乃谋于吕君，为文赠之。②

阳明在世时，他以讲学的方式传播良知之学。追随阳明的学者们从疑惑到信从，确立了阳明学术的初步影响范围。阳明去世后，阳明门人四处讲学，传播阳明思想，特别是讲会活动在北京、南京有组织地举行，让阳明学在国家文化中心保持着长期的影响。这些讲会以阳明学为主旨，不断交流和发明阳明

---

① 黄宗羲：《序》，《明儒学案》，沈芝盈点校，第 4 页。
② 宋仪望：《赠大理右少卿吕公迁南光禄卿序》，《华阳馆文集》卷二，《四库全书存目丛书·集部》（第 116 册），第 618—619 页。

学的理论体系，阳明学成为一时最富创造力的学术思想。三十年间，阳明的主要门人各自讲说，成为阳明学的灵魂人物，他们通过讲会等组织活动，吸引年轻学者的加入，阳明学成为这个时代的精神象征。宋仪望本人年轻时参加阳明学人讲会，受到了直接的鼓励；中进士之后，他更积极参与阳明学人的讲会活动，成为阳明学人群体中的一员，他在阳明学中所扮演的角色则尚待进一步的考察。

嘉靖三十五年（1556），宋仪望在北京任职。这一年冬，时任光禄寺卿的何迁（1501—1574，字益之，号吉阳）组织宋仪望、罗汝芳（1515—1588，字惟德，号近溪）与新科进士胡直（1517—1585，字正甫，号庐山）、邹善（1521—1600，字继甫，号颍泉）等举办讲会活动，大会常有六七十人。同一时期，何迁与吕光洵（1508—1580，字信卿，号沃洲）、宋仪望等时常小规模聚会，私交甚笃。何迁是湛若水弟子，又被视为是严嵩党羽而罢官。

宋仪望一生都是阳明学的拥趸，为阳明学的发展所做的最后贡献是他晚年所做的从祀文字。这篇文章并没有立即发表，而是经过审慎的思考之后，变成了刻本书籍。相对于上章的奏疏样式，宋仪望选择了另外一种文体和另外一种策略。而且，他的这一策略在一定程度上来说是取得了效果的，当然宋仪望生前并未见到。宋仪望《阳明先生从祀或问并序》谓："仆闲居，日与同志讲古人之学，颇悉今昔学术之辨，以为我朝理学，敬斋薛公倡之，白沙陈公继之。至于力求本心，直悟仁体，则余姚王阳明公致良知一脉，直接孔孟不传之秘，自濂溪、明道以后，一人而已。近闻科臣欲举薛、陈、王三公从祀孔子庙庭，甚盛典也。未几，即下礼部，集诸儒臣会议。时刑部侍郎郑公（郑世威），因见议论纷起，遂上疏深诋余姚，其事遂寝。同志中因究论阳明之学，与宋儒所以异同之故，言人人殊。仆乃作为《或问》，反覆辩难，以极折衷之旨。虽于先生之学，未敢谓尽其底蕴，而于古今学术之辩，或亦得其梗概

云尔。时隆庆己巳十月朔记。"①何乔远《名山藏》卷八十一
《臣林记》谓："郑世威字中孚，福建长乐人，嘉靖八年进
士。……隆庆初，擢都察院右佥都御史、左副都御史。华亭相
阶为王守仁学，廷议有举守仁从祀者。世威言：王守仁治世能
臣也。谓其绍周程、宗孔孟，则平生庸德有不足矣。且其率天
下径趋直行，使圣门讲学明理之功屏不用，将有毫厘差千里失
者。与守仁同时讲学者，泰和罗钦顺、惠安张岳，世称贤大
夫，两相指击共谬，守仁辨不能绌。盖守仁以名胜，钦顺、岳
以实胜。实之与名相去远矣。阶不是也，顾其事亦寝。转南京
侍郎改刑部侍郎。"②据何乔远的记载，郑世威曾经也与宋仪
望一样弹劾过严嵩，也因此在仕途上受阻，直到严嵩倒台才复
出。郑世威虽然曾为都察院官员，但并非阳明学的服膺者。对
于徐阶等人尝试推动阳明从祀之事极为反感。郑世威于隆庆元
年（1567）七月任都察院右佥都御史，十一月迁南京吏部右侍
郎；隆庆二年（1568）三月改刑部右侍郎，隆庆三年（1569）
二月致仕，③则郑世威上疏反对阳明从祀的时间是隆庆二年三
月至次年二月间。

　　隆庆三年，针对大臣郑世威的奏疏，宋仪望提出了更富
学理的辩论意见。当时，宋仪望并没有直接上疏表示反对，而
是继续文稿的撰写。《华阳馆文集续刻》卷一，前有宋仪望
序文："按《从祀或问录》一卷，往予家居，因与同志互相
究难，慨然有感于人品、学术之辨，遂设为或问，以究极折
衷之旨，然未敢以示人也。万历癸酉，予佐大理，辄拟一疏
欲上之。会言者方指斥为伪学，同志中力止之，以俟论定。
明年夏，出抚南畿，日理转输，议军旅，诸务纷沓，毁誉利
害，日交乎前，独赖早从父师，与闻此学，时时借以持循，
不至堕落。然后益叹先生之功，世岂可以忘报也哉。《学政
录》，予督学时，发明圣朝教化大旨，以告诸生。与所闻于

---

① 宋仪望：《阳明先生从祀或问有序》，《华阳馆文集续刻》卷一，《四库全书存目
丛书·集部》（第116册），第469页。
② 何乔远：《臣林记》，《名山藏》卷八十一，《四库禁毁书丛刊·史部》（第47册），
北京出版社2000年版，第685—686页。
③ 参见张德信：《明代职官年表》（第1册），第887—889页。

先生，互相证验，并刻置署中，与四方同志共焉。"①也就是说，《从祀或问录》和《学政录》的刊行是在万历二年以后事。②按照宋仪望的说法，他是在南京任职时将《学政录》和《从祀或问录》刻板的。不过此书单刻本今未得见，惟有收录《华阳馆续集》的版本。他的这一著作为后来阳明从祀提供了较为重要的理论文献，也成为宋仪望生前最为重要的学术著作。

对此，他的友朋比较清楚。宋仪望去世后，曾同亨撰《明故嘉议大夫大理寺卿华阳宋公墓志铭》，对宋仪望在阳明学方面的贡献写了大篇幅的文章，云：

> 自世风日下，士惧实践之难，往往避谤畏忌，以讲学为讳。公自早岁闻教于从兄滁江君，慨然有意其间，因师聂贞襄、邹欧两文庄，最后观摩于罗文恭，益得其指归，自是家食与宦迹，所至孜孜，会友不废寒暑。按醴时，建河东书院，首揭河汾宗旨，以风示学者。督学闽南，课艺之暇，时时进诸生语以《大学》致知入门正脉。摘取诸先辈集中语关理学者，刻为《阳明文粹》邹欧二先生《文选》，颁示学官，使其晓然知正学俗学之辨。岁甲戌，四方缙绅及诸挟册士，云集阙下。时学禁愈厉，公益倡。会灵济宫亹亹多所发明，廷议王文成公从祀者，众议纷纭，莫知所决策。公曰：此未可口舌争也，著为《或问》一篇，大意谓尧舜开精一之传，未尝求理于物，牿心于外。孔门《大学》一书，首言明明德。明德者，即吾此心之灵觉不昧者，故明德之功，要在致知。后儒误训致知为推极其知，殊失《大学》知本之旨。故王公指以示人曰："所谓致知者，乃致知吾心之良知"，而非

---

① 宋仪望：《华阳馆文集续刻》卷一，《四库全书存目丛书·集部》（第116册），第469页。

② 朱鸿林注意到了宋仪望这部著作的重要价值，指出："宋仪望虽然没有参加万历十二年（1584）的阳明从祀议案，但其所著《阳明先生从祀或问并序》，应该曾为此次一些与议者所阅读和参考。因此除了其本身的学术价值之外，也是研究阳明从祀事情的重要文献。"（朱鸿林：《孔庙从祀与乡约》，第190页）只不过朱氏尚未注意到宋仪望的《从祀或问录》和《学政录》两部著作是单独刊行的著作。

以知识先也。证诸孟子所言"孩提之知爱知敬"。颜子有
善未尝不知之，知无不吻合，持论侃侃，无所顾忌，闻者
悚服。故公之存心，人以为世道人心咸有赖，藉没而相
与咨嗟悼惜，不独交游死生之感而已。所著有《督抚奏
议》《华阳馆集》若干卷，藏于家。其所为诗若文，汪洋
浩海不可穷以词，大抵师心自用，仆使秦汉，不规规名一
家，而本诸性情，揆自道德，发于忠信之所诚。①

　　墓志铭算是对人一生的盖棺定论。曾同亨用五百余字细致
讲述了宋仪望在阳明学方面的贡献。按照曾氏的说法，其贡献
包括以下几个方面：

　　第一，师出名门。阳明学人中，聂豹、邹守益和罗洪先是
除了王畿、王艮和钱德洪之外最有声望的阳明门人。②黄宗羲
以地域区分了几个学派，其中江西籍的江右派以嫡传。他说：
"姚江之学，惟江右为得其传，东廓、念庵、两峰、双江其选
也。"③宋仪望为聂豹和邹守益撰行状，可见宋氏确为聂、邹
二人的亲近之人。

　　第二，赞助编辑阳明学著作。其主持赞助编刊的阳明作品
有他领衔的《阳明先生文粹》和《邹守益欧阳德文选》等。将
阳明学著作删繁就简，便于传播。同时，他还以督学身份将这
些著作作为教学参考书，扩大了读者群体。

　　第三，为阳明从祀事撰写专文。阳明从祀一事事关阳明
本人的政治与学术认可，特别是阳明学术，如何将其与儒学性
理传统脉络关联起来，是宋仪望《阳明先生从祀或问录》的主
题。"持论侃侃，无所顾忌，闻者悚服。"但，这部《从祀或

① 陈柏泉编著：《江西出土墓志选编》，第426—427页。
② 相关文献很多，如：嵇文甫：《左派王学》，开明书店1934年版；侯外庐等：《宋
明理学史》，人民出版社1997年版；张学智：《明代哲学史》，北京大学出版社
2000年版；冈田武彦：《王阳明与明末儒学》，上海古籍出版社2000年版；牟宗三：
《从陆象山到刘蕺山》，上海古籍出版社2001年版；钱明：《阳明学的现成与发展》，
江苏古籍出版社2002年版；吴震：《阳明后学研究》，上海人民出版社2003年版；
鲍世斌：《明代王学研究》，巴蜀书社2004年版；彭国翔：《良知学的展开：王龙
溪与中晚明的阳明学》，生活·读书·新知三联书店2005年版；张昭炜主编：《阳
明学文献整理与研究的新进展》，上海古籍出版社2018年版。
③ 黄宗羲：《明儒学案》卷十六，沈芝盈点校，第331页。

问录》并没有在当时刊行，也没有变成上疏的文字。据说是有人力劝他不要上疏。在这一时期，王畿等人正在设法动员阳明学人和支持阳明学的官僚上疏。王畿在给耿定向的书信中明确说："先师从祀一节，知元老注念，事在终济。平泉以病去，履庵同志，可无差池？幸吾丈上下周旋，多方以赞成之，固所自尽也。"①显然，宋仪望没有进入到王畿等人的政治圈子之中。但宋仪望通过刊刻著作的方式起到了扩大宣传的效果，为其后阳明从祀的最后定案提供了理论依据。

至于宋仪望的诗文之名，其友朋多有溢美之词。王世贞《华阳馆诗集序》谓："公繇令高第拜御史，间一再过论诗，公气完而才高，所造语必惊其坐人。自是出按嵯河中，移疾归，超为廷尉丞，出牧方州金枭，事进为副。再踬再起，入佐太仆，复佐廷尉，以至今官凡十余政。自少而壮而且老，几三十年。所经繇秦、晋、梁、燕、赵、魏、闽、蜀、吴、楚之地，数千万里。其旅予旅，夺轩轾牢骚，伛蹇异态，公时得之，以益吾变江山之诡特险绝；土风物候之羯羠柴虎，莫可诘究，公又时采之，以益吾奇而中不汩。"②皇甫汸《华阳馆诗集序》谓，宋仪望"诗传海内，副在京师。才忌众口，历试诸艰。然辙迹不越乎三辅间也。比两至闽中，一为监军，一为督学，文武吉甫，于斯再觌。"③虽然语多誉词，但宋仪望的诗文在当时的士大夫看来自有其特点。这说明宋仪望的文章的确有人所未及之处。这也是黄宗羲《明儒学案》将其《从祀或问》一文予以全文收录的原因所在。

从阳明学的历史发展谱系来说，宋仪望无论在学术的原创能力、人生经历的丰富程度、官阶的世俗理解，以及阳明后学的位置等方面来说，都不算特殊之人，然而，从古籍版本而言，他却因为《河东重刻阳明先生文录》《阳明先生文粹》等书而具有了无可替代的作用。如果我们把阳明学的诸多作者视

① 王畿：《与耿楚侗》，《王畿集》卷十，吴震编校整理，第 240 页。
② 王世贞：《华阳馆诗集序》，《华阳馆文集》，《四库全书存目丛书·集部》（第116 册），第 498 页。
③ 皇甫汸：《华阳馆诗集序》，《华阳馆文集》，《四库全书存目丛书·集部》（第116 册），第 496—497 页。

为这一学术思想运动的作者，那么我们可以真实地看到尽管他们使出了浑身解数，在书籍的世界中，他们的作品仅有一部分成了古籍书库中的不朽者。"能力、知识、社会特权都不能保证作者的成功，但他也不是因为本真性、因为它接近真实、世俗和真理而成功的。"①都察院的官员刊刻了无数典籍，而如今绝大部分都不为我们所知；阳明学人中的中坚分子，大部分也都烟消云散，那些著名的讲学家、会讲家，那些曾经显赫一时的阳明门徒，大多都消失在历史的尘埃之中。宋仪望本也不例外。在书籍世界的循环之中，由于当代人的古籍保护行动，他和他的书写又重新回到了历史的现场。

小结

宋仪望在阳明后学中，并不是一位核心的人物。他只是阳明的再传弟子，是阳明门人聂豹、邹守益的众多弟子中的一员。但他的经历颇有特点：首先，他是阳明讲会活动的参与者。早年因为地域的便利关系，参与到了阳明门人在吉安府组织的讲会活动中，是嘉靖时期阳明讲会的见证人之一。后来，宋仪望也曾组织阳明讲会，参与阳明学的研讨。其次，他是阳明著作的编集者和刊行赞助人。宋仪望在其仕途的不同阶段，将钱德洪等阳明门人编集的阳明文献加以重刊，且不止一次。他又编辑了阳明的文选，在都察院御史任上将其所编著作刊行，为阳明学传播于山西和福建等他所任职之地都起到了重要的作用。第三，他是阳明学的作者。宋仪望在其晚年撰写《阳明先生从祀或问录》一卷，为阳明的从祀成功做出了贡献。

宋仪望在诸多阳明后学中，不以讲学著称，也不以提出了独特的见解著称。这导致了他在阳明后学中的声名不彰。我们认为，宋仪望的主要贡献在于刊刻阳明著述，几乎是在何处任职即在何处刊刻阳明著作。加上他是都察院御史的特殊身份，

---

① 鲍里斯·格罗伊斯：《论新：文化档案库与世俗世界之间的价值交换》，潘律译，重庆大学出版社 2018 年版，第 174 页。

为他刊刻阳明学著作提供了职务上的便利，随着他在南北不同地域任职，他将阳明学传播到这些地方，并通过书籍的形式让更多的人能够接触阳明学、理解阳明学。

学者之所以能够购买、阅读《阳明先生文粹》一书，乃因当时有若干阳明后学士人作为赞助者反复翻刻此书。这些赞助者中，都察院官员占了很大比重，都察院御史不仅掌握对官员的监察职权，更对地方学校有监管职责。在他们的推动下，阳明学与当时诸多执掌或主管学校事务的都察院有了密切相关。阳明学，之"学"也与明代学校之"教"密切相关。葛兆光提醒我们要注意：随着城市、商业、交通以及印刷术和造纸技术的发达，知识传播更加容易，也越来越超出官方意识形态允许的边界，士绅与市民所拥有的财富资源，也使得另外开辟思想表达和知识传播的渠道成为可能。①从《阳明先生文粹》的编纂、刊行来看，更多的是作为官员的士人为传播阳明学所做的努力，特别是在政府体系之下宣传和教育官僚所进行的这类活动，因为直接面向在学校中求学的士子，也直接影响在地方任职的各级官僚，无疑是极大地加快了阳明学在士人阶层中的影响。正如杜威在《民主与教育》中所说："社会不仅通过传递（transmission）与传播（communication）而存在，更确切地说，它就存在于传递与传播中。"②正因为有了尊奉阳明学的士人（特别是那些将阳明学视为道的传承者的官僚儒者）不断将其学说传递和传播，才使得阳明学成为一种可能。

如果我们只是把宋仪望作为阳明著作的一个编辑者，阳明著述刊行的赞助人，将他视为无足轻重的阳明学人，我们或许就会错过对阳明学本身的历史洞察。阳明毫无疑问是阳明学的创立者，是阳明学、阳明思想的作者，但阳明学之所以成为阳明学，之所以成为我们今天所见到的阳明学，离不开一代代学

---

① 参见葛兆光：《中国思想史》第二卷，复旦大学出版社 2007 年版，第 300 页。

② Society not only continues to exists by transmission, by communication, but it may fairly be said to exist intransmission, incommunication.（Dewey, John. *Democracy and Education*，[The Macmillan Company, 1916]：5）中译本译为："社会不仅通过传递、通过沟通继续生存，而且简直可以说，社会在传播中、在沟通中生存。"杜威：《民主主义与教育》，王承绪译，人民教育出版社 2001 年版，第 9 页。

人的努力。他们在某种意义上来说，也是阳明学的作者，这一
作者"既是传统，同时也是创新的代言人：他的身份因为在文
化经济策略中所扮演的角色已经被充分定义了。"①他不仅为
阳明学的文化生产提供了创新的文本，也为阳明学的传播提供
了便利的资源，更重要的是，通过他的努力，阳明学能够以一
种新的样貌在新的历史时期延续下去，古籍善本的价值即为其
中之一。

① 鲍里斯·格罗伊斯：《论新：文化档案库与世俗世界之间的价值交换》，潘律译，
第 172 页。

结论

> 学者要自得。六经浩渺，乍来难尽晓。且见得路径后，各自立得一个门庭，归而求之可矣。
>
> ——朱子《近思录》

阳明学的研究需要付出坚苦卓绝的努力，它绝不是以一人的"智慧"仅仅阅读"阳明之书"就能自然生发的，不是以阅读教科书的方式就能自然感受到的，不是靠着所谓的良知就自然写出来的。它是一种生命的学说，教化的哲学，更是一种吾人切身体认的智慧。它是在不断地探求中，不断思考，不断阅读，不断体验的过程。这是本书的立场。

创造性地看待世界，也就是创造性地实现我们的存在价值。古代的哲人虽然已经远去，但他们的创造性思考，对于我们而言具有永恒的价值。如果我们要从古代思想家名单中选择前三名，孔子、朱子和阳明应当是当之无愧的。他们是伟大的思想家，他们塑造了我们的心灵，也创造了一个个不同的历史。我们关注他们，不仅是因为他们制造的概念（词汇）和思考的理论（思想）具有普遍的意义，更因为他们的人生和智慧可以帮助我们以不同的方式去看待世界，可以帮助我们以我们自己的方式来成就人生。

对阳明而言，历史是生活的智慧；对我们而言，阳明是历史的启迪。中国的书籍传统，在很大程度上就是历史传统。因此，我们今天了解阳明，书籍史也就成为一项重要的研究内容。书籍史的展开可以从不同的方向入手，版本的调查、源流的辨析、佚文的搜集、异文的校勘等等，无不是书籍史的具体实践。

阳明是一位读书人。无论我们把阳明理解为思想家、哲学家，还是理解为心学创立者、明代性理学宗师，还是把他视为儒学精神的传承者，我们都不能忽略他的读书人身份。读书人身份是进入阳明的思想世界和历史世界的入口。因此书籍世界的考察，不仅关系到作为读书人的阳明及其学人的历史定位，关系到心学的衍传脉络，关系到明代的文化发展，更关系到理解知识生产、传播和文化传承。阳明曾说："自是孤云天际浮，箧中枯蠹岂相谋。请君静后看羲画，曾有陈篇一字否。"①实践用功的心学、奋进不息的心学、希圣希贤的心学，留下来大量的书籍文献，是我们了解阳明学的第一手材料。当然，我们并不能由这些传承至今的书籍来重建一个阳明学的历史现场，也不能由此重构一个历史的阳明学图像，但我们要了解阳明学人的知识图景，就不能忽视这些珍贵的历史典籍。

书籍是学术传播的重要依凭，阳明学也不例外。在阳明学术的传承中，阳明学人的思想传承最为学者所关心，阳明思想体系的建构与挖掘更为学者所究心。而对于阳明的读者而言，《传习录》、《阳明文录》、"全书"等各自在不同的历史阶段发挥着阳明读本的作用；各种阳明年谱与传记和文章精选集（比如《阳明先生文粹》《阳明先生集要》等），也为读者提供了了解阳明学的资料；至于各种研究论著和通俗读物，更是从不同的角度满足了不同人的阅读需要。这些阳明相关的书籍，构成了我们所知的阳明学的书籍世界。这一书籍世界呈现的阳明及其学术是多元而丰富的，也是立体而精彩的。

---

① 王守仁：《别方叔贤四首》其二，《王阳明集》卷二十，王晓昕、赵平略点校，第638 页。

后记

本书是我研究阳明学的第二部著作，也是我研究古籍善本的第二部著作。它的完成实属意外。

首先，阳明格竹和宋仪望《阳明文粹》两章皆由本人博士论文残次品（The Bad Batch）而来。2015年1月，我博士学业的第四个学期。博士论文开题，我先以"阳明学创生时期的教育思想研究"这个题目报告师长。我试图完成的研究议题是："以敬为中心，在教育与文化场域中整体考察阳明学创生时期的教育思想及其机理，进而探讨他们的教育理念与实践活动。"随后，我将论文题目改订为"敬道心笙：王阳明教育思想研究"。接下来的两年多时间里，我围绕"敬"字展开对阳明学的初步探索。借助丰富的数据库资源和便利的网络资源，我先完成了"十三经"中与"敬"相关的文本梳理，再完成了钱德洪《阳明年谱》、黄宗羲《明儒学案》以及《王阳明全集》的文本校订，并以此作为自己研究的基本文献库。在翻阅阳明学文献时，我一直在思考如何能完成论文的写作。这一过程较为漫长和煎熬，不知道能够做成一个什么样的作品，只能不断地探索，而能做的和一直做的，无非就是在工作之余去看书、查资料和敲键盘。在不知不觉间，阳明格竹和阳明文粹两篇文章先后完成了草稿，各有两万字左右。可是，这两篇文字只是The Bad Batch，没有纳入最后的定稿之中，因为这两篇文章的主题看起来与"敬"字本身有点距离。而且，无论从文字的功夫，材料的处理，还是思辨的程度来看，都不足以成为"敬道心笙"的一部分，即便后来我的书稿去掉了"敬道心笙"这四个字仍旧如此。就这样，这两篇文字在电脑硬盘中保存着。三四年后，我将它们翻检出来，修改完善，并最终完成了。虽然这两篇文字的初稿是一部书稿的剩余物，但若当时没有思索过，并且写成了初稿，我想就没有接下来的这部"王阳明的书籍世界"书稿成型的任何可能。所以，我把这两篇文章安排在本书的首尾。阳明的书籍世界从格物开始，而以后世读者的阅读和传播为尾声。我们要理解阳明的书籍世界，就要透过书籍的历史，考察阳明如何利用书籍、如何制作书籍，又如何认识书籍。对他而言，书籍的世界是一名学者的立身安命之理想境域，而要在这个世界里有所发现，有所阐发，也是学者的天职所在。

其次，2017年5月，我博士学业的第八个学期末以"王阳明的教化哲学研究"这个题目向答辩委员会报告，最终顺利过关，四年的学习研究状态结束，为我的求学生涯画上了一个句号。次年4月，我联系了花木兰文化事业有限公司谋求出版。6月8日，收到杨嘉乐博士的肯定回复，表示经总编辑审阅，我的论文可以由该社出版。转年4月，该论文书稿正式变成了一册精装书。这部书的出版，算是为我的博士阶段的学习和研究留下了一本纪念册。之后，我并没有继续进行阳明学研究，没有计划，更没有设想。两三年的时间里，我开始在《孟子》和《诗经》世界跋涉，我打算也希望今后在古典学或者书籍学的世界里找寻到一个立足的支撑点。

人生总要有所为，有所不为。但世间总有很多意外，我接着写阳明书籍世界的文字也是如此。友人王强先生这些年以一己之力完成了阳明学文献的大规模影印工作，几乎将所知且能获取到的阳明相关的古籍文献一网打尽全部网罗了。他不惜工本四处找底本，先后从日本购得《阳明先生年谱》《传习录》的早期刊本影像数据，我也得以一睹为快。这是前人研究阳明学很难想象得到的，他建议我写点小文章，因为这些都是孤本秘籍，此前不仅版本学家少有人知，就连阳明学研究者也少有人有涉猎，大部分人只是听说过罢了。于是，我就试着撰写了《学术赞助人》《教录可得》这两篇小文章。其中一篇蒙沈乃文先生不弃，刊于《版本目录学研究》，另一篇则截取部分刊于《文津学志》。

除了这几篇小文章之外，我还写过两篇关于阳明学文献的文字，即关于《居夷集》和阳明年谱的考证文章。这两篇文章曾先后在《国学季刊》发表。由于没有想过要出一部从书籍史角度研究阳明学的小书，这两篇文章被我选入我的第一部版本目录学研究小书——《采采荣木：中国古典书目与现代版本之学》——之中。这部书是我从事古籍工作的十多年的见证，也是我思考如何进行古籍研究的初步成果。

　　上面这些小文章全部完成，在体量上足够成为一部新的小册子。于是我花了点工夫，把它们重新整理一番，整齐排比，也就成了现在所见到的这个样子。这六篇文字全部围绕阳明学书籍世界展开，这部书也就想以阳明的诗句为题，故拟题"箧中枯蠹岂相谋：阳明书籍史论"。阳明是一个洒脱而博学的读书人，他的书籍世界其实不仅仅是我们所理解的琳琅古籍，更加重要的是阳明学人不断的探索，因而改题"枝条再荣"，出陶渊明诗："东园之树，枝条再荣。"今所见元刻本"枝条再荣"，而宋刻本作"枝条载荣"，两者各有所本，是文字之流动性之见证。枝条，为小枝成长，《禹贡》"厥草惟繇，厥木为条"，《汝坟》篇"遵彼汝坟，伐其条枚"，《采菽》篇"惟柞之枝，其叶蓬蓬"，《国语·晋语》"枝叶益长，本根益茂"，《广韵·支韵》"枝，枝柯"，《说文解字·木部》"条，小枝也"。本书对我而言，也是如此。阳明学是不断发展的学说，也是需要不断探究的学问，恰如东园之树。阳明是个读书人，他的书籍世界图景非常绚烂，我只是无意中窥见了其中的一束光、拾取了其中一缕条柯罢了，而我所写就的这部书稿，从阳明学的书籍世界来揭示传统的学问，故可谓之枝条再荣。孔学堂书局陈真先生建议书名可径题《王阳明的书籍世界》，这一题名更为直接，亦符合阳明学简易之旨，故用此名。

　　我没有想过能够完成这样的一部书稿，也未曾料到过自己还能在阳明学的研究道路上出版又一部小书。然而，它就这样在时间的绵延中变成了真实。未来，我是否还会做出第三部关于阳明学的著作，我不知道。

　　书稿的写作，得到了很多友人的帮助，没有你们的支持和鼓励，这部书稿没有成型的可能。按理说我应该把所有为此书做过贡献的人全部列出来，那将会是一个很长的名单。我想，为了给以后的回忆加一点难度，这个名单就保留在我的心底吧。

　　书稿的出版，得到了花木兰文化杨嘉乐博士、杜洁祥总编辑的支持，慨允纳入该社出版计划，此书有了繁体字的初版，本书从电子版到纸版的梦想得以实现。今得王强先生引荐，孔学堂书局张发贤先生有意将本书纳入出版计划，本书简体字版本得以与读者见面。感谢各位的鼎力襄助。

最后，以一首词来结束本书，寄调《桂枝香》。

长安月满，数院落繁星，青衫书卷。多少韶光逝去，所知犹浅。陈年往事风吹散，转回眸、崇山江岸。岭头云影，溪平似镜，杜鹃莺燕。

念自昔、晴云乍展。阅故老之书，文津楼馆。今古之间倒转，赋词消遣。乡关依旧花溪远，镜中霜鬓纷纷染。二十余载，燕京过客，魏公桥畔。

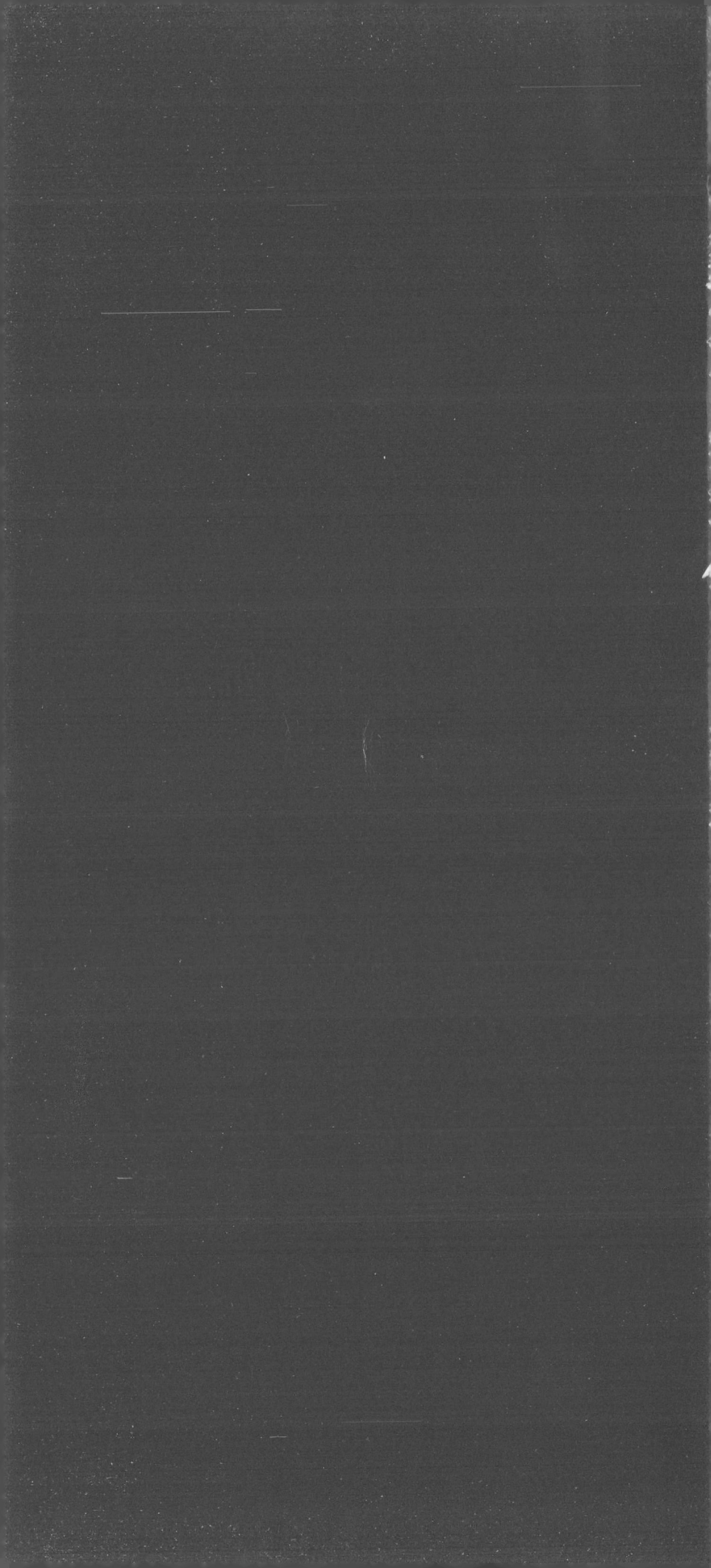